Alexander Scronn

GENERAL PSYCHOLOGUS

Eine Studie des psychologischen
Krieges gegen das Deutschtum

Erstmals herausgegeben in Brasilien

Die brasilianische Originalausgabe wurde in der portugiesischen
Landessprache und in einer deutschen Ausgabe im Verlag:
Itatiaia E.F.C.B. Estado do Rio, Brasilien,
erstmals 1965 veröffentlicht.

Genehmigter Nachdruck
Kritik-Verlag 2341 Mohrkirch
Alle Rechte vorbehalten
Druck: Kölle-Druck
ISBN 3-88037-021-4

Volksausgabe

„Mit der psychologischen Kriegsfuehrung haben wir den totalen Sieg in diesem Kriege errungen."
(Sefton Delmer)

VORWORT

Zwei politische Stroemungen stehen sich heutzutage genenueber. Die eine haelt es fuer richtig, nach zwei grossen schrecklichen Weltkriegen auch weiterhin — 20 Jahre nach dem zweiten, sogar totalen Weltkriege, der ueber 50 Millionen Menschen das Leben gekostet hat — nun immer noch und immer wieder, wenn auch nicht die ganze Welt, so doch zumindest die westliche Hemisphaere, mit politischer Propaganda jeden Stils in Aufregung zu halten, Missverstaendnisse und Reibungen zu erhalten oder neu zu schueren, und dabei auf die — verwerflichen — Mittel der Luege und der Hassverbreitung nicht zu verzichten. Diese Gruppe, die beide Kriege gewonnen hat, zeichnet letztenendes verantwortlich fuer die heutige, unstete, unsichere, fast unertraegliche und wohl kaum bewunderungswuerdige Weltlage.

Die andere Seite erstrebt das strikte Gegenteil, sie will Ruhe und Verstaendigung; will in der immer noch weiten Welt in Frieden leben und ihrer Arbeit nachgehen.

Das zu erreichen, ist jedoch nur moeglich, wenn eine wirkliche allgemeine Verstaendigung geschaffen wird, die wiederum zur Voraussetzung hat, dass auf Lug und Trug verzichtet wird und an deren Stelle die geschichtliche Wahrheit tritt im Rahmen einer exakten, wissenschaftlich einwandfreien und damit wirklichkeitstreuen Darstellung der europaeischen, insbesondere der deutschen politischen Ereignisse.

Fuer ein solches Studium gibt es auf dem brasilianischen Buchmarkt bisher nur wenig Geeignetes, was den Erfordernissen fuer diesen Zweck gerecht wird. Um seinen Freunden Diesbezuegliches zu bieten, kann man auch immer noch nicht auf einwandfreie amtliche deutsche Berichterstattung oder sonstige Mithilfe in dieser Hinsicht seitens der deutschen oeffentlichen Stellen rechnen, deren erste Aufgabe doch die Ehrenvertretung ihres Volkes sein sollte.

So ist man in erster Linie auf nichtdeutsche Forschungen angewiesen, von einigen tapferen deutschen Einzelgaengern abgesehen, die dann oft noch die Ergebnisse ihrer

Forschungsarbeiten ausserhalb der deutschen Landesgrenzen verlegen muessen, um nicht "strafrechtlich" verfolgt zu werden. Weder deutschsprachiges noch portugiesisches, noch sonstwie fremdsprachiges amtliches Aufklaerungs-Material — immer ist das wissenschaftlich einwandfreie gemeint — ist bisher zu bekommen.

Darum hielt es der Verfasser fuer angebracht, der Anregung seiner brasilianischen Freunde stattzugeben, indem er ihnen einmal aus ganz anderer Sicht, naemlich der wirklich deutschen, fuer ihre Studien, soweit diese die deutschen Dinge betreffen. "Etwas aus neuester deutscher Geschichte und Politik" vortraegt, u. zw. wie die Dinge wirklich lagen — und liegen.

Des Verfassers Freunde erklaerten sich zum Teil selbst als weitgehend unkundig in deutschen Angelegenheiten — schon ein Ergebnis der psychologischen Kriegsfuehrung der ehemaligen Gegner Deutschlands. — Deshalb sollen einige aufklaerende Berichte gegeben werden, u. zw. mit besonderer Blickrichtung auf den psychologischen Teil der Kriegsfuehrung gegen Deutschland; nun nicht auch in vager gegenpropagandistischer Form, sondern eben auf jener exakten wissenschaftlichen, also wahrheits- — und wirklichkeitstreuen Grundlage; ohne Hass und Polemik, — und ohne Dollar- oder Rubelhilfe dafuer anzunehmen.

Nur so wird der Weg frei zu einer wirklichen, aufrichtigen, dauernden, von allen guten Geistern der Welt erstrebten Ruhe und Verstaendigung, sowie zu einer ehrenhaften und wuerdevollen, fruchtbaren, internationalen Zusammenarbeit. Diesem Ziele soll dieser Beitrag dienen. Wir schliessen dabei an eine stattgefundene freie Unterhaltung im Freundeskreise an, die die Anregung zu ausfuehrlicheren gruendlichen Studien der behandelten Fragen gab. Auch wenn die internationale Geschichts-Forschung fast taeglich noch Neues zu diesem Thema bringt, so darf jedoch heute behauptet werden, dass das Wesentliche jener Epoche sachlich klar ist, und das versucht der Verfasser in Nachstehendem seinen Freunden nahe zu bringen.

EINLEITUNG

Meine lieben brasilianischen Freunde!

Der Zufall fuehrte uns bei unserer Unterhaltung an jenem Mittwoch an den Zweiten Weltkrieg heran, bezw. an einige eigentlich nur die Deutschen angehende Ereignisse und Probleme, denen ich allerdings ganz besondere Bedeutung beimesse. Es war mir aeusserst interessant zu sehen, dass Sie — unter Ihnen waren einige Offiziere — diesen deutschen, oder europaeischen, also immerhin nicht-brasilianischen Geschehnissen, weitaus aufgeschlossener gegenueberstanden, als manche andere meiner deutschen Bekannten, die es direkt angeht.

Sie waren mir nicht nur nicht boese ueber meine Feststellung, dass Sie ueber die ja an sich zeitlich vergangenen Dinge aeusserst einseitig orientiert oder ganz und gar unkundig waren. Vielmehr baten Sie mich gerade deshalb, Ihnen einmal von meiner Sicht aus, einige Entgegenstellungen zu geben. Soweit das nicht schon in unserer angeregten Unterhaltung der Fall gewesen war, folgen diese nunmehr in dem Nachstehenden.

Dabei wird es unumgaenglich sein, in Vielem Ihrer bisherigen Orientierung und Ihren Vorstellungen, wie Sie sie bisher gehabt haben, zu widersprechen.

Zu einem frueheren Zeitpunkte koennte mir das vielleicht falsch ausgelegt werden. Es haben sich jedoch die Zeiten bereits geaendert. Deutschland ist mit den USA verbuendet; auch Brasilien ist mit den USA verbuendet, also sind Brasilien und Deutschland praktisch auch Verbuendete. (Ganz abgesehen von den immer herzlicher werdenden Beziehungen der beiden Laender auf anderen Gebieten).

Es wird uns also niemand — bei gutem Willen — veruebeln koennen, wenn wir uns mit Fragen und Problemen abgeben, die nur einer Klarstellung und damit einer Verbesserung des Verstaendnisses unter Buendnispartnern dienen, und die dem Partner vielleicht wertvolle Erfahrungen und Anregungen im Lebenskampf der Nation vermitteln koennen.

Es sei ausserdem erlaubt zu betonen, dass ich seit 25 Jahren aus freiem Entschluss hier in Brasilien mit meiner Familie lebe, einigen Besitz habe mit einer kleinen Industrie, sodass also bei mir der Wunsch vorliegt, dass es meinem Gastlande so gut wie moeglich gehe, und dass ich es mit ihm so gut wie moeglich meine.

Wiederum der Zufall brachte Sie an mich heran, dessen privates „Hobby" das Geschichts-Studium ist; insbesondere auf die Frage gerichtet, weshalb und warum meine alte Heimat, Deutschland, den Krieg verloren hat u. zw. mit besonderer Blickrichtung auf den psychologischen Teil des Krieges. Dieses Studium war (und ist es noch) selbst fuer mich, der die Zeit der beiden Weltkriege selber noch miterlebt hat, unerhoert schwer; gab es fuer uns hierzulande, insbesondere seit dem Kriegsende 1945, zunaechst doch nur Berichte aus der Feder der Siegermaechte.

Das eigene Miterleben und dazu eine gute Portion gesunden Instinktes liessen es nicht zu, sich ins „Boxhorn jagen" zu lassen. Auf der anderen Seite muessen wir uns restlos klar sein, dass der persoenliche Einblick in die grossen Geschehnisse viel zu winzig ist, um ein klares Bild oder gar die Basis zu einem Urteil zu geben; dafuer ist es noetig, echte Dokumente einzusehen und Personen zuworte kommen zu lassen, die in dem Weltgeschehen auf hoeherer Stufe standen oder gar beim „Mischen der Spielkarten" mitgemischt haben, und zwar eben von Menschen beider Seiten!

Die uns bisher gebotene Berichterstattung, von Seiten der Siegermaechte, war nur eine einseitige.

Einseitige Informationen sind nun einmal fuer jede wissenschaftliche, gerecht sein wollende Betrachtung wertlos.

Diese Einseitigkeit in der Publizistik — sprich Propaganda — laesst niemals klare Erkenntnisse zu. Schon die alten Roemer sagten deshalb:

"audiatur et altera pars"!

Man moege auch die andere Seite hoeren.

Oder wie der Volksmund sagt: Eines Mannes Rede ist keines Mannes Rede.

Vielmehr ist die Einseitigkeit nichts weiter als Zweck-Information und strebt damit nur eine besondere, vom Auftraggeber erwuenschte Denk- und Urteils-Richtung an.

Das ist dann auch keine wissenschaftliche Geschichtsforschung mehr, sondern politische Propaganda-Arbeit, und ist dann eben als solche — und nur als solche — in Rechnung zu stellen.

Einseitigkeit in der oeffentlichen Information „kann" wahrheitsgemaess und wirklichkeitstreu sein; kann aber auch eine ausgesprochene Fehl-Information, unbewusst, oder gar bewusst, bringen! Werden nun solche Fehl- und Falsch-Informationen zur Beurteilung und zur Beschlussfassung ueber wichtige Fragen herangezogen, muessen sie unumgaenglich auch Fehl-Entscheidungen nach sich ziehen.

Das hat es leider sehr viel gegeben, auf allen Seiten; natuerlich auch—ich moechte dazu sagen, leider—in Deutschland bis 1945. (Von dem Deutschland ab 1945 soll hier nicht geredet werden.).

Fehl-Informationen waren die Ursachen fuer irrige Entschluesse und damit fuer schwere Fehlschlaege, oft mit katastrofaler Auswirkung. Das war aber gerade, was die damaligen Feindmaechte anstrebten: schwere Fehlschlaege geschickt einzufaedeln und nach Moeglichkeit sogar durch die eigene deutsche Seite zur Auswirkung zu bringen. Eine solche wissentliche, also gesteuerte Fehl-Information und Stimmungsmache war eine grosse und gefaehrliche Waffe von entscheidender Wirkung im Rahmen der psychologischen Kriegsfuehrung, die kriegsentscheidend und darum auch mit aeusserster Raffiniertheit von den Gegnern Deutschlands in Anwendung gebracht wurde.

Die moderne Forschung ueber diese Frage, die gerade den Gutwilligen in aller Welt, von interessierter Seite natuerlich verborgen gehalten, vollkommen unbekannt blieb, betont diese Tatsache bereits ganz klar; sie raeumt ganz offen der psychologischen Kriegsfuehrung den ersten Platz als entscheidenden Vorgang in der Jetztzeit ein.

Das Neue an ihr ist ihre Anwendung, auch wenn der eigentliche Krieg laengst vorbei ist. Gerade dann, wenn die Gegenmassnahmen der ehemals gegnerischen Seite verstummt sind, kann die psychologische „Arbeit" um so leichter fortgesetzt werden.

Und seien Sie ueberzeugt, wir alle, auch Sie und mit Ihnen fast die ganze Welt, lag — und liegt noch heute — unter dem Beschuss dieser sonderlichen Munition! Das gilt es ganz klar zu erkennen.

Es ist garnicht so einfach, sich ihrer Wirkung zu entziehen, da die psychologische Munition von Kennern entworfen und gefertigt wird und dann von anderen, weiteren

Kennern und Fachleuten lanciert wird; mal mit rasanter Sofortwirkung, mal mit Zeitzuender, (dabei kann die Zeit ueber Jahre gehen...) mal mit Tiefenwirkung, mal mit Seitenstreuung, mal mit Giftgas, mal nur mit Traenengas, mal mit Nahwirkung, mal mit Fernwirkung; eben mit jeder Abstufung, wie es die alte Balistik kennt.

Und wie schon gesagt, die Munition wird nicht nur in Kriegszeiten, sondern auch in den sogenannten Friedenszeiten, oder besser gesagt Nachkriegszeiten, weiterhin und wirksam angewandt, meistens sogar mit noch festerem Entschluss und noch groesserer Wirksamkeit, weil eben die Gegenwaffen auf der anderen (deutschen) Seite schweigen.

Diese bewusste und von der Feindseite gesteuerte Fehl-Information ging in ihrer Geschicklichkeit und ihrer natuerlich sehr noetigen Tarnung so weit, dass selbst beste Elemente des eignen (deutschen) Volkes diese Tricks — mehr waren sie doch im Grunde nicht — nicht als solche erkannten; oft sie als bare Muenze hinnahmen und sogar in Streit ausbrachen, wenn besonnene Maenner sie erkannt hatten und sie klar und bloss zu stellen sich bemuehten. Noch heute lehnt ein grosser Teil der Betrachter der damaligen Ereignisse ein klares Erkennen ab; so gut hat also der General Psychologus seine Sache gemacht.

Getreu dem alten Sprichwort, dass die liebe Sonne Alles an den Tag bringt, erkennen aber immer mehr besonnene Elemente in aller Welt langsam aber sicher den ungeheuren Schwindel und die abgrundtiefe Verderbtheit, die in diesen frevelhaften, politischen Machenschaften liegen, noch dazu es sich nicht um kleine persoenliche Interessen, sondern um ganze Voelkergruppen handelt!

Man will sich nichts mehr vormachen lassen. Es sind zuviel Menschen umgekommen; es hat zuviel Leid gegeben, als dass man mit der Zeit nicht hinter diese politischen Kulissen sehen koennte.

Auch sind ungeheure Menschenmassen von Land zu Land umgezogen oder geworfen worden; ja selbst von Kontinent zu Kontinent ging es hin und her.

Dieses gewaltige Hin und Her von nicht gerade den Schlechtesten unter den jeweiligen Voelkern hat die Augen endlich geoeffnet. Immer mehr kommen die wirklichkeitsgetreuen wahrheitsgemaessen Darstellungen der Ereignisse gerade der juengsten Geschichte zum Durchbruch, auch wenn die an dem Schwindel interessierten Kreise immer wieder versuchen, die Wahrheit aufzuhalten.

Diese hier folgenden Betrachtungen sollen Ihnen einen kleinen Einblick in die weit verzweigten und verzwickten Zusammenhaenge geben. Es gilt, wie schon ausgefuehrt, die bisherige Einseitigkeit in der Information, noch dazu die bewusste und gewollte Falsch-Information, zu erkennen, sie weitgehendst richtig zu stellen und damit wenigstens fuer die Zukunft den Boden zu weiterer Brunnenvergiftung ihr zu entziehen. Da heisst es suchen, zwischen den Zeilen-lesen, immer wieder suchen und pruefen; wichtige Mitteilungen aus an sich gegnerischen Aussagen herauslesen, Verwendbares von Unverwendbarem trennen, etc. Man erkennt dann dabei als Nebenerscheinung, dass niemand — auch nicht der deutsche Fuehrer — mit einer losen Handbewegung oder spontan, oder wie so gern gesagt wird, „intuitiv" Politik gemacht hat.

Das Nachfolgende soll nur Ihre Kenntnisse um die Dinge erweitern und damit neben Ihre sonstigen bisherigen Studien treten, auf dass Sie sich dann allein aus dem Ganzen ein moeglichst einwandfreies Bild machen.

Und noch Eines: Mehrfach erklaerten Sie sich als ausgesprochene Antikommunisten. Teilweise hoerte ich auch einen gewissen Antiyankismus heraus. Beides waren die Deutschen schon einmal! Gegen Beides haben die Deutschen mit ungeheurer Energie und unter unvorstellbaren Opfern schon einmal Krieg gefuehrt; also nicht nur diskutiert und laut gewettert, sondern gehandelt. Daraus kann manches Wertvolle und Wesentliche erkannt und verwendet werden.

Es liegt dann natuerlich ganz bei Ihnen, die Konsequenzen daraus fuer Ihre Urteilsbildung und fuer die Ihnen in diesem Zusammenhang vielleicht gestellten Aufgaben zu ziehen.

INHALTS-VERZEICHNIS

EINLEITUNG

		Seite
Kapitel	Einfuehrung in die psychologische Kriegsfuehrung	15
„	Wer wollte Krieg	21
„	Ein psychologisches Musterbeispiel	35
„	Die Macht der Mitte (in Europa)	57
„	Kriegsentscheidende Ereignisse und Dinge	67

1) Abschirmung der wahren Kriegsgruende 67
2) Der Kriegswille der USA-Regierung 70
3) Die Atlantik-Schlacht 82
4) Englands Kriegswille gegen Deutschland 89
5) Das Unternehmen Seeloewe (Invasion gegen England) .. 99
6) Sowjet-Russland 105
7) Italien 108
8) Ferner Osten — Japan 111
9) Murmansk 113
10) Das deutsche Ost-Ministerium 114
11) Mittelmeer: 116
    a) Gibraltar 116
    b) Malta 119
    c) Arabische Welt 121
    d) Tuerkei 122
    e) Irak — Nahost-Oel 124
12) Der feindliche Nachschub 127
    a) Barentsee — Murmansk 130
    b) Fernost-Haefen 131
    c) Persien 131
    d) Arabisches Meer 131
    e) Brasilien 134
13) Verhinderter Frontwechsel am Ende des Krieges 139
14) Die Fehl-Ruestung 141
15) Die Ausgangs-Stellungen 146
16) Die Europaeische Neu-Ordnung 151
17) Psychologische Planung gegen Mitteleuropa 154

		18) Atom
		19) Raketen und Duesenantrieb
		20) Die eigentlichen Entscheidungs-Schlachten
		a) Stalingrad
		b) El Alamein
		c) Normandie
		d) Alpen-Festung
		e) Potsdam
		f) Die 100 bis 200 deutschen Verraeter
		g) Canaris in Bern
		21) Die unpolitischen deutschen hohen Offiziere
		22) Widerstand und Verrat
VI.	Kapitel	General Psychologus auf dem zivil-politischen Sektor
VII.	"	Ueberwindung der psychologischen Waffen
VIII.	"	Fort mit Antisemitismus und Antigermanismus!
IX.	"	Die Taetigkeit des Generals Psychologus im Frieden
X.	"	Politik und Religion
XI.	"	Nationale Haltlosigkeit — Verrat — Widerstand
XII.	"	Der unausloeschliche Nationale Gedanke
		Schlussbetrachtung

I. KAPITEL

EINFUEHRUNG IN DIE PSYCHOLOGISCHE KRIEGSFUEHRUNG

Wir sind im Frieden, wenigstens ist kein heisser Krieg. Es soll hier lediglich auf rein geschichtliche, wie schon gesagt nicht direkt brasilianische, sondern europaeische Dinge und Tatsachen aus der Vergangenheit eingegangen werden.

Auch wenn sie vergangen sind, so blieben jedoch fast alle Probleme, um die es ging, bis heute ungeloest.

Unter Ihnen waren einige Offiziere der hiesigen Wehrmacht, denen ein Teil der Materie in der Kriegsschule gelesen wurde, nicht zuletzt, weil die europaeischen Ereignisse eine Art Schulbeispiele fuer ihre berufliche Ausbildung sind. Ausserdem riefen Sie mir in jener Unterhaltung zu, dass die europaeischen Ereignisse immer ihren Einfluss auf die nichteuropaeischen Staaten, also auch auf Brasilien haben und deshalb genau bekannt sein muessen, dem ich vollends zustimme.

In den Schulen wird auf wissenschaftlicher Basis gearbeitet; man befasst sich mit Dingen, wie sie wirklich sind oder waren oder zumindest sein sollen. So soll es nicht nur bei den Naturwissenschaften gehandhabt werden, sondern auch bei anderen Studien, also auch bei den geschichtlichen.

Wir wollen dabei also keine Propaganda hoeren oder lesen, sondern nur die rein wissenschaftliche Wahrheit. Mit anderen Worten: zwei mal zwei soll nicht nur in der Mathematik gleich vier sein, sondern so soll es analog auch bei der geschichtlichen Forschung und ihren Erkenntnissen sein!

Das ist heutzutage garnicht so einfach, wie es eigentlich sein sollte. Leider wird die geschichtliche Wahrheit vielfach von einer eigennuetzigen Propaganda ueberschrien. Propaganda wird ueberall besser bezahlt als wissenschaftliche Arbeit und niemand (vermeintlich) verlangt von ihr, am wenigsten ihre Auftraggeber, dass die Propaganda die Wahrheit bringt, wenn sie nur ihre erstrebte Wirkung tut.

Wohl erwartet der meistens gutglaeubige Durchschnittsleser, dass Gedrucktes oder Geschriebenes nicht so missbraucht wird, wie es heutzutage gerade bei der Propaganda so sehr der Fall ist. Was man „schwarz auf weiss" hat, wird immer noch gern als wahr hingenommen. Diese, heutzutage naive Einstellung nutzt der Auftraggeber der Propaganda fuer seine Ziele gerade besonders aus. Papier ist geduldig, ebenso der Film oder die Television.

Auf diese nicht gerade saubere Art und Weise wird der Gegner bis heute relativ mundtot gehalten, was eigentlich ein Sieger doch nicht mehr noetig haben sollte.

Darum ist es gut, wenn wir einmal den alten lateinischen Satz wieder zur Geltung bringen: Audiatur et altera pars (man moege auch den anderen Teil hoeren).

Das, was Sie mir an jenem Mittwoch teilweise entgegneten, waren Dinge, die ich schon waehrend des Krieges hierzulande aus der damals recht lauten Propagandamaschine der Alliierten in aehnlicher Form gehoert hatte, nur war damals noch eine gute Portion offenen Hasses dazugetan.

Um Einiges herauszugreifen: Die deutsche Fuehrung sei verrueckt oder gar verbrecherisch; handelte nur willkuerlich, unbedacht, „intuitiv" etc. Nein, meine lieben Freunde, so bloed sind die Deutschen nicht, sich in einem so wichtigen und entscheidenden Kampfe Verrueckte oder Verbrecher als Chefs auszuwaehlen! Das Alles ist nichts weiter, als eines der Mittel in der psychologischen Kriegsfuehrung, die es als solche zu erkennen gilt, u. zw. dass sie nun nicht nur in Kriegszeiten, sondern auch in der darauf folgenden „Friedenszeit" unumschraenkt weitergefuehrt wird.

Mit dieser Feststellung sind wir bereits mitten in der Materie, eben der psychologischen Kriegsfuehrung, deren Erwaehnung Anlass zu unserer Unterhaltung gab.

Zu dieser psychologischen Kriegsfuehrung, die an sich ungeheuer vielseitig ist, gehoert auch die bewusste Verunglimpfung der fuehrenden Personen der Gegner, ebenso wie die bewussten Falschmeldungen ueber Dinge und Ereignisse, die fuer die erfolgreiche Kriegsfuehrung, oder besser gesagt Irrefuehrung, von Bedeutung sind oder sein koennten.

Sie muessen sich darueber klar sein, dass dieses Vorgehen — an sich ein doch sehr unsauberes, nebenbei gesagt gaenzlich undeutsches Mittel — heutzutage ein ganz grosses Kampfmittel ist, hatte man doch letztenends das Grossdeutsche Reich, welches nicht gerade schwach war, damit in die Knie gezwungen.

Wir alle, auch Sie, und mit uns fast die ganze Welt, lag unter dem Beschuss mit dieser sonderlichen Munition, — und sind wir es heute noch! Sie muessen sich auch darueber klar sein, dass nunmehr auch Sie sich hierzulande, nachdem Brasilien durch seine stuermische Aufwaerts-Entwicklung in den Kreis der „Interessanten Objekte" aufgerueckt ist, mit dieser psychologisch orientierten Fuehrung der Politik auseinandersetzen muessen, denn sie wird unerbittlich dort angewandt, wo man es fuer angebracht haelt, u. zw. insbesondere dort, wo bisher ein starkes militaerisches Regiment geherrscht hat, dessen Staerke umschlichen werden soll.

Es verlohnt sich also, die psychologische Kriegsfuehrung nicht nur als mehr oder minder interessante Schulweisheit hinzunehmen, sondern sie verdient als eine der heutzutage wesentlichsten Angelegenheiten im allgemeinen Machtkampf erachtet und dementsprechend bei den Aufgaben, die Ihnen als Buerger dieses Landes oder als Offizier der hiesigen Wehrmacht gestellt sind, zum Nutzen der Brasilianischen Nation in Rechnung gestellt zu werden.

Theoretisieren wir darum zunaechst etwas weiter:

Nach Clausewitz ist der Krieg die Fortsetzung der Politik mit anderen Mitteln. Dieser klassische Satz wurde, so kann man sagen, weiterentwickelt, indem man fragte: Mit welchen Mitteln?

Zu den althergebrachten Waffen des Krieges kamen Panzer, Flieger, Gas, Sprengbomben, Raketen, U-Boote, etc. hinzu.

Deutschland war zweifellos fuehrend in der Entwicklung solcher neuen Waffen. Ebenso verhielt es sich mit der Anwendung dieser Waffen und der „Erfindung" neuer Taktik, wie sie von Guderian, Rommel u. a. entwickelt und durchgefuehrt wurde.

Und dennoch verlor Deutschland diesen Kampf! Nicht „Hitler und seine Nazis" fuehrten das Deutsche Reich durch irgendwelche Sperenzien in das Unglueck, wie bis heute hoechste Stellen der Bundesrepublik die Stirn haben zu behaupten, sondern Deutschland wurde in die Knie gezwungen und gedemuetigt von seinen Feinden, wurde klar besiegt und hat den Kampf verloren. Eben auf einem anderen Sektor, und das war der der psychologischen Kriegsfuehrung!

Gerade, weil Deutschland auf den althergebrachten militaerischen Sektoren so stark war, umging die gegnerische

Seite diese fast uneinnehmbare Stellung Deutschlands und brachte den psychologischen Krieg zu voller Entfaltung. Dieser war von aeusserster Wirksamkeit, machte andere Waffen und Mittel mehr oder minder wirkungslos, was ihren Einfluss auf die Entscheidung des Krieges anbelangt.

Der klassische Satz wurde also weiterentwickelt:

„Den Krieg zu gewinnen mit wiederum politischen und psychologischen Mitteln."

Man war sich dabei auch klar geworden, dass die neuen Mittel nicht nur im Kriege, sondern nach dem Kriege, und sogar auch schon vor Beginn der Kampfhandlungen zum Einsatz zu bringen waren.

So, wie die normalen „alten" Waffen und Mittel schon vor dem Kriege entwickelt und vorbereitet wurden, hielten es die Gegner Deutschlands auch mit dieser neuen Waffe. Von langer Hand wurde der Krieg von ihnen geplant und vorbereitet. Schon vor dem Kriege begann man Zwiespalt in den deutschen Reihen zu saen. Vertrauensleute des Gegners wurden sehr fruehzeitig und unmerkbar in wichtigste Kommandostellen des politischen und militaerischen Fuehrungsstabes der Deutschen eingebaut.

Waehrend des eigentlichen Krieges hat man diese psychologische Kriegsfuehrung zu voller Entfaltung gebracht.

In der Zeit nach dem Kriege hat man dann die politischen und psychologischen Mittel nicht nur beibehalten, sondern, gerade nach Ausschaltung aller etwaigen Gegenmittel des besiegten Gegners, sie um so kraeftiger und damit auch wirkungsvoller bis weit in die sogenannte Friedenszeit hinein fortgesetzt — bis in die heutige Zeit! — und durch die sogenannte „demokratische Umerziehung" gefestigt.

Das Tollste an dieser Angelegenheit ist die Tatsache, dass man nicht nur selber handelnd aufgetreten ist, sondern auch den Gegner — in diesem Falle die Deutschen selber — irgendwie dazu gebracht hat, so zu handeln, wie man es haben wollte und fuer seine (doch deutsch-feindlichen) Ziele brauchte.

Sie sehen, das Alles ist etwas compliziert, teilweise neuartig und erstmalig angewandt. Man kann begierig sein, zu erleben, was darnach nun noch in dieser Hinsicht erfunden wird und was von den Betroffenen dagegen entwickelt wird; eine ganz nette Aufgabe fuer die Intellektuellen der freien Welt, damit man nicht eines Tages ebenso unterliegt, wie es im Falle Deutschlands sich ereignete.

Es gehoert zur psychologischen Kriegsfuehrung, dass sie sich selber moeglichst unsichtbar und unantastbar macht.

Das geht dann auch eine Weile gut, wie mit jeder neuen oder Geheim-Waffe; bis ihr Einsatz sie dann zwangslaeufig frueher oder spaeter sichtbar macht. Dadurch ist auch der Teil der Welt, der unter dem Beschuss dieser sonderlichen Munition lag — es war nicht nur Deutschland — in der letzten Zeit endlich und gluecklicherweise hellhoerig geworden. In aller Welt lassen sich die besonnenen Elemente nicht mehr an der Nase herumfuehren und bevormunden, auf das es praktisch herauskommt, sondern man geht den an sich einzig richtigen, aber zeitweilig unkenntlich gemachten und damit verlorenen Weg, die Gruende und Ursachen des Krieges auf dem Boden der absoluten Wahrheit und Wirklichkeit zu erforschen. Damit faellt dem kritischen Betrachter die durch die psychologische Kriegsfuehrung geschaffene Lage klar ins Auge und man ist dann in der Lage, den ganzen ungeheuren Schwindel zu durchschauen! Man stellt die richtigen Fragen: „Warum, und woher?"

Und dann stellt man die dritte, noch viel wichtigere Frage: „Aber wohin?"

Gibt es nicht die Moeglichkeit, die Gruende und Ursachen der Kriege besser zu studieren und soweit zu kommen, nicht zum Kriege, dem aeussersten Mittel zu greifen, sondern die grossen Probleme ohne Kriege einer Loesung zuzufuehren, eben durch eine wirklich gerechte Loesung? Gibt es keinen friedlicheren Weg, die Wirtschaft anzukurbeln und soziale Probleme zu loesen, als den ueber Ruestung und Krieg?

Wie oft kommen uns heutzutage diese Gedanken, wenn man von Ruestungs-Stop und Atombombenwurf-Stop und allgemeiner Abruestung reden hoert. Nie wird man auch nur ein Wort gewahr, das darauf hinfuehrt, die Gruende der Auseinandersetzungen anzupacken. (Wieder ein geschickter Schachzug im Rahmen der psychologischen Kriegsfuehrung).

Waren die Probleme des letzten Krieges ueberhaupt so ernst und gross, dass sie das aeusserste Mittel — den Krieg — rechtfertigen?

Wir erkennen mit diesen Fragen schon, mit wieviel Raffinesse dabei vorgegangen wurde.

Um diese Probleme richtig beurteilen zu koennen, und aus einer richtigen Beurteilung die richtigen Schluesse eventuell zu ziehen, kommt man um das Studium der vorausgegangenen Ereignisse garnicht herum. Das war es gerade, was bei unserer Unterhaltung so klar zutage trat, das Fehlen der Kenntnisse der Vorgeschichte von den grossen und auch heute noch entscheidenden Ereignissen in Europa.

Deshalb wollen wir einmal aus der Vielzahl einige wesentliche Teilfragen, soweit sie in unserer Unterhaltung sich ergaben, behandeln. Die Erste waere die:

Wer wollte Krieg?

Sie ist so wesentlich, dass wir ihr ein ganzes Kapitel widmen werden.

II. KAPITEL

WER WOLLTE KRIEG ?

Wer wollte Krieg? Welches war der Hauptgrund zu dem Zweiten Weltkriege? Diese und aehnliche Fragen wurden waehrend unserer Unterhaltung mehrfach gestellt und eroertert.

Sie meinten, da staende die deutsch-juedische Frage an erster Stelle. Auch wenn dieses Problem durch die internationale Propaganda zu einem wichtigen Problem heraufgespielt wurde, so muss ich Ihnen, meine brasilianischen Freunde, gleich ganz klar sagen, dass dem nicht so ist.

Es gibt groessere politische Dinge in Europa. Dort leben grosse selbstaendige alte Kultur-Voelker, die ihre eigene politische Entwicklung haben, und hatten.

Selbst Hitler nahm die juedische Frage in das Programm seiner Partei auf, nur zusammen mit ueber zwanzig anderen, fuer Deutschland lebenswichtigen Programmpunkten.

Mit dieser Feststellung soll die juedische Frage nicht zur Unbedeutsamkeit herabgedrueckt werden; sie tritt fast bei jedem europaeischen Problem mal schwaecher, mal staerker in Erscheinung. Die Juden haben es verstanden, aus der jeweiligen Lage in Mitteleuropa immer fuer sie Guenstiges herauszuarbeiten, sehr oft haben sie europaeische Reibungen mehr als noetig geschuert und gefoerdert, um die Lage ihren Zielen dienstbar zu machen; sie haben also sehr oft aktiv, wenn auch oft nicht direkt sichtbar, sondern immer ueber Mittelsmaenner, in die europaeische Politik eingegriffen.

Wir sehen offen gestanden, darin noch keine frevlerische Handlung, denn an der europaeischen Suppe haben nicht nur sie, sondern auch andere geruehrt. Entscheidend fuer uns ist die Haltung der Deutschen; die politische Einfalt derer, die diese Suppe ausloeffeln, ohne hinzusehen, was in der Suppe drin ist und wer sie gekocht hat;

Diese politische Einfalt gilt es zu ueberwinden!

Das gilt auch fuer diejenigen Deutschen, die ausserhalb Deutschlands wohnen und fuer viele Nicht-Deutsche in aller Welt.

Wir muessen aber immer die Tatsache bestehen lassen, dass die Juden als kleines Volk immer eine Randerscheinung gewesen sind.

Blicken wir vielmehr einmal etwas in die Geschichte zurueck:

Da war das Mittelmeer. Schon sein Name sagt, dass es einmal die Mitte war. Die damalige Welt ging an seinen Raendern praktisch zuende.

Das wurde erst anders, als die Neue Welt entdeckt wurde und damit der Atlantik das „Mittelmeer" wurde.

Zwischen diesen beiden Mittelmeer-Epochen hatte sich bereits durch die Hanse im Ost- und Nordseeraum schon ein neues Zentrum entwickelt, raeumlich wohl erheblich begrenzter, aber der damaligen Zeit des Mittelalters und ihrer politischen Konstellation viel mehr entsprechend. Die natuerliche Folgerung war dann die Erweiterung dieses „Ost- und Nordseeraumes" nach Westen hin und ebenso natuerlich war die weitere Folgerung, dass das bis dahin unbedeutende England auf den Plan trat.

Als dritte Folgerung kommt dann das Auftreten eines weiteren Anliegers an diesem neuen Atlantik-Raume hinzu: Frankreich.

Die wirklich grosse und bedeutende Frage der europaeischen Politik in den letzten Jahrhunderten war die Rivalitaet **dieser beiden** Laender, England und Frankreich.

Beide Staaten waren immer gegen eine starke Kontinentalmacht und so waren sie einmal mit dieser, das andere Mal mit jener Kontinental-Macht verbuendet. Beide Laender, zumindest eines von ihnen, war immer gegen die Hauptmacht der Mitte in Europa: Deutschland.

Mit der Erfindung des Dampfschiffes wurde die Entwicklung der grossen europaeischen Imperien ungeheuer gefoerdert. London und Paris wurden die Metropolen der neuen Zeit.

Da zum Dampfschiff Kohle und Eisen gehoeren, musste sich England, das Beides zur Genuege zur Verfuegung hatte, besser entwickeln, als Frankreich, das wohl Erze hatte, aber arm an Kohle war. (Erdoel spielte bis zur Mitte des 19. Jahrhunderts noch keine grosse Rolle).

In diesem Kampf der beiden Giganten musste der eine, Frankreich, also sehen, seinen Mangel an Kohle irgendwie auszugleichen, u. zw. musste es die Kohle in seiner Naehe auf dem Kontinent auftreiben. Nichts lag naeher, als auf die Kohlenvorkommen in Deutschlands, an Frankreich angrenzenden Westprovinzen, an der Saar und an der Ruhr, die Hand zu legen; es zumindest zu versuchen.

Hiermit sind wir bereits an einem typischen Beispiel der modernen psychologischen Kriegsfuehrung angelangt. Diese wichtigste Triebfeder der franzoesischen Politik wurde restlos vertuscht und an ihre Stelle traten irgendwelche viel unwesentlicheren Gesichtspunkte.

Fuer den neuen imperialistischen Sturm, der mit Frankreichs „Kohlensuchen" bezw. „Kohleholen" ueber Mitteleuropa hereinbrach, musste ausserdem irgendjemand Anderem die Verantwortung aufgeladen werden.

(Das Gleiche geschieht in heutiger Zeit bei dem nicht weniger imperialistischen Sturm der Bolschewisten von Osten her in Richtung auf den Westen und den Rest der Welt, wie es die Welt-Revolution der Sowjets vorsieht).

Frankreich erreichte sein Vorhaben mit dem Ersten Weltkriege so ziemlich; ihm wurde das Saargebiet zumindest zeitweilig zugesprochen. Es kam dann die Besetzung des Ruhrgebietes und die Bestrebungen, einen vermeintlich unabhaengigen Rheinstaat zu bilden, der dann so unabhaengig von Frankreich gewesen waere, wie z. B. Panamá von den Vereinigten Staaten von Nordamerika.

Die sich damit abzeichnende Machtfuelle seitens Frankreich wurde jedoch sehr bald wieder von seinem Rivalen England erkannt und natuerlich auch nicht gut geheissen. So musste die Besetzung von Rhein und Ruhr wieder aufgegeben werden und die Separatistische Bewegung am Rhein, bei der uebrigens Adenauer damals eine sehr bedeutende Rolle spielte, ging ebenfalls zuende.

Im Hintergrund erschien dann auch eine neue Grossmacht, die USA, die ihrerseits nun wieder eine Rivalitaet gegen beide europaeischen Imperien zwangslaeufig eingehen musste, sich also — zunaechst — gegen eine dieser beiden europaeischen Maechte wenden musste; das war Frankreich.

Schliesslich tauchte in der Zeit der vermeintlich „Goldenen Jahre", die dem Ersten Weltkriege folgten, die Sowjet-Union auf.

Und zu der Frage Kohle-Eisen gesellte sich der neue „Koenig" Erdoel.

Mit all diesen neuen Erscheinungen wurde wiederum die ganze Grundlage des politischen Geschehens in Europa und der Welt geaendert.

Man moechte nun annehmen, dass in den Laendern England und Frankreich, bei denen man meint, dort sei die Diplomatie, die Politik und der gute Menschenverstand zuhause, die sich anbahnende Neuorientierung der Kraefte-Verhaeltnisse, wenn nicht rechtzeitig, so doch zumindest ueberhaupt erkannt worden waere. Das scheint jedoch nicht der Fall gewesen zu sein. Beide Laender reagierten wohl auf die sich entwickelnde Umgestaltung, indem sie ziemlich unueberlegt um sich schlugen u. zw. ausgesprochen in eine Richtung, von wo ihnen in Wirklichkeit keine ernste Gefahr drohte, von Mitteleuropa, dessen Hauptmacht Deutschland, insbesondere waehrend der Regierung Hitler, nicht nur keinerlei Ansprueche an die Westmaechte gestellt, sondern sogar langfristige Garantien ihrer Imperien angeboten hatte.

Beide Maechte lehnten hohnlaechelnd und in ueberheblichem Tone diese deutschen Garantien ab, und wir sehen schon heute, wohin sie mit dieser bloedsinnigen Einstellung gekommen sind.

Na, und was ist aus dieser Ablehnung, aus diesen Schlaegen gegen die mitteleuropaeischen Nachbarn geworden? Das brauche ich Ihnen, meine Freunde, ja nicht vorzufuehren, denn das sehen wir jeden Tag, was geworden ist.

Aus einer kleinen Grenzstreitigkeit mit Polen machte man erst einen europaeischen, dann einen weltweiten, langen Weltkrieg. Wozu einen Weltkrieg? Um Deutschland zu bekaempfen? Dazu haette doch ein beschraenkter, starker Blitzkrieg gegen das geografisch doch so kleine deutsche Reichsgebiet genuegt.

Und wie sieht es mit Polen aus, von dem Deutschland unbedeutende Landstriche, die Polen erst 1918 im Versailler Vertrag unberechtigterweise zugeschanzt worden waren, zurueckhaben wollte?

Oder wie steht es mit den Baltischen Randstaaten? Oder mit der Tschechei, oder Slowakei, oder mit dem sogenannten Jugoslawien?

Das waren Alles kuenstlich geschaffene Staaten, die nach dem ersten Weltkriege in den Vororten von Paris zusammengestueckelt wurden, indem man ihnen Teile deutscher oder oesterreichischer Provinzen zuschanzte, um sie damit „garantiert" deutschfeindlich zu machen. Dieser Ring von kleinen deutschfeindlichen Randstaaten war extra von Frankreich geschaffen, um Deutschland nieder zu halten und es mit diesen seinen neuen Nachbarn sich abgeben zu lassen; auch moeglichst zu streiten, anstelle sich etwa an dem grossen europaeischen „Konzert" zu beteiligen, auch wenn es dazu als groesste Macht der Mitte und groesstes mitteleuropaeisches Volk, mit seiner Kultur und seiner wirtschaftlichen Stellung, noch so berechtigt gewesen waere.

Heute ist dieser Ring um Deutschland dem Einfluss Frankreichs restlos entglitten. Er ist aber nicht etwa verschwunden, sondern sogleich von einer der neuen Weltmaechte (Russland) aufgenommen und zu gleichen Zwekken „verbraucht", auch wenn nun fuer sowjetische Zwecke.

Wir koennen uns eines leichten Laechelns nicht erwehren, wenn wir bei dieser heutigen Konstellation an das Gefasel von deutschen Weltherrschaftsplaenen denken. Ausserdem laesst es uns klar erkennen, dass die Deutsche Reichsregierung der Jahre 1933—45 diese Entwicklung klar voraussah, und, da diese Entwicklung gerade Deutschland ganz besonders anging, sie mit allen Mitteln zu verhindern suchte; der damalige Reichskanzler und seine Minister waren also garnicht so bloed und aussenpolitisch so blind und unerfahren, wie sie gern von der gegnerischen Propaganda hingestellt werden.

Wenn auch reichlich verspaetet, scheinen die ehemaligen westlichen Feindmaechte zu einer gewissen Einsicht in europaeischen Dingen zu kommen, indem man sich zunaechst zur NATO und dann vor allen Dingen zur EWG zusammengefunden hat, in der zunaechst die mitteleuropaeischen Laender, wie Frankreich, Deutschland, Italien, Holland, Belgien und Luxemburg zusammengeschlossen sind. Weitere Europa-Staaten assoziierten sich bereits, und werden noch weitere Laender, — auch England, wenn es auf die bisher geforderten Sonderrechte verzichtet hat — dazu stossen.

Diese — natuerliche — Loesung in Europa war nur moeglich durch die bitteren Erfahrungen, die die Gruenderstaaten der EWG mit ihren falschen Freunden im und nach dem Zweiten Weltkriege gemacht hatten, durch deren Mittuen sie ihre kolonialen Besitzungen verloren hatten.

Eine weitere guenstige Vorbedingung war der begonnene Ausgleich des deutsch-franzoesischen Gegensatzes, dem, was die franzoesischen Interessen anbelangt, die Notwendigkeit zu dem oben Ausgefuehrten („Kohlenholen"!) genommen war.

Sie, meine Freunde, sehen also, dass ganz andere, viel wesentlichere Dinge, als etwa die Judenfrage, in Europa eine Rolle spielten und auch heute noch spielen; allerdings klingt sie bei allen europaeischen Problemen mehr oder minder leicht durch, da sie geschickt eingewoben wird, um Vorteile fuer sich zu erringen; sie ist, wenn auch als parasitenhafte Erscheinung, aus dem Europaeischen Geschehen nicht wegzuleugnen, u. zw. bezieht sich das nicht nur auf die Zeit um Hitler, sondern geht weit in das fruehe Mittelalter zurueck.

Aus diesem Grunde, und insbesondere, weil Sie in unserer Unterhaltung mehrfach auf eine Stellungnahme aus deutscher Sicht gedrungen hatten, wollen wir nachstehend auf die deutsch-juedische Frage eingehen, weil Sie durch die vielen, hierzulande garnicht mehr interessierenden Zeitungsberichte ueber Verfolgungen etc. geradezu darauf gestossen wurden, und nun einmal jemanden hoeren wollten, der das Thema unpropagandistisch anfasst.

Sie hatten vollkommen recht mit Ihrer Feststellung, dass dieses Thema genau genommen Brasilien garnicht interessiert und somit weder grosse Artikel, noch dicke Ueberschriften — noch dazu heute — verdient; ist es doch genau genommen eine rein interne deutsch-juedische Angelegenheit.

Ich konnte Ihr Staunen verstehen, dass eine solche Frage so wichtig gemacht werden konnte durch die entsprechende Lautstaerke der Propaganda.

Der Krieg hat aber zu einem guten Teil darin seinen Anlass, und so werden wir sie zunaechst einmal von diesem Gesichtspunkt aus betrachten, ohne dabei in das Extrem zu verfallen, dieser Frage die alleinige Bedeutung beizumessen; im Weltgeschehen spielen immer sehr viele Faktoren zusammen.

Ich habe einmal einige nicht misszuverstehende Aeusserungen zusammengestellt, wie sie von fuehrenden, bekannten juedischen Persoenlichkeiten vor (!) dem Kriege getan wurden. Diese lassen keinen Zweifel aufkommen ueber den juedischen Standpunkt und seine Plaene, was Deutschland angeht. Die nachstehenden Zitate stammen nur aus nichtdeutschen Quellen — sie sind jeweils mit angegeben — womit jeder Verdacht deutschseitiger Propaganda genommen sein duerfte.

Noch vorweg bedarf es einer Klarstellung: Beide Voelker, also das juedische und das deutsche, haben niemals in direkter Nachbarschaft in entsprechend eigenen Staatsgebilden gelebt, wie z. B. Deutschland und Frankreich, oder Portugal und Spanien, sondern die Juden lebten als sogenanntes „Gastvolk" innerhalb des deutschen Reiches. Genauer gesagt waren es nicht die Juden, also alle Juden, sondern nur ein kleiner Teil des Judentums lebte in Deutschland.

In Zahlen ausgedrueckt: Es gab vor dem zweiten Weltkriege im Grossdeutschen Reiche mit einer Gesamtbevoelkerung von ca. 90 Millionen rund 900 000 Juden, was einen Prozentsatz von 1% entspricht.

In dem an sich gastfreundlichen Deutschland gab es — und gibt es auch heute noch — sehr viele, weitere, fremde Volksgruppen und zehntausende von Studenten aller Voelker und Rassen, mit ihren verschiedensten Religionen und Kulten. Allein in Berlin gab es mehr als zweihundert der verschiedensten Tempel, nicht gezaehlt die christlichen Kirchen, ohne dass es jemals mit diesen vielen anderen Gastvolksgruppen zu Diferenzen gekommen waere.

Nur eine dieser zahlreichen Gastvolksgruppen, u. zw. die juedische, hat es an der notwendigen, doch selbstverstaendlichen Loyalitaet gegenueber dem gast-gebenden (deutschen) Volke fehlen lassen. Die Folge war, dass es zu einer Ablehnung der Juden, dann zur Auflehnung gegen die Juden, ja zu offenen Protesten und antijuedischen Kundgebungen und Organisationen kommen musste und auch kam, je mehr dazu Veranlassung von Seiten der Juden geboten wurde. Es ist doch letztenendes nichts Besonderes, wenn die deutsche Nation von ihrem Haus- und Buergerrecht den Fremden gegenueber Gebrauch macht. Jeder Brasilianer wird diesen Umstand sofort und genau verstehen, da Brasilien eine grosse Einwanderung und damit viele Fremde hat.

Ein solcher Anti-Judaismus wurde nicht erst von Hitler erfunden, vielmehr zieht sich ein solcher schon durch die Jahrhunderte u. zw. nicht nur im deutschen Raume, sondern jeweils dort, wo juedische Volksteile auftraten, hin; **also** auch in anderen europaeischen Laendern, wie Polen, Russland, Ungarn, Rumaenien, etc.

Nirgends und niemals jedoch war die Stellung eines solchen Gastvolkes zu einer ausgesprochenen Machtstellung innerhalb eines anderen, noch dazu viel groesseren Volkskoerpers geworden, und so stark und einflussreich, wie die des juedischen innerhalb des deutschen.

Hoechste Regierungsstellen, die Finanzen, das Gerichtswesen, ja, die Gesetze selber, sowie die Presse, das Theater, Radio, Film, bis hin zu den Kabaretts dritter Klasse waren in juedischer Hand oder zumindest unter entscheidendem Einfluss der Juden.

Da dieser juedische Druck — man war sich ja der strategischen Stellung und der wirtschaftlichen „Fruchtbarkeit" des Deutschen Reiches bewusst — immer staerker wurde, war eine Abwehr von deutscher Seite durchaus natuerlich. Man organisierte sich dagegen, sogar in demokratischer Form. Es entstand eine Partei, die in ihrem umfangreichen Parteiprogramm **auch die Judenfrage** aufnahm u. zw. unter dem Princip einer in Deutschland bis dahin nicht geuebten Fremden-Gesetzgebung mit ihren berechtigten Beschraenkungsvorschriften; einer Angelegenheit, die fuer jedes andere Land, wie z. B. auch Brasilien, eine Selbstverstaendlichkeit ist.

Nach fuenfzehn Jahren politischen Kampfes kam diese Partei durch Stimmenmehrheit, also demokratisch, parlamentarisch, ans Ruder. Und damit ging jene juedische Machtstellung in Deutschland Anfang 1933 verloren.

Was geschah dann?

Nehmen wir nun die Zitate zur Kenntnis: (Bitte achten Sie dabei auf die jeweiligen Quellen- und Zeit-Angaben.)

1) Im Londoner „Daily Herald" am 24. Maerz 1933, in balkendicker Ueberschrift auf der Titel-Seite:

„Juda erklaert Deutschland d e n K r i e g ! "

2) Dr. Bauer lt. „Weltdienst", Wien, 1934:

„Um unsere verlorenen Positionen zurueckzugewinnen, muessen die Arbeiter mitwirken an der Entfesselung **eines neuen Krieges.**"

3) Paul Loubet, Paris, 1933: „Die Geduld des Weltjudentums geht zuende. ...Taeuschen Sie sich nicht, mit Deutschland, diesem infamen, idiotisch-tierischen Volke werden wir in Kuerze fertig werden..."

4) Paul Levy in Rampart, 13. Nov. 1935:

„Revolution gegen Hitler und Praeventiv-Krieg gegen Deutschland."

5) Zionistenfuehrer Jabotinsky laut „Livres Paroles" Nr. 1/1934:

„Der Kampf gegen Deutschland wird seit Monaten von allen juedischen Gemeinschaften in der ganzen Welt gefuehrt. ... Deutschlands Ehrgeiz ist es, eine grosse Nation zu werden, seine verlorenen Gebiete und Kolonien zurueckzugewinnen. Unsere juedischen Interessen dagegen fordern die endgueltige Vernichtung Deutschlands!

Das Deutsche Volk samt und sonders ist eine Gefahr fuer uns."

6) Emil Ludwig in „Les Annales", 1934:

„Hitler wuenscht keinen Krieg (!!), aber er wird dazu gezwungen werden, nicht in diesem Jahr; aber bald".

7) „The American Hebrew", am 30. April 1937:

„Die Voelker werden zu der notwendigen Einsicht kommen, dass Nazi-Deutschland es verdient, aus der Voelkerfamilie ausgetilgt zu werden."

8) Bernard Lifschitz, in „Le droit de vivre", am 18. Dezember 1938:

„Es ist unsere Sache, die moralische und kulturelle Blokkade gegen Deutschland zu organisieren und die Nation zu vierteilen.

... Es ist unsere Sache, endlich einen Krieg ohne Gnade zu erwirken."

9) Wiederum Emil Ludwig, jetzt 1938, in „Die neue Heilige Allianz":

„Denn obwohl er vielleicht im letzten Moment den Krieg vermeiden will, der ihn verschlingen kann, wird Hitler dennoch zum Kriege genoetigt werden."

10) Chaim Waiszmann in London zum Ausbruch des Krieges am 2. September 1939:

„Dieser Krieg ist unser Krieg!"

Soweit die Zitate.

Anschliessend folgt noch ein wichtiger Buchtitel aus den USA, mit der Andeutung seines Grundthemas:

Morgenthau: „Germany is our problem!"

(Deutschland ist unser (??) Problem!)

Sein Grundplan: Zwanzig Millionen Deutsche durch Hungertod vernichten.

Das war es also, was das Judentum damals, v o r dem Kriege, mit Deutschland vorhatte. Das Ganze wurde nun nicht etwa irgendwie heimlich geplant, sondern, wie wir gesehen haben, ganz ungeniert, ganz offen und unverbluemt ausgesprochen.

Bitte meine Freunde, diese Feststellungen, insbesondere die oben angefuehrten Zitate koennen und werden Sie auch nicht als antisemitische Aeusserungen hinstellen; vielmehr sind sie das strikte Gegenteil, sie zeigen einen wuetenden Anti-Germanismus!

Ausserdem sei es erlaubt, hier die Titelfrage dieses Kapitels zu wiederholen: WER WOLLTE KRIEG?

Es ist tragisch, dass solch Antigermanismus von einem schliesslich auch germanischen Volke, wie dem englischen, in nicht minderer Form mitbetrieben wurde. Hier duerften die Anfaenge der Taetigkeit des Generals Psychologus in der modernen Zeit zu suchen sein, dem es immer und gern darum geht, Unfrieden unter Freunden oder gar unter Bruedern zu stiften, wie es im Fall der Deutschen und Angelsachsen vorliegt. Diese Anfaenge gehen auf die Jahrhundertwende zurueck und erreichten zunaechst vor dem Ersten Weltkriege mit der Kriegserklaerung an Deutschland den Hoehepunkt, der sich dann in der Zeit vor dem Zweiten Weltkriege wiederholte und mit der folgenden Erklaerung Churchills seine unmissverstaendliche Definierung fand:

„Deutschland wird zu stark, es muss vernichtet werden.

Wir muessen Hitler den Krieg erklaeren, ob er will oder nicht."

Die Englaender wetteiferten also geradezu mit den Juden in dem Herbeisehnen und schliesslichen Herbeifuehren des Krieges gegen Deutschland. Bitte, meine Freunde, auch das ist wieder keine antisemitische oder antienglische Feststellung, sondern auch hier handelt es sich wiederum um Anti-Germanismus.

Auch hier ist die Wiederholung der Titelfrage dieses Kapitels angebracht: „WER WOLLTE DEN KRIEG?"

Als es dann im September 1939 zum Kriege gekommen war, klangen die offiziellen Erklaerungen der Fuehrer dieser beiden Maechte ziemlich gleich:

Churchill sagte: „Dieser Krieg ist ein englischer Krieg!"

Waiszmann meinte: „Dieser Krieg ist unser Krieg!"

Beide erklaerten zusaetzlich, dass sie entschlossen seien, diesen Vernichtungskrieg bis zum Ende durchzufuehren.

Lesen Sie die oben aufgefuehrten zehn Zitate ruhig noch einmal, oder vergegenwaertigen Sie sich sonstwie, was damit ganz offen gesagt wurde, und was man wohlverstanden vor dem Kriege schon vorhatte.

Einige Tage spaeter, es war der 5. September, kam noch eine weitere, ganz klare juedische Erklaerung hinzu, indem wiederum Waiszmann erklaerte, dass die Juden Alles in ihrer Macht stehende einsetzen und zur Verfuegung der Englaender stellen wuerden, im Kriege gegen das verhasste Deutschland, wohlverstanden „Alles", also auch den juedischen Einfluss in den neuen Grossmaechten USA und UdSSR.

In diesem Sinne kuendigte dann auch ein Aufsehen erregendes Buch den baldigen Eintritt jener beiden Grossmaechte in den Krieg gegen Deutschland an. Es war das Buch von Kauffmann:

"Germany must perish!"

(Deutschland muss verschwinden!)

In breiter Form wurde in diesem Buche der Plan dargelegt, wie man mit 25 Operationen pro Tag mit 20 000 Chirurgen in wenigen Monaten ganz Deutschland sterilisieren koennte und muesste, damit „endlich einmal Ruhe kaeme."

Es handelte sich bei diesem Buche nicht etwa um einen verrueckten Aussenseiter, sondern um eine hoechst offizielle Lancierung.

Die Zeitung „New York Times" schrieb dazu: „Ein Plan, um zu einem dauernden Frieden unter zivilisierten Nationen zu kommen."

"Germany must perish!" Das griff natuerlich Hitler und sein Propagandaministerium auf, indem dieses Buch in Zeitungen und im Rundfunk dem ganzen deutschen Volke und der Welt in mehr als dreissig Sprachen in aller Ausfuehrlichkeit verlesen und damit bekannt und eingepraegt wurde.

Bitte, meine Freunde, auch das war kein Antisemitismus, sondern die unumgaengliche Abwehr eines Antigermanismus wildester Art.

Trotz dieser klaren rauhen Sprache der Gegner des Deutschtums, die das ganze Volk ohne Ausnahme mit Stumpf und Stil, wie man sagt, ausrotten wollten, war Hitlers Abwehrkampf gegen das Judentum, also gegen juedischen Einfluss im deutschen Volke, in seiner Wirtschaft, in seiner Regierung, in seinem Kulturleben gerichtet, jedoch nicht gegen das Leben der einzelnen juedischen Buerger. Wenn er das gewollt haette, so waere eine Sperrung der Auswanderung ohne weiteres moeglich und der erste Schritt dazu gewesen. Jedoch war bis weit in den Krieg hinein der Weg nach draussen offen, denn wo waeren die riesigen Emigrantenmengen in USA, Argentinien, Brasilien etc. sonst hergekommen?

Bei einer Gesamtziffer von 17 bis 18 Millionen Juden in der ganzen Welt und kaum 900 000 im Grossdeutschen Raume befanden sich auch nur fuenf Prozent (5%) in deutscher Hand, womit niemals eine globale Loesung moeglich gewesen waere.

In diesem Zusammenhange ist jedoch noch ein Hinweis noetig: Mit den besagten 900 000 Juden, die in Kriegszeiten, soweit sie nicht vor Kriegsanfang ausgewandert waren, zu Geiseln werden mussten, hatte Hitler immerhin einen gewissen Faustpfand in der Hand und somit waere es richtiger und im Hinblick auf diese zweifellos unglueklichen Geiseln auch menschlicher gewesen, eine gemaessigte Sprache zu sprechen.

Es muss jedoch festgestellt werden, dass genau das Gegenteil betrieben wurde, u. zw. ganz bewusst, man sehe sich nur den 1940/41 lancierten Kaufmann-Plan an, der sich garnicht so sehr gegen das Deutschtum, also deutscschen Geist, deutsche Kultur oder Musik oder dergl. richtete, sondern ganz klar gegen „die" Deutschen, gegen „das" deutsche Volk, gegen seine Maenner und Frauen und Kinder, die die Opfer der Vernichtung werden sollten. Man erkennt also ohne viel Schwierigkeiten schon damals eine „Endloesung". Bitte, meine Freunde, das ist wiederum kein Antisemitismus, keine antisemitische, sondern eine antigermanische, zunaechst antideutsche Endloesung, worauf allerdings eine dementsprechende scharfe Gegenmassnahme zu erwarten war, und von General Psychologus auch erwartet wurde, um sie weiteren psychologischem Vorgehen einzugliedern.

Jetzt koennte man rein juristisch einwenden, dass boese Absichten noch keine boesen Taten, also nicht strafbar seien. Mit den Kriegshandlungen begann man jedoch die ganz klaren, fest umrissenen juedischen Absichten in die Tat umzusetzen, was die vergangene Zeit ja gezeigt hat.

Man schuerte zum Kriege, erreichte die Kriegserklaerung, sogar einer ganzen Anzahl von Nationen; man

erklaerte selber den Krieg

(das soll nicht uebersehen werden) und kaempfte mit allen Mitteln fuer das Kriegsziel. Man erreichte 1945 endlich das Kriegsziel und war somit schliesslich auch Siegermacht; sogar eine privilegierte, denn sie ist die einzige, die bisher Milliardenbetraege an Reparationen seit Kriegsende bereits laufend erhalten hat. (Abgesehen von den „Demontagen" der deutschen Industrie).

Man konnte sich also nicht wundern, wenn es in Deutschland — im Volke, wie auch in seiner Regierung — eine Richtung gab, die auf solche ungeheuerlichen, ganz offen seit 1933, also fuenf bis sechs Jahre v o r Kriegsausbruch fast taeglich lancierten Drohungen entsprechend reagierte und auf die mit dem Kriege begonnene Vernichtung, Austilgung und Vierteilung nun nicht mit dem Anbieten von Kaffee und Kuchen, sondern auf aehnlicher Tonart entsprechend antworten zu muessen glaubte; wohlverstanden war es eine Antwort auf vorausgegangene Rede und Tat.

Wohlweislich verschweigt die gegnerische Propaganda diese nur folgerichtigen geschichtlichen Tatsachen, oder besser gesagt, sie verschweigt diese V o r - Geschichte zu folgenschweren Ereignissen und verdammt mit dem Brustton tiefster Empoerung die nur folgerichtigen Reaktionen auf eigenes Verschulden hin.

Ebenso verschweigt sie bis heute die Tatsache, dass die damalige deutsche Regierung trotz allem, selbst, als der totale Vernichtungskrieg gegen Deutschland sich seinem tragischen Ende zuneigte, sich immer noch nicht zu einem dementsprechenden, ebensolchen radikalen Kurs hinreissen liess; vielmehr schritt sie sogar noch gegen vereinzelte Vorgaenge in dieser Hinsicht ein, als sie davon Kenntnis erhielt. Noch Ende 1944 wiederholte sie ihre verschiedenen frueher schon gemachten Vorschlaege (Madagascar etc.), die Juden aus dem gesamten deutschen Einflussgebiet auszutauschen, siehe die Aussagen von Joel Brand im Prozess Kastner in Jerusalem.

Es waren die anderen, die diese Auswege nicht wuenschten und darum torpedierten.

Schliesslich bewahrt man auch absolutes Totschweigen ueber die Tatsache, dass die Personen jenes uebersonnenen radikalen Kurses in Deutschland von interessierter Seite (von aussen her) nicht nur nicht als Erste schaerfstens bekaempft wurden, sondern ihre Gruppe im Gegenteil immer wieder genaehrt und damit gefoerdert wurde — (ganz schwerer psychologischer Tabak) um sie dann fremden Zielen, also gegen Deutschland, irgendwie nutzbar zu machen.

Die bis heute noch lautstark vorgetragene Anprangerung dieser-falschen-SS-Kreise stellt nur ein bewusstes Ablenken von den wahren Ereignissen dar.

Es zeichnete sich klar ab, dass man eine „Vorschuld" zur Hand haben wollte und musste am Ende des Krieges, um die Ungeheuerlichkeit zu rechtfertigen, die in dem von ihnen angestrebten und dann auch verwirklichten Kriegsziel lag, eben der Verwirklichung der Vierteilung und der versuchten Vernichtung des ganzen deutschen Volkes.

Die nahe Zukunft wird uns noch sehr Vieles und Interessantes und Bedeutendes und Wesentliches in dieser Hinsicht bringen. Auf jeden Fall ist es eine lohnende Aufgabe fuer die moderne Geschichtsforschung der juengsten Zeit, mit der sich immer mehr Kreise in allen Laendern beschaeftigen, die durch den letzten Weltbrand in Mitleidenschaft gezogen wurden, und die wissen wollen, warum.

Um die ganze Schwere dieses Problems richtig verstaendlich zu machen, stelle ich Euch, meine lieben Freunde, eine Gegenfrage:

Was wuerde das brasilianische Volk mit den hier ansaessigen Deutschen machen, wenn fuehrende Kreise in Deutschland die Ausrottung von mindestens 20 Millionen Brasilianern — noch dazu durch Massensterilisierung oder Hungertod — ganz offen und unverbluemt verkuenden und verlangen, und mit einer solchen „endgueltigen Vernichtung", mit der „Austilgung" des ganzen brasilianischen Volkes und der „Vierteilung" der brasilianischen Nation beginnen wuerden??

III. KAPITEL

EIN PSYCHOLOGISCHES MUSTERBEISPIEL
(DER FALL EICHMANN)

Damals noch bei unserer Unterhaltung kam die Rede auf die Affaire Eichmann, die riesig aufgebauscht in der ganzen westlichen Presse behandelt wurde; mittlerweile aber doch sehr uninteressant und fast vergessen ist. Anders sieht es aus, wenn man Studien am psychologischen Krieg uebt; da ist die Affaire Eichmann aeusserst ergiebig; sie ist ein ausgesprochenes Schulbeispiel fuer den psychologischen Krieg, wie er sowohl in Kriegszeiten, aber dann auch bis weit in den Frieden hinein betrieben werden kann.

Der Fall Eichmann ist nicht nur ergiebig fuer Studienzwecke, sondern er ist auch gleich einer der krassesten und bedeutendsten Faelle auf diesem Gebiet.

Stellen wir gleich die immer ergiebige, schon unter den Lateinern geradezu beliebte Frage: Cui prodest? Wer hat davon den Vorteil? Wozu wird zwanzig Jahre nach dem schrecklichen Weltringen, das der groesste Teil der Betroffenen als vergangen hinter sich und die Erinnerung durch erfreulichere Ereignisse ueberwachsen lassen will, solch ein Fall — und inzwischen weitere — wieder aufgerollt? Fuer Geschichtsstudien oder der Gerechtigkeit willen??

Was hat es zu bedeuten, dass die Memoiren, die Eichmann noch vor seiner Hinrichtung in Israel zusammengeschrieben haben soll und die doch zweifellos aeusserst aufschlussreich und interessant sein muessen, der Beschlagnahme verfielen, indem man die Aufzeichnungen „archivierte", womit sie der Einsicht interessierter Kreise oder gar der breiten Oeffentlichkit praktisch entzogen sind — aehnlich dem Vorgehen mit den Memoiren des Herrn Roosevelt, die auch bisher nicht freigegeben werden „durften", trotzdem jener Roosevelt schon zwanzig Jahre tot ist.

Eine solche „Archivierung" ist nicht neuartig; sie geschah schon oefter mit wichtigen, insbesondere aufschlussreichen Dokumenten. Sie scheint in der Gegend um Palaestina besonders beliebt zu sein, denn wir erinnern uns noch gut der epochalen Funde am Schwarzen Meer, den sogenanneen Essener Briefen von Qumram, um das Jahr 1947. Damit wurde eine aeusserst heikle Diskussion ueber etwaige Zusammenhaenge von Religion und Politik in den Anfaengen des Christentums aufgemacht, die von manchen Kreisen absolut nicht gewuenscht wurde. So wurden auch sie „archiviert", indem man sogar einen prunkvollen Schrein zur feierlichen Aufbewahrung beschaffte, mit dem praktischen Ergebnis, dass auch diese Funde, die die ganze christliche Welt angehen, nicht mehr zugaenglich sind.

So wurden also schon oefter bedeutende Dokumente ueber wesentliche Tatsachen der Oeffentlichkeit vorenthalten, sodass man nur wieder fragen kann: Warum das? Cui prodest? Wer hat den Vorteil davon? Denn normalerweise staende ja einer Publizierung solch gewiss sehr aufschlussreicher Originalberichte nichts entgegen.

Das ist es aber gerade, worum es sich dreht: Wird in einer Fuelle von Dokumenten ein wichtiges Schriftstueck entdeckt und nach anfaenglicher Harmlosigkeit seine wahre Bedeutung erkannt, so kann das fuer gewisse interessierte Kreise sehr peinlich werden, sodass also etwas dagegen getan werden muss. Das einfachste ist — wenn es irgendwie noch moeglich ist — es aus dem Verkehr ziehen; um das Gesicht zu wahren, es mit irgendeinem Maentelchen umgeben oder gar zudecken und es damit aus der Sicht bringen. Eine geschickte Propaganda sorgt dann dafuer, dass vermeintlich wesentlichere Dinge zur Diskussion kommen und die „gefaehrliche Materie" so schnell wie moeglich der Vergessenheit ueberlassen wird.

Darin ist General Psychologus Meister und darum mussten wir auch diesen Gedankengang im Rahmen unserer Studien wie oben ausfuehren.

Kommen wir auf den Fall Eichmann zurueck. Persoenlich habe ich Abscheu fuer die ganze Sache, und ich gehe auch nur zoegernd Ihnen gegenueber auf diese Affaire ein, denn als rein deutsch-israelitische Angelegenheit verdient sie bestimmt nicht das politische Interesse der ganzen Welt. Noch weniger interessiert sie im Rahmen der deutsch-brasilianischen Beziehungen, es sei denn, sie gefaehrde die sich immer weiter verbessernden Verbindungen zwischen Deutschland und Brasilien mit derartigen zweifellos boesartigen und diffamierenden Artikeln.

Sie werden sehen, in naher Zukunft werden noch mehrere eichmannsaehnliche Affairen gestartet werden. Derartige Affairen sind immer zu erwarten, wenn es noetig ist, auf die in Deutschland regierenden Kreise einen moralischen Druck auszuueben, um diesen bei insbesondere finanziellen Eroerterungen wie Wiedergutmachungsfragen und aehnlichen Dingen auszuspielen.

Ausserdem sind solche Affairen gut zu gebrauchen, wenn es um Diffamierung des deutschen Volkes, oder um Truebung oder gar Stoerung der guten Beziehungen geht, die Deutschland mit anderen Voelkern eingeht oder eingehen will und die von irgendwelchen neidischen obscuren Kraeften unerwuenscht sind.

Dasselbe kann mit jedem anderen Volk passieren, das nicht die Gunst der Kreise hinter sich hat, die diese obscuren Geschaefte manipulieren, oder die diese Gunst aus irgendeinem Grunde verloren haben. Man erkennt, dass General Psychologus seine Finger in diesen Geschaeften hat und darum wollen wir im Rahmen unserer Studien des psychologischen Krieges dieser Affaire Eichmann naeher treten und zwar mit sachlichen Argumenten:

Rein gefuehlsmaessig ist es verstaendlich, dass ein Volk, das mit einem anderen Volke im Kampfe lag, an seinem Gegner Vergeltung uebt. Im Falle eines deutschen Sieges, waere man vielleicht mit einem Gegner des deutschen Volkes, wie Herrn Morgenthau, wenn man seiner habhaft geworden waere, auch nicht gerade sanft umgegangen; wir sagen, „vielleicht". Wir gehen bei diesen Gedanken sogar noch einen Schritt weiter, indem wir meinen: Soweit diese juedische Haltung ihr nationales Empfinden und Reagieren anbelangt, oder ihre Hartnaeckigkeit und die Vertretung ihrer ureigensten Interessen, koennte man sie sogar als beispielhaft fuer fast alle nicht-juedischen Voelker hinstellen.

Vergeltung ist menschlich; ist ja auch weitgehendst in der Nachkriegszeit geuebt worden.

Aber sie muss auch einmal ihr Ende haben!

Zwischen den anderen Feindmaechten von ehemals ist gluecklicherweise einigermassen Ruhe und Verstaendigung, wirtschaftliche und kulturelle Zusammenarbeit, gegenseitiger Touristenverkehr etc. eingetreten.

Nur die Juden muessen immer wieder an den alten Dingen zerren und sie wieder aufwaermen.

Diese Staenkerei erzeugt immer wieder nur neue Ablehnung und wirkt abstossend, und kann dann wieder den

Neubeginn oder ein Wiederaufleben des uralten Antisemitismus bringen.

Warum gibt die juedische Seite nicht endlich einmal Ruhe? Die Frage ist sehr ernst gemeint und ist wichtig, wenn man sich fuer eine friedliche Zukunft interessiert.

Welcher Zweck liegt hinter diesem Wiederaufwaermen? Es ist bestimmt kein Zufall, heutzutage geschieht ueberhaupt nichts und existiert in dem politischen Leben nichts und keine Organisation „rein zufaellig". Wir muessen uns darueber klar sein, dass d i e Zeiten vorbei sind.

Um so mehr ist es die Pflicht der besonnenen Elemente in aller Welt, geschichtlich wahrheitsgemaess die Dinge und ihre Zusammenhaenge zu erkennen, um sich nicht wieder auf gefaehrliche Wege bringen zu lassen.

Die nachfolgenden Eroerterungen und Gedanken sollen nicht die Gegensaetzlichkeit noch vertiefen, sondern gehen von dem Wunsche aus, sie zu ueberwinden.

„Fort mit Anti-Semitismus, einem Uruebel der letzten Jahrhunderte", so lautet die Aufgabe. Dazu bedarf es einer klaren Analyse, um zur Synthese zu kommen.

Zunaechst die juristische Seite:

Wir sagten ausdruecklich am Anfang das Wort „Affaere", denn ein Prozess im althergebrachten Sinne ist der Fall Eichmann nicht gewesen.

Aus der Fuelle der juristischen Absurditaeten dieses Falles seien nur einige genannt:

1) Laut Sonderbericht aus Israel in der Correio da Manhã, Rio vom 12. 4. 61, lehnte der iraelische Staatsanwalt neutrale Richter ab.

In aller Welt muessen Richter neutral und unbefangen sein; sind sie ist es nicht, hoert die ganze Sache auf, eine Rechtssprechung zu sein.

2) Das Eichmann angelastete Verbrechen war nicht in Israel, sondern, wie die Anklage selber ausfuehrt, in Deutschland oder in deutschem Einflussgebiet begangen; also waere nur Deutschland das zustaendige Land zur Prozessfuehrung.

3) Der Staat Israel, hatte zur Zeit der vermeintlichen Verbrechen noch garnicht existiert; um so weniger konnte er also juristisch zustaendig sein.

4) Der alte Grundsatz: „Keine Strafe ohne Gesetz" war restlos ausseracht gelassen, denn die Gesetze, die in Jerusalem gegen Eichmann in Ansatz gebracht wurden, waren und 10 Jahre nach der vermeintlichen Tat erst erlassen worden.

5) Den Zeugen, die eventuell der Verteidigung haetten dienen koennen, wurde die freie Einreise nach Israel praktisch verwehrt.

6) Den Menschenraub in Argentinien wollen wir hier nicht diskutieren.

7) Die Hauptfrage, die bei jedem Verbrechen gestellt wird, w a r u m es zum Verbrechen kam, wurde ueberhaupt nicht zur Diskussion zugelassen.

8) Die zweite, ebenso wichtige Hauptfrage, ob er aus eigenem Antrieb, oder im Auftrage Dritter gehandelt habe, wurde ebenfalls nicht zugelassen.

9) Die Argumentierung, dass Eichmann als Polizei-Soldat auf hoeheren Befehl und noch dazu in Kriegszeiten gehandelt hatte, wurde ebenso abgelehnt.

10) Es wurde auch in Jerusalem einwandfrei festgestellt, dass Eichmann selber keine einzige Person mit eigener Hand getoetet hatte; er war ja kein Henker, sondern Deportationsbeauftragter. Und wieviele Deportationen hat es in diesem Kriege und in der anschliessenden Zeit von nichtdeutscher Seite gegeben?

11) Zusammenfassend genuegt die Wiedergabe der Ansicht eines hohen brasilianischen, also neutralen, Richters (Dr. Whitaker da Cunha):

„... dass der Prozess Eichmann nichts weiter als eine juristische Farce sei. Die Justiz koenne nicht als Schauplatz dienen, wo politische Leidenschaften triumfieren."

12) Zur Beurteilung der ganzen Eichmann-Geschichte sei wiederum die alte lateinische Frage gestellt: Cui prodest? Wozu dieser Theater-Prozess; wem diente er; wer hatte davon einen Vorteil und wer haette einen Vorteil von den Eichmann angelasteten Verbrechen gehabt?

13) Schliesslich ist nicht uninteressant, dass vor Jahren schon ein Eichmann in Oesterreich gerichtet wurde. Der Jerusalemer ist also der zweite Eichmann.

Soweit der juristische Aspekt der Angelegenheit.

Betrachten wir aber den Fall auch einmal von anderen Seiten:

a) Wie steht es mit den sechs Millionen juedischen Opfern?
b) Die ewige Verfolgung der Juden.
c) Die Person Eichmann.
d) Seine Verwendung in der psychologischen Kriegsfuehrung gegen Deutschland.

Zu a) den sechs Millionen:

Seit 25 Jahren vergeht kaum ein Tag — letzthin liest man endlich weniger darueber — dass in den Zeitungen der westlichen Hemisphaere — das ist absolut nicht die ganze Welt — Berichte ueber den Tod zehntausender von Juden, immer aus der Zeit von vor 25 Jahren, stehen.

Zaehlt man das Alles einmal zusammen, kommen wir auf astronomische Ziffern, die gaenzlich irreal sind. Weiterer Kommentar also ueberfluessig.

Um das Jahr 1950 legte man sich auf die Ziffer „10 Millionen" fest, siehe Auerbach, „Ich klage an..." In den darauf folgenden Jahren ging man dann relativ grosszuegig, zuerst auf sieben Millionen zurueck, um dann bei sechs Millionen zu bleiben, die bis heute beibehalten werden.

Bis heute straeubt man sich mit allen Mitteln gegen eine ernsthafte sachliche Pruefung dieser Zahlen; muesste man vom rein menschlichen Standpunkt aus doch sehr froh ueber jede Minderung in diesem Sinne sein.

Sodann bedenke man einmal, wie schwierig — im rein technischen, praktischen Sinne — die Umbringung solcher gewaltigen Menschenmassen sein wuerde. Und wo sind ihre Leichen oder Aschenberge?

Die versuchte Toetung von 20 bis 30 Millionen Deutschen, wozu man einen ganzen, ueber sechs Jahre gehenden totalen Weltkrieg und weitere drei Jahre Nachkriegszeit in Szene gesetzt hatte, erfuellte dieses Soll „noch nicht einmal" zur Haelfte, trotz Millionen gefallener Soldaten und weiteren Millionen Zivil-Personen, die dem Bombenkrieg, dem Hunger, der Massentoetung der deutschen Fluechtlinge usw. zum Opfer fielen.

Wieviel Juden gab es denn ueberhaupt vor dem Kriege in Deutschland?

Keine Million war es; sondern nur 600.000, die sich durch den Anschluss Oesterreichs um 300.000 auf rund 900.000 Personen erhoehten.
Davon kann man keine sechs Millionen totschlagen.
Vielmehr sind fast 600.000 bis Kriegsbeginn aus Deutschland ausgewandert, woraus sich die grosse Menge Emigranten in Argentinien, Uruguay, Brasilien, Mexico, USA., Kanada, Suedafrika, Australien, England und Frankreich rekrutiert. Wo sollten denn diese sonst hergekommen sein?
Argumentieren wir aber weiter:
In ganz Europa, ohne Russland, kommen drei Millionen hinzu, sodass es dann runde vier Millionen inclusiv denen aus Deutschland waren, die in deutschen Einflussgebieten bis zur Mitte des Krieges lebten.
Auch davon kann man keine sechs Millionen totschlagen.
Dabei muss erwaehnt werden, dass beim Anruecken der deutschen Truppen in den jeweiligen europaeischen Laendern, sehr viele Juden nach Osten oder Sueden ausgewichen sind.
Ausserdem sind auch andere Voelker, wie die Polen, Ungaren, Letten, Esten usw. antijuedisch vorgegangen, oft sogar noch viel schaerfer, als die Deutschen. Das geht dann nicht mehr zu Lasten Deutschlands.
In vielen krassen Faellen hat die deutsche Wehrmacht sogar bremsend eingegriffen.
Schliesslich interessiert in diesem Zusammenhang die Feststellung, dass bei der jetzigen deutschen Bundesrepublik — wie am 29. 3. 1965 das Telawiwer Blatt „Judioth Chadashoth" berichtete — ueber 3,3 Millionen (genau 3.350.757) Antraege auf Wiedergutmachung gestellt worden waren. Das ist aber nur von Ueberlebenden moeglich.
Argumentieren wir weiter:
Auf der ganzen Welt gab es nach den juedischen Jahrbuechern v o r dem Kriege rund 16 Millionen Juden.
N a c h dem Kriege wurden 1945/46 bei Weltzaehlungen durch die UNO 17/18 Millionen gezaehlt.
Einige Jahre spaeter, erst nach 1950, corrigierte man diese Ziffer von 17/18 Millionen auf rund 12 Millionen. Wo diese Differenz von 5 bis 5,5 Millionen geblieben ist, bleibt zumindest unklar, geht aber nach 1945 mit dem Verschwinden des Hitlerreiches wohl kaum mehr auf deutsche Verantwortung.

Es ist sehr zweifelhaft, dass es sich um eine wirkliche Verminderung handelt; es liegt vielmehr der Verdacht nahe, dass es sich um eine Massnahme im Rahmen der psychologischen Politik, um eine propagandistisch-statistische Korrektur handelt, um damit der geplanten Fortfuehrung der Greuelpropaganda gegen Alles Deutsche durch Affairen wie Eichmann usw. zu dienen. Man musste geradezu so vorgehen, denn sonst wuerde ja das einfache Rechenexempel 18 minus 6 gleich 12 nicht aufgehen.

Mittlerweile hat sich die UNO mit der Frage der Kriegsverluste beschaeftigt, u. zw. fuer alle Voelker, die am Kriege teilnahmen. Diese Unterlagen hat das Canadian Anti-Defamation Comitee of Christian Laymen (Juristen) verwendet und festgestellt, dass zweihunderttausend Juden in den zwoelf Jahren der Hitler-Regierung (1933 bis 45) gestorben sind, gleichwelcher Todesart, also durch Toetung, Verurteilung, als Partisan oder Saboteur erschossen, durch Bomben, die auch auf Lager fielen, oder durch sonstige Kriegseinwirkung; aber auch durch natuerlichen Tod, also Krankheit und Alter.

Bei diesem Thema muss noch festgestellt werden, dass bei der Imigration der oben genannten 600.000 Juden ein erschreckend hoher Anteil aelterer Menschen zurueckgelassen wurde. (Lager Guys/Pyrenaen). Jedenfalls eine wenig menschliche, unverstaendliche Tatsache.

Die Feststellung der ja unbedenklichen Kanadier mit der genannten Opferziffer von 200.000 gibt noch eine weitere Information: Diese 200.000 sind, wie die Kanadier feststellen 4,76% (also weniger als 5%) Verlustanteil.

Wenn 200.000 ein 5%iger Verlustanteil ist, so bezieht sich das auf eine juedische europaeische Gesamtbevoelkerung von vier Millionen. Diese Ziffer wird also damit bestaetigt.

Von insgesamt 4 Millionen koennen wiederum keine sechs Millionen umgebracht werden.

Schliesslich ist es sehr der Erwaehnung wert, dass die Juden — immerhin einer der Hauptgegner Deutschlands in diesem Kriege — mit diesen 200.000 Opfern, die 5% der juedischen Gesamtbevoelkerung, soweit sie im europaeischen Kriegsgebiet wohnhaft war, ausmachen, noch ausserordentlich glimpflich abgekommen sind, wenn man die ungeheuren Verluste nicht nur der Grossmaechte, wie Russland und Deutschland, sondern auch die der kleineren Voelker, wie Esten, Letten, Litauer, Ukrainer, Ungarn usw., heranzieht.

Umgerechnet auf das ganze ueber die Welt verteilte juedische Volk legt die UNO, die ganz bestimmt keine deutsche Propagandastelle ist, also damit einen Verlustanteil von etwas mehr als einem Prozent fest.

Viele andere, an dem Weltringen beteiligte Voelker hatten ein Mehrfaches an Blutzoll entrichten muessen.

Bleibt noch der Einwand, dass die Toetung in einer etwaigen Gaskammer schnoeder Mord war.

Was heisst eigentlich Mord in Kriegszeiten?!

Sehen wir ab von dem gemeinen zivilen Mord als gemeinen Verbrechen; das soll in diesem Rahmen nicht diskutiert werden. Vielmehr steht das „Morden" im Kriege zur Debatte. Es war Krieg, der sich zu einem wuesten totalen Kriege ausgeweitet hatte. Diese Ausweitung zum totalen Kriege durch Bombenterror, Partisanen, Maquis etc. — Alles keine deutschen „Erfindungen" — geht nicht auf Deutschlands Karte.

Der Tod von Geiseln — das waren die europaeischen Juden ja praktisch — war kriegsgeschichtlich gesehen, nichts Neues.

Jeder Europareisende kann ausserdem heutzutage immer wieder die Unversehrtheit der nicht-deutschen westeuropaeischen Staedte feststellen, wo die Deutschen so fuerchterlich gehaust haben sollen. Am Anfang des Krieges zeigte der Krieg in Polen, in Frankreich, in Skandinavien und in Nordafrika noch eine gewisse Ritterlichkeit des Kampfes und Beachtung der Haager Landkriegsordnung.

Das hoerte jedoch mit der Ausweitung zu einem weltweiten totalen Kriege auf. Die planmaessige Bombardierung aller grossen Staedte des Reiches gemaess Lindemann-Churchill-Plan, verfasst in England einige Jahre v o r dem Kriege mit besonderer Blickrichtung auf die Arbeiter-Wohnviertel, zielte bewusst und absichtlich auf Nicht-Soldaten. Churchill und sein „Fachmann" Lindemann plante das von langer Hand. Der Terrorkrieg mit Bomben war nicht etwa als Vergeltung oder Strafe gedacht, sondern als ein ausgesprochenes Kriegsmittel, als Notwendigkeit zur Niederkaempfung des Feindes — sehr fruehzeitig geplant und durchgefuehrt. Die englische Fuehrung war dann auch ueber ihre Erfolge in diesem Terror-Bombenkrieg aeusserst begeistert; so zeigte Churchill seinen Besuchern waehrend des Krieges mit besonderer Lust und betonter Genugtuung an Hand von in seinem Kabinett extra dafuer aufgestellten stereofotografischen Schau-Glaesern und Kaesten, die mehr als schaurigen Bilder, die die Ergebnisse seines Bombenkrieges auf die Wohnviertel der deutschen Staedte zeigten. Wir wissen heute, dass der Krieg Millionen deutscher Zivilisten traf.

So besteht wenig Unterschied zwischen den Opfern unter den juedischen Geiseln und denen der deutschen Staedte, wie Hamburg, Koeln, Hildesheim oder Dresden, oder den japanischen Staedten Hiroshima und Nagasaki. Allein in Dresden oder Hiroshima kamen jeweils mehr am Kampf unbeteiligte Zivil-Personen um, als jemals europaeische Juden in den zwoelf Hitlerjahren im deutschen Einflussgebiet

Dabei kann durchaus noch diskutiert werden, welche Todesart die unmenschlichere ist, die der Erschiessung oder der Vergiftung durch Gas, oder die grausige Zerstueckelung durch Sprengbomben oder der langsame Tod der Verschuetteten in den Kellern, sei es durch Luftmangel oder Einbrueche kalten, oder auch bruehend heissem Wassers, oder der lebenden Fackeln in den Feuersbruensten der Staedte, oder seien es die Tiefliegerangriffe auf Schulkinder oder Feldarbeiter, oder seien es die Strahlungsschaeden nach den Atombombenabwuerfen. Das schaurige Ausmass **dieser** Vorgaenge ist in Filmen festgehalten; **diese** Filme werden nicht der Oeffentlichkeit vorgefuehrt, sondern nur, und dann noch selten, in kleinem Kreise vor geladenen Gaesten, (Aerzten, Gerichtschemikern und Feuerwehr- und Katastrophen-Technikern); so grauenhaft und schrecklich sind sie anzusehen.

Oder man denke nur, um einen Fall zu nennen, an die Vorgaenge in Haut Savoy, wo n a c h dem Kriege entwaffnete deutsche Gefangene summarisch umgelegt wurden, jeder Zehnte musste vortreten. (Ein Vetter des Verfassers war ein solcher „Zehnter").

Nein, meine lieben Freunde, in einem totalen Kriege kann sich niemand ueber Tod und Verderben wundern, insbesondere, wenn man einer der Hauptakteure in diesem Kriege war.

Es ist nur zu wuenschen, dass die Toten und sonstigen Opfer der beiden ersten Weltkriege vor einem Dritten Weltkriege genuegend Warnung sind.

b) **Die ewige Verfolgung des juedischen Volkes.**

Die propagandistischen Artikel in den Zeitungen wollen glauben machen, dass die Juden immer nur aus rassischen oder gar nur aus religioesen Gruenden verfolgt wurden, dass es sich also um eine praktisch sinn- und grundlose und damit sogar verbrecherische Verfolgung gedreht habe.

Zu Beginn des Jerusalemer Prozesses wurde festgestellt, dass es das erste Mal sei, dass das juedische Volk einen seiner Verfolger richte in seiner „langen, ueber 5700 Jahre gehenden Geschichte der ewigen Verfolgungen". 5700 Jahre wird man also verfolgt, sowohl von Voelkern gleicher Rasse, wie z. B. den Aegyptern, die auch Semiten sind, als auch von einer Reihe nicht-semitischer Voelker.

Die Aegypter, wie gesagt auch Semiten, wurden und werden deshalb bisher nie und nirgendswo verfolgt. Das aegyptische Beispiel zeigt vielmehr, dass der Ausdruck „Antisemitismus" vollkommen falsch ist und an seine Stelle ein „Antijudaismus" zu treten haette, wenn es schon ein „-Ismus" sein soll.

Zweifellos hat es bei der langen Reihe der Verfolgungen, menschlich gesehen, schreckliche Ereignisse gegeben. Keiner kommt aber einmal bei diesem uralten Thema auf die Idee zu fragen, u. zw. diese Frage auch einmal laut wirklich zu stellen, warum man sich immer wieder unbeliebt machte, warum es wirklich 5700 Jahre lang immer wieder zur Verfolgung kam. Diese Frage waere dann zu erweitern, was man vielleicht unternehmen koennte, um darin grundsaetzlich einmal Wandel zu schaffen, (sofern man ueberhaupt Wandel darin wuenscht); dass sich also die Juden einmal selber an die Brust fassen und darin zur Besinnung kommen, anstelle immer die Anderen dafuer verantwortlich zu machen.

Das hiesse also, entweder als Gastvolk sich so aufzufuehren, dass es von Seiten des gastgebenden Landes zu keinen Reklamationen zu kommen braucht; oder das Leben innerhalb eines Gastlandes aufzugeben und sich selber einen Staat zu schaffen; das waere doch die natuerlichste Loesung.

Eine solche Loesung mag vielleicht der jetzige Staat Israel sein. Dieser in Palaestina aufgemachte Staat wird jedoch niemals die ganzen achtzehn Millionen Juden der Welt aufnehmen koennen, es sei denn, er wuerde auf Kosten seiner Nachbarn unerhoert erweitert. Immerhin besteht dieser Staat mehr als 12 Jahre, hat riesige Finanzhilfe von Seiten der USA und der Deutschen Bundesrepublik; hat aber die Zweimillionengrenze der Einwohner nur unwesentlich ueberschritten; hat also an Einwohnern wenig mehr als die Haelfte der Stadt Rio.

Diese schwache Zuwanderung zeigt auch, dass die grosse Menge der ueber die ganze Welt verstreuten Juden garnicht nach Palaestina gehen will; auch, wenn dieser Staat nun nicht in Palaestina, sondern in einer anderen Gegend laege, die eine wirtschaftlich gesundere Basis bieten wuerde.

So ging von den 120.000 algerischen Juden fast niemand nach Palaestina, sondern nach Frankreich, als in dem arabisch orientierten Algerien die Selbstaendigkeit ausgerufen wurde.

Es waere dem Judentum doch ein Leichtes gewesen, gerade bei seinen Moeglichkeiten und Verbindungen und Einfluessen auf die grossen Kolonialstaaten in der Welt anstelle des mageren, noch dazu von Arabern bewohnten Landes Palaestina sich das schoenste Stueck der Erde auszusuchen, auf normale Weise zu erwerben und dann dort seinen eigenen Staat zu etablieren.

Allem Anschein nach will man aber nicht. Diesbezuegliche deutsche Bestrebungen in Richtung auf einen solchen Staat in Galizien oder spaeter in Madagascar wurden abgelehnt oder hintertrieben.

Das zeigt also, man will — und das ist das Entscheidende — eben als Imigrant und damit in anderer Voelker Laender, moeglichst dort dann mit einer fremden Staatsbuergerschaft leben, wozu irgendein Staat Israel gut dienen wuerde.

Das sind die beiden Moeglichkeiten, entweder eigener Staat, oder als Gastvolk in dem Raum und in dem Staat eines anderen Volkes. Im ersten Fall kann man sein eigenes voelkisches Leben fuehren, wie man will; im anderen Falle muss man sich aber so verhalten, wie es der „Hausherr" fuer richtig haelt und gebietet. Das ist nun einmal so im Kleinen und muesste dann auch im Grossen so sein. Diese Ueberlegung ist entscheidend; sie hat keinerlei „Anti"- und ... ismus-Ideen in ihrem Gefolge, sondern ist logisch und eigentlich auch selbstverstaendlich; genau so selbstverstaendlich, wie das Verhaeltnis der hiesigen Fremden zu ihrem Gastlande Brasilien sich taeglich korrekt und normal abwickelt.

Man hoert die Juden nun sagen, dass sie es nicht noetig haben, sich Vorschriften machen zu lassen und selber wissen, was sie zu tun haben, also es auch nicht noetig haben, das oben Gesagte hinzunehmen.

Wir sind der Ansicht, dass das solange stimmt, als man in seinen eigenen vier Waenden ist. Sobald man jedoch heraus tritt und in das Haus eines Nachbarn, oder noch weiter weg in das Haus eines Dritten kommt, so kann man sich eben nicht mehr so verhalten, wie man es allein fuer richtig haelt. Darum waere es an der Zeit, in diesem Punkte endlich einmal Wandel zu schaffen, u. zw. nicht nur, wenn die juedischen Kreise antijuedische Bestrebungen und Stroemungen beendet wissen wollen, sondern auch, wenn sie es vielleicht nicht wuenschen; denn die anderen, die Nachbarn und die dritten Maechte, haben ein Recht, dass endlich einmal Ruhe kommt, dass die in Europa und in der Welt bestehenden Reibereien und Uneinigkeiten nicht immer wieder aufgetischt und noch mehr geschuert werden, um dann einmal hier, einmal dort fuer die juedischen Interessen, wenn auch mit aeusserster Geschicklichkeit eingespannt zu werden.

Dem Frieden Europas und damit der Welt, der ueber jedem Einzelinteresse irgendeines Volkes zu stehen hat, waere damit auf jeden Fall sehr gedient.

Ein Beteiligter der erwaehnten Mittwoch-Unterhaltung sponn den Gedanken nuechtern weiter, naemlich, dass ein Gastvolk sich nicht nur nicht ruhig einfuege und es an der unbedingt noetigen Loyalitaet dem gastgebenden Volke gegenueber fehlen lasse, sondern darueber hinaus in aller Welt gegen jenes gastgebende Volk hetze und sich dazu versteige, sogar zum Kriege gegen dieses gastgebende Volk aufrufe und diesen Krieg zustande bringe und darin alle ihm zur Verfuegung stehenden Mittel zur Vernichtung einsetze, dass man dann nicht von dem Gedanken loskommt, dass das wohl das Tollste und Ungeheuerlichste sei, was in Gottes freier Natur je geboten wurde.

Wir beschraenken uns dabei nur auf die Feststellung, dass das auch die Schaerfe der in Deutschland geuebten Reaktion gegen das juedische Benehmen und politische Vorgehen erklaeren kann.

Meine lieben Freunde, so, wie oben geschildert, hat der weitaus groesste Teil des deutschen Volkes gedacht und empfunden; wir ueberlassen es Ihnen zu erteilen, ob es damit recht hatte oder nicht.

Sie sehen auch genau das psychologische Vorgehen: Gegen diese doch handfesten Argumente geht man mit einem allerdings geschickt vorgetragenen Ablenkungs-Manoever vor, indem man von diesen vorausgegangenen Vorgaengen ablenkt und die Behauptung aufstellt, die Anderen, in diesem Fall die Deutschen, kaemen mit voellig aus der Luft gegriffenen Absurditaeten, um ihren grundlosen Antisemitismus zu betreiben.. Allerdings erkennt man, dass die Heranziehung rassischer oder religioeser Gruende absurd war, es fragt sich nur in welchem Sinne.

Der Krieg und die mehr oder minder erzwungene Auswanderung haben aber auch der Judenfrage ein neues Moment gegeben: die Ausbreitung des Problems ueber die ganze Welt.

In fast allen groesseren Staedten der Welt gibt es heutzutage Juden; oft sind es sogar pro Stadt mehr, als es heute in ganz Deutschland gibt, wo nur noch 25/30 Tausend leben.

Geradezu automatisch tauchte denn auch in all jenen Staedten und Laendern, wohin Juden gekommen waren, ein mehr oder minder starker Antisemitismus oder besser gesagt Antijudaismus auf.

Die Folge zeichnet sich bereits ab: die einseitige Beschuldigung des deutschen Volkes wird mit anderen Augen angesehen und man beginnt die Dinge nuechtern und unter Heranziehung eigener Anschauung durch eigenes Erleben abzuwaegen.

In aller Welt sind die Auffassungen ueber Gut und Boese ja so ziemlich die gleichen und so lehnt jedermann, auch Sie und wir, Unrecht und Brutalitaet ab. Man erkennt aber auch, dass niemand mehr Rechte oder Vorrechte hat, oder sogar auserwaehlt ist, ueber Andere zu herrschen oder sich in die Dinge und das Leben anderer Nationen einzumischen.

Das Selbstbestimmungsrecht aller Voelker und die gute Nachbarschaft — schon lange mehr oder minder laut und demagogisch verkuendet — setzen sich immer mehr durch, denn sie sind die n a t u r g e g e b e n e Loesung all der Probleme und Dinge: es gibt dafuer den klaren Fachausdruck „Biopolitik".

Die Probleme sind an sich garnicht so kompliziert, so gross oder gar unloesbar; sie wurden nur von interessierter Seite kuenstlich erschwert und kompliziert gemacht.

Man beginnt zu erkennen, dass niemand die Ansichten und das Auslegen von Gut und Boese gepachtet hat, man faengt auch im politischen Sektor mit der notwendigen kritischen Betrachtung an. Die Absurditaeten und Unwahrheiten werden als solche erkannt und verschwinden oder laufen sich tot und muessen naturgebunden vernuenftigen Loesungen Platz machen.

Das Zeitalter des Kolonialismus — auch die Machtstellung der Juden innerhalb des deutschen Volkes und seines Landes war zumindest eine Abart davon — geht mit schnellen Schritten seinem Ende zu und muessen die Deutschen nur aufpassen, dass nirgendswo Ausnahmen gemacht werden und dieser Kolonialismus restlos abgeschafft wird. Die Mittel zur Erhaltung des alten Zustandes sollten sich ja langsam, aber sicher erschoepfen.

Damit zeichnet sich auch wieder die einzig moegliche Loesung des deutsch-juedischen Streitfalles ab. Seine Loesung verlangt ernste ehrliche Mitarbeit seitens der Juden bezw. eine Aenderung ihrer bisherigen Grundorientierung. Kenner der Frage sind skeptisch, aber die Loesung ist unumgaenglich noetig. Wir wissen nicht, ob es in dieser Zeit unter den fuehrenden Juden schon Maenner gibt, die das einsehen, die unaufhaltbare Entwicklung klar erkennen und danach handeln.

Die heute so gepriesene Demokratie wird der zu mehr als 99% nicht-juedischen Welt das Recht nicht verweigern, ihr Schicksal nach ihren eigenen Erfordernissen zu gestalten. Auf die naehere Ausfuehrung dieses Gedankenganges kommen wir noch spaeter zu sprechen.

c) **Die Person Eichmann.**

Als einer der vielen hoeheren Polizei-Offiziere war Eichmann in Deutschland ziemlich unbekannt. Ganz nuechtern gesehen, hat er ihm von hoeherer Stelle erteilte Befehle ausgefuehrt. Dabei spielt es keine grosse Rolle, ob er nun mit dem Herzen bei der Sache war oder nicht.

Er hat Befehle ausgefuehrt, ebenso wie jene alliierten Offiziere, die ueber Dresden und anderen deutschen Staedten Bomben abwarfen, oder wie jener nordamerikanische Fliegeroberst ueber Hiroshima, wo wirklich einige hunderttausend unbeteiligter Zivil-Personen weit schrecklicher umgekommen sind, als es in einer etwaigen Gaskammer der Fall sein wuerde. Es besteht also kaum ein moralischer Unterschied zwischen Eichmann und den alliierten Offizieren, moegen sie nun Spaatz, Tedder oder Harris heissen.

Eichmann gehoerte einer Gruppe von Maennern der oberen Polizei-Verwaltung an, die durch ihre Befugnisse in der Praxis ausserordentlich maechtig war. Dem Normalbuerger in Deutschland, der nichts mit der Polizei zu tuen hatte, waren sie relativ unbekannt: Namen wie Gerstein, Scherpenberg, Eichmann, Zalewski, Nebe, Schellenberg, Hoettl, Becher, Wolff usw., sind erst nach dem Kriege bekannt geworden.

Als Polizeifachleute hatten sie Kenntnis von allem Guten und Boesen, was sich in Deutschland tat. Sie hatten Einblick in die inneren Zusammenhaenge der deutschen Verwaltung.

Damit hatten sie aber auch genaue Kenntnisse von den immer furchtbarer werdenden Kriegsauswirkungen gerade auf die Zivilbevoelkerung, gegen den Nachschub, ueber die Partisanentaetigkeit und andere „unerfreuliche" Erscheinungen. So darf es nicht verwundern, wenn gerade diese Gruppe, insbesondere ihre kleineren Beamten, die taeglich im Kontakt mit den schaurigen Kriegsereignissen hinter der Front von amtswegen sein mussten, einen radikaleren Kurs fuer richtig hielten; insbesondere gegen die Hauptverantwortlichen jenes furchtbaren Krieges, die nach ihrer damaligen Sicht eben die Juden waren. Je totaler der Krieg gegen Deutschland gefuehrt wurde, desto schaerfer wurden auch die Abwehr- und Vergeltungs-Massnahmen.

Es wird heute so gern argumentiert, dass der Soldat auch ueber sein Tun nachdenken soll. In dieser Hinsicht besteht kein Zweifel, dass jene Maenner damals — von eventuellen sadistischen Einzelfaellen soll hier nicht geredet werden, es gab sie auf allen Seiten — von der Richtigkeit und der Notwendigkeit ihres Denkens und Handelns ueberzeugt waren. Jene Beamten waren sich damals mit ihrer Fuehrung einig — die Allgemeinheit war auch darueber mehrfach, sogar durch oeffentliche Erklaerungen im Reichstag, nicht im Unklaren gelassen — dass, so heisst es auch in Hitlers — vor seinem Tode gegebenen — Vermaechtnis:

„dieses Mal nicht nur Millionen Kinder von Europaeern und den arischen Voelkern verhungern werden, nicht nur Millionen erwachsener Maenner den Tod erleiden und nicht nur hunderttausende von Frauen und Kindern in den Staedten verbrannt und zu Tode bombardiert werden duerfen, ohne dass der eigentliche Schuldige, wenn auch durch humanere Mittel, seine Schuld zu buessen hat."

Meine Freunde, wir ueberlassen es Ihnen, den Schluss zu ziehen, ob das richtig war oder nicht; ob es sich um „intuitive", absurde Schnappsideen oder ernste Abwehr- und Vergeltungsmassnahmen damals handelte und wer dazu zuerst die Initiative genommen hatte.

Im Rahmen unserer Studien des psychologischen Krieges sind diese Fragen jedoch von Bedeutung, was die eventuell beabsichtigte Entstellung von Gruenden und Ursachen und ihren Urhebern und Verantwortlichen anbelangt. Wir betonen auch hier, dass es uns nicht um die Rechtfertigung oder gar Glorifizierung vergangener Systeme und ihrer Maenner geht, sondern wir bemuehen uns um sachliche Studien der Frage.

d) **Die Verwendung dieser Gruppe im psychologischen Kriege der Alliierten gegen Deutschland.**

Diese oben erwaehnte Polizei-Abteilung musste auf der anderen Seite, weil sie der gefuerchteten Geheimen Staatspolizei angehoerte und ihres grossen Einflusses wegen, das ganz besondere Interesse der Alliierten finden, insbesondere im Rahmen der psychologischen Kriegsfuehrung, die bei den Alliierten weitaus staerker und bewusster und viel wirksamer ausgebaut wurde, als auf deutscher Seite, einmal ihrer besonderen Gefaehrlichkeit, sodann auch ihrer besonderen Stellung innerhalb des deutschen Fuehrungsapparates wegen.

Einerseits musste man Alles versuchen, ein erfolgreiches positives Handeln ihrerseits so weit wie moeglich abzuschwaechen oder zumindest weniger wirksam zu machen.

Andererseits — und das ist von entscheidender Bedeutung — ging man daran, gerade diese radikale Machtgruppe irgendwie in negativem Sinne, also fuer sich einzuspannen und damit den deutschfeindlichen Interessen dienstbar zu machen. Und man erreichte das auch!

Raffiniert wurde diese Gruppe genaehrt und gefoerdert und schliesslich zu unbesonnenen Handlungen hingerissen, die Deutschland nur Schaden bringen konnten, und auch sollten.

Je mehr Unsinn verzapft wurde, desto besser war es! Man wollte garnicht irgendwelchen Unsinn oder Unzulaenglichkeiten abstellen, sondern war an ihrer Foerderung interessiert, um sie dann auf anderen politischen Gebieten im psychologischen Sinne gegen Deutschland zum Einsatz zu bringen.

Wie weit diese Gruppe zu Verraetern damit wurde, soll hier nur gestreift werden.

Von einem dieser Maenner, Hoettl — um nur ein Beispiel zu nennen — schrieb die englische Zeitung "Weekend" am 15. 1. 61:

"He was a friend of nazi-leaders.

His real boss was a british secret service agent man!"

(Er war ein Freund der Nazifuehrer. Seine wirkliche Aufgabe war die eines Agenten des britischen Geheimdienstes).

Wie weit Eichmann (und seine Gruppe) derartigen feindlichen Bemuehungen wissentlich oder unwissentlich gedient hat, oder auch andere Gruppen, ist zumindest nicht ganz klar und bleibt diese Frage eine noch wichtige und lohnende Aufgabe fuer die moderne Geschichtsforschung, die sich mit dem abzugeben hat, w i e e s w i r k l i c h w a r.

Es waere zuviel verlangt gewesen, eine diesbezuegliche Klaerung von einem solch unjuristischen Schauprozess, wie dem gegen Eichmann in Jerusalem, zu erwarten, noch dazu in dem sich bis heute noch am feindlichsten zeigenden Staat der ehemaligen Feindmaechte Deutschlands.

Fest steht jedoch bereits, und das bestaetigt auch der Jerusalemer Prozess, dass Eichmann und seine Gruppe gegen die ausdruecklichen Anweisungen von hoechster deutscher Stelle gehandelt hatten. Aus Gruenden der Staatsraison wollte sich die deutsche Reichsregierung eben nicht zu Unbesonnenheiten hinreissen lassen. Ebenso hoerten wir aus Jerusalem, dass die Gruppe Eichmann aus eigener Anmassung und auf eigene Rechnung weitermachte und die ganze Angelegenheit zu "Geheimer Reichssache" stempelte, wovon dann kaum mehr als hundert Mann damals weiter etwas erfahren haben.

Zwielichtig bleibt auch die Tatsache, dass diese Maenner in Nuernberg und anderen antinazistischen Prozessen geschont wurden, oder sogar als Zeugen auftraten und heutzutage irgendwo, sogar auch in Deutschland, friedlich und oft in guten finanziellen Verhaeltnissen leben.

Natuerlich hat es — leider zu wenige — gegeben, die diese Richtung zu durchschauen begannen und dagegen angingen, wie Heydrich oder Kaltenbrunner; siehe Aussagen in Nuernberg. Von d i e s e r Gruppe ist kaum jemand noch am Leben.

In dieser Hinsicht erscheint das Attentat gegen Heydrich in Lidice und seine brutale Suehne in ganz anderem Lichte, und spielte sicherlich seine ihm zugeteilte Rolle im psychologischen Kriege gegen Deutschland.

Wegen seines Koennens und seiner Umsicht war Heydrich zum Reichsprotektor in Boehmen und Maehren geworden. Dort bemuehte er sich um gutes Einvernehmen mit der Zivilbevoelkerung, deren Einsatz im Kriege nicht unwichtig war. So fuhr Heydrich im Auto immer ohne Begleitmannschaft quer durch das Land. Die Bevoelkerung der Tschechei, die wenig direkten Kriegsauswirkungen, wie gefallenen Soldaten oder groesseren Bombenschaeden ausgesetzt war, hatte sich mit der neuen Lage einigermassen zufrieden gegeben und hatte, soweit bisher heute bekannt ist, niemals, auch nicht durch irgendwelche Marionetten-Regierungen eine "Befreiung von deutschem Joch" angefordert. Heute steht fest, dass das Attentat vom englischen Secret Service veruebt und dann psychologisch mit einem in der Wirklichkeit damals sehr schwachen und unbedeutenden tschechischen Untergrund in Verbindung gebracht wurde, in einer Form, wie sie nur Bewunderung erregen kann, so perfekt wurde dieses psychologische Schwindelgebaeude aufgebaut. Uebrigens war die Verwundung Heidrichs zunaechst nicht toetlich; erst eine verraeterische Beruhigungsspritze tat „ihr Uebriges".

Es koennte nun der Einwurf gemacht werden, das sei billige Entschuldigung fuer die Untaten in damaliger Zeit.

Jeder denkende und ernsthaft pruefende Mensch erkennt jedoch sofort zumindest die Doppelgleisigkeit in diesen Dingen.

Inzwischen ist sehr viel Literatur ueber diese Dinge herausgekommen, die ziemlich restlos den geschichtlichen Tatbestand geklaert hat. Wer dann noch Zweifel hat, der stelle sich wieder die alte lateinische Frage: Cui prodest? Wer hat den Nutzen davon, bezw. wer haette denn den Nutzen aus solchen frevelhaften Untaten gehabt? Wer war wirklich an ihnen interessiert? Wer draengte oder gar zwang zu diesen unbedachten Handlungen, die doch nur die deutsche Sache schaedigten, was wiederum nur den Feindmaechten dienlich gewesen waere?

Der Weg von solchen Unbesonnenheiten zum Landes-Verrat war dann auch nicht mehr weit.

Sie sehen, die Affaire Eichmann bietet wirklich sehr viel Einblick in die grossen Moeglichkeiten der psychologischen Kriegsfuehrung: sie ist sogar so bedeutend, dass die in der Todeszelle geschriebenen Memoiren Eichmanns „archiviert" und damit praktisch unzugaenglich gemacht wurden, also nicht zur Veroeffentlichung frei sind.

Diese Betrachtungen der deutsch-israelischen Frage und der dazu gehoerenden Eichmann-Affaire lassen vielleicht den Verdacht einer gewissen Sympathie fuer die Handlungsweise jener radikalen deutschen Polizeigruppe aufkommen; nichts liegt jedoch ferner, als das. Vielmehr interessieren die Faelle nur so sehr, weil sie klassische Schulbeispiele fuer die psychologische Kriegsfuehrung in Huelle und Fuelle bieten und einen geradezu seltenen Einblick in die durch sie geschaffenen Verhaeltnisse gewaehren; steht doch heute einwandfrei fest, dass es nicht am tapferen Einsatz der deutschen Soldaten und ihrer Fuehrung gelegen hat, dass jener Krieg so katastrophal fuer Deutschland ausging, sondern eben am geschickten Einsatz des gegnerischen Generals Psychologus.

Das Studium dieser Zusammenhaenge ist deshalb nicht nur interessant, sondern es ist dringend noetig, sie moeglichst erschoepfend und ohne Umschweife richtig zu erfassen, ihre Wirksamkeit zu erkennen und sich dann Gedanken zu machen, wie man diesen neuen Umstaenden zu begegnen hat. (Darauf kommen wir dann spaeter noch zu sprechen).

Hier muss noch die Frage angeschnitten werden, wieso die deutsche Fuehrung diese Dinge damals nicht durchschaut hat.

Es steht ausser Zweifel, dass sie trotz ihrer sonstigen Beanspruchung im letzten Kriegsjahr sofort gegen die Eigenmaechtigkeiten jener radikalen Gruppe angegangen ist. Allerdings wird sie sich nicht ganz klar darueber geworden sein, dass hinter jenen Machenschaften viel Schwereres und Entscheidenderes lag. Natuerlich hat sie nicht ahnen und erwarten koennen, dass Deutsche, also eigene Landsleute, noch dazu in ausgesprochenen Vertrauensstellungen und in so ernster Stunde, wie es ein Krieg fuer die Nation ist, sich zu solch frevelhaftem Tuen hergeben wuerden.

Man ahnte sicher nicht, dass es um die Ausbildung eines trojanischen Pferdes in psychologischem Sinne ging, gerade in den Reihen der hoechsten Fuehrung. Dem Feinde war es dabei letztenendes unwesentlich, ob die betreffenden Personen wissentlich zu Verraetern, wie im Falle Hoettl, oder nur mehr oder minder elegant ueberspielt und ueberlistet wurden.

Man ahnte auch nicht, dass ausser der taetigen Mithilfe jener Gruppe im Kriege auf der Feindseite man bei Kriegsende, um das Gesicht zu wahren, eine schwere moralische Belastung gegen die Deutschen zurhand haben wollte, und wohl auch haben musste, eine Anklage gegen Deutschland, eine Art Vorschuld, um damit die Ungeheuerlichkeit zu rechtfertigen, die in den Kriegszielen der Gegner Deutschlands lag: der Verwirklichung der Vernichtung und Vierteilung des deutschen Reiches.

Dazu bestand v o r dem Kriege keinerlei ernsthafte Rechtfertigung; also musste sie eben nach dem Kriege konstruiert und die Grundlagen dafuer schon waehrend des Krieges gelegt werden. Es muss zugegeben werden, dass den Gegnern Deutschlands diese Aufgabe zunaechst einmal meisterlich gelungen ist.

Nicht minder meisterlich betrieben die Gegner Deutschlands die Festigung der Lage in der Nachkriegszeit, wie sie sie noetig hatten bezw. wollten, u. zw. durch die neuartige sogenannte "demokratische Umerziehung", ein weiteres Werkzeug in der psychologischen Kriegsfuehrung, das dann bis weit in die sogenannten Friedenszeiten hinein gebraucht wurde und wird — auch das ist neuartig.

Die entstellende politische Propaganda wurde also, bis in die Jetztzeit, eisern weiter gefuehrt und man ging dabei ueber geschichtliche Tatsachen hinweg, dass es einem grausen kann, wenn man einmal nach tiefer gehenden Studien dahinter gekommen ist.

So gibt es heute zwei grosse, ganz verschiedene Lager: Die Teilnehmer des einen befinden sich immer noch unter dem Beschuss des Generals Psychologus oder seinen sonstigen, vielleicht etwas sanfteren Einfluessen; den Anderen ist "das Licht schon aufgegangen"; sie erkennen den ganzen ungeheuren Schwindel und die auf ihm aufgebauten Machenschaften. Diese Gruppe verteilt sich schon ueber die ganze Welt. Nicht nur in Deutschland, sondern auch gerade in den frueheren Feindstaaten, wie USA, England, Frankreich u. s. w. ist eine korrekte, wissenschaftlich orientierte, damit wahrheitsgetreue Geschichtsforschung endlich dabei, sich ueber diese entscheidenden, bisher verborgen gebliebenen und natuerlich von interessierter Seite verborgen gehaltenen Dinge — wieder eine Eigenschaft im Dienste des Generals Psychologus — klar zu werden. Gute und besonnene Elemente in aller Welt wollen sich nichts mehr vormachen oder gar verhetzen lassen fuer Rechnung Anderer, sie wollen selber keinesfalls das Opfer des Generals Psychologus werden und muessen deshalb ihren Voelkern klaren Wein ueber derartige Machenschaften einschenken. Das kann natuerlich nicht von heute auf morgen geschehen, sondern auf der immer etwas behaebigen ruhigen Art der wissenschaftlichen Arbeit. So wird die Geschichtsforschung der neusten Zeit mit grossem Interesse und dem noetigen Ernst ueberall aufgenommen, denn nur diese geschichtliche Wahrheit gibt den Weg frei zu allgemeiner wirklicher Verstaendigung, deren Notwendigkeit, wenn auch reichlich verspaetet und auch erst durch die Auswirkungen des Zweiten Weltkrieges, die sogenannten Westmaechte einzusehen beginnen.

Diesen Vorgang duerfen wir wohl als von epochaler Bedeutung bezeichnen und hoffen wir nur, dass dieses vorlaeufig noch junge Pflaenzchen nicht wieder mutwillig zertreten wird.

IV. KAPITEL

DIE MACHT DER MITTE (IN EUROPA)

Unwillkuerlich draengt sich immer wieder die alte lateinische Frage "Cui prodest" auf, bezw. welchem Ziele das ganze Gebaeude der psychologischen Kriegsfuehrung dienen soll.

Dazu ist eine grundlegende Feststellung zu treffen:

Das deutsche Volk hat, soweit es in Mitteleuropa ansaessig ist, 90—100 Millionen Angehoerige — die weiteren vielen Millionen, die heutzutage ausserhalb jenes Hauptgebietes leben oder leben muessen, wollen wir in diesem Zusammenhang einmal beiseite lassen. Es ist damit das weitaus groesste Volk in Mittel- und Westeuropa; ausserdem im Herzen Europas gelegen, also eine ausgesprochene „Macht der Mitte."

Das ist nun schon so zwei Jahrtausende und daran hat auch der Vernichtungs- und Austilgungs-Krieg von 1939 bis 1945 nichts Wesentliches geaendert.

Erweitert man den deutschen Rahmen in den "germanischen", so wird diese Volksgruppe durch die um das deutsche Kernland herumliegenden germanischen Randvoelker ganz erheblich zahlreicher.

Die "germanischsten" unter den Germanen, wie Sven Hedin einmal sagte, die Schweden, dann die Norweger, die Daenen, die Hollaender, die Luxemburger, sodann Staemme in Belgien, Nordfrankreich und der Schweiz gehoeren dieser Volksgruppe an (ob sie wollen oder nicht).

Sie sind und bleiben es herkunftsmaessig.

Im Zuge der Gross-Raum-Gestaltung, wie die slawischen Voelker eine solche in der Sowjet-Union bezw. mit dem jetzigen ganzen Ostblock haben, waere bei einem "Germanischen Grossraum" zumindest England, hinzuzurechnen. Es ist garnicht auszudenken, was es heissen wuerde, wenn all diese germanischen Voelker sich verstaendigen und einen grossen politischen Machtfaktor bilden wuerden wie es naturgemaess doch der Fall sein koennte und muesste.

Nicht ein Deutscher, sondern der Englaender, Cecil Rhodes, wollte einen solchen Plan schon um die Jahrhundertwende realisieren. Er kam jedoch mit seinen Ideen nicht durch. Es ist sogar sehr gut moeglich, dass seine oeffentlich ausgesprochenen Bemuehungen gerade die Kreise, die grundsaetzlich gegen eine solche Machtkonstellation immer gewesen sind — und noch sind, da das ihren Interessen zuwiderlaufen wuerde — erst richtig auf den Plan riefen; in England die Zweiteilung der oeffentlichen Meinung anstrebten und — durch ihre groessere Erfahrung in der Meinungs-Lenkung und Beeinflussung — **ihre** Gegen-Konzeption die staerkere werden liessen, sodass es dann zu der bekannten englischen, ablehnenden, Grundeinstellung vor den beiden Weltkriegen kam. Es zeichnete sich also eine klare und kraeftige Gegenstroemung gegen jene Vernunfts-Loesung eines Germanischen Gross-Raumes ab.

Ein weiteres lateinisches altes Rezept: "Divide et impera!" (teile und herrsche), und andere bewaehrte Mittelchen der bewussten Zersplitterung mussten in Ansatz gebracht werden, und wurden es auch! Wenn auch nicht so heftig, so wurde das in England nun schon seit langer Zeit so betrieben; England richtete sich fast immer gegen die Macht der Mitte, die niemals zu stark sein durfte, um etwa englische Unternehmungen in der weiten Welt zu stoeren; es sei denn, es brachte die Macht der Mitte, oder Teile derselben, gegen seinen alten Nebenbuhler Frankreich zeitweilig zum Einsatz, z. B. im Kampf gegen Napoleon.

Man beachte einmal die Grundorientierung der ganzen Entwicklung in Europa. Ein Teil erstrebt die Festigung und Einigung, der andere Teil die Schwaechung und Zersplitterung. Dieses fragwuerdige Spiel wurde schon frueh begonnen. Man liess sogar der politischen Zersplitterung eine als Vorbedingung unbedingt noetige geistige vorausgehen. Man begann mit einer "seelischen Aufspaltung".

Es entwickelten sich, genauer gesagt, es wurden (von daran interessierten Maechten) zwei Glaubensrichtungen entwickelt, die dann mit der Zeit wieder durch unendlich viele Sekten und besondere Glaubensrichtungen, philosophische Eigenwege, spaeter dann noch durch politische Weltanschauungen, „ergaenzt" wurden.

So kennt die europaeische Geschichte sogar Glaubenskriege und eine weitere Reihe heftigster Auseinandersetzungen gerade in den hoeheren Kreisen, die zur Fuehrung der

Voelker berufen waren und anstelle der Zersplitterung eine machtvolle europaeische Einheit haetten anstreben sollen.

Hier liegen wohl die Anfaenge der Taetigkeit unseres Generals Psychologus.

Er machte es zur moralischen Pflicht, ja sogar zum "innersten Beduerfnis", dass zumindest jeweils ein Sohn der zur Fuehrung berufenen Familien — niemals der duemmste — die Laufbahn des Geistlichen einschlaegt — und damit der Fuehrung der Nation verloren geht; denn Religion und Nation haben, leider, in der westlichen Hemisphaere verschiedene Interessen und getrennte Wege und Ziele gehabt.

Seit der Erfindung des Parlamentarismus wurden die fuehrenden Kreise wiederum angehalten, einen weiteren Sohn fuer den politischen Kampf auf parlamentarischer Basis herzugeben.

Schliesslich tat man Alles, um einen falschen Nationalismus aufsteigen zu lassen, der die schon im fruehen Mittelalter in Mitteleuropa vorhandene Grossraumordnung wieder zufall brachte. Die europaeische Geschichte kennt — leider — eine lange Reihe furchtbarer Kriege, die per Saldo steten erheblichen Aderlass fuer den europaeischen Gross-Raum-Koerper bedeuteten.

Aber auch das genuegte nicht; man erfand die Parteien. In jeder Volksgruppe erschienen zumindest zwei Parteien, die sich machtmaessig immer die Waage hielten und damit die Macht der Nation zweifellos zweiteilten, also schwaechten. Ausser dem Zwei-Parteiensystem entwickelte sich auch das Mehrparteiensystem. Bis zu dreissig und mehr Parteien erreichte man pro Volk in Europa, insbesondere in Deutschland, die sich in einem unerhoerten Catch as catch can gegenseitig bekaempften, meistens sogar wuerdelos gegenseitig anpoebelten und machtmaessig aufrieben. Das wurde so nun nicht nur innerhalb einer Nation gehalten, sondern Central-Europa wurde ebenso zerstueckelt. Die Schweizer, Hollaender, Belgier, Luxemburger, und die nordischen Staaten waren schon laenger selbststaendige Staaten. Oesterreich, das eine jahrhundertlange Geschichte mit Deutschland hatte, wurde nach den beiden letzten Kriegen die Vereinigung, oder wie man sagte, der Anschluss verweigert bezw. zwangsmaessig rueckgaengig gemacht.

Man redete von Bekaempfung einer vermeintlich deutscherseits angestrebten Weltherrschaft und das Ergebnis war, man splitterte nach und nach immer mehr Teile von der

Macht der Mitte ab. Es wurden in den zwei Kriegen weitere urdeutsche Provinzen vom Reich abgetrennt. Das Neuste und Letzte in dieser Hinsicht ist die Vierteilung Restdeutschlands in Besatzungszonen.

Man moechte nun glauben, dass es genug ist des boesen Spiels; aber das ist ein Irrtum. Diese Restbestaende von Deutschen werden nun wieder unter sich aufgeteilt in Nazis und Nichtnazis, Kommunisten und Antikommunisten, Religioese und Atheisten, Christen und Nichtchristen und Nichtmehrchristen usw.

Mit einer lautstarken Greuelpropaganda richtet man sich nicht nur gegen etwaige Freunde und sonstige Sympathien, die die Deutschen in der Welt haben oder haben koennten, sondern man geht damit auf die Deutschen direkt zu. Der Erfolg ist, dass tatsaechlich viele Deutsche ihr Deutschtum am liebsten ueberhaupt „ablegen" wollen; ihre Kinder nicht mehr deutsch erziehen wollen. Sofern sie im Ausland leben, wollen sie nicht mehr deutsch sprechen oder schreiben.

Sie lieben den Jazz und sonstige Ausgeburten eines neuen "Weltwesens". Sie bilden das garnicht so kleine Heer der lauen ,,Mit-Deutschen", die nichts weiter sind, als das Ergebnis bewusst von interessierter Seite betriebener Entfremdung zwecks Schwaechung des Volksbewusstseins und damit des Volkes selber; sie merken auch nicht, dass sie das Opfer bewusster Feindkraefte sind, denen es an Schwaechung der Macht der Mitte gelegen ist, sei es im Sinne aeusserer Machtentfaltung, sei es in geistiger Hinsicht.

Das geht bis in unsere heutigen Tage eisern weiter. Es wird immer wieder Alles daran gesetzt, die traditionellen Kraefte durch bewusst vernebelte Darstellung der Vergangenheit immer weiter zusammenzuschlagen. Wichtige Ereignisse werden bagatellisiert oder gar ganz verschwiegen, oder falsch dargestellt, damit nur keiner auf die Idee kommt, Gutes aus der Vergangenheit etwa zu erkennen und dann anzuerkennen; oder was noch „schlimmer" waere, auf Gutem der Vergangenheit Neues aufzubauen und etwa Besseres und Kraftvolles auf die Beine zu stellen.

Niemand, vor allen Dingen nicht die Jugend, soll wissen, welche Anlaeufe schon gemacht wurden, um aus den eigenen Reihen Richtiges und Gutes fuer das Deutschtum zu tuen, mit dem alle Deutschen, auch die lauen "Mit-Deutschen", unentrinnbar verbunden sind und bleiben, denn solche volkliche Verbindung ist ja kein Sportverein, aus dem man austritt, wenn man keine Lust mehr hat.

So glauben wir auch nicht, dass all diese defaitistischen Bemuehungen auf die Dauer Erfolg haben werden. Die inneren Kraefte eines grossen noch dazu Kultur-Volkes lassen sich durch solche unsauberen Anwuerfe und boeswilligen Unternehmungen der Zersplitterung nicht wesentlich schwaechen. Die versuchte Ausrottung ist nicht gelungen, und die seelische Spaltung und Zerschlagung sollte auch nicht gelingen. Im Gegenteil, auf den aeusseren Druck wird nach alten unumstoesslichen Natur-Regeln der entsprechende Gegendruck entstehen.

Auch in Deutschland wird man wieder zu nationaler Besinnung kommen. Echter Nationalismus, keine politische Erfindung der Neuzeit, oder gar der Ausdruck unvertraeglicher, angriffslustiger, kriegerischer, die Nachbarn ueberfallender und nimmersatter Politik, wie es von Feindesseite so gern behauptet und von wuerdelosen unwissenden Deutschen nachgeplappert wird, wird sich wieder durchsetzen.

Jedes Volk der Erde hat ihn; er ist das Zusammenleben von Menschen gleicher Art und gleichen Denkens und Fuehlens, und ist die Pflege der Basis zu einem solchen Zusammenleben. Das ist wahrer Nationalismus und er ist damit in der Welt, wie Mann und Frau und Kinder, Essen, Trinken und Wohnen, Vater, Mutter, Bruder, Schwester und andere Verwandte, Familie, Sippe und Stamm.

In allen Sparten des nationalen Lebens in Deutschland ruehren sich wieder die Kraefte; uebrigens eine Erscheinung auch in anderen Laendern und Voelkern, wo der Nationalismus zeitweilig verschuettet worden war.

Es bleibt unbedeutend, wenn ein oder zwei Jahrzehnte versucht wurde, das Volk von dem natuerlichen, nationalen Geschehen abzulenken, also praktisch zu verfuehren.

Ein grosses Volk hat Kraefte, die nicht durch "loses Mundwerk" totgeredet werden koennen. Damit sind also auch dem General Psychologus Grenzen gesetzt.

Er und seine Auftraggeber und andere viele Einfaltspinsel merken wohl nicht, dass sie mit ihren Unternehmungen gegen das Deutschtum und ihren Ansichten den Weg, den das Deutschtum in letzter Zeit eingeschlagen hatte, als guenstig und richtig fuer Deutschland erkannt und damit anerkannt hatten; denn sonst haetten sie diesen Weg ja nicht bekaempft. Es verlohnt sich sehr, das ganz klar zu erkennen!

Man lese Sefton Delmer, den ehemaligen — und wohl noch heute „im Dienst" befindlichen Chef der schwarzen, sagen wir ruhig schmutzigen Front gegen Deutschland. Er fuehrt ganz klar aus, wie ungemein schwer es gewesen sei, der Deutschen Reichsregierung, ihren Plaenen und ihrem Handeln und ihren fuehrenden Persoenlichkeiten mit feindlicher Propaganda beizukommen; dass er vielmehr auf die blosse Erfindung von auch noch so grossen Luegen angewiesen gewesen war.

Luege, boeswillige Erfindung falscher Tatsachen, Bagatellisieren oder gar restloses Verschweigen echter Tatsachen, Falsch- und Fehlinformation waren also die Mittel, die General Psychologus ins Feld fuehrte gegen die Macht der Mitte. Er gewann damit sogar zwei Schlachten, mehr sind die beiden Weltkriege in diesen grossraeumigen Geschehnissen nicht.

Aber schon mitten im zweiten Weltkriege entstand eine gewaltige Freiwilligen-Bewegung zugunsten einer Neugestaltung des „Reiches der Mitte".

Genauer gesagt, ist diese Freiwilligen-Bewegung in zwei Teile zu teilen: Der westlichen, die die Maenner aus Holland, Belgien. Luxemburg, Schweiz, Daenemark, Schweden, Norwegen, Finnland, bis hin zu den sich zum Westen rechnenden Laendern des Baltikums und der Balkanlaender, schliesslich auch aus Frankreich und Spanien, erfasste.

Der zweite Teil waren dann die ausgesprochenen Ost-Voelker, die bis 1941 in der Sowjet-Union lebten, also Weissrussen, Ukrainer, Kosaken etc. Diesen Ostvoelkern ging es neben der Ueberwindung des bolschewistischen Systems um ein "Los von Moskau", also um eine staatliche Eigenstaendigkeit, in enger Freundschaft mit der Macht der Mitte Europas.

General Psychologus laesst bis heute natuerlich nicht zu, dass darueber auch nur ein Wort verlautet wird, und tat schon zu Zeiten ihres Entstehens Alles in seiner Macht stehende, diese sich anbahnende Freundschaft wieder zu zerschlagen.

Hatte doch ein so grosser Militaer, wie der Herr von Brauchitsch, ganz offen gesagt, dass diese Freiwilligen-Bewegung, in der dann fast eine Million nicht-deutscher Soldaten stand, kriegsentscheidend sein koennte. General Psychologus war zweifellos mit Herrn von Brauchitsch restlos einer Ansicht darueber. Es lag auf der Hand, dass solche Verbaende, die sich nur aus Idealisten zusammensetzten, einen ganz aussergewoehnlichen Kampfgeist mitbringen wuerden.

Was die russischen Freiwilligen anbelangt, so erklaerte kurz vor Ausbruch des Krieges mit Russland ein — positiver — Russlandexperte, ich glaube, es war der General Biskupski, dass man sofort einen Buergerkrieg entfachen muesse; mindestens 75% der Sowjetbevoelkerung warte auf diese Stunde. Dann waere innerhalb eines halben Jahres der Krieg gegen die Sowjets zuende. Unterbliebe diese nationale russische Gegenrevolution, so waeren Ausgang und Ende des Krieges nicht abzusehen.

Man kommt nicht von dem Eindruck los, dass schon diese Besprechung, die im engsten Kreise um Hitler stattfand, bis nach Moskau durchgedrungen war; denn sofort wurde General Psychologus auf Hochtouren gebracht; in diesem Falle handelte es sich um hoechste Alarmstufe!

Jetzt war der Zeitpunkt gekommen, wo die bis dahin Loyalitaet mimenden verraeterischen „Mitarbeiter" erstmals zu ihrem wahren Einsatz kamen; bis dahin hatten sie sich in das Vertrauen der hoechsten deutschen Fuehrung hereinzuspielen gehabt. Nun schlug ihre Stunde des ersten wirklichen und nachhaltigen Einsatzes.

Es ist garnicht auszudenken, was geschehen waere, wenn das sich taeglich fuellende Riesenheerlager der gefangenen und uebergelaufenen Russen von vier bis fuenf Millionen Soldaten wieder bewaffnet und zum Einsatz gegen die Sowjetunion gebracht worden waere. — Es geschah nicht! —

So, wie der Aussenminister von Ribbentrop seinen widerstaendischen Ministerialdirektor von Weiszaecker hatte, so gab es auch im von Rosenberg gefuehrten Ostministerium den Ministerialdirektor   mit den gleichen verraeterischen Plaenen.

Alles musste getan werden, um

1) die Bildung einer nationalen russischen Armee in Deutschland zum Kampfe gegen den Bolschewismus und das Sowjetregime zu verhindern;

2) Durchfuehrung einer fuer Deutschland abtraeglichen, das Sowjetregime heimlich unterstuetzenden Presse und Rundfunkpropaganda in russischer — meist unkontrollierbarer — Sprache innerhalb des Gebietes der deutschen Wehrhoheit.

3) Ausschaltung aller deutschfreundlichen russischen Kraefte aus der Politik in Deutschland und den besetzten Gebieten. Entzug aller Existenzmittel fuer diese Kraefte, ihre Verfolgung und, wenn moeglich ihre Erschiessung oder Ermordung, nach entsprechend vorausgegangener Intrige und Verleumdung.

4) Zurueckhaltung der ersten Gefangenen in Gefangenenlagern, wo ein grosser Teil geradezu verhungert ist, infolge vermeintlicher Unerwartetheit solch grosser Gefangenenmengen.

5) Bekanntwerden dieser „unhaltbaren enttaeuschenden Zustaende" und damit ein Versiegen zumindest des russischen Ueberlaeufer-Stromes.

Wie uns ein Volksdeutscher aus Jugoslawien berichtete, hatte man Aehnliches in den dem russischen Kriege vorausgehenden Balkanfeldzuge vorexerziert. Auch dort waren die deutschen Truppen zunaechst als Befreier stuermisch begruesst, um dann in wenigen Monaten als Bedruecker empfunden zu werden auf Grund von Vorgaengen, die kein normaler Mensch fuer moeglich gehalten haette und die damit auch nur von interessierter Seite erstellt sein muessen.

6) Schaffung von feindlichen Streitkraeften und Sabotagegruppen im Ruecken der deutschen Truppen zur Behinderung des Nachschubes und der Reorganisation (Partisanen, Widerstands- und Untergrundsbewegungen).

7) Errichtung einer deutschen Verwaltung in den Ostgebieten und allen Laendern mit deutscher Besetzung, bestehend aus unwissenden, charakterlich minderwertigen, unerfahrenen, feigen, stets auf das eigene Wohl bedachten Gluecksrittern, Parteibonzen und Frontdrueckebergern (den sogenannten Goldfasanen).

8) Schaffung eines Abwehrdienstes gegen die andersgerichteten Bestrebungen der Partei, der Gestapo, der Verwaltung und der Wehrmacht, Systematische Aufhetzung aller gegen alle mitten im Feindesland!

9) Aktive Spionage fuer Moskau und die Alliierten und Uebermittlung von Fehl- und Falschnachrichten an den Feind (an die deutsche Fuehrung).

10) Es musste der durch die Deutschen befreiten russischen Bevoelkerung klar gemacht werden, dass die Geschichte von der Befreiung vom Bolschewismus gar nicht so gross und bedeutend waere; dass das deutsche Joch noch viel schlimmer waere und ueberhaupt kein Grund zur Befreiung vorlaege.

11) Insbesondere musste die Wlassow-Bewegung um jeden Preis angehalten werden. Wlassow hatte sich „unsterblichen" Ruhm um die Verteidigung Moskaus im ersten Kriegswinter in Russland erworben. Nun sprach er ueber Radio und gewaltige Lautsprecher zu seinen frueheren Mitkaempfern und forderte sie auf, das bolschewistische Joch endlich abzuschuetteln.

Das ging entschieden zu weit! Da war man ja an einem der wichtigsten Punkte der ganzen Entwicklung!

Kaum war diese Bewegung angelaufen, setzte also auch sofort der General Psychologus ein:

Er liess durch seine Helfershelfer in den deutschen Fuehrungskreisen sowohl jene russischen, wie auch weitere nichtrussische Freiwilligenverbaende an besonders scharfen Brennpunkten der Front zum Einsatz bringen. Der unausbleibliche Erfolg war, dass diese Verbaende im Feuerhagel „tuechtig dezimiert" wurden. Der Rest wurde dann eiligst in den „verdienten" Urlaub geschickt; nicht zuletzt, damit die Soldaten dieser Verbaende dann zuhause erzaehlen wuerden, welche gewaltigen Opfer gefordert wurden. Damit hoffte man, den weiteren Zustrom von Freiwilligen zumindest einzudaemmen.

Aehnliche Vorgaenge waren in Spanien zu verzeichnen, von wo im Rahmen der "Blauen Division" nicht unerhebliche Freiwilligenverbaende gegen den Bolschewismus Deutschland zustroemten. Urlauber und Verwundete, die nach Spanien zurueckkehrten, wurden keineswegs in wuerdigem Rahmen empfangen und gefeiert, sondern vielmehr sehr unwuerdig behandelt; man liess sie nicht in die normalen Schnellzuge nach Madrid einsteigen, liess sie vielmehr unter irgendwelchem unsinnigen Vorwand militaerisch abfuehren und damit beiseite schieben; ein Vorgehen, welches sich bestimmt nicht guenstig auf die von deutscher Seite gewuenschte und erwartete Ausweitung des spanischen Freiwilligenstromes fuer den antibolschewistischen Kampf auswirkte.

Oder, wie im Falle der oestlichen Freiwilligen, unterband man durch unsichtbare "Querschuesse" gegen die Person des Generals Wlassow und seine Mitarbeiter ein zweifellos sehr gefaehrliches Ausbreiten einer von den Deutschen gelenkten Befreiungsbewegung unter den russischen Ostvoelkern.

Dieser Kampf ging jedoch zunaechst einmal verloren; aber wir glauben, die Idee nicht!

Zehn Jahre nach dem Kriege erkannte man — ohne deutsche "Zementspritzen" — zunaechst in den Benelux-Laendern, dann in Italien und Frankreich die Notwendigkeit zu einem europaeischen Zusammenschluss, an dessen Foerderung und Ausweitung taeglich gearbeitet wird. Wahrlich ein grosser Triumpf, wenn man bedenkt, wie wenig Jahre nach dem totalen zweiten Weltkriege vergangen sind, in welchem alle Beteiligten noch gegeneinander im Felde lagen.

V. KAPITEL

KRIEGSENTSCHEIDENDE DINGE UND EREIGNISSE.

Am Ende des vorausgegangenen Kapitels fiel erstmalig das Wort: Kriegsentscheidend.

General Psychologus war seit seinem Einsatz sich restlos darueber klar, dass es nicht nur auf das Gewinnen von Einzelschlachten im Kriege ankommt, sondern die wirkliche letzte Kriegsentscheidung zu seinen Gunsten ausfallen soll. Eine solche weltweite Entscheidung haengt natuerlich nicht von einem Ereignis ab, sondern von einer Vielzahl solcher Geschehnisse.

Wir wollen an dieser Stelle und in diesem Rahmen ueberhaupt einmal die Frage stellen:

Was war wirklich kriegsentscheidend?

Nehmen wir die wirklichen grossen Probleme uns vor:

1) **Abschirmung der wahren Kriegsgruende.**

Da ist in erster Linie die von General Psychologus meisterhaft betriebene Abschirmung der wahren Kriegsgruende und Ursachen und ihrer Urheber.

Die moderne Kriegsursachen- und Kriegswillen-Forschung ist sich inzwischen restlos klar, dass Hitler alles Andere, nur keinen Krieg gegen England wollte und ebenso nicht gegen andere Westmaechte.

In unzaehligen Ausspruechen und Reden hatte Hitler immer wieder betont, gut mit England stehen zu wollen. Er ging darin soweit, dass er bereit war, das britische Empire zu garantieren.

Dennoch kam es zur Kriegserklaerung der Englaender an Deutschland. Offen verkuendete Churchill: "Dieser Krieg ist ein Englischer Krieg!"

Dieser also englische Krieg ging zunaechst ziemlich desastroes fuer England mit Duenkirchen zuende. Dabei hatten sie noch ein riesiges Glueck:

Entgegen den Ratschlaegen seiner militaerischen Mitarbeiter liess Hitler es dort bewusst nicht zu einem furchtbaren Gemetzel kommen, wozu er mit den bereitstehenden Panzerkraeften ohne Weiteres in der Lage gewesen waere. Waere Hitler des Geistes gewesen, wie ihn die Feindpropaganda darstellte, dann haette er lustig drauflos geschlagen und einen brillanten Sieg ueber den verhassten Feind errungen.

Hitler war aber anders und hatte andere Plaene u. zw. zunaechst den eines neuerlichen Friedensvorschlages an die Westmaechte, denn sein Kampf und seine ganze Idee war niemals gegen England, sondern immer nur gegen den nach Mitteleuropa vordraengenden Bolschewismus gerichtet; er war der Meinung, dass wenig Erfolgsaussichten fuer einen Friedensplan mit England bestaenden, wenn ein grosses Blutbad an einigen hunderttausend Englaendern — noch dazu Soldaten, die in keiner Nation die schlechtesten Buerger sind — vorausgegangen waere.

General Psychologus waere ein solcher Friede zwischen England und Deutschland unertraeglich gewesen und so tat er Alles, um das zu verhindern. Wieder musste die alte Platte herhalten, die da von allen moeglichen und unmoeglichen Eroberungsplaenen der boesen Deutschen kakelt, aber niemals das einzige Hauptziel des deutschen Handelns seinerseits zugesteht, eben den Kampf gegen den Bolschewismus; eine Angelegenheit, die noch nicht einmal in Hitlers Hirn erfunden wurde, sondern ihm durch den von Osten nach Westen immer wieder vordraengenden, zeitlich weit vor Hitler ersonnen und begonnenen Kommunismus praktisch aufgezwungen worden war. Genauer gesagt war der Drang nach Westen nicht nur ihm, Hitler, oder besser gesagt Deutschland aufgezwungen, sondern allen Nachbarn der Sowjetunion, von denen in oestlicher Richtung neben den Polen eben die Deutschen die ersten waren, die den bolschewistischen Bestrebungen ausgesetzt waren; diese waren die zeitlich vorausgehenden, worauf der National-Sozialismus dann nur eine Reaktion, eine Abwehr-Organisation darstellte.

Man braucht nicht erst Lenin zu lesen, um zu erfahren, dass der Kommunismus internationale Absichten hatte, in deren Rahmen die Bolschewisierung des Deutschen Reiches auch nur eine Vorstufe fuer weitere Unternehmungen war; der Russe wuerde also auch nicht Halt machen bei den Laendern, mit denen Deutschland dann im zweiten Weltkriege kaempfte, also bei Polen, Skandinavien, und den westlichen

Laendern wie Frankreich, Belgien, Holland, Luxemburg und natuerlich auch nicht bei dem schoenen, damals noch grossen England mit seinem reichen Kolonialland, von den anderen Staaten, wie Tschechei, Oesterreich, Italien, den Balkanlaendern, und auch der Schweiz garnicht zu reden. Die Gegenwart zeigt uns ja zur Genuege, wie weit jene internationalen Plaene der Sowjets bereits gediehen sind.

General Psychologus liess also den bedeutendsten aller Kriegsgruende hinter allen moeglichen, oft fadenscheinigen Vorwaenden verschwinden und verschob die ganze Diskussion auf ein anderes Gleis.

Es hat jetzt den Anschein, dass die westliche Hemisphaere beginnt, sich darueber langsam klar zu werden, allerdings, ohne bisher erkennen zu lassen, wie sie diesen Abwehrkampf in der Praxis gestalten wird; und muss, wenn sie bestehen will.

Meine lieben Freunde, seien Sie sich restlos klar darueber, dass hier der Angelpunkt des ganzen damaligen und jetzigen europaeischen Geschehens liegt. Es ging — und geht noch — um die Abwehr, die Ueberwindung des Bolschewismus. Lassen Sie sich keinen Baeren aufbinden mit anderen netten Geschichten von den Welteroberungsplaenen der Deutschen, von der Herrenrasse und anderen Rassengeschichten und anderem gut erzaehlten, aber erfundenen und erlogenem Unsinn! Erkennen Sie vielmehr dieses Grundproblem in seiner ganzen Tragweite und Bedeutung. Alle anderen Probleme sind — gegen diese Grundfrage — von weitaus untergeordneter Bedeutung!

Sieht man an dieser Sachlage vorbei und gibt sich — vielleicht bequemeren — Taeuschungen hin, wird die ganze europaeische Entwicklung unverstaendlich bleiben und jedes Urteil, das von diesen Tatsachen abweicht, ein Trugschluss sein. Alles Andere ist aeusserst interessant geschrieben und sogar spannend zu lesen, aber unwahr; dann ist es schon besser, zur Kriminalzeitschrift „X 9" oder anderen zu greifen.

Jede entstellende Darstellung ist bei geschichtlichen Studien, bei jeder echten Wahrheitsuche fuer ein richtiges und damit gerechtes Urteil ueber die damaligen Ereignisse, die die Vorlaeufer der Jetztzeit und damit die Mitgestalter der Gegenwart und Zukunft nun einmal sind und bleiben, unbrauchbar.

Vielmehr muessen die Ereignisse der juengsten Vergangenheit, die eine ungeheure Bedeutung gerade fuer die Zukunft in sich tragen — sie sind eine Art Grundmauer, auf der unausweichlich aufgebaut werden muss — restlos klar und so, wie sie waren, erkannt werden. Man komme also nicht damit, dass das Alles vorbei und damit uninteressant, unbedeutend oder gar ohne Einfluss auf die heutige Zeit sei.

Hier ist sogar der General Psychologus mit uns derselben Ansicht, dass unsere ganze Zeitgeschichte nur eine einzige Epoche ist. Darauf ist auch s e i n Handeln eingestellt; mit aller Geschicklichkeit und Rafinesse lenkte er also bewusst von dem Hauptkriegsgrund ab.

Die praktische Auswirkung war seine Abschirmung; die ganze Kriegsfurie wurde auf andere Bahnen abgelenkt. Es setzte ein schreckliches Catch as catch can ein, das Allem, nur nicht dem wirklichen grossen Kriegsgrund, dem Fortgang der Bolschewisierung, abtraeglich war.

In der Tat ein Meisterstueck des Generals Psychologus.

2) **Der Kriegswille der USA-Regierung.**

Wir muessen uns ueber die Tatsache klar sein, dass sowohl die nordamerikanische, wie auch die sowjetische Regierung Einfluessen unterlagen, die von der gleichen internationalen Interessen-Gruppe gesteuert wurden, auch wenn die jeweiligen Regierungssysteme nach aussen hin bis heute verschieden sind; ihre Symbole jedoch — beide fuehren einen fuenfzackigen Stern — sind die gleichen.

Und so war — und ist — es denn auch in der Wirklichkeit. Wer darueber noch Zweifel hegt, der bemuehe sich nach New York in das dortige UNO-Gebaeude und betrachte dort einmal das taegliche Leben.

Bei Tage, in den offiziellen Sitzungen, sind die beiden Maechtegruppen sich spinnefeind.

Abends, nach "Geschaeftsschluss" kann man dieselben Politiker, die sich tagsueber die groessten Grobheiten an den Kopf geworfen hatten, eintraechtig beieinander, bei scharfen Getraenken oder bei Tanzvorfuehrungen in den Night-Clubs beobachten. Anderentags geht das Theater dann mit gegenseitigen Herausforderungen wieder weiter. Damit haelt man dann die ganze Welt in Aufregung.

Halten wir es mit jenem Neger aus USA, der da sagte, er wolle endlich sein Wurstbrot in Ruhe essen und endlich sein Bier geniessen, womit auch er — und mit ihm die ganze Welt — sagen wollte, dass ihm die ganze, kuenstlich aufgebauschte, von der Welt absolut unerbetene, damit restlos unnoetige Politisiererei schon lange aus dem Halse haengt und er endlich Ruhe haben will, wie wir alle.

Es draengt sich hierbei die Frage auf, ob es nicht — anstelle der ewigen Unruhe — eine Moeglichkeit gaebe, der Welt besser zu dienen.

Es wird berichtet, dass allein die USA fuer den Zweiten Weltkrieg ueber 350 Milliarden Dollar ausgegeben haben. Der sich anschliessende sogenannte kalte Krieg soll bisher weitere 350 Milliarden Dollar verschlungen haben; „bisher", jawohl „bisher", denn dieser kalte Krieg geht ja weiter, denn ohne den kalten Krieg, der eine latente „Heiss-Kriegs"-Drohung in sich birgt, waere die auf Ruestung ausgerichtete Wirtschaft in den USA laengst zusammengebrochen.

Die gleichen Summen werden bei dem angestrebten Gleichgewicht der Kraefte auch auf der anderen Seite, also der russischen, ausgegeben sein.

Schliesslich werden die westeuropaeischen Staaten, an ihrer Spitze England, Frankreich, Deutschland, Polen, Italien etc. zusammengenommen mindestens die gleichen Betraege verausgabt haben.

Dem von Millionen Gutwilliger frueher einmal friedlich aufgefassten, vermeintlich sozialistischen Schlachtruf: „Arbeiter in aller Welt, vereinigt Euch!" steht heute eine gigantische, absolut nicht auf Friedfertigkeit ausgerichtete Aufruestung und Militarisierung gegenueber, wie sie die Welt wohl noch nie gesehen hat.

Nicht ohne gewisse innere Genugtuung koennen die Deutschen fuer sich in Anspruch nehmen, dass sie an der Schaffung dieser Absurditaeten, wie sie sich insbesondere in den letzten zwanzig Jahren — sogar in der ganzen Welt — entwickelt haben, und bisher nie gekannten und erlebten allgemeinen Unsicherheit, die sich bis zur ausgesprochenen Angstpsychose ausgeweitet hat, restlos unbeteiligt waren; sie also absolut nicht auf deutsche Rechnung gehen. Die schrecklichen Umstaende zeigen vielmehr,

wer wirklich was wollte!

Und wer die wirklichen Urheber der katastrophalen Weltlage waren, gegen die sich die Macht der Mitte als Haupt-Leidtragender mit bisher nicht erlebten Kraeften aufgelehnt hatte, wenn auch ohne Erfolg.

Zweifellos geben Ruestungsauftraege, die von der oeffentlichen Hand kommen, einen wirtschaftlichen Auftrieb.

Warum muss aber die Wirtschafts-Ankurbelung seitens des Staates ueber die fuerchterliche Kriegs-Ruestung gehen, die noch nie nicht in einen schrecklichen Krieg ausartete? "Es waere ja auch absurd, grosse Investitionen zu machen und sie dann nicht zu nutzen." So muss wohl jeder Kriegs-Finanzier denken.

Holen wir wieder unsere lateinische altbewaehrte Frage hervor: Cui prodest? Wer hat davon den Nutzen? Sollten es in USA die Kreise sein, die die Regierung bilden? Sie sind relativ neu in ihrer Stellung; kommen also nicht aus den traditionellen Kreisen der Landwirtschaft, der herkoemmlichen Industrie oder des Verkehrswesens, sondern sehen ihre Moeglichkeiten nur in den neuen Industriezweigen der Flugzeug- und Raketen-Industrie und sonstigen mit der Ruestung in Verbindung stehenden Geschaeften.

Hinzu kommt, dass — wenn "ihr" Vaterland in Gefahr ist — keine grossen Preiswettbewerbe durchgefuehrt werden, und damit die Preisfrage der betreffenden neuen Industrieprodukte sehr einfach und schnell und guenstig geloest wird.

Schliesslich kommt hinzu, dass die Ruestung und der Krieg „auf die Welt", also nach auswaerts, gerichtet sein muessen, denn der boese Feind kommt doch nur von aussen. Mit Investitionen in Ruestung und fuer den Krieg wird das „beengte" nationale Betaetigungsfeld ueber die Grenzen hinaus erweitert; vielleicht gelingt es auch, einen Konkurrenten im Ausland auszuschalten und in auswaertigen Gebieten Verhaeltnisse zu schaffen, womit man auch dort dann „am Druecker" sein kann.

„Die Aussichten auf neue Einflussgebiete durch kriegerische Ereignisse sind also sehr gute". So werden jene Kreise also sagen. Ob sie dabei begruesst oder gerufen wurden, spielt natuerlich eine untergeordnete Rolle, da wird der General Psychologus durch seine Propaganda die oeffentliche Meinung des betroffenen Landes schon so hinbiegen, wie sie dazu noetig ist.

Damit sehen wir aber auch, warum eine Wirtschaftsankurbelung auf anderen, friedlicheren Gebieten des nationalen Wirtschaftslebens **uninteressant** fuer jene USA-Regierungskreise war.

Glauben Sie, meine Freunde, nun aber nicht, dass die Verhaeltnisse in Russland nun so ganz andere sind. Auch dort ist eine relativ neue Fuehrungs-Schicht ans Ruder gekommen mit ihren Spezial-Interessen, die vertreten sein sollen, wenn auch mit anderen Mitteln.

Nach aussen hin liegen sich diese beiden politischen Neulinge, wie die USA und UdSSR im Weltgeschehen es sind, in den Haaren. Die gegenseitige — wenn auch gespielte — restlos unnoetige Bedrohung ist fuer beide Teile, besser gesagt beide Regierungen, lebenswichtig.

In den entscheidenden Tagen und Stunden des Weltgeschehens, wie zur Zeit von Casablanca, Teheran, Potsdam, Berlin, Suez, Kuba, oder zur Zeit des Atomstopabkommens in Moskau, war man sich restlos einig; sie haben alle fuer sie wichtigen Probleme gemeinsam und in beiderseitigem Interesse geloest, und sind seitdem nur darauf bedacht, den von ihnen geschaffenen Zustand, den „status quo" zu erhalten. Die dazu eventuell noetigen nuklearen Raketen-Waffen halten Beide — praktisch bisher nur die Beiden, — in Haenden.

Und der ganze Rest der Welt soll diese bitteren Pillen schlucken! Genauer gesagt, ist er dabei; er hat schon eine ganze Anzahl dicker bitterer Pillen geschluckt. Unsere ganze Hoffnung liegt darin, wie bezw. ob sie ihm bekommt. Hat man nachts Bauchschmerzen, so wird man meistens davon geweckt. Hoffen wir, bezw. setzen wir alles daran, dass die Menschheit aus dem Dunkel der politischen Nacht wenigstens durch die Schmerzen erweckt wird, nachdem Rufer und andere Signale unverstanden blieben.

Erkennen wir ganz klar, dass es kein Kampf der Voelker um das Dasein ist. Vielmehr soll die Intelligenz der ganzen Welt durch eine kleine Gruppe "ueberfahren" werden, u. zw. auf dem politischen Sektor.

Moegen also die Intelligenz eines jeden Volkes, insbesondere die zur Fuehrung berufenen Kreise endlich merken, was los ist, dass es sie Kopf und Kragen kosten kann. Auf sie kommt es an; die Masse des Volkes will gefuehrt sein und geht mit jedem, der sie richtig anspricht. Erkenne sie, dass ihr durch das Versagen der demagogischen sozialistischen Neulinge in der Politik des „Westens" eine neue Chance geboten wird, die sie unbedingt ergreifen muessen!

Zum erfolgreichen Handeln gehoert entsprechende Vorbildung; das sind im politischen Geschehen die politischen Vorkenntnisse.

Da der Krieg auf psychologischem Gebiete von jener kleinen internationalen Gruppe gewonnen wurde — nicht nur gegen Deutschland und seine Verbuendeten, sondern auch gerade gegen ihre damaligen Alliierten, wie England, Frankreich usw. – kommen wir nicht herum, die Studien der psychologischen Kriegsfuehrung ernsthaft zu betreiben. Wir muessen uns bewusst sein, dass jene Kreise die laengste Erfahrung in der psychologischen Kriegsfuehrung haben. Sie fuehrten bereits solche "geistigen" Kriege, als ihre Gegner noch garnicht wussten und merkten, dass Kriege auf derartige Weise gefuehrt und sogar gewonnen werden koennten.

Immer und ueberall verstanden sie es, ihre Interessen in Ansatz zu bringen.

Solange in dem die Welt fuehrenden Europa die Monarchie vorherrschte, beeinflusste man sie, indem man ihr finanziell „behilflich" war.

Wurde in einigen Laendern die Republik modern, so finanzierte man auch diese.

Die ganze moderne Politik, wie sie sich heutzutage im Parlamentarismus gibt, ist ohne jenen Einfluss kaum denkbar.

Als mit der Industrialisierung die sozialen Probleme auftauchten, sah man sie auch dort gleich in den führenden Kreisen.

So halten sie die Zuegel in der Hand, sowohl bei den bedeutendsten westeuropaeischen Staaten und der zum Westen gehoerenden, wohl kapitalistischen USA, als auch — zur selben Zeit — in der Fuehrung des groessten vermeintlich sozialistischen Staatenblockes, der bei naeherem Hinsehen mit seinen Millionen unbesoldeten Zwangsarbeitern der unsozialste Staat der Welt ist, und auch nur als der groesste Staatskapitalismus bezeichnet werden muss.

Auffaellig ist, dass jene Kreise sich nicht um den Faschismus oder National-Sozialismus bemueht haben, vielmehr sie, trotz der grossen sozialen Leistungen dieser modernen sozialistischen Systeme, die in der Praxis an die vorausgegangenen sozialistischen Bewegungen um die Jahrhundertwende angeschlossen hatten, vom ersten Tage an auf Biegen und Brechen bekaempft haben; nun nicht etwa nur durch Rede und Gegenrede, sondern auf neuen, eben psychologischen Wegen.

Mit diesen neuen Wegen begann man nicht erst gestern, sondern viel frueher.

Das wurde ganz geschickt gemacht. Man legte der Welt ein politisches Programm vor und liess unmerklich zur selben Zeit ein ebenso gesteuertes Gegenprogramm sich entwickeln. Man steuerte also damit immer beide Alternativen, auf dass es niemals zu einer wirklichen, echten, fuer sie dann aber unkontrollierbaren dritten Bewegung komme.

Oder man stellte einen energisch vertretenen "Absolutaetsanspruch". Das begann schon auf dem religioesen Sektor. Die Christliche Kirche war die allein selig machende, genau gesagt, sollte es sein. In der Ideologie war der einzige Sozialismus nur der Kommunismus. Die Demokratie durfte nur parlamentarisch sein.

Im Laufe der Zeit versuchten jene internationalen Kreise immer wieder, das ganze Weltgeschehen als auf ihre Interessen abgestimmt zu betrachten, als ob nur sie Mittelpunkt des ganzen Geschehens seien und sich Alles nach ihnen zu richten habe. Ueber andere Weltzentren und andere Interessen versuchte man dabei hinwegzugehen, auch wenn dort noch so viele Menschen wohnen und die wirklichen Mittelpunkte des kulturellen Lebens und der wirtschaftlichen Intensitaet liegen.

Seit dem letzten Kriege soll es nur noch "Ost" und "West" geben.

Einen dritten Raum, eine dritte Kraft, also ein eigenstaendiges Europa; oder eine vierte Kraft, Lateinamerika; oder eine fuenfte Kraft, Ferner Osten; oder eine sechste Kraft, die Arabische Welt, darf es nicht geben, das sind zuviel Kraftfelder, die zu beherrschen infolge der Vielfaeltigkeit und der darin beherbergten Menschenmassen ganz unmoeglich waere. Solche auf absolute Selbstaendigkeit dringenden Grossraum-Gebilde duerfen auf keinen Fall deshalb geduldet werden. Ihr erster Schrittmacher, der moderne, soziale Nationalismus musste also mit allen Mitteln — auch der Gewalt — bekaempft werden.

Wurde der fortschreitenden Bolschewisierung durch Mussolini und dann in verstaerktem Masse durch Hitler Einhalt geboten; wurde also "ihrem" Osten Einhalt geboten, so musste "ihr" Westen dem Osten unbedingt zuhilfe kommen, ehe es zu spaet sein koennte.

Zweifellos hat diese gegenseitige Hilfestellung gut geklappt und der Bolschewismus ist in der zweiten Runde seines Kampfplanes ein gutes Stueck vorwaerts gekommen und alle Anzeichen sprechen dafuer, dass die Russen, wie Stalin einmal zu seinem frueheren Vertrauten Djilas sagte, bald die Hemdsaermel zur dritten Runde hochkrempeln koennen.

Fuer einen solchen „weiteren" Schritt ist innerer

Hochdruck, innerer Dampf und innere Energie noetig, ausserdem eine grosse, die Intelektuellen der noch freien Welt ansprechende, moeglichst sogar begeisternde Idee „zumindest von der Staerke der vergangenen hitlerischen" unumgaenglich noetig. Bei „weiterem Fortschreiten" verlaesst die oestliche Welt mit der ihr eigenen Denkungs- und Lebensweise ihre bisherige Sphaere und wuerde in eine vollkommen neue Welt (des westlichen Abendlandes) eindringen.

Die ersten Versuche in dieser Hinsicht sind bereits getan, man drang in Ostdeutschland ein. Bis dahin waren keine befestigten Zonengrenzen mit Stacheldraht, Niemandsland, Tretminen, Bluthunden und Wachttuermen noetig und keine Schandmauer, wie in Berlin; jetzt wurden sie noetig. Der Misserfolg bei diesen ersten Einbruechen war mehr als eindeutig.

Der revolutionaere Funke des oestlichen Sozialismus scheint laengst erloschen zu sein; man hat die Demagogie des Kommunismus durchschaut und die, die bereits inkorporiert wurden in irgendeinem Sowjet-Sateliten-Staat, fuehren das Leben eines grossen Gefangenenlagers. Koennte sich dieser Ostblock es leisten, ohne Grenzbeschraenkung — in ein Paradies wollen bekanntlich alle hinein und niemand hinaus — und mit freier Meinungsaeusserung sein Dasein zu fuehren, so bestaende keinerlei Notwendigkeit zu einer weiteren immerhin schwierigen und komplizierten psychologischen Kriegsfuehrung. Schon ihr Einsatz laesst also aufhorchen.

In der Zeit vor dem Zweiten Weltkriege war in einer Anzahl von Laendern die bis dahin ziemlich einheitlich zum Einsatz gebrachte ideologische Waffe mit ihrem Parlamentarismus und den vielen Parteien, unter denen die kommunistische die wichtigste Rolle zu spielen versuchte, zum Erliegen gekommen; der vermeintlich Alles zuendende Funke war verglommen. Also musste wohl oder uebel die alte wirkliche Waffe, der Krieg, herhalten.

So hoerten wir schon Jahre v o r dem Kriege, dass „Kriegsgefahr drohe", dass man Hitler Einhalt bieten muesse; mit der Waffe in der Hand muesse man ihn zerschmettern, ihn, der zu Beginn seiner Amtszeit die schwersten deutschen innerpolitischen Probleme, insbesondere die Wirtschaftskrise mit ihren Millionen von Erwerbslosen vor sich hatte und sich anschickte, sie ohne fremde Hilfe im Lande durch geeignete friedliche Unternehmungen, wie z. B. den Bau der Reichsautobahn, zu loesen.

Man begann zunaechst mit einem weltweiten wirtschaftlichen Boykott. Diesen erweiterte man auf den kulturellen Sektor und startete ausserdem eine infame Verleumdungspropaganda. Mit derlei Mitteln kam man dem verhassten Gegner jedoch nicht recht bei. Auch er entwickelte Gegenmassnahmen. Ein dicker, nur den Lebensfreuden zugetaner "Herrmann" fuehrte mit Erfolg einen wirtschaftlichen Vierjahresplan durch. Ein dummer kleiner humpelnder Schreihals, mit Vornamen Josef, fuehrte das von der Deutschen Reichsregierung geschaffene Ministerium fuer Volksaufklaerung und Propaganda zum Erfolg.

Zur Zeit der Olympiade im Jahre 1936, also immerhin drei Jahre vor Kriegsbeginn, jubelte noch eine ganze Welt diesen deutschen Machthabern zu. In aller Herren Laender wurden Regierungssysteme entwickelt und zum Einsatz gebracht, die sich in Vielem dem deutschen aehnelten. Das war zu viel! Also musste das letzte Mittel, der Krieg, herhalten. Und wenn schon, dann natuerlich in Europa, moeglichst direkt auf deutschem Boden. Dazu war die Mitarbeit der Nachbarn dieses Deutschen Reiches noetig oder auch etwaige europaeische Gegenspieler zu damaliger Zeit, also insbesondere England. Aber auch in England gab es zumindest zwei Richtungen. Heute ist bekannt, dass vor dem Kriege England nicht recht an einen Krieg heran wollte, sodass es erst massiver — bisher geheim gehaltener — Drohungen und schwersten finanziellen und wirtschaftlichen Druckes von seiten der USA-Regierung bedurfte, um damit einen Krieg gegen Deutschland von England anfuehren zu lassen.

In einem solchen Unternehmen trafen sich alle boeswilligen Kraefte, um ein sich bildendes starkes Mitteleuropa zu verhindern.

General Psychologus wurde herbeigeholt, um dieses neue kriegerische Unternehmen vorzubereiten, zu fuehren und zu gutem Ende zu bringen. Das Ganze war garnicht so einfach!

Hitler, der als Malergesell und Gefreiter vielleicht was von Innenpolitik verstand, hatte auf einmal eine positive Aussenpolitik entwickelt.

Ein Konkordat mit dem Papst war sein erster Schritt gewesen.

Im Osten erwarteten sogenannte Kenner der Lage die ersten Reibungen mit Polen. Das Gegenteil hatte sich ereignet, es war zu einem Freundschaftspakt mit dem polnischen Marschall Pilsudski gekommen.

Im Sueden wurde mit dem faschistischen Italien Freundschaft geschlossen. Mit England ging man ein Flotten-Abkommen ein.

Die Balkanlaender schlossen sich der Achse Berlin—Rom an.

Aus Frankreich kamen ehemalige Frontkaempfer zu Besuch und wurden mit riesigem Jubel und grosser Freude in Berlin begruesst; Goering erwiederte den Besuch in Paris, wo ihm gleicher Beifall entgegentoste.

Oesterreich wurde dem Reich angeschlossen.

Die Tschechoslowakei zerfiel in ihre Bestandteile und hoerte auf, ein internationaler Flugstuetzpunkt feindlicher Maechte gegen Deutschland zu sein.

In Europa war also absolut kein Kriegs-Klima.

Dieses existierte auch nicht in USA; dort erreichte der damalige Praesident Roosevelt 1940 seine Wiederwahl nur mit der strikten Zusage, dass USA aus dem europaeischen Kriege herausbleibe — eine Zusicherung, die sich als plumpe Wahlluege herausstellen sollte.

Heute wissen wir, dass England, Frankreich und Polen durch die USA unter Druck gesetzt wurden, um keinesfalls eine sich abzeichnende "drohende" Befriedung mit Deutschland einzugehen. Die Bemuehungen der USA-Regierung von damals wurden um so heftiger, je mehr Deutschland am Anfang des Krieges mit grossen Erfolgen aufwarten konnte und sich ein neues Europa abzuzeichnen begann.

Ohne diesen zunaechst geheim gebliebenen Druck aus USA hinter den Kulissen waere es nie zu einem ernsten Grenzstreit zwischen Polen und Deutschland, noch weniger zur Ausweitung dieses an sich unbedeutenden Grenzstreites zu einem Europaeischen und am allerwenigsten zu einem totalen Weltkriege gekommen. Diese von der USA-Regierung betriebene Intervention darf also mit Fug und Recht als ganz erheblich KRIEGSENTSCHEIDEND betitelt werden, sowohl, was den Ausbruch der Feindseligkeiten angeht, wie auch dann seine nicht minder entscheidende Mitwirkung, nachdem es zum Kriege gekommen war.

Sachlich betrachtet, hatten die USA keinen Grund, sich mit Deutschland in einen Krieg zu verwickeln, denn von Deutschland war genau genommen wenig zu "erben", es besass keinen Ueberseebesitz; seine Wirtschaft war im Vergleich zu der amerikanischen wenig lukrativ und angespannt. Das war aber bei den anderen europaeischen Maechten absolut nicht der Fall.

An der Spitze das Britische Imperium, dann Frankreich mit seinem grossen Kolonialreich; dann aber auch Holland, Belgien, Italien, Spanien, Portugal und selbst Daenemark waren in dieser Hinsicht viel interessanter, da sie — nicht Deutschland — Ueberseebesitzungen hatten.

Den Spaniern hatte die gesaettigte, vermeintlich stets uninteressierte USA schon um die Jahrhundertwende, zur Zeit der Regierung von Teddy Roosevelt, mittelamerikanische Besitzungen — und nebenbei auch die Philippinen — abgenommen.

Von Kolumbien hatte man den neuen Staat Panamá abgesplittert, um den wichtigen Panama-Kanal bauen und in eigener Regie verwalten zu koennen.

Kam aber dann in Europa eine Bewegung auf, die die Hauptmaechte Europas unter einen Hut bringen wuerde, so haette eine solche Staerkung Europas weiteren Bemuehungen der USA einen Riegel vorgeschoben. Eine Konferenz, wie die in Muenchen 1938, an der nur die wichtigsten Maechte Mitteleuropas teilnahmen, ohne die USA und ohne die UdSSR, war in den Augen der USA-Regierung von damals — und nochmehr fuer die bis dahin fuehrenden internationalen Kreise etwas ganz Schreckliches! Sachlich war das Ganze garnicht zu beanstanden, denn es war eine europaeische Konferenz zur Loesung europaeischer Fragen, wozu raumfremde Maechte unnoetig und damit auch unerwuenscht waren.

Man stelle sich das einmal vor, was es zu bedeuten gehabt haette, wenn vor dem Zweiten Weltkriege die begonnenen Einigungsbestrebungen in Europa zu einem guten Ende gekommen waeren, und damit der gesamte europaeische Kolonialbesitz nicht nur erhalten, sondern auf breiter, nur europaeischer, — durchaus auch moderner, sozialer — Basis besser genutzt worden waere.

Dann haetten die internationalen Kreise mit den von ihnen bereits kontrollierten Maechten der USA und der UdSSR **hinter** dieser Mitteleuropamacht rangieren muessen.

Wenn dann dieses Europa noch den internationalen Geldeinfluss und damit auch den politischen Einfluss jener raumfremden Maechte ausgeschaltet haette, also sowohl den kapitalistischen aus USA, als auch den bolschewistischen aus der Sowjet-Union, dann waere die schon seit langer Zeit geplante und entsprechend vorangetriebene Entwicklung zugunsten der Macht des internationalen Geldes mit einem Schlage zuende gewesen. Das waere ja unerhoert gewesen und musste logischerweise unbedingt verhindert werden!

Der Vorkaempfer gegen die alte uneuropaeische, sogar europa-feindliche Konstellation, der vermeintlich so bloede Hitler, musste also bekaempft werden, u. zw. nicht nur landlaeufig besiegt, sondern mit seiner ganzen Idee restlos ausgerottet werden.

General Psychologus brachte es fertig, ein solches Unternehmen auf die Beine zu stellen unter wirksamster Mithilfe gerade jener europaeischen Westmaechte, die infolge ihres Reichtums den gierigen Interessen jener kapitalistischen internationalen Kreise am meisten ausgesetzt waren.

Heutzutage darf es als tragisch-komisch bezeichnet werden, dass England und Frankreich ihren eigenen spaeteren Verderbern weitgehendst gegen jenen europaeischen Streiter geholfen haben. Die sich anbahnende Neuordnung Europas — wie schon gesagt, ohne raumfremde Maechte — wurde wieder zerschlagen, wobei sie, die „Helfer", dann ihrerseits des groessten Teiles ihrer Besitzungen verlustig gegangen sind.

Ausserdem haben die zwei grossen Weltkriege die Wirtschaft und die Finanzen der ehemals westeuropaeischen Weltmaechte vollkommen zerruettet und nicht zuletzt dadurch diese Laender machtpolitisch damit ausgeschaltet. Europa verlor im Westen seinen Einfluss, der von Groenland und Island ueber Kanada und Mittel- und Suedamerika bis hin nach ganz Afrika ging.

Europa verlor im Osten all seinen Einfluss, sei es in Osteuropa, sei es im Suedosten, also am Balkan, und sei es im Nahen Osten; und selbst im Fernen Osten.

Sehr viel Wertvolles hat seinen Besitzer gewechselt, u. zw. um es ganz vorsichtig auszudruecken „ohne Zustimmung" der bisherigen Eigentuemer.

Wir koennen uns nicht die Frage verkneifen: Wie war die Geschichte der Welteroberung durch Deutschland?

Man sieht, hier war Grosses im Spiel! West und Ost gegen Europa! West und Ost, vereint durch ihre oberste Fuehrungsspitze des internationalen Geldes, kaempften gegen das sich gegen eine solche Weltunterdrueckung wehrende Mitteleuropa und beguenstigten damit seine — und ihre eigene — Unterdrueckung.

Der Ausgang des Zweiten Weltkrieges mit seinen Konferenzen in Teheran und Potsdam laesst ueber diese „Neuordnung" der Alliierten, ueber deren wahre Kriegsziele, keinerlei Zweifel.

Erkennen wir ganz klar: Jene internationalen Geldkreise dachten in **diesen** Sphaeren; der ganze Rest der Welt gab sich mit mehr oder minder untergeordneten Dingen ab, bezw. wurde dazu durch den General Psychologus angehalten, und rieb sich daran zugunsten des lachenden Dritten auf.

Das Ganze ist wieder ein Prachtstueck der psychologischen Kriegsfuehrung.

Auch wenn General Psychologus und seine Auftraggeber diesen Zustand weitgehendst verewigen wollen, so koennen wir feststellen, dass Nichts in dieser Welt "ewig" ist, vielmehr verfaellt; und Unnatuerliches dem Normalen Platz machen muss. Wir brauchen kein Wort zu verlieren, um festzustellen, wie katastrophal die jetzige, von Ost und West ausgeheckte und durch die Kriege aufgezwungene "Neuordnung" fuer die Betroffenen ist, die nicht nur in Europa leben, sondern praktisch auf der ganzen Welt.

Ueberall beginnt man, sich Gedanken zu machen; bei manchen schlaegt auch das Gewissen. Andere wieder gehen bereits zur Korrektur der das Wort Ordnung verhoehnenden vermeintlichen Neuordnung der Alliierten ueber.

Wir duerfen auch nicht annehmen, dass z. B. in USA es keine Opposition gegen den von Roosevelt eingeschlagenen Weg gibt, der der amerikanischen Wirtschaft bisher ueber 700 Milliarden Doller gekostet hat, was auch fuer diese, frueher als Land der unbeschraenkten Moeglichkeiten geltenden, USA ein schwerer Brocken ist. Die Steuerlast wurde vervielfacht und das Geld innerhalb von zwei Jahrzehnten um mehr als zwei Drittel entwertet. Die breite Oeffentlichkeit in USA hat davon keinerlei Nutzen gehabt, sondern nur ein kleiner Kreis von Neureichen. Insbesondere die Kreise, die die Soldaten waehrend und nach dem Kriege stellen mussten und mit eigenen Augen gesehen haben, was geschah und geschieht, beginnen ihre Stimme zu erheben. Das sind niemals die Schlechtesten einer Nation, die zum Kampfe antreten, und sie sind auch zahlenmaessig sehr bedeutend. Ausserdem machen sie sich zuerst Gedanken ueber das Geschehen, welches sie eventuell zu hoechstem Opfer zwingt. Das Zusammenleben mit den ehemaligen Gegnern erbrachte auch viel Aufklaerung ueber die Lage, wie sie wirklich war. Man ruehrt sich also, u. zw. gerade in USA!

General Psychologus muss wieder herhalten, um zumindest zu versuchen, die oeffentliche Meinung wieder fehlzuleiten. Dabei scheut man nicht zurueck, auf den ehemals staerksten Mitstreiter Steine zu werfen. So lancierte man in USA ein Buch, mit welchem die Verantwortung des Kriegseintrittes der USA auf England abgeschoben werden soll. Dieses Buch ("Room 3603" von Hyde) berichtet auch von dem Abbruch der Verhandlungen zwischen Japan und USA und der Erwartung des Ausbruches der Feindseligkeiten fuer Ende November 1941, und der Kenntnis dieser Vorgaenge seitens Roosevelt, der also mit Pearl Harbour keinesfalls ueberrascht wurde... Ja, ja, die Verantwortung fuer den "Weltkrieg Nummer Zwei" kann schon sehr drueckend sein und damit sehr unangenehm werden, vor allen Dingen, wenn alle Welt jetzt sieht, wohin das Ganze gefuehrt hat.

Ob derartige Bemuehungen des General Psychologus, die Welt wieder irre zu leiten, Erfolg haben werden, wird die Zukunft zeigen.

3) Die Atlantik-Schlacht

Wer Hitler beobachtet hat, der wird nicht die Tatsache bestreiten koennen, dass er immer wieder die Gefahr seitens der internationalen Geldmacht und ihre Plaene angeprangert und auf die Verflechtung von Ost und West zu ihren Gunsten hingewiesen hat. Es wurde ihm nicht geglaubt und noch weniger genuegend gefolgt. Man war ja "un"-politisch, und damit verstaendnislos fuer derlei wenn auch noch so bedeutende, die Allgemeinheit angehende, eben "politische" Dinge.

(Und heute?...)

Als der Krieg dann da war, haette es oberstes Gesetz fuer die deutsche militaerische Fuehrung sein muessen, eine Zusammenballung der riesigen Kraefte aus Ost und West zu verhindern. Der grosse Atlantische Ozean trennte die Gegner Deutschlands, ein Umstand, der zweifellos zu seinen Gunsten war.

Die enge Verbindung unter den massgeblichen Kreisen der westlichen und oestlichen Gegner war bekannt; auch war kein Zweifel an der Vermutung zulaessig, dass frueher oder spaeter die ganze Kraft der USA gegen Deutschland eingesetzt werden wuerde. Insbesondere nach den ersten blitzartigen Erfolgen der Deutschen tat die gegnerische Seite Alles, um entgegen den Bemuehungen von deutscher Seite den Konflikt zeitlich und raeumlich zu beschraenken, einen weltweiten Konflikt zu entfachen, der auch nur auf lange Sicht zum Erfolg fuer die Alliierten fuehren konnte.

Die Atlantik-Schlacht, der Kampf gegen den alliierten Nachschub von Amerika nach Europa, die Unterbrechung des Schiffsverkehrs der Alliierten durch deutsche Bomben und Torpedos, insbesondere durch die U-Boote, war auf jeden Fall kriegsentscheidend. Dessen war sich auch General Psychologus absolut bewusst.

Grundsaetzlich war auch die deutsche politische Fuehrung sich derartiger Konstellation bewusst, sie sprach es bei vielen Gelegenheiten klar aus, und erinnern wir uns noch der Worte Hitlers, dass er die Nation auf einen fuenf Jahre gehenden Kampf vorbereitete; er war sich also der Groesse und der Langwierigkeit der Auseinandersetzung bewusst.

Dachte aber auch so seine militaerischse Fuehrung?

Hier hatte General Psychologus rechtzeitig angesetzt. Heute weiss jedermann, dass eine Anzahl hoechster Militaers in Deutschland nicht mit ihrem Staatsoberhaupt uebereinstimmten. General Psychologus hatte schon sehr fruehzeitig daran gedacht, moeglichst viele Offiziere des so gefuerchteten Deutschen General-Stabes „un"-politisch zu machen.

Wie wir bei Grossadmiral Doenitz in seinem Memoirenwerk "10 Jahre und 20 Tage" bestaetigt finden, herrschte im Deutschen Oberkommando die

"Kontinentale Denkungsart"
vor.

Bei der grundsaetzlich klaren Erkenntnis der Probleme seitens der politischen Fuehrung, die diese in unzaehligen vermeintlich ermuedenden, monologartigen Vortraegen im berufenen Kreise versucht hatte, deutlich zu machen, bleibt es mehr als unverstaendlich, dass fuer den See- und Handelskrieg, oder sagen wir besser fuer die Blockade der europaeischen Gegner, also in den ersten Jahren doch nur England und Frankreich, das unbedingt Noetige **nicht getan** wurde, um den amerikanischen Koloss nicht wirksam werden zu lassen, indem man ihn vom europaeischen Kontinent fernhielte.

Ein Teil der militaerischen Fachkreise, also Offiziere des deutschen Generalstabes, politisch weitgehendst instinktlos, (gemacht durch unseren lieben General Psychologus) begnuegten sich mit der Durchfuehrung ihrer Ansicht, dass alle Staerke auf das Landheer oder besser gesagt auf den Landkrieg gelegt werden muesse, womit man dann entscheidend schlagen wuerde, u. zw. so schnell und rechtzeitig, dass die USA garnicht mehr zum Zuge kommen werde.

Die Idee war sicher nicht schlecht, solange sie als direkter Handlungsplan gedacht war. Da aber im Kriege immer mit unvorhergesehenen Dingen gerechnet werden muss, insbesondere die Gegner Deutschlands in solch erdrueckender Mehrheit waren, haette man nicht an der Oberflaeche des Problems bleiben duerfen, sondern unbedingt eine Art Rueckdeckung einplanen und vorbereiten muessen, fuer den Fall, der Krieg mit den Blitz-Unternehmungen nicht zuende gehen wuerde. Oder besser gesagt, man haette sich, insbesondere innerlich, auf die Gegnerschaft von Ost und West einstellen muessen.

Die oben geschilderte schwache Grund-Orientierung des Deutschen Generalstabes hatte in der Anwendung bei Frankreich noch bedingte Geltung, da man durch eine voellige Besetzung des franzoesischen Mutterlandes nach dem militaerischen Siege zu Waffenstillstand und Friedensverhandlungen haette kommen koennen. Aber auch hierbei nur bedingt, denn die franzoesischen Besitzungen in Uebersee und die Flotte waren nach dem Siege im Landkriege absolut nicht einzubeziehen, ausserdem konnte eine Exilregierung in ein verbuendetes Ausland gehen und von dort weiterregieren.

In keinem Falle haette jedoch dieser Weg eine Entscheidung auf England als kriegfuehrende Macht ausgeuebt.

Sagen wir es frei heraus, es war eine folgenschwere Fehl-Planung, die zusammen mit weiteren Fehl-Planungen den im Interesse Deutschlands dringend notwendigen Zusammenhalt zwischen politischer und militaerischer Fuehrung zerstoerte. Das wollte aber gerade der General Psychologus und er tat Alles, um diese Diskrepanz in der deutschen Fuehrung zu foerdern und zu erweitern, moeglichst immer durch seine Helfershelfer in den eigenen deutschen Reihen.

So ereignete es sich, dass selbst nach der schweren Erfahrung im ersten Weltkriege auch im Zweiten eine folgenschwere Verzoegerung in der U-Boot-Krieg-Fuehrung bezw. dem Aufbau der U-Bootwaffe eintrat. Es ist heute bekannt, dass in dem Jahre 1937 ein (1) deutsches U-Boot, im Jahre 1938 acht Boote und selbst 1939, dem Jahre des Kriegsbeginnes, nur 18 U-Boote in Dienst gestellt wurden.

Bei den Deutschland unterstellten Welteroberungsplaenen haette das ganz anders aussehen muessen, wie dieses ja auch der amerikanische General Marshall in seiner Schlussbetrachtung ueber den Zweiten Weltkrieg ganz ausdruecklich bestaetigte.

Der bekannte amerikanische Geschichtsprofessor Dr. Hoggan geht sogar noch einen Schritt weiter, indem er die feste Ueberzeugung vertritt, dass England es sich sehr wohl ueberlegt haette, gegen Deutschland einen "Praeventiv"-Krieg, wie den von 1939, zu fuehren, wenn die wirkliche Ruestung in Deutschland Schritt gehalten haette mit der englischen in damaliger Zeit. Wohl haben die Deutschen mit dem Saebel gerasselt; sie haben aber auch sehr gebluft! Und das war den Englaendern bekannt; sie nutzten diese deutsche Schwaeche restlos aus; gingen sogar auf Godesberg und Berchtesgaden und Muenchen ein, um Zeit zu gewinnen; bis sie sich zum Zuschlagen stark fuehlten. Dass diese englische Ruestung sich auf den Luftsektor konzentrierte, sei hier nur am Rande bemerkt.

Die Englaender nahmen das Flottenabkommen mit Deutschland nicht so ernst wie es von deutscher Seite gemeint war; im Gegenteil, sie verliessen sich — mit Recht — auf die deutsche Zusage der Seeruestungsbeschraenkung und widmeten sich ganz der Luftruestung.

Aus heutiger Sicht — und wohl auch aus damaliger haette es nicht anders sein duerfen — muss man feststellen, dass die U-Bootwaffe von deutscher Seite geradezu vernachlaessigt wurde.

Neben der U-Bootwaffe wurde noch eine Reihe grosser Ueberwasserschiffe gebaut und indienstgestellt; Kriegsschiffe, die gegen die Uebermacht der Englaender und bei der unguenstigen Lage ihrer deutschen Heimathaefen keine entscheidenden Erfolge einbringen konnten. Im Gegenteil, ihr grosser Stahl- und Mannschafts-Bedarf haette an anderer Stelle weitaus erfolgreicher eingesetzt werden koennen und muessen.

Erst gegen Kriegsende wurde die U-Bootwaffe erheblich verstaerkt und erreichte in den ersten Monaten des Jahres 1945, also den letzten Kriegsmonaten mit ueber 20 Booten pro Monat — viel zu spaet — Rekord-Ziffern.

Die Tatsache, dass sie gebaut wurden, zeigt, dass es keine technische Unmoeglichkeit dargestellt hatte; im Gegenteil, am Anfang des Krieges waere es um so leichter gewesen, da noch kein Bombenkrieg die Fabrikation und die Transporte gestoert haette.

Eine erfolgreiche Abriegelung Englands in den ersten Jahren des Krieges haette zweifellos ganz bedeutende Erfolge gehabt auf allen Sektoren des Krieges; haette auch auf die immer wieder von deutscher Seite gesuchte Friedensbereitschaft der Englaender guenstig, vielleicht sogar entscheidend eingewirkt. Wissen wir doch heute, dass selbst Churchill in den ersten Septembertagen 1940 nach den ersten grossen deutschen Luftangriffen auf England Verhandlungen mit Hitler eingehen wollte, (bevor die russische Bedrohung der deutschen Ostgrenze dem Unternehmen gegen England ein Ende machte).

Nach der Technik der an sich bekannten und ja auch geuebten Kesselschlachten haette der Gegner erst gruendlich „abgedichtet" werden muessen, bevor man zu entscheidenden Kaempfen haette antreten duerfen. An allen entscheidenden Stellen dieses Krieges ist jedoch eine verhaengnisvolle Umkehrung dieser Theorie zu beobachten.

Am Anfang der Kampfhandlungen ist ein zu weites, wenn auch erfolgreiches Vorgehen zu verzeichnen. Diese Anfangserfolge wurden dann nicht zu dem — allein entscheidenden — guten Ende gebracht, sondern, infolge mangelnden Nachschubes — oder ueberwiegenden Nachschubes auf der Feindseite — zergingen sie wieder und verwandelten sich sogar oft zur Katastrofe.

Man betrachte in diesem Sinne die Struktur sowohl des ganzen Krieges, wie seiner Teilunternehmen in Nordafrika oder Russland, oder im Hinblick auf die Atlantik-Schlacht.

Es lag System in dieser Entwicklung, die sich nicht zufaellig so vielfaeltig in dem Kriegsgeschehen wiederholte. Es bleibt die Frage offen, ob es Unfaehigkeit oder boeser Wille war — oder beides — die die katastrofale Entwicklung in der jeweiligen Lage entstehen liessen.

Der Geist, aus welchem die bekannten Rueckschlaege sich ergaben, wurde leider erst sehr spaet, vielleicht zu spaet erkannt. Wer haette auch solch Verhalten von hoechsten deutschen Offizieren erwarten muessen, noch dazu in Kriegszeiten?!

Auf jeden Fall wird diese wiederholte folgenschwere oberste Fehl-Planung einer der Gruende fuer das mittlerweile bekannt gewordene Zerwuerfnis zwischen der bis dahin strategisch unerfahrenen politischen und der bis dahin vermeintlich allerfahren militaerischen Fuehrung innerhalb des deutschen Machtbereiches gewesen sein.

Und das gerade erstrebte unser General Psychologus ihm ging es darum, der deutschen Machtfuelle irgendwie Herr zu werden und zu diesem Zwecke war eine Zweiteilung oder gar ein Gegeneinander in der obersten Fuehrung gerade recht. Ausserdem ging es ihm, wie schon angeführt, um die Vernachlaessigung der wesentlichen Dinge.

Nicht nur die grundsaetzliche Vernachlaessigung des Seekrieges ist so verhaengnisvoll gewesen. Auch seine vollkommen ungenuegende Durchfuehrung hat Zeichen von **unerklaerbarem und damit verdaechtigem Unverstand** und gefaehrlichem Unvermoegen gezeigt. Wieder sind es die Memoiren des Grossadmirals Doenitz, die von immer wiederholten und unerledigt verhallten Reklamationen in diesem Sinne sprechen.

Trotz der misslichen Lage und den unzureichenden Vorbereitungen fuer einen erfolgreichen U-Boot-Krieg wurden mit verhaeltnismaessig niedrigen Verlusten — dieses gilt leider nur fuer den Anfang, das Ende zeigte die hoechsten prozentualen Verlustziffern aller Waffengattungen — grosse Erfolge gezeitigt, die um Vieles haetten gesteigert werden koennen, wenn man den Anforderungen des fachlich hoechst leistungsfaehigen U-Bootfuehrers stattgegeben haette. Man tat es nicht, oder tat es zu spaet, wie es die Kriegsereignisse dann gezeigt haben.

Ausserdem hatte unser General Psychologus auch bei der U-Boot-Waffe seine "Finger am Druecker" gehabt; es waere ja auch unverstaendlich gewesen, wenn er sie bei dieser kriegsentscheidenden Waffe nicht gehabt haette. Den Ausdruck "Finger am Druecker" muessen wir in diesem Fall sogar woertlich nehmen, denn mit dem "Druecker" ist der Detonador, der Zuender der Torpedos gemeint. Auch wenn der Grossadmiral in seinen Memoiren nicht direkt darauf anspielt, so ist jedoch mehr als auffaellig, wie oft die von ihm mehrfach erwaehnten "Pistolen" der Torpedos nicht funktioniert haben. Die tapferen U-Boot-Besatzungen waren an den Feind herangegangen, hatten zum Angriff angesetzt, hatten die Torpedos richtig und gut gezielt abgeschossen — und mussten dann die Fehlzuendungen beobachten. Sie hatten nicht etwa vorbeigeschossen, sondern die Torpedos zeigten Fruehzuender, oder sie liefen zu tief unter den angezielten Schiffen unterdurch oder detonierten weit hinter dem Ziel.

Man bedenke, mit wieviel Rafinesse das wieder eingefaedelt worden war: Die ganze U-Boot-Flotte wurde richtig und gut entwickelt und gebaut, ebenso ihre Bewaffnung. Es stand dafuer eine besondere Versuchsanstalt und entsprechende Werkstaetten fuer die Fabrikation zur Verfuegung. Alles schien tadellos zu klappen; nur ein einziges relativ kleines, aber in seiner Funktion aeusserst entscheidendes Teil, der Detonador, oder die Pistole, wie ihn der Grossadmiral bezeichnete, funktionierte nicht, und damit war der ganze Einsatz des U-Bootes wirkungslos. Damit hatte eine an der Fabrikation der Detonadoren arbeitende kleine Sabotagegruppe die ganze U-Boot-Waffe in der Hand!

Die Seekriegsleitung hatte damals auch ein Kriegsgericht fuer die Verantwortlichen verlangt, und ist es auch zu Verurteilungen gekommen. Energisch durchgegriffen wurde jedoch vorlaeufig nicht und so ging die Serie der Fehlzuendungen nicht zuende, vielmehr war sie bis weit in den Krieg hinein immer wieder zu beobachten.

Die Lage wurde erst besser, als eine grundsaetzliche Aenderung in der Marine-Ruestung eintrat, indem der Bau der U-Boote und der Torpedos ueber das Ruestungsamt geschah und dieses hochwichtige Amt, das bis dahin von dem beruechtigten General Thomas, der schon lange "in echtem Widerstand" gegen die Reichsregierung war, geleitet worden war, sodann von dem Minister Speer uebernommen wurde.

Die entscheidende Epoche des Kriegsanfanges hatte General Psychologus mit diesen Manipulationen in der U-Boot-Waffe guenstig fuer sich ueberstanden.

In diesem Zusammenhange duerfte folgende kleine Begebenheit interessieren:

Auf Bitten eines hiesigen Freundes besuchte ich in Deutschland einen Verwandten. Die besuchte Person war ein ehemaliger See-Offizier, Halbjude, und wie die Familie der betreffenden Person beilaeufig, jedoch ganz offen, erzaehlte, von hoher Stelle als nicht zuverlaessig erkannt. Ein oder zwei Mal kam es sogar zu Verhaftungen, aber immer wieder hielt der Abwehrchef Canaris seine schuetzende Hand ueber ihn, um "Weiterungen" zu vermeiden, denn er brauchte ihn in seiner privaten Widerstands-Organisation, denn die besuchte Person hatte eine bedeutende, zumindest einflussreiche technische Position: sie richtete und schoss — ausgesprochen — Bordwaffen ein.

Die weiteren Zusammenhaenge kann sich der Leser selber ausmalen; ob Bordwaffen oder Detonador-Einrichter, das ist so ziemlich das Gleiche.

Wir koennen es der betreffenden Person nicht sehr veruebeln, dass sie infolge ihrer fremdvolklichen Zugehoerigkeit so gehandelt hat. Der Fall interessiert auch nur im Zusammenhang mit unseren Studien der psychologischen Kriegsfuehrung, u. zw. wie man mit ganz wenigen Vertrauensleuten eine ganze Sparte der Kriegsfuehrung, wie es der U-Boot-Krieg darstellt, entscheidend steuern und damit beherrschen konnte.

Besagter See-Offizier wurde „natuerlich" wegen dieser seiner schweren hoch- und landesverraeterischen Taetigkeit im Kriege in der heutigen Bundesrepublik in keiner Weise belangt, vielmehr lebt er in einem der schoensten Staedtchen Sueddeutschlands mit seiner Familie in besten Verhaeltnissen, was durch eine hohe Pension und durch Wiedergutmachung wirtschaftlich moeglich gemacht wurde.

Meine lieben Freunde, ich habe meinen besten Freund in Deutschland als jungen U-Boots-Offizier auf seiner ersten Feindfahrt verloren; vielleicht war an Bord seines Unluecksbootes eine solche falsch eingerichtete Bordwaffe. Sie werden deshalb verstehen, weshalb ich soviel Bedeutung diesem Falle beimesse.

Ausserdem erhaertet der Fall durch diese eigene persoenliche Begebenheit das oben Gesagte.

4) Englands Kriegswille gegen Deutschland.

Seit der Jahrhundertwende wurde in England eine bewusst deutschfeindliche Bewegung entwickelt, die dort zunaechst garnicht populaer war.

Mit der Zeit verstand sie es jedoch, immer mehr Einfluss auf die britische Oeffentlichkeit zu nehmen.

Es soll hier nicht weiter untersucht werden, wie weit diese Entwicklung eventuell von "dritten" Maechten begruesst oder gar unterstuetzt worden war, um auf keinen Fall die bestehenden verwandtschaftlichen Bindungen — England und Deutschland sind nun einmal Brudervoelker und ihre Herrscher zu damaliger Zeit, die Queen und der Kaiser, waren eng verwandt — auch auf das politische Gebiet uebergreifen zu lassen.

Es genuegt uns die Feststellung, dass die an dieser Entwicklung interessierten Maechte schon vor dem Ersten Weltkriege einmal erreichten, nicht nur ein — nicht mehr als natuerliches — Zusammengehen dieser beiden Nationen zu vereiteln, sondern sogar eine Allianz gegen Deutschland zustande brachten; den Krieg erklaerten, und jenen Krieg dann auch gewannen.

Eine aehnliche Entwicklung setzte wieder in England ein, als sich um die Zeit der Olympischen Spiele des Jahres 1936 ergab, dass das national-sozialistische Deutschland unter der Fuehrung von Hitler sich anschickte, in Europa wieder eine Grossmacht zu werden.

Wie weit wieder "dritte" Maechte auch zu dem dann wieder folgenden zweiten grossen Waffengang beigetragen haben, diese Frage soll hier wiederum nur vermerkt werden.

Dennoch ist die Feststellung wichtig, dass die jeweilige Lage vor den beiden Kriegen, was Deutschland und England anbelangt, sehr verschieden war.

Vor dem Ersten Weltkriege war Deutschland im Zuge der damals ueblichen Machtkaempfe noch ein ernster Konkurrent der Englaender gewesen. Deutschland unterhielt ueberseeische Kolonien; erstarkte sehr am Kontinent; deutsche Ware wurde trotz des von England verlangten Ursprungsvermerkes "Made in Germany" in steigendem Masse auf dem Weltmark, der ja schliesslich allen Voelkern offen stand, verlangt und gekauft; das Deutsche Kaiserreich baute sich eine starke Flotte auf.

Vor dem Zweiten Weltkriege lagen diese Gesichtspunkte nicht mehr vor. Selbst die wirtschaftlichen Bedenken der Englaender waren unbegruendet, denn der deutsche Export war in den Jahren 1938 und 1939, also den Jahren vor dem Kriege, ruecklaeufig gewesen.

Darueber hinaus war ein ganz neues Moment hinzugekommen: Die Abwehr des Bolschewismus, der Deutschland, aber auch England bedrohte, also ein gemeinsamer Feind haette sein muessen.

Anstelle des Kaiserreiches war in Deutschland eine neue, absolut unimperialistische, sozial orientierte Regierung ans Ruder gekommen.

Die neuen Machthaber erstrebten Freundschaft mit England mit allen nur moeglichen Mitteln und taten das auch offen kund.

Hitler schickte einen Sonderbotschafter nach England.

Begeistert las man 1937 in den deutschen Zeitungen: "Neurath (der damalige deutsche Aussenminister) geht nach England!" — Es wurde im letzten Augenblick vereitelt. Auf deutsche Anregung war schon vorher ein Flottenabkommen mit England zustande gekommen, das auf der Basis 35:100 zugunsten Englands die deutschen See-Streitkraefte beschraenkte. Dieses Abkommen wurde von deutscher Seite nicht nur dem Buchstaben nach eingehalten, sondern auch im Geiste, in dem es von Deutschland gemeint war. Darueber hinaus blieb Deutschland in der ihm zugestandenen Seeruestung sogar erheblich zurueck; Deutschlands U-Boot-Waffe konnte selbst bei Kriegsausbruch als nur kuemmerlich bezeichnet werden.

Heute wissen wir, dass dieser deutsche Geist des Flottenabkommens, der Wunsch nach Verstaendigung und das Ausserachtlassen strategischer Wuensche und Bedingungen von Seiten Deutschlands **von englischer Seite** schwer missbraucht wurde: England, des deutschen Nichtaufruestens zur See gewiss, konnte anstelle seiner traditionellen Seeruestung, die ungeheure Mengen strategisch wichtigen Materials, wie Kohle und Stahl, und grosse Mannschaftsbestaende an Seeleuten sowohl niederen, wie auch hoeheren Grades verlangte, sich mit aller Macht auf eine Luftruestung werfen; was es auch getan hat.

Die Deutsche Reichsregierung ging in ihren Bemuehungen um eine Verstaendigung mit England noch einen Schritt weiter, indem sie kurz vor dem Kriege einen langfristigen Freundschaftspakt und eine Garantie des Britischen Empire anbot. Die oestlich orientierte deutsche Aussenpolitik kreuzte in keinem Punkte wirkliche englische Interessen.

Als es dennoch zum Zweiten Weltkrieg gekommen war, lehnte Deutschland den uneingeschraenkten U-Boot-Krieg — wie im Ersten Weltkriege — zunaechst wieder ab. Andere militaerische Massnahmen gegen England unterblieben ebenso.

Es kam die Zeit des Fruehjahrs 1940. Die Deutschen schlugen die Westmaechte und kamen zu einem klaren militaerischen Siege.

Den Englaendern wurde jedoch in Duenkirchen ein schweres Blutbad erspart, wozu die Deutschen mit ihren bereit stehenden Panzer- und Stuka-Verbaenden ohne weiteres in der Lage gewesen waeren. Wir wissen heute, dass Hitler es so haben wollte, eben kein Gemetzel von einigen 100.000 Englaendern, das keine Basis fuer ein neues Friedensangebot gewesen waere — nach seiner Ansicht oder besser gesagt nach seinen damaligen Wuenschen. Wieder wurde ueber die ganze Welt in allen bedeutenden Sprachen der Vorschlag "zum Frieden mit England" verbreitet.

Der Stellvertreter des Fuehrers, Rudolf Hess, flog in tollkuehner Weise nach England, um auch auf diesem ungewoehnlichen Wege zu versuchen, in England die Vernunft einkehren zu lassen und damit zu einem Uebereinkommen zwischen England und Deutschland zu kommen.

Auch dieser Versuch dieses groessten aller Idealisten, der die englische Welt gut kannte — er war in Aegypten geboren — ging fehl.

Es gibt keinen Gesichtspunkt, der den guten Willen des Deutschen Reiches, mit England ins Einvernehmen zu kommen, in Zweifel ziehen koennte.

Wie sieht es aber mit der Haltung auf der Gegenseite aus, also wie verhielten sich die Englaender?

Die englische Regierung hielt es damals fuer richtig, die guten deutschen Absichten zu verhoehnen und bruesk von sich zu weisen!

Heute wissen wir, dass schon im Jahre 1936, also einige Jahre vor Kriegsbeginn, in den obersten englischen Kreisen der Krieg gegen das erstarkende Deutschland eine ausgemachte Sache war. Man stellte Ueberlegungen an, wie man das am besten bewerkstelligen koennte. Ruestungsmaessig waeren die Englaender auf die Dauer dem sich bildenden Grossdeutschen Reiche und seinen Verbuendeten unterlegen gewesen. Allerdings sahen sie eine Moeglichkeit:

Englands Staerke lag in den vergangenen Jahrhunderten auf dem Meere. Deutschland hatte mit dem bereits erwaehnten Flottenabkommen freiwillig auf ein Wettruesten und einen Kampf zur See verzichtet, hatte sogar sichtbar eine solche Seeruestung vernachlaessigt. Das gab den Englaendern, die eben nicht auf einen Ausgleich mit Deutschland aus waren, sondern im Gegenteil das erstarkende Deutschland irgendwie schlagen und vernichten wollten, die Moeglichkeit, ihrerseits die ungeheure Stahlmengen verschlingende Ruestung zur See einzudaemmen und dafuer eine um so staerkere Luftruestung zu betreiben.

Wir wissen heute, dass England mit seinem "Lindemann-Plan" schon 1936 sich auf einen unerbittlichen Bombenkrieg gegen Deutschland vorzubereiten begann, der, wie Churchill ganz offen bekundete, gerade gegen **Zivile Ziele** angesetzt werden sollte.

Englands Fuehrung wusste, dass Hitler es mit England ehrlich meinte. So sagte einmal der damalige englische Unterstaatssekretaer Cadogan zu dem damaligen rumaenischen Minister-Kollegen Gafencu: "Wir wissen, dass es Hitler mit uns ehrlich meint; das macht ja gerade unseren Kriegskurs so schwer!"

Um so mehr und um so unbekuemmerter glaubte England gegen das unvorbereitete Deutschland vorgehen zu koennen, es wurde dadurch zu seinem kriegerischen Vorgehen geradezu ermuntert.

Es kam soweit, dass England die verschiedenen deutschen Freundschafts- und Friedens-Vorschlaege mit seiner und seiner Alliierten Kriegserklaerung beantwortete.

Die Friedensvorschlaege ueber Hess schlug England aus; es begann einen fuerchterlichen Bombenkrieg, dem es als "Krone" das Unternehmen gegen die offene und Lazarett-Stadt Dresden aufsetzte.

Das Ganze war wohl das Perfideste, was sich England leisten konnte. Es war in seinem an sich unbegruendeten, kuenstlich gezuechteten Hass gegen Deutschland so blind, dass es garnicht merkte, wie seine angeblichen Alliierten und Freunde "so nebenbei" das ganze Britische Weltreich "abmontierten".

Ein grosser Teil der Englaender hat bis heute noch nicht begriffen, dass ein **Weltkrieg** nur gegen England und andere europaeische Kolonialmaechte gerichtet sein konnte, denn das geografisch winzige Deutschland, haette man nur mit einem geballten Blitzunternehmen ueberwaeltigen koennen; d a z u waere kein weltweiter Krieg noetig gewesen.

Leider muss festgestellt werden, dass auch nach den boesen Erfahrungen des Zweiten Weltkrieges in England die seit der Jahrhundertwende begonnene Staenkerei — nur das ist der richtige Ausdruck dafuer — fortgesetzt werden kann bis in unsere heutigen Tage. Was man in dieser Hinsicht immer noch in englischen Zeitungen lesen kann, ist verblueffend. Wohin das fuehrt, wird uns die Zukunft ja zeigen.

Zusammenfassend muessen wir feststellen, dass diese ungeheure Perfidie der Englaender weder damals von der kaiserlichen, noch spaeter von der hitlerschen Regierung in dieser wilden Form fuer moeglich gehalten wurde. Der einzigste auf deutscher Seite, der die Englaender durchschaut hatte, der der festen Meinung war, dass England schlagen wuerde, sobald es sich dazu in der Lage saehe, war der fruehere Sonderbotschafter in England und spaetere Aussenminister von Ribbentrop; seinen Berichten wurde leider nicht genuegend geglaubt, bezw. sie wurden nicht genuegend in Rechnung gestellt; der Kriegskurs Englands, der unerschuetterliche Kriegswille mit seiner Unerbittlichkeit wurde nicht genuegend in die deutschen Planungen einbezogen.

Wohl sprachen sachliches Ueberlegen und die reine Vernunft gegen diese englische Haltung bezw. fuer den deutschen Standpunkt der Verstaendigung; es kam also zu einem gewissen Wunsch-Denken und eine entsprechende Einstellung bei den deutschen Planungen. Wenn auch nachtraeglich, kann man der damaligen deutschen Regierung nicht den Vorwurf ersparen, dass sie das nicht genuegend erkannt hat.

Die Gegenseite nutzte den guten Willen Deutschlands und insbesondere seiner Fuehrung restlos aus; man wusste von der schwachen, wie gesagt bewusst schwachen Seeruestung auf deutscher Seite. Man wusste auch, dass damals nur der Seekrieg England verhaengnisvoll werden konnte, und wird sich innerlich sehr gefreut haben, dass Hitler fast ueberhaupt keine der fuer England so gefaehrlichen U-Boote bauen liess in einer Zeit, da eine U-Boot-Bedrohung ihre Wirkung getan haette, also v o r der definitiven Kriegsentscheidung — und Erklaerung im September 1939.

Die wenigen grossen deutschen Ueberwasserschiffe beeindruckten die Englaender nicht wesentlich; wohl haette es eine starke, wirklich vorhandene U-Boot-Flotte getan.

Dann waere auch die Argumentierung von Rudolf Hess bei seinem Englandflug nachdruecklicher gewesen, als er von der Bedrohung der englischen Insel durch die deutschen Waffen, also insbesondere von Luftwaffe und U-Booten, sprach. Der grosse Luftangriff gegen Suedengland zur Zeit des Schottlandfluges von Hess war sicher kein Zufall; war vielmehr psychologisch richtig.

Die grosse Luecke war jedoch der allein fuer England entscheidende Seekrieg. Waere Deutschland gerade nach den Erfolgen des Ersten Weltkrieges „hart" gerade in diesem fuer England neuralgischen Punkte gewesen, haette also eine wirklich gefaehrliche Bedrohung mit U-Booten von deutscher Seite bestanden, haette England es sich sicher sehr ueberlegt, seine zweifellos vorliegenden Vernichtungs-Wuensche und -Plaene gegen Deutschland in die Tat umzusetzen.

Ausser dieser rein militaerischen Lage kam noch ein psychologischer Faktor hinzu: Der absolute Kriegswille Englands, der reine, unumstoessliche Vernichtungswille insbesondere seiner Regierung.

Wir wissen heute, dass Hess nach seinem Flug nach Schottland mit fast allen damals wichtigen englischen Politikern zusammengekommen ist, nur mit Churchill nicht, der aber eine Anzahl zuverlaessiger Mitarbeiter zu Hess geschickt hatte, um ihn auszuhorchen und zu sehen, was davon fuer die unerbittliche Kriegfortfuehrung brauchbar gewesen waere.

Aus heutiger Sicht haette dem Hessflug ein psychologisches Begleitunternehmen beigegeben sein muessen: Die breite Oeffentlichkeit in England haette von dem Hess-Unternehmen in grossem Stile durch propagandistische Direkt-Mittel in Kenntnis gesetzt werden muessen! Durch Rundfunk, durch die neutrale Presse, oder durch einen Grosseinsatz von Flugblaettern, gerade nach dem damals grossen Bombeneinsatz zur Stunde des Hessfluges, haette man den Friedensplan von Rudolf Hess unterstuetzen muessen.

Wir sehen keinen Nutzen, dass man ihn desavouierte und ihn sogar fuer verrueckt erklaerte.

Wir wissen, dass das Unternehmen Hess bei einer Regierung Churchill ein Fiasko werden musste. Nachdem es aber einmal sich ereignet hatte, haette man aus der Not eine Tugend machen und den Besuch von Hess in England mit allen, gerade den psychologischen Mitteln, unterstuetzen muessen!

Bewusst haette man Alles versuchen muessen, die Hauptbarriere gegen die Hess'schen Plaene, den boesen Willen der englischen Regierungsklique, irgendwie zu ueberwinden, indem man auch dem englischen Volke, dem Mann auf der Strasse und seinen demokratischen Abgeordneten, das deutsche Angebot direkt mitgeteilt haette. Churchill hatte sehr wohl sehr viel Angst vor der Verbreitung der Hess'schen Vorschlaege in der englischen Oeffentlichkeit. Es waere damit zweifellos zu einem Druck, oder zumindest zu stuermischen Unterhaltungen im englischen Parlament gekommen, womit die Regierung entweder gezwungen worden waere, den Vorschlaegen zumindest naeher zu treten, oder gar selber abzutreten, womit der Weg zur Verstaendigung frei geworden waere. Es gab in England genuegend Volk und auch Politiker, die keinen Krieg wollten, die das britische Weltreich nicht in Gefahr setzen wollten und die Hand von Hess sehr gern ergriffen haetten, wenn sie davon gewusst haetten und machtmaessig in Position gewesen waeren.

Hinter Churchill stand Roosevelt und dessen ganze Hintermaenner, die schon vor dem Kriege nicht misszuverstehenden Druck auf England ausgeuebt hatten. Dieser Druck bestand zweifellos auch waehrend des Krieges, war sogar noch starker geworden.

Wir wissen heute von verschiedenen Friedensfuehlern, die England ausgestreckt hatte, bezw. hatte muessen, zu verschiedenen Zeiten waehrend des ganzen Krieges. Selbst Churchill hatte 8 Monate vor dem Hess-Flug, also im September/Oktober 1940 nach den ersten grossen deutschen Luftangriffen und bei den grossen Versenkungsziffern den Entschluss gefasst, — nicht gewollt, sondern gemusst, — eine Verstaendigung mit Deutschland zu suchen, wurde aber durch den ueberraschenden Abbruch der deutschen Luftunternehmen in letzter Minute davon abgehalten.

Heute wissen wir, dass General Psychologus diesen aeussersten Gefahren-Moment genau erkannt hatte und durch die russische Bedrohung an Deutschlands Ostgrenze die deutsche Regierung veranlasste, von seinem Unternehmen gegen England abzulassen, womit die Gefahr fuer die Sache des General Psychologus zunaechst einmal gebannt war.

Wie ernst und gefaehrlich das Hess-Unternehmen in der Tat war, bestaetigt uns das Verhalten von Churchill. Er lehnte fuer Hess jede Rueckreise nach Deutschland, wie es fuer jeden anderen Emissaer infrage gekommen waere, oder zumindest eine Abgabe an eine neutrale Macht, ab. Auch lehnte man einen Austausch mit kranken Gefangenen ab. Einen Geisteskranken haette man doch ohne weiteres abschieben koennen, noch dazu er in die Fuehrungskreise des Gegners zurueckgegangen waere, wo er nur Verwirrung und sonstiges Unheil angestiftet haette. In der Wirklichkeit war jedoch Hess den Englaendern viel zu gefaehrlich.

Die Zurueckbehaltung des Friedens-Emissaers Hess bestaerkt auch unser psychologisches Argument, dass Hess als zweitmaechtigster Mann im Dritten Reich unbedingt unschaedlich gemacht werden musste, und bleiben musste, im Rahmen der Bemuehungen, auf die oberste Reichsfuehrung irgendwie schaedigend einzuwirken. Natuerlich war es in England bekannt, dass Hess der Vertrauteste unter den Mitarbeitern Hitlers war, also zumindest im Kriege auf keinen Fall in seinen ehemaligen Wirkungskreis zurueckkehren durfte.

Noch viel ernster war die Sache unserem Freunde Stalin, der spaeter fuer sofortiges Erschiessen Hess' plaedierte. Wie kein zweiter, wusste Stalin um die Gefaehrlichkeit von Hess; hatte er doch zusammen mit Hitler und den anderen hohen Mitarbeitern seit mehr als zwanzig Jahren an der Front gestanden, um die es sich in diesem Kriege drehte, an der anti-kommunistischen!

Mit diesem Flug nach England haette er wieder aeusserst gefaehrlich werden koennen fuer die kommunistische Sache; waeren die Friedensbemuehungen von England angenommen, waere eine wirksame „zweite Front" niemals aufzubauen gewesen und damit die Entscheidung fraglos zu Gunsten Deutschlands ausgefallen.

Wir sind sogar der festen Ueberzeugung, dass durch einen Friedensschluss England-Deutschland der Krieg sofort zuende gewesen waere und es garnicht zu einem Kampfe mit der Sowjetunion gekommen waere, und noch viel weniger mit der USA.

Mitteleuropa waere ein starkes unueberwindbares Bollwerk gegen den nach Europa vordraengenden Kommunismus gewesen. Nachdem der russische Kommunismus den ideologischen Kampf vor dem Kriege schon verloren hatte; nachdem der frueher einmal gefaehrliche Funke der sozialistischen Revolution russischer Praegung durch das Auftreten einer fortschrittlicheren sozialen Bewegung in Deutschland sowieso schon verglimmt war; nachdem der Fortsetzung dieses ideologischen Kampfes mit „anderen Mitteln", den Mitteln der Gewalt durch eine Rote Armee, durch eine solche europaeische Blockbildung ein unueberwindbarer Riegel vorgeschoben worden waere, haette es keine praktischen Mittel mehr gegeben, um das Ziel der Weltrevolution zu erreichen.

Europa, und damit der ganzen Welt, waere dann schon damals der Beginn einer Epoche der politischen Ruhe und der gesunden Aufbauarbeit und internationalen Zusammenarbeit beschieden gewesen.

Das Alles haette Hess gebracht, bezw. lag in dem Englandflug von Hess. Dafuer sitzt er bis heute als Gefangener in Spandau als „Verschwoerer gegen den Frieden"... Darum lassen auch die Nachfolger von Stalin eine Urteilsaenderung und damit Freilassung von Hess nicht zu, auch wenn er heute schon ein alter Mann ist, der kaum noch politische Ambitionen haben duerfte. Und auch die Hintermaenner der USA-Regierung werden diese russische Ablehnung nur begruessen. Wir haben ja schon ausgefuehrt, dass der General Psychologus bis weit in den Frieden hinein taetig ist, was gerade wieder mit dem oben geschilderten Falle Hess bewiesen wird.

Schliesslich macht der Fall Hess in besonders krasser und damit eindeutiger Form die Frage klar und voll sichtbar, wo der wahre Kriegswille herrschte. Hie der an Verzweiflung grenzende Friedensversuch des zweitmaechtigsten Mannes des Deutschen Reiches, nachdem der maechtigste Mann mehrfach seine Friedenswuensche mit England kundgetan hatte. Da die englische Regierung, die auf die Vernichtung Deutschlands ausging und sich auch nicht abbringen liess, durch solch aussergewoehnliche Dinge, wie die Reise von Hess nach England es war.

Der Friedens-Versuch Hess war also gescheitert; der Krieg ging weiter!

Churchill war damit gerettet und setzte die ihm aufgegebene „Arbeit" fort. Sicher waren ihm Ende 1940 weitgehende Garantien gegeben im Sinne einer gewaltigen Kriegshilfe seitens der U.S.A.

Churchill und seine Mitarbeiter hatten denn auch Hess zu verstehen gegeben, dass — zur Zeit seines Englandfluges — ein Verstaendigungsplan keinen Eindruck mehr mache.

Ein solches Hess-Unternehmen, einige Monate vorher, haette vielleicht zum Erfolg gefuehrt.

Wir duerfen auch nicht vergessen, dass zu damaliger Zeit man in England noch nicht recht den sozialen Umbruch der neuen Zeit verstanden hatte. In England war noch dasselbe alte System am Ruder, wie in den letzten Jahrzehnten. Dort waren keine "Neuen Zeiten", keine "Neuen Leute", wie in Europa weder zum Durchbruch, noch auch nur annaehernd in den Bereich einer Machtergreifung gekommen. Wie konnte man also von den dortigen Leuten, die immer wieder ihre „Balance of Power" pendeln liessen nach altbewaehrtem Muster, eine grundsaetzliche Aenderung im politischen Denken und Planen erwarten, auch wenn sie viel mehr als die europaeischen Mittelmaechte, die kein Imperium besassen, zu verlieren hatten?

Als Entschuldigung kann nur geltend gemacht werden, dass auch in England der General Psychologus taetig war und nicht erkennen liess, dass mit Deutschland **auch England** fallen wuerde, wenn Deutschland in dem Abwehrkampfe gegen den Bolschewismus unterliegen sollte.

Vielmehr lag in den Plaenen des Generals Psychologus auch der Niedergang des englischen Weltreiches! Darum auch einen weltweiten, Zweiten Weltkrieg und keinen begrenzten Polen-Feldzug!

Dass dem General Psychologus fast das ganze britische Riesenreich als eine Art Nebengabe zugefallen ist, wird ihn aufs Hoechste entzueckt haben. Wann merkt der alte Albion das endlich?!

5) Das Unternehmen „Seeloewe" gegen England.

„Hitler haette gleich nach Duenkirchen nach England gehen muessen, dann waere die ganze Katastrophe garnicht herangekommen!"

So hoert man heute noch oft argumentieren. Meine lieben Freunde, so einfach ist die Politik in ihrem wirklichen Geschehen denn doch nicht.

Dass ein solches Unternehmen geplant war, wissen wir; es hatte den Decknamen „Seeloewe". Von vielen Feldzugteilnehmern in Frankreich wissen wir auch, dass nach dem Waffenstillstand mit Frankreich grosse Transporte an die Kanalkueste mit England herangebracht wurden, auch Kaehne und sonstiges seetuechtiges oder zumindest wassertuechtiges Material.

Und dennoch wurde das Unternehmen „Seeloewe" nicht ausgeloest. Warum nicht?

Die Briten hatten, wie schon geschildert, die erste Runde des Kampfes auf dem Festlande auf franzoesischem Boden fraglos verloren. Im Zuge des deutschen Abwehrkampfes gegen den Bolschewismus war Deutschland an einer moeglichst schnellen Beendigung der kriegerischen Auseinandersetzung mit den Westmaechten, insbesondere mit England sehr gelegen; „so oder so" sagte man damals.

Natuerlich waere ein Friede mit England lieber gewesen, als eine Fortsetzung des Kampfes im Westen.

Das Friedensangebot von 1940, damals ueber die ganze Welt in allen Sprachen verkuendet, verhallte ergebnislos.

Also musste „so oder so" eine Entscheidung erzwungen und erfochten werden, also auch durch einen Sprung auf die britische Insel. Unter dem Namen „Seeloewe" wurde ein entsprechendes Unternehmen vorbereitet. Das Alles ist allgemein bekannt, und natuerlich auch dem General Psychologus, dem der Ernst der Lage damals durchaus klar war. Trotz seiner (des Gen. Psych.) Bemuehungen, bis dahin, war sein Widersacher, der boese — und bloede — Hitler, immer wieder in der Lage gewesen, die Lage zu seinen Gunsten zu bereinigen und zu grossen Erfolgen zu kommen. Waere es zu einem durchschlagenden U-Boot-Erfolge, also zu einer lueckenlosen Blockade der britischen Insel, gekommen, und waere der „Seeloewe" zum Erfolg gefuehrt worden, waere die Lage eine ganz andere, (fuer den General Psychologus und seine Auftraggeber) eine Katastrophe gewesen; denn es waere die grosse europaeische Allianz gegen den Bolschewismus „so oder so" Wirklichkeit geworden und damit eine endliche politische Ruhe unter den Voelkern der Jetztzeit. Das waere wirklich „zuviel" gewesen; dagegen anzugehen, war die Aufgabe des Generals Psychologus gewesen.

Gegen den „Seeloewen" mit Kanonen und Bomben allein anzugehen, waere ein hoffnungsloses Unterfangen gewesen. Also ging man zu neuen Formen ueber, eben den psychologischen. Bei solch grossen Entscheidungen mussten die letzten zur Verfuegung stehenden „Register" gezogen werden:

Man beschaffte sich Vertrauensmaenner aus dem Lager des Gegners, also deutsche Offiziere und Beamte, die schon seit jeher oder durch geschickte psychologische Vorarbeit kritisch oder gar ablehnend der deutschen — eigenen — Fuehrung gegenueber eingestellt waren; oft auch bis dahin, wie der deutsche Politiker Bruening einmal verlangt hatte, Loyalitaet „gemimt" hatten, um fuer einen Ernstfall — man meinte damit die Moeglichkeit der Beseitigung der deutschen damaligen Regierung — zur Verfuegung zu stehen. Ein solcher Ernstfall lag jetzt vor. Man hatte gute Register; sogar eines, von dem es normalerweise niemand erwartet hatte: den deutschen Geheimdienst.

Eine solche Organisation haette nach ihrem Charakter restlos zur deutschen Sache stehen muessen und von Leuten besetzt sein muessen, die ebenso restlos und bedingungslos der Staatsfuehrung und ihrem Chef haetten untertan sein muessen, wie in jedem anderen Lande.

Es ist eine der grossen deutschen Tragiken, dass es nicht so war, wie es beim englischen Secret Service, oder dem Deuxième Buereau der Franzosen selbstverstaendlich, und wohl auch niemals anders, gewesen ist.

Mit aeusserster Geschicklichkeit hatte General Psychologus sogenannte Widerstandskreise geschaffen, auf die spaeter noch einzugehen ist.

Das waren nun keine Leute, die irgendwann und irgendwo eine Bombe werfen sollten, sondern es war ein kleiner, aber hoechst einflussreicher Kreis. Es war sogar gelungen, den deutschen Spionage-Abwehrdienst einzubeziehen. Schon das war eine Meisterleistung der psychologischen Fachleute des Generals Psychologus. Geschickt hatte man dieses eigentlich einer Geheimen Staatspolizei zugehoerige Spezialamt zumindest fuer den militaerischen Sektor der Gestapo entwunden und eine neue — nicht mit der Reichsfuehrung bedingungslos ergebenen alten Kaempfern besetzte — „Spezial"-Organisation geschaffen. Ihr Chef war Admiral Canaris, dessen tiefe Ablehnung gegen die Reichsfuehrung heute bekannt ist. Heute wissen wir, dass er in seinem Kriegstagebuch am ersten Kriegstage den Vermerk machte: „Diesen Krieg darf Deutschland nicht gewinnen!"

Dieser deutsche Spionagechef war ein williges Werkzeug in der Hand der Gegner des Deutschen Reiches geworden. Zweifellos war er eines der besten Pferde im Stalle des Generals Psychologus.

Dieses beweist eine kleine, aber hoechst interessante Episode: Waehrend des Krieges sollte Canaris bei einem Besuch auf der iberischen Halbinsel in eine Falle gelockt werden, nicht zuletzt, um seiner habhaft zu werden. Der Plan war ganz gut von den alliierten Geheimdienststellen ausgearbeitet, bis von hoechster Stelle der Befehl kam, das Unternehmen abzublasen, „da Canaris auf seinem Posten in Deutschland brauchbarer sei".

Er musste jetzt also herhalten: Kraft seiner Vertrauensstellung lancierte man durch ihn, den Chef der deutschen Abwehr, zwei grosse Fehl-Informationen, um damit die Verwirklichung eines deutschen Landungsmanoevers — des Unternehmens „Seeloewe" — zu verhindern.

Die erste war die Falschmeldung, dass die Englaender auf ihrer Insel auch nach Duenkirchen, eine riesige Streitmacht unterhalten wuerden, die eine erfolgreiche deutsche

Landung zumindest aeusserst erschweren wuerde. Heute wissen wir, nicht zuletzt aus den Memoiren des Herrn Churchill, dass man damals die deutsche Landung in England wirklich sehr fuerchtete, denn man hatte ihr nichts Grosses und Bedeutendes entgegen zu setzen gehabt.

Es ist sehr unwahrscheinlich, dass der deutsche Spionagedienst nicht ueber den wahren Stand der Aufruestung und der unter Waffen stehenden englischen Verbaende Bescheid gewusst haette, vielmehr wird er von der wirklichen militaerischen Schwaeche Englands nach dem Frankreichfeldzug gewusst haben.

Damit waere ein Unternehmen "Seeloewe" auch erfolgreich geworden. „Das waere aber furchtbar gewesen."

Bis dahin hatte man zu dem Unternehmen "Seeloewe" auch von Seiten der geheimen Widerstaendler zugeredet, die dabei die Hoffnung hatten, dass bei einem solchen, zweifellos sehr risikohaften, kuehnen Unternehmen des Sprunges nach England, Hitler „sich selber ersaeufen" wuerde. Die Landung sollte mehr oder minder schlecht vorbereitet in einer gefaehrlichen Hurra-Stimmung gestartet werden. In einer solchen Uebersturzung erhoehte sich das Risiko auf jeden Fall, was der Sache des Widerstandes nur dienen wuerde.

Im Polen- und nochmehr im Frankreich-Feldzug hatte man jedoch gesehen, wie der militaerische Neuling Hitler zu unerhoerten grossen Siegen gekommen war. Man erkannte auch, dass Hitler sich auch bei dem Plane „Seeloewe" nicht ueberrumpeln liess, sondern klar abwog, bevor er seine Entschluesse taetigte. Die heute veroeffentlichten „Weisungen" Hitlers fuer die Kriegsfuehrung 1939—45" sprechen darueber eine klare Sprache.

Ausserdem wusste man nie, ob Hitler die Invasion gegen England nicht doch irgendwie bewerkstelligen wuerde. Dann haette er gewonnenes Spiel und die Putschplaene haetten endgueltig begraben werden muessen — andere Gedanken, wie etwa das Wohl oder Wehe der eigenen Nation, hatte man ja nicht.

So erinnerte man sich an das Napoleon-Beispiel. Die Endlosigkeit des russischen Raumes gab wohl doch mehr Gewaehr fuer eine militaerische Katastrophe, die man herbeisehnte, um Hitler wegzuraeumen — einen anderen Weg gab es anscheinend nicht.

Trotzdem das Bild des englischen schwachen Widerstandes gegen eine deutsche Invasion zugunsten dieser Invasion war, lenkte man also von ihr ab und ging mit gewisser Begeisterung auf einen Russlandfeldzug zu. Ehe die von Hitler geplante und benoetigte Einigung Europas zustande kommen wuerde, musste also gehandelt werden, u. zw. so schnell wie moeglich.

Meine lieben Freunde, verstehen Sie dieses perfide Spiel: Nicht etwa sich richtig und genuegend fuer den grossen Abwehrkampf gegen den Bolschewismus vorbereiten; ihn vielleicht sogar durch eine grosse europaeische oder gar ueber die Welt gehende Anti-Komintern-Front unnoetig zu machen, sondern ihn moeglichst bald vom Zaune zu brechen, um das verhasste „Nazi"-System zu stuerzen, das war die Orientierung des Widerstandes, wie sie der General Psychologus fuer seine Aufgabe benoetigte. Dabei kann es einen grausen, wie sie dabei das Schicksal der Voelker ausser-acht liessen.

Hitler musste also zu einem moeglichst baldigen Russlandunternehmen „hingelogen" werden. Dazu musste wieder eine Falschmeldung herhalten. Die zweite Falschmeldung war etwas komplizierter, sie bezog sich auf den Ostsektor.

Im Rahmen des deutsch-russischen Wirtschaftsabkommens von 1939 war eine grosse Menge deutscher sogenannter Sachbearbeiter nach Russland hineingeschickt, nicht zuletzt, um die unklare militaerische russische Lage zu sondieren.

Man schickte nicht die schlechtesten Maenner des deutschen Spionagedienstes.

Kaum waren in den ersten Septembertagen des Jahres 1940 die ersten grossen Bombardements ueber England begonnen worden, die zweifellos der Auftakt eines Grossunternehmens gegen England sein sollten, da platzte Canaris mit seinem neusten Russlandbericht herein! Riesige russische Truppenansammlungen wurden an der russischen Westfront als in Aufmarschstellungen gegen Deutschland gemeldet, mit denen die Sowjet-Union im kritischen Zeitpunkt des Sprunges ueber den Kanal nach England dem Deutschen Reiche in den Ruecken fallen wuerde.

Um diesem Bericht den noetigen Nachdruck zu geben, betonte man, dass ueber vierhundert dieser „Sachbearbeiter" — es sollen SS-Offiziere gewesen sein — von ihren Reisen nicht zurueckgekommen, also geschnappt und liquidiert seien. Der Rest — und das genuege — habe diese Hiobs-Botschaften gebracht.

Noch in der zweiten Septemberhaelfte des Jahres 1940 war man sich dadurch in hohen deutschen Regierungs-Kreisen klar, dass das Unternehmen gegen England abgeblasen, und der Kampf gegen Russland vorbereitet werden muesse.

Es wird gern erzaehlt, dass England sich allein mit seiner RAF jener deutschen Luftangriffe erwehrt habe. Tatsache ist aber, dass kaum eine Woche nach den ersten deutschen Luftangriffen auf England, also gegen Mitte September 1940, sich die deutsche Fuehrung entschliessen musste, die Grossangriffe wieder abzusetzen. Entscheidender Anlass dazu waren die alarmierenden Geheimberichte aus der Sowjetunion, die anzuzweifeln, die deutsche Reichsregierung damals nicht den geringsten Grund hatte; es war ja auch einleuchtend, dass Stalin nicht untaetig zusehen wuerde, wie seine einzige Hoffnung durch eine deutsche Invasion Englands zerschlagen wuerde.

Es war also nicht die RAF, sondern das vermeintliche Gegengewicht an der deutsch-russischen Grenze, die durch ihre gewaltige Ausdehnung schon sehr grosse Kraefte band und die notwendige Schwerpunktbildung gegen England zumindest sehr erschwerte. Fuer ein Unternehmen gegen England waere ein freier Ruecken im Osten fuer die Deutschen eine unbedingte Notwendigkeit gewesen. Das erkannte natuerlich Hitler; aber auch sein Gegenspieler Stalin, der die toedliche Gefahr fuer sich sah, die in einem freien Ruekken Deutschlands lag, wenn England durch ein deutsches Invasions-Unternehmen ausgeschaltet wuerde. Also machte Stalin Druck an der Ostfront Deutschlands, — seiner Westfront, — um die deutschen Kraefte zu binden und damit zu zersplittern, und dadurch eine fuer England aeusserst gefaehrliche Schwerpunktsbildung der Deutschen zu hintertreiben.

Heute wissen wir, dass jene vierhundert Offiziere, mit deren Tod "man" (Canaris) die aeusserst wichtige Falschmeldung glaubhaft machte, tatsaechlich „draufgegangen" sind, wobei allerdings von interessierter Seite durch verraeterische Avise ihres Kommens und Handelns erheblich nachgeholfen wurde; dadurch war es den Russen ein Leichtes, die Leute zu stellen und unschaedlich zu machen. So ganz nebenbei entledigte „man" sich auf diese unsaubere Weise einer Anzahl von unerwuenschten Mitarbeitern — es waren ja nicht die Schlechtesten nach Russland geschickt — und so wurde „man" auf elegante Weise „stoerende Elemente", die bei ihrer Ergebenheit an die oberste Reichsfuehrung sogar gefaehrlich werden konnten, los.

Heute wissen wir auch, dass eine solche russische Bedrohung sich wohl entwickelt hatte, aber zu damaligem Zeitpunkt nicht solch ernster Natur war.

Wie wir heute aus den Verhoerberichten des damaligen deutschen Radiokommentators Fritsche wissen, gaben die ihn verhoerenden russischen Offiziere die Eingriffs-Absichten der Sowjetunion rundum zu, nur mit der Einschraenkung, dass sie nicht fuer 1941, sondern fuer 1942 oder 1943 geplant gewesen waeren. Die Russen hatten erwartet, dass sich die Kaempfe in Westeuropa, also an der Maginot-Linie wie im Ersten Weltkriege festlaufen und jahrelang hinziehen wuerden. Dabei wuerde sich der ganze sowieso verfaulende Westen gegenseitig aufreiben, die Russen koennten ihre Aufruestung in aller Ruhe betreiben und den richtigen Zeitpunkt abwarten fuer ihr Eingreifen, das dann wenig mehr als ein Gnadenstoss sein wuerde.

Auf jeden Fall genuegten die heute als Falschmeldungen bekannten Nachrichten aus Russland, um bei der deutschen Regierung schweren Herzens den Entschluss reifen zu lassen, von England abzulassen und Russland in seinem Angriffe auf Westeuropa zuvorzukommen.

So zwang der General Psychologus die deutsche Reichsregierung mit ein oder zwei kraeftigen Falschmeldungen, der englischen und der russischen, zu ihrer schicksalsschwersten Entscheidung!

Fuer England war es zunaechst einmal die Rettung; nicht durch die RAF, sondern durch Stalin und den General Psycho.ogus, und fuer den Bolschewismus war es nicht minder die Rettung!

6) Sowjet-Russland

Wir hatten bereits ausgefuehrt, dass sowohl die USA, als auch die UdSSR schliesslich und endlich von ein und derselben internationalen Gruppe gesteuert wurden (— und werden); also sowohl das sogenannte kapitalistische Nordamerika, wie auch das neue, vermeintlich sozialistische, richtiger als staats-kapitalistisch zu bezeichnende Russland.

Jene Kreise meinen damit ihr Ziel, eine Welt-Orientierung nach ihren Wuenschen, schon so ungefaehr erreicht zu haben; durch ihre Hauptstreitmacht, die sogenannte Weltpresse, die allerdings vorlaeufig nur in der westlichen Hemisphaere entscheidend zu Worte kommt, lassen sie ganz eifrig von der Teilung der Welt in West und Ost argumentieren, als ob es schon so weit waere.

Mit den USA und der UdSSR, die beide zweifellos grosse Machtbloecke sind, ist jedoch keineswegs die ganze Welt erfasst — auch wenn sie so tuen, als ob es so waere.

Gluecklicherweise bestehen jedoch noch einige weitere bedeutende Grossraeume, an deren Spitze immer noch das Abendland — Mittel- und Westeuropa — steht, und das immer noch eine entscheidende Schluesselstellung einnimmt. Darueber waren sich alle politischen Theoretiker und Praktiker (inclusiv Lenin und Marx) einig.

Wir muessen uns darueber klar werden, dass der General Psychologus, nachdem er zunaechst einmal die beiden oben genannten „U"-Staaten zu seiner Verfuegung hat, dabei nicht stehen bleibt, sondern weiter geht und sich also um die Erweiterung seiner Einfluss-Sphaere bemuehen muss bezw. schon heftig dabei ist, das zu erreichen.

Dabei faellt es dem einen "U"-Staat zu, seinen Einfluss nach Sueden, also nach Mittel- und Sued-Amerika zu erweitern; dem anderen sagen wir strahlenfoermig sich auszubreiten, wobei ihm im Fernen Osten der andere „U"-Staat helfend zur Seite zu stehen hat; dessen Hilfe in China und Coreia, Vietnam etc. hat sich bereits ganz klar gezeigt.

Die haerteste Nuss, die es fuer den General Psychologus zu knacken gibt, ist und bleibt natuerlich West-Europa.

Dort ist auch heute noch die Wiege der Kultur und der Zivilisation; von dort kommen die wissenschaftlichen und technischen Neuigkeiten. Von dort kamen schon alle wichtigen geistigen Kraefte; von dort kam auch die bisher haerteste Abwehr gegen den Bolschewismus. Westeuropa darf also als das Kernproblem angesehen werden.

General Psychologus war sich darueber bestimmt vollkommen im Klaren und so wird er dort seine ganze — schwarze — Kunst entfaltet haben.

Er weiss ganz genau, dass Europa mit Deutschland steht und faellt. (Wir wissen es auch).

Er weiss ebenso genau, dass auch heute noch Europa unueberwindbar ist, wenn es seine Kraefte, die es in sich birgt, zum Einsatz bringt.

Aus diesen Erkenntnissen heraus — er tut Alles, dass die Europaeer sie nicht erkennen — suchte er, um einer deutschen Ueberlegenheit in der bisherigen Kriegsfuehrung aus dem Wege zu gehen, auf anderen, neuen Wegen erfolgreichere Moeglichkeiten bezw. guenstige Vorausbedingungen fuer seine ihm genehmen Konstellationen, die immer auf Zersplitterung hinausgehen mussten, wenn es sich um Europa und andere „Opfer" handelte.

Aus der Erkenntnis heraus, dass das Deutsche Reich am Anfang des Krieges tatsaechlich noch schwach geruestet, noch viel weniger fuer einen Grosskrieg mit einer Macht, wie der Sowjetunion, vorbereitet war, drang man auf eine grosse kriegerische Entscheidung, bevor irgendwelche Einigungsbestrebungen in Europa sich durchsetzen wuerden und auch die Hauptmacht der Mitte Europas, Deutschland, zu stark sein wuerde.

Wir koennen sicher sein, dass mit dem 1944 erreichten Stand der deutschen Ruestung und einer „all-europaeischen Antikomintern Allianz" der — drei Jahre zu frueh — begonnene Kampf gegen die Sowjetunion viel guenstiger ausgegangen waere.

Nachdem von General Psychologus dieser Entscheidungskampf gegen die Sowjetunion auf das Jahr 1941 festgelegt war, konnte es passieren, dass je nach der strategischen Lage der Beginn des Krieges, innerhalb des Jahres 1941, so spaet wie nur moeglich zu liegen hatte, damit sein Kollege, General „Winter" ihm recht bald zuhilfe kommen koennte.

Der Balkanfeldzug bis Griechenland und Kreta, der im April 1941 begann — an sich ein voller Erfolg — erbrachte einen unheilvollen Verzug im Feldzugsbeginn im Osten gegen die Sowjetunion, und diente damit vorzueglich den Plaenen des Generals Psychologus, er bediente sich hierfuer Italiens, das ziemlich unveranlasst sich mit Griechenland anlegte. Italien, sich immer als „Faschistische Grossmacht" bezeichnend, kam jedoch mit dem kleinen hellenistischen Voelkchen nicht zurande, sodass Deutschland helfend eingreifen musste. Die italienische, undurchsichtige Diplomatie war wohl zunaechst der Ansicht gewesen, der Coup gegen Griechenland brauche nur auf diplomatischer Basis vorbereitet zu sein, man brauche dann nur symbolisch einzumarschieren.

In der Wirklichkeit gab es dann statt Jubel und Blumen harten militaerischen Widerstand von Seiten der Griechen; die diplomatischen Kraefte der Gegner waren erfolgreicher gewesen.

Auf jeden Fall erreichte General Psychologus damit eine Verzoegerung des Feldzug-Beginnes gegen Russland um volle drei Monate, die genuegten, um den General Winter voll wirksam werden zu lassen, wie wir es heutzutage wissen.

Meine lieben Freunde, seien wir uns restlos darueber klar, dass alle politischen und kriegerischen Ereignisse der letzten Zeit, Alles was wir bisher ausfuehrten, und was noch nachstehend folgt, genau gesagt zu diesem Kapitel Russland gehoert; lassen wir uns also nicht auf Nebengleise abschieben, sondern machen wir uns ein moeglichst klares Bild vom Wesentlichen. Und das war nun einmal die Abwehr des Bolschewismus.

7) Italien.

Wir haben gesehen, dass die Auseinandersetzung Italiens mit Griechenland eine verhaengnisvolle Verzoegerung im Beginn des Feldzuges gegen Russland erbrachte; sie war, wie wir heute feststellen koennen, damit sogar sehr erheblich kriegsentscheidend!

Wie weit der damalige italienische Aussenminister Ciano in Griechenland versagt, oder die Dinge bewusst und gewollt dahin gebracht hat, ist noch nicht endgueltig geklaert und verdient deshalb das Objekt wissenschaftlicher geschichtlicher Studien zu werden, um die Dinge in dieser Hinsicht ganz klar zu sehen, denn sie sind aeusserst wichtig.

Dass Ciano bei den ganz grossen Fragen der europaeischen Politik im italienischen und deutschen Interesse versagt hat; dass er trotz eines prachtvoll klingenden „Stahlpaktes" nicht auf deutscher Seite war, ist heute bekannt. Schliesslich ging sein Verrat soweit, dass sein eigener Schwiegervater Mussolini ihn erschiessen liess; seine Person ist also mehr als fragwuerdig.

Neben das Unternehmen in Griechenland muessen wir auch den Afrika-Feldzug setzen. Auf diesem Nebenkriegsschauplatz glaubte Italien allein gegen Suez marschieren zu koennen. Auch die Deutschen werden sich dieser Erwartung mit aller Berechtigung hingegeben haben.

Als die ersten unangenehmen Meldungen aus Nordafrika kamen, bot Deutschland sofort und damit rechtzeitig Hilfe, oder besser gesagt, Mitarbeit an, die jedoch damals von italienischer Seite grossspurig abgelehnt wurde.

Heute wissen wir, Italien war reichlich ueberheblich in seiner Selbsteinschaetzung.

Wie weit unser General Psychologus auf den Krieg in Nordafrika eingewirkt hat, bedarf ebenfalls noch geschichtlicher Forschung.

Sehr sympatisch wird ihm dieser Kriegsschauplatz nicht gewesen sein, insbesondere am Anfang des Krieges, als man von der „Faschistischen Grossmacht" solch klaegliches Versagen, wie es spaeter zu beklagen war, noch nicht erwartet hatte.

Immerhin hatten die Englaender kurz vor dem Kriege Alles daran gesetzt, die Achse Rom—Berlin an ihrem unteren Ende umzubiegen, weil sie die Staerke Italiens auch anders eingeschaetzt hatten, denn sonst waere es ja nicht noetig gewesen, Italien aus der Achse herauszubrechen.

Natuerlich wird sich der General Psychologus ueber die Deutschland schwer treffenden italienischen Versager sehr gefreut und als willkommene Gabe in seine Plaene eingebaut haben.

Nicht so uninteressiert war der General Psychologus, wenn es um die militaerische Beteiligung Italiens am Russlandfeldzug ging.

Italien wollte an dem schicksalsentscheidenden Kampf gegen den Bolschewismus dabei sein; zweifellos eine richtige, saubere anstaendige Ueberlegung und Planung von Mussolini und vielen seiner Anhaenger, seiner jungen Offiziere etc.

Der Einsatz der italienischen Truppenkontingente am russischen Frontabschnitt war jedoch „klassisch" im Sinne des Fehleinsatzes; genau gemaess dem Verlangen des Generals Psychologus:

Die Kampfkraft der Italiener war zu Beginn ihres Russlandeinsatzes der deutschen militaerischen Fuehrung nicht mehr unbekannt; man haette die Italiener also niemals an dem kritischsten und gefaehrlichsten Frontabschnitt, wie es der von Stalingrad war, einsetzen duerfen, sofern man positiv den deutschen Interessen dienen wollte.

Heute wissen wir, dass ein deutscher Generalstabschef mit dem Ost-Feldzuge Hitler wegraeumen wollte. Man bedenke das einmal ganz klar; ein deutscher Generalstabschef mit solchen Gedanken!

Es ist in diesem Zusammenhange interessant, dass die italienischen U-Boot-Kontingente vom Grossadmiral, der eben nicht zum Widerstande gehoerte, behutsam und vernuenftig zum Einsatz gebracht wurden; dabei nicht dieselben Erfolge, wie die deutschen U-Boote erzielten, aber dennoch nuetzlich waren. Das Gleiche haette also an den langen Fronten rund herum um Deutschland mit den italienischen Truppen geschehen koennen, wenn man gewollt haette. General Psychologus und seine Mitarbeiter wollten aber nicht, und so musste es denn auch zu der erwuenschten Niederlage kommen.

Wir wissen heute auch, dass das der Krone nahestehende italienische Oberkommando den von Mussolini vorgezeichneten Weg nicht mitgegangen ist, sondern vom ersten Tage an mit dem Feinde zusammengearbeitet hatte. Wir wissen heute — ein italienischer Militaerattaché (Coppola) erzaehlte es dem Verfasser persoenlich — dass kurz vor der Kriegserklaerung Italiens zwei grosse Geleitzuege voll wichtigsten Materials nach Afrika — noch als neutrale Schiffe abgehen sollten. Anstelle die Kriegserklaerung um Tage oder auch nur Stunden zurueckzuverlegen, bis die wertvolle Ladung in Afrika angekommen waere, wurde vermeintlich patriotisch und kriegerisch gehandelt, sofort der Krieg erklaert und die Geleitzuege wurden von den Alliierten abgefangen und zerstoert.

Wir wissen heute auch, dass viele loyale italienische See-Offiziere auf dem Wege nach Afrika die ihnen vorgeschriebene Route nicht eingehalten haben, sondern einen eigenen Kurs gefahren sind, weil sie die Erfahrung gemacht hatten, dass die von Rom ausgegebene Route fatalerweise dem Feinde immer bekannt war, also eine Torpedierung oder Bombardierung als sicher galt.

Die Zusammenarbeit mit dem Feinde ging soweit, dass nach dem Kriege die Alliierten hoechste italienische Offiziere, wie den General Mauperi und den Marschall Messe mit hoechsten Auszeichnungen bedachten ob ihrer vorzueglichen Zusammenarbeit mit den Alliierten — nicht etwa mit ihrem deutschen Bundesgenossen, an den sie durch einen vermeintlichen „Stahl-Pakt" gebunden waren.

Was man davon zu halten hat, dass hoechste Offiziere wegen ihrer Zusammenarbeit mit dem Feinde von diesem ausgezeichnet werden, braucht wohl nicht laenger diskutiert werden. Weiterer Kommentar ist dazu ueberfluessig.

In Bezug auf die Auseinandersetzung mit der Sowjetunion war fuer jeden nuechtern Denkenden das Alles nur "Zubrot" fuer die Russen gewesen. Die deutschen Kraefte wurden, wenn auch gegen den urspruenglichen Willen der deutschen Regierung verzettelt und ihr Einsatz verzoegert, was die Deutschen, wie wir aus vielen Memoiren heutzutage ersehen koennen, wohl an sich erkannt, aber durch den Druck der Verhaeltnisse, die oft staerker waren, dennoch nicht verhindert hatten.

General Psychologus hatte das Ganze bestens eingefaedelt und so rollte das kriegerische Geschehen in dem Rahmen ab, wie er ihn wuenschte. Er sorgte durch seine deutschen Mitarbeiter dafuer, dass die italienischen Truppen, anstelle an irgendeinem unbedeutenderen Frontabschnitt, oder wenn schon bei Stalingrad unter den anderen dortigen Einheiten eingemischt, in geschlossenen Verbaenden an einem noch dazu aeusserst wichtigen Kampfabschnitt zum Einsatz kamen. Der Feind wusste davon natuerlich und versuchte — nichts war logischer als das — derartige weiche Stellen der deutschen Front anzugreifen und einzudruecken, was ihm dann auch gelang.

Man erntete damit zwei Fruechte: einmal den militaerischen Erfolg, zum zweiten aber auch einen politischen, denn die Deutschen wuerden damit die Italiener der erlittenen Schlappe bezichtigen und damit wuerde Zwiespalt unter den Achsenangehoerigen sich entwickeln, der auch nur wieder schwaechend sich auswirken musste. Und auch das wollte unser General Psychologus.

Zusammen mit den Widerstandsplaenen, aus der Schlacht von Stalingrad das Fanal der Revolte gegen Hitler zu machen, — auch nur letztenendes geplant von General Psychologus — duerfte hierbei den Ereignissen um Stalingrad in diesem Sinne eines der kriegsentscheidenden Dinge vorliegen.

8) Ferner Osten

Nicht viel weniger entscheidend war die Tatsache, dass im Fernen Osten die immerhin auch den Deutschen verbuendeten Japaner in entscheidender Stunde ihre zweifellos klaren Verpflichtungen Deutschland gegenueber nicht erfuellt haben. Sie nahmen nach Pearl Harbour den Kriegseintritt Deutschlands gegen die USA an, taten jedoch nicht dasselbe, was den auf Grund des Antikomintern-Paktes gemeinsamen Feind, die Sowjetunion, anging.

Zweifellos waere die Eroeffnung einer zweiten Front gegen die Russen — oder auch nur eine zweifelsfreie ernste schwere drohende Truppenansammlung an der russischen Fernost-Front — kriegsentscheidend gewesen, sowohl, was die direkten Kampfhandlungen zwischen Deutschland und Russland, als auch den amerikanischen Nachschub ueber die russischen Fernosthaefen anbelangt, der ziemlich ungestoert vor sich ging.

Wir wissen heute, dass die deutsche Botschaft in Tokio von intimen Mitarbeitern des Generals Psychologus besetzt war, der sich durchaus klar darueber war, dass dort an der Fernost-Front Entscheidendes sich abspielen wuerde; das war ihm durch seine vorausgegangenen Studien klar geworden. — Nur die ganze westliche Welt soll heute derartige Studien nicht treiben, sie werden ihr abscheulich gemacht und als laengst ueberholt und damit unbedeutend dargestellt.

Hier gehoert auch der Fall des gegnerischen Meisterspions und Geheimpolitikers Dr. Richard Sorge her, der bisher in seiner ganzen Tragweite noch viel zu wenig bekannt ist, auch nicht zu bekannt werden darf aus psychologischen Gruenden.

Wie weit der Entschluss der Japaner, nicht gegen Russland zu ziehen, auch durch das Vorhandensein des deutschen Widerstandes und dessen Hinarbeiten auf eine recht baldige Niederlage Deutschlands beeinflusst wurde, womit Japan dann im Fernen Osten allein dagestanden haette, das wissen wir heute noch nicht genau; verdient aber das Studium von geschichtswissenschaftlicher Seite.

Eine diesbezuegliche Vermutung liegt sehr nahe, denn bei einem Ausscheiden des Grossdeutschen Reiches, waere bei einer Kriegserklaerung Japans an die Sowjetunion Japan einem Zweifrontenkrieg, gegen USA und UdSSR, ausgesetzt gewesen.

Dass dieser Zweifrontenkrieg Japan am Ende des Krieges dennoch beschieden war, haette Japan unbedingt voraussehen muessen; — und hat ihm dann ja auch die nicht gewollten Konsequenzen dennoch eingebracht.

Es ist uns eine gewisse Genugtuung, dass Japan seine Buendnis-Untreue teuer bezahlt hat. Seine Vormachtstellung im Fernen Osten, Mandschukuo etc., ging restlos wieder verloren, und seine maechtige Kuantung-Armee, die es den ganzen Krieg ueber bei Fuss liess, musste bei Kriegsende als „Gefangen" an die Russen ausgeliefert werden; 90% kamen dabei um, nur zehn Prozent der Mannschaften kamen nach Japan zurueck. Fuerwahr teuer bezahlt!

9) **Murmansk**

Murmansk, meine lieben Freunde, ist ein nordrussischer, fuer aus USA und England auf dem Wasserweg heranzubringenden Nachschub aeusserst wichtiger Hafen.

Es ueberzeugt weder den Laien, der sich die deutsche Lage auf der Landkarte ansieht, noch den Fachkundigen, dass kein energischer deutscher Vorausplan fuer die Wegnahme oder absolute Neutralisierung des Hafens noetig gewesen waere, und auch deshalb nicht bestand. Die ganze bisherige Literatur spricht denn auch sehr wenig ueber diesen so ungeheuer wichtigen Punkt. Auch hier kann und muss die Forschung ueber die historische Wahrheit und geografische Gegebenheit noch sehr erheblich sich betaetigen!

Auf jeden Fall geht aus den Veroeffentlichungen ueber den Fall Schoerner — leider — hervor, dass auch dort nicht die noetige Schwerpunktbildung realisiert wurde, also auch dort nie entscheidend durchgegriffen werden konnte.

Immer wieder wurde die laehmende Mittelmaessigkeit empfunden, die es am Anfang des Krieges nicht gegeben hatte.

Man meinte, die Zufuhr ueber Murmansk allein durch den U-Bootkrieg abschnueren zu koennen. Wir kommen jedoch nicht von dem Verdacht los, dass diese zweifellos bedeutende Luecke in der Blockade des russischen Gegners garnicht zugemacht werden sollte. Hatte doch, wie Colwin berichtet, der Chef des Widerstandes Canaris Ende 1941, als die Verluste der Russen und die Verwirrung auf ihrer Seite aeusserst gross und gefaehrlich waren, in Bern zu Mittelsleuten gesagt, auch die Deutschen seien schwer angeschlagen und der Russe solle den Mut nicht aufgeben. Canaris ermunterte also damit die Russen zum Durchhalten. Aus dem gleichen Geiste ist es nur verstaendlich, wenn auch Luecken fuer den alliierten Nachschub blieben, damit der Widerstand sein Kriegsziel — die Niederlage Deutschlands — auch erreichte — wie es General Psychologus befahl.

Auch hier sieht man wieder, dass zweitrangige Probleme bewusst nach vorn gespielt wurden, waehrend die erstrangigen, wirklich wichtigen Fragen, wozu das Murmansk-Problem unbedingt gehoerte, absichtlich vernachlaessigt wurden.

Bei ihnen — nicht bei den Nebenproblemen — fielen jedoch die Entscheidungen und die fielen dann auch negativ fuer Deutschland aus, wie es General Psychologus gerade gewollt hatte.

10) Die deutsche Ost-Verwaltung

Nach dem Zweiten Weltkriege spielte die demokratische „Umerziehung" des deutschen Volkes eine nicht unerhebliche Rolle. Sie barg in sich ein Problem, das auch schon die Fuehrungskreise beider kriegfuehrenden Nationen im Osten sehr erheblich interessiert hatte. Den Russen war es aeusserst unangenehm, dass sowohl die Zivilbevoelkerung, wie auch die grosse Menge der Soldaten, insbesondere der Gefangenen sich ein eigenes Bild machen konnten, was die Deutschen waren und wollten; aber auch, was ihnen an Demagogie von Seiten ihrer eigenen russischen Regierung bisher geboten worden war.

Fuer die Deutschen war es aeusserst wichtig gewesen, gerade bei den grossen Entfernungen im russischen Raume, zunaechst Ruhe hinter der Front zu haben; aber dann auch das kommunistische Verwaltungssystem durch ein besseres zu ersetzen; politisch gesehen, das Volk von dem kommunistischen Joch zu befreien und an seine Stelle eine freie, sozial gerechte Verwaltung und Wirtschaft zu setzen, nach dem Motto: „Der wahre Sozialismus kommt aus Deutschland". So rief man im deutschen Radio wenigstens aus.

Je weiter die Deutschen im russischen Raume vorrueckten, desto groessere Mengen der russischen Bevoelkerung hätten von der deutschen Umerziehung erfasst oder besser gesagt der deutschen politischen Umgestaltung ausgesetzt werden koennen. Zweifellos eine ungeheuer wichtige Chance im Kampfe gegen den Kommunismus u. zw. eine an sich saubere, korrekte, ehrliche Gelegenheit zur Aufklaerung der bedrueckten Ost-Voelker. Hier haette die deutsche ueberlegene politische Konzeption wieder zum Zuge kommen muessen, die den ideologischen Kampf in Deutschland und in seinen Nachbarstaaten hatte erfolgreich sein lassen.

Nichts waere richtiger gewesen, als politisch erfahrene und bewaehrte Mitarbeiter dort wirksam werden zu lassen, die Hitler bei seinen bisherigen innen-politischen Erfolgen geholfen hatten.

Es waere dann zu einer wichtigen gesunden Untermauerung in den neuen Einflussgebieten gekommen.

In diesem Sinne begannen die deutschen Stellen auch vorzugehen. Entsprechende Fuehrer-Weisungen lagen vor.

Nicht nur mit dem Worte oder mit Film oder dergleichen wurden durch die deutschen Propagandatruppen und das Propagandaministerium die Bewohner der bereits durch die deutsche Besetzung dem russischen politischen Einfluss entzogenen Gebiete angesprochen, sondern in der Praxis durch Lieferung von Saatgut, Vieh und anderen Dingen versucht, den Kommunisten den Wind aus den Segeln zu nehmen.

Man begann, wie schon erwaehnt, den gefangen genommenen russischen General Wlassow, der sich fuer eine antikommunistische Befreiungsarmee zur Verfuegung gestellt hatte, einzusetzen, und zwar zunaechst in den groesseren Staedten hinter der Front, wie auch durch Flugblaetter etc. hinter der russischen Front. In dem interessanten Buch des Generalmajors von Wedel ueber die deutschen Propagandatruppen kann man ausfuehrlich lesen ueber diese Einsaetze.

Wlassow fuhr schon im Fruehjahr 1943 in das rueckwaertige deutsche Heeresgebiet im Osten und man liess ihn dort in Smolensk, Riga und Pleskau oeffentlich sprechen.

Der Erfolg dieser Aktion war unbedeutend; die Kunde davon breitete sich wie ein Lauffeuer bis zum Gegner hinueber aus. Die Ueberlaeuferzahlen, die Zahl der Hilfswilligen, bezw. Ostfreiwilligen an der deutschen Front stiegen erheblich an.

Wie von Wedel selber ganz klar ausfuehrt, setzten im eigenen Lager aber **erhebliche Querschuesse** ein, die dazu fuehrten, Wlassow wieder in ein Kriegsgefangenenlager zu bringen.

Eine solche Entwicklung waere ja auch fuer den General Psychologus ganz unertraeglich gewesen! Also begann er auch dort sein Spiel. Er wandte sich dabei an die herausgefallenen, um nicht zu sagen verkrachten Existenzen aus den eignen nationalsozialistischen Reihen, deren Ehrgeiz gekraenkt war, oder die sonstwie nicht mehr "mitspielten". Es gelang dem General Psychologus, die ihm genehmen und ihm bewusst oder auch unbewusst ergebenen Elemente geschickt in der deutschen Ost-Verwaltung — es war dafuer ein neues

Ost-Ministerium geschaffen — einzubauen und ihre ihm erwuenschte Taetigkeit beginnen zu lassen.

Was sich dort gerade in den ersten doch entscheidenden Monaten und Jahren teilweise an furchtbaren und contraproduzenten Dingen ereignete, geht in einen normalen Gedankengang absolut nicht hinein; so absurd waren die Ereignisse, dass sie nur von interessierter Seite „erarbeitet" sein muessen, und wohl auch waren. Auch in diesem Sektor blieben unverstaendlicherweise einige der sonst so angefeindeten und mit haertesten Strafen bedachten „Nazi-Groessen" bis heute irgendwo am Leben.

Eingehende wissenschaftliche Forschung und Klaerung tut auch in diesem Sektor not. Auch hier wird die Wahrheitsfindung entscheidend erleichtert werden, wenn die alte lateinische Frage gestellt wird: „Cui prodest — Wer hat — oder hatte in diesem Falle — den Vorteil?"

11) **Das Mittelmeer:**

a) **Gibraltar**

Wenn man englische Literatur ueber die Ereignisse des zweiten Weltkrieges liest — ich denke z. B. dabei an die sehr aufschlussreichen, veroeffentlichten Briefe von Chamberlain an seine beiden politisch interessierten Schwestern — so erfaehrt man, dass auch in neuster Zeit das Mittelmeer fuer die Weltpolitik seine ungeheure Bedeutung hatte und mit auch sein Hauptanlieger Italien. Wir gingen bereits darauf ein, wie wichtig es England erschien, Italien aus der Achse Berlin-Rom-Tokio herauszubiegen. Dieses Thema soll hier nur noch einmal gestreift werden, ohne damit zu behaupten, dass das Mittelmeer nur ein italienisches Gewaesser waere.

Auch hier kann der Laie und der Fachkundige mit dem Atlas in der Hand klar erkennen, dass das Mittelmeer als „Bauch" des mitteleuropaeischen Kontinents seine politische Bedeutung haben muss; dass seine westliche Einfahrt fuer interessierte Aussenmaechte von entscheidender Bedeutung ist, und dass bei einer Auseinandersetzung der Mittelmaechte mit jenen Aussenmaechten die Entscheidung mit Gibraltar, faellt.

Spanische, arabische, franzoesische und italienische Interessen, also die der westlichen Anlieger, standen schon seit langem im Widerspruch zu den mit Gibraltar von Seiten einer Aussenmacht, England, vertretenen.

Mit den Erdoelfunden am Rande des oestlichen Mittelmeers trat zu dem englischen auch ein nordamerikanisches Interesse, also das einer zweiten „Aussen-Macht".

Von der oestlichen Einfahrt her mischte sich eine dritte Aussenmacht, Russland, ein, das ebenfalls seit langem eine freie Einfahrt in das Mittelmeer durch die Dardanellen erstrebte.

Nachdem diese drei Grossmaechte, England, USA und UdSSR ihren Einfluss im Mittelmeer geltend zu machen versuchten, konnte Deutschland nicht unbeteiligt bleiben. Wir wissen von den guten Beziehungen am Anfang des Jahrhunderts zwischen dem deutschen Kaiser und dem Ottomanischen Reiche (Tuerkei), das im Ersten Weltkriege ein Verbuendeter der Mittelmaechte gewesen war.

Auch vor dem Zweiten Weltkriege musste das Deutsche Reich sich mit den Mittelmeerfragen abgeben und somit auch mit Gibraltar.

Wer das technische Buch „Waffen und Geheimwaffen" von Major Lusar zur Hand nimmt der kann dort Bilder und Beschreibungen von uebergrossen Geschuetzen zur Kenntnis nehmen, die zum „Knacken" der Festung Gibraltar nicht nur geplant, sondern fix und fertig waren — aber niemals zu dem Einsatz gekommen sind, wofuer sie vorgesehen waren.

Spaniens Blick nach Gibraltar ist auch eine ueber 200 Jahre alte Angelegenheit, oder wie die Spanier sagen: eine Wunde im Fleische Spaniens. Auch in Spanien kam es zu der Auseinandersetzung: Bolschewismus, ja oder nein. Es kam sogar zu einem sehr schweren und blutigen Buergerkrieg, wie wir wissen. Franco fuehrte die antikommunistischen Kraefte. In seiner aeussersten Bedraengnis, die in der Transportschwierigkeit seiner marokanischen Truppen zum Einsatz auf dem spanischen Festlande lag, half ihm Hitler entscheidend mit der Flieger-Legion Condor. Auch Mussolini griff helfend ein, nachdem internationale Brigaden auf rotspanischer Seite erschienen waren.

Was lag also naeher, als eine deutsch-spanische Zusammenarbeit im Kampfe gegen den gemeinsamen kommunistischen Feind und dessen ersten Verbuendeten England?

General Psychologus war sich der hier drohenden Gefahr absolut bewusst. So sorgte er dafuer, dass im entscheidenden Moment ausgesprochen der Admiral Canaris nach Spanien geschickt wurde, um Franco zum Kriegseintritt auf Seiten der Mittelmaechte zu draengen.

Canaris tat natuerlich das strikte Gegenteil, sodass sich Franco nicht zum Kriege entschliessen konnte. Heute wissen wir, dass mit dem voellig verfehlten Besuch des verraeterischen Admirals Canaris in Spanien eine ueble Intrige parallel lief, die davon sprach, dass die Deutsche Reichsregierung anstelle des Generals Franco einen anderen spanischen Staatschef wuensche und foerdere. Ohne jeden Zweifel musste eine solche Fluesterpropaganda jeder deutsch-spanischen Verstaendigung oder gar Zusammenarbeit zuwider laufen.

Spaeter beklagte sich der damalige spanische Aussenminister Serrano Suñer bitter in Deutschland, dass es einen so schwachen Mann wie Canaris zu Franco entsandt habe, Suñer wandte sich damals an den Ersten Staatssekretaer im auswaertigen Amte Deutschlands, Baron von Weiszaecker — ausgesprochen an ihn, der auch zum Widerstande in Deutschland gehoerte, der diese Reklamation von Suñer mit tiefer innerer Befriedigung hinnahm, wenn er auch nach aussen hin helle Empoerung mimte und versprach, das sofort mit der deutschen Fuehrung zu besprechen — was er nie in diesem Sinne getan hat; das waere ja gegen die Interessen des General Psychologus gewesen. die diesen Herren ueber denen ihres eigenen Landes standen...

Ein persoenlicher Versuch Hitlers bei Franco an der spanisch-franzoesischen Grenze schlug auch fehl; Canaris hatte ganze Arbeit geleistet.

Mit dem Fall von Gibraltar waere die Lage im ganzen Mittelmeer mit diesem einen Schlage ruckartig zu Gunsten der Mittelmaechte verbessert worden, zweifellos eins der ganz grossen Probleme von kriegsentscheidendem Werte.

Man sieht wieder, je groesser das Problem wirklich war, desto weniger wurde es offiziell gewuerdigt und behandelt, und desto mehr wurde irgendein drittrangiger Vorgang nach vorn gezogen und als wichtig erklaert und fuer seine umfassende Bearbeitung gesorgt, und damit wertvolle Kraefte auf ein Nebengleis geschoben.

Diente solch ein drittrangiger Fall ausserdem dazu, irgendwas Schlechtes oder irgendeinen Fehler oder irgendeine Fehlentscheidung gegen die Nazis und gegen das Nazi-Reich vorzutragen, dann um so besser! General Psychologus kann jede noch so kleine schmutzige Munition gegen den Nazifeind gebrauchen!

Meine Freunde, bringt man heute bei manchen Mitbuergern diese Dinge zur Sprache, so ist man rueckstaendig, kramt an laengst vergangenen Dingen, „an denen man doch nichts mehr aendern kann".

Diese Dinge sind aber doch nicht vergangen und noch weniger erledigt, denn sonst wuerde General Psychologus nicht noch jetzt jeden Tag teure Publizitaet ausgeben, um seine damaligen Schritte zu rechtfertigen und um die von ihm geschaffenen Zustaende damit zu erhalten, wie es seine Auftraggeber haben wollen.

Mir passierte in Deutschland in dieser Hinsicht ein dafuer typischer Fall: Hitler und seine ganze Zeit ist also laengst vergangen und erledigt. Ich bat den Verfechter dieser Ansicht, einmal die gerade ins Haus kommende Tageszeitung zur Hand zu nehmen und zu zaehlen, wie oft die Worte Nazi und Hitler in der vorliegenden Ausgabe erwaehnt wurden. Wir zaehlten: sechsundzwanzig mal...

b) **Malta**

Wenn Gibraltar durch ein deutsch-spanisches Unternehmen den Englaendern genommen worden waere, haette das zweifellos fuer Deutschland auch unangenehme, schwere Probleme erbracht, besonders auf wirtschaftlichem und verpflegungstechnischem Gebiete, sobald Spanien sich im Kriege den Achsenmaechten angeschlossen haette. Derartige Bedenken lagen aber absolut nicht vor, wenn von der Insel Malta die Rede war.

Gerade wenn man schon einmal entschlossen war, nach Nordafrika zu gehen, so haette der Weg nach dort — es war nur eine kurze Seereise — unbedingt vor jeder „Reise nach Nordafrika" restlos bereinigt werden muessen, was u. a. durch die Wegnahme der Insel Malta unbedingt haette erledigt werden muessen. Ich glaube, dass es niemanden gibt, der dieser Ueberlegung nicht beipflichtet.

Auch wenn es sicherlich nicht leicht gewesen waere, eine befestigte Insel mit Waffengewalt zu bezwingen, so darf rueckblickend gesagt werden, dass ein Unternehmen gegen Malta einen Bruchteil der Kraefte verbraucht haette als jene, die die gegnerischen Unternehmungen dann in den ganzen Kriegsjahren verschlungen haben, die von Malta ihren Ausgang nahmen. Ausserdem waeren die deutschen Kraefte nutzbringend, also positiv angelegt gewesen, waehrend die vom Feind von Malta aus zugefuegten Verluste nutzlos verpufft waren, also negativen Charakter hatten.

Was Alles im Laufe des Afrika-Feldzuges infolge mangelnden Nachschubes und auf dem Wege nach Afrika verloren ging! Man denke an die riesigen Nachschubverluste auf dem Meere, an die ganze Ausruestung des Afrikakorps mit Mann und Material, an die Nichterreichung des mit dem Afrika-Feldzuge gesteckten Zieles, an die moralischen Auswirkungen der klaren Niederlage in Afrika und des vollen Verlustes des ganzen Afrikakorps. Dafuer waere selbst ein verlustreicher, aber erfolgekroenter Schlag berechtigt und, militaerisch gesehen, sogar eine Pflicht gewesen, gerade im Hinblick auf die Verluste, die das Versaeumnis dann nach sich zog!

Oder denken wir an Kreta, das im Vergleich zur Insel Malta zumindest in damaliger Zeit keinesfalls eine, auch nur annaehernd so strategische Bedeutung hatte.

Es bleibt auch noch die Frage, ob ein Unternehmen auf Malta als viel kleinerer und entsprechend von weniger feindlichen Truppen verteidigter Platz nicht auch geringere Verluste verschlungen haette, als es Kreta tat, das ausserdem verkehrstechnisch weit unguenstiger lag, als es Malta war.

Malta, von wo der tuechtige Feind seine verheerenden Schlaege austeilte, haette also unbedingt genommen werden muessen. Man komme nicht mit Ausfluechten, dass das militaerisch nicht moeglich gewesen waere.

Die als uneinnehmbar geltende Maginot-Linie fiel in wenigen Tagen, darunter das beruehmte Fort Eben Emael. Die Metaxaslinie in den griechischen Bergen, Narwik, Sebastopol, Kreta, die Befreiung Mussolinis vom Gran Sasso und viele andere hoechst schwierige militaerische Unternehmen wurden gemeistert und liegt kein Grund dafuer vor, dass es bei Malta nicht geklappt haette; ernstlich versucht worden ist es nicht.

Da hatte wieder General Psychologus seine Hand drin. Er liess es nicht zu, dass das Problem richtig erkannt wurde und eine entsprechende Vorausplanung im Generalstab durchgefuehrt wurde. Man wollte ja den Krieg nicht gewinnen und da durfte weder Gibraltar noch Malta angefasst werden!

Wenn auch nachtraeglich, koennen wir der deutschen Fuehrung nicht den Vorwurf ersparen, dass auch ohne geeigneten Vortrag von Seiten der militaerischen Fachleute sie die Bedeutung dieser beiden englischen Zwingburgen haette erkennen und entsprechend handeln muessen.

c) Die arabische Welt

Das Mittelmeer waere, politisch gesehen, sehr oberflaechlich und lueckenhaft behandelt, wenn man den Hauptanlieger, die arabische Welt nicht erwaehnen wuerde. Rueckblickend kann man sich nur staunend fragen, wie die alte deutsch-arabische Freundschaft so wenig fuer die beiderseitigen, oft gleichen Interessen zum Einsatz gekommen ist. Wir meinen das sowohl im politischen, wie auch im militaerischen Sinne. Es haette dem deutschen Generalstab doch die alte Weisheit bekannt sein muessen — ich glaube, Ludendorff hat das schon ganz klar ausgesprochen — dass die europaeische Entscheidung in Nordafrika faellt; also doch im arabischen Raum! Nichts von dem in irgendwelchen Vorausplaenen der deutschen militaerischen Fuehrung!

Wichtige Dinge werden doch nicht in einem General-Stab vergessen. Also kann es nur boeser Wille gewesen sein. Wie schon an anderer Stelle ausgefuehrt, wollte ein gewichtiger Teil der oberen deutschen militaerischen Fuehrung den Krieg „nicht gewinnen"; also verlieren. Es besteht kein Zweifel, dass diese Herren damals sehr wohl die Bedeutung der arabischen Welt erkannt hatten; auch dass sie ziemlich kriegsentscheidend sein wuerde; darum eben ihr Handeln bezw. ihr Nichtstuen, das im Sinne des Generals Psychologus lag. Diesem war es nur recht, wenn solch fuer seine Interessen heisses Eisen nicht richtig angepackt wurde.

Es ist ein Raetsel — und wird es wohl auch bleiben, — weshalb die damalige deutsche Reichsregierung an solch wichtige Plaetze anstelle der mehr oder minder unsicheren Elemente nicht restlos zuverlaessige Maenner aus dem eigenen Lager eingesetzt hatte. Man meinte vielleicht, auf die diplomatischen und militaerischen Fachkenntnisse jener Elemente nicht verzichten zu koennen und kam mit Recht auch nicht im Entferntesten auf die Idee, dass gerade diese Kreise jemals groben Verrat und gezielte Fahrlaessigkeit begehen wuerden. Aber was helfen diese Fachkenntnisse, wenn der Geist, der dahinter stehen muss, nicht der richtige ist? Die Fehlbesetzungen der wichtigen Posten war fuer die deutsche Politik im Mittelmeerraum eine Katastrophe, in gleichem Masse, wie im fernoestlichen Raum, den wir schon erwaehnten.

Heute wissen wir, dass der Botschafterposten in Rom durch einen ausgeprochenen Widerstaendler besetzt war. Die Verhaeltnisse in der Tuerkei waren auch nicht viel besser, wir kommen in nachstehendem Abschnitt noch darauf zu sprechen. Von den anderen Plaetzen ganz zu schweigen.

Wohl wissen wir, dass zu damaliger Zeit z. B. in Aegypten der englische Einfluss noch ein ziemlich starker war. Aber dennoch haetten dort der Lage angepasste deutsche Kraefte am Werk sein koennen; die Englaender hatten ja auch ihren „Archaeologen" Lawrence...

Nach dem alten Sprichwort: „Wo ein Wille, da ist auch ein Weg!" haette selbstverstaendlich auch an jener entscheidenden Stelle besser und zweckmaessiger gehandelt werden muessen, durch entsprechende Planung und sonstige Vorausarbeiten.

Der geistige Kontakt mit einem so bedeutenden und fuehrenden Araber, wie dem Grossmufti von Jerusalem wurde viel zu spaet und ungenuegend aufgenommen. Ist es wirklich so schwer, dass sich christliche Intellektuelle mit nicht-christlichen, in diesem Falle mohamedanischen, unterhalten und eventuell sogar sich verstaendigen? Leider waren jene Kreise in erster Linie Christen und dann erst Deutsche. Dabei haetten jene ach so christlichen Intellektuellen gerade auf diesem Gebiete sehr viel von den Arabern lernen koennen, die zumindest ebenso religioes sind; bei denen jedoch die Religion fest in der arabischen Nation eingebaut ist, ihre geistigen Aufgaben im Rahmen der Nation und zugunsten von ihr hat; schon seit ihrem Anbeginn in ihr — und nur in ihr — sich entwickelte, und nicht wie bei den Europaeern ein Eigenleben fuehrte mit Interessen und Wuenschen, die nicht immer mit denen der europaeischen Nationen uebereinstimmen, und die den Europaeern aus Palaestina, also aus einem nicht europaeischen Raume, mit all seinen geistigen Verschiedenheiten, ueberbracht wurde, wobei des Oefteren mit Feuer und Schwert gehoerig nachgeholfen wurde. Wir kommen noch spaeter auf die politische Bedeutung der religioesen Frage zu sprechen.

d) die Tuerkei

Es ist nicht erst seit heute bekannt, dass die Tuerkei mit ihrer keilfoermigen geografischen Struktur zwischen den beiden wichtigsten Oelgebieten der Welt, dem Kaukasus und dem Irak liegt und somit strategisch aeusserst wichtig ist, Mit wenigen hundert Flug-Kilometern erreicht man von dort die beiden so wichtigen Gebiete.

Es ist weiterhin bekannt, dass die Tuerkei, das Ueberbleibsel des grossen Ottomanischen Reiches, das nach dem

Ersten Weltkriege durch die Alliierten zerschlagen wurde, keineswegs alliiertenfreundlich weder sein konnte, noch war; und noch weniger russlandfreundlich, da Russland stets ein Auge auf die der Tuerkei zugehoerigen Dardanellen hatte, um eine freie Ausfahrt aus dem Schwarzen Meere zu haben.

Im innenpolitischen Sinne war die Tuerkei Alles Andere als kommunistisch; im Gegenteil, der Nachkriegsreformator der Tuerkei, Kemal Pascha, neigte sehr zu den neuen in Europa sich einfuehrenden Regierungssystemen, mit bewusst antikommunistischer Einstellung.

Schon lange verband eine ehrliche Freundschaft die beiden Laender. Das waren also alles aeusserst positive und guenstige Momente, um mit diesem Lande auch politisch intensiv und positiv zusammenzuarbeiten.

Fuer diese Aufgabe wurde seitens der Deutschen Reichsregierung ein Sonder-Botschafter angesetzt und nach dort geschickt. Aber wieder war dieser Botschafter (von Papen) eine undurchsichtige, fachlich sicher sehr tuechtige und erfahrene Person, die der neuen deutschen Regierung aeusserlich loyal zur Verfuegung stand; von der man aber nicht sagen kann, dass sie sich innerlich ihr verbunden fuehlte. Das ist aber noetig, um an einem solch neuralgischen Punkte der Politik sich nicht nur weisungs- und damit pflichtgemaess, sondern mit ganzem Verstande, mit ganzer Ueberzeugung und ganzem Herzen fuer die Sache einzusetzen.

Immerhin hatte von Papen jahrelang Hitler vor dessen Machtuebernahme auf das Heftigste und mit allen Mitteln bekaempft.

So kam denn auch kaum mehr als eine laue Neutralitaet der Tuerken heraus, die, je naeher der deutsche Einfluss durch den militaerischen Vormarsch durch Bulgarien, Griechenland und Kreta an die Tuerkei herankam, statt positiver zu werden, sogar immer noch negativer wurde, ein Vorgang der mehr als unverstaendlich war und nur im Rahmen der Studien der psychologischen Kriegsfuehrung eine Klaerung erfahren kann. Auch hier ist also noch ein weites Feld fuer diesbezuegliche geschichtswissenschaftliche Studien. Auch hier kommt man nicht um den Eindruck herum, dass einer gerade hier unumgaenglichen politischen Schwerpunktbildung bewusst aus dem Wege gegangen wurde — nicht zum Vorteil der deutschen Interessen, sondern wieder fuer die unseres Generals Psychologus.

e) Irak / Nahost-Oel

Das Thema Tuerkei ist kaum zu trennen von dem seines geografischen Nachbarn, des Iraks, oder wie es uns in der Schule gelehrt wurde: Mesopotanien.

Mit der Erweiterung der alten Grundlagen der Machtentfaltung Kohle und Eisen um das Erdoel, gewann zur Zeit der Jahrhundertwende der Irak, aeusserst reich an Erdoel, eine weltpolitische Bedeutung. Ohne Erdoel, aus dem Benzin fuer Fahrzeuge, Flugzeuge und Tanks, aber auch Betriebsstoff fuer die Seefahrzeuge und einen grossen Teil der Industrie gewonnen werden, ist ein moderner Krieg, also auch ein Abwehrkampf, nicht mehr denkbar.

Der zur Weltrevolution strebenden Sowjetunion stand fuer ihre Unternehmungen das dem Irak fast benachbarte Kaukasus-Gebiet zur Verfuegung. Kaum sechshundert Kilometer trennen diese beiden so wichtigen Gebiete. Beide Gebiete lagen vor dem Zweiten Weltkriege in der Hand der Gegner Deutschlands: Der Kaukasus in russischer und der Irak in englischer Hand.

Damit ergab sich fuer Deutschland geradezu zwingend die strategische Notwendigkeit, sich dieser Frage zu widmen. Eine solche Diskussion lief auf eine ganz grundsaetzliche Betrachtung hinaus: Welches das erste Ziel sein musste, Irak oder Kaukasus?

Welches war leichter und schneller zu erreichen?

Wir wissen, dass von deutscher Seite aus im Zweiten Weltkrieg die Entscheidung zugunsten des Kaukasus fiel. Man meinte, richtig zu handeln, dem eigentlichen Feind, dem russischen Bolschewismus seine wichtigsten Oelquellen zu nehmen und ihn damit entscheidend zu schwaechen.

Heute wissen wir, dass dieser Weg durch Suedrussland zum Kaukasus, also sagen wir einmal „links herum" sehr sehr teuer fuer Deutschland wurde und schliesslich die deutsche Niederlage einleitete.

Zumindest aus heutiger Sicht heraus darf man sagen, dass der Weg „rechts herum" der leichtere und damit „billigere" gewesen waere. Geografisch genommen war der Weg genau so weit und haette nur durch befreundete Laender gefuehrt, sofern man sich in der Mittelmeerfrage auf dieses Grunderfordernis eingestellt haette.

Die Wegnahme des Irak-Oel durch deutsche Streitkraefte haette sofort eine entscheidende Wirkung auf den anderen

Feindstaat England im negativen Sinne und eine entsprechend positive Auswirkung auf die deutschen Rohoelbeduerfnisse erbracht.

Im Gegensatz zu dem Weg durch Suedrussland waeren die Deutschen auf einer inneren Linie mit ihrem Nachschub gewesen, ohne jene gefaehrliche und schicksalhafte Flankenbedrohung, wie es in Suedrussland mit der Don- und Stalingrad-Front der Fall war.

Es kann hier der Einwand gemacht werden, dass die Russen nicht tatenlos einem deutschen Unternehmen gegen den Irak zugesehen haetten. Diese Moeglichkeit wollen wir gern zugeben, glauben aber, dass eine tuechtige Truppenfuehrung auch dieses Problem geloest haette und ein solches Unternehmen nicht die Verluste erbracht haette, die der direkte Feldzug gegen das sowjetische Kernland mit sich gebracht hat, wie wir es heute wissen.

Es bleibt dabei noch die Frage offen, ob 1940 oder 1941 Russland die Initiative zu einer militaerischen Einmischung im Nahen Osten genommen haette.

Wer von der Notwendigkeit des militaerischen Abwehr-Kampfes gegen Sowjetrussland und wer damit von der epochalen Groesse dieses gigantischen Kampfes ueberzeugt war, haette unbedingt erst eine Eingliederung des Nahen Ostens in diese europaeische Antikominternfront betreiben muessen, um dann und damit ein „gesundes" wohlvorbereitetes Unternehmen gegen den vordraengenden Osten zu fuehren; dann waere die Flankenbedrohung umgekehrt gewesen und haette von ebenso grosser Bedeutung zugunsten der deutschen P aene sein koennen, wie es umgekehrt leider damals mit Stalingrad etc. sich ereignete.

Das Abwaegen der Frage ob „rechts herum oder links herum", hatte in den letzten Jahren v o r dem Zweiten Weltkriege zunaechst zweifellos sogar zu der richtigeren Entscheidung „rechts herum" gefuehrt.

Die deutsche Balkanpolitik bereitete dafuer das Feld vor, die Achse wurde bis Bulgarien und Jugoslawien und Albanien erweitert.

Die Beziehungen zu Feisal I von Irak waren sehr herzliche und wurden ausgebaut. Die Deutschen lieferten viele Fahrzeuge, u. a. auch einen besonders schoen zurechtgemachten Jagdwagen mit einer Krone aus Gold als Nummernschild. Technische Instruktoren gingen zur selben Zeit dorthin, wie ebenso auch zur Tuerkei. Diesen vernuenftigen, auch erfolgversprechenden Ansaetzen einer solchen deutschen Orientierung wurde jedoch sehr schnell ein Ende bereitet.

General Psychologus erkannte die heraufziehende Gefahr und veranlasste den Kurswechsel. Durch seine Vertrauensleute in Deutschland liess er diesen „Weg der Partei" durch die sogenannten Fachleute der Strategie aus dem General-Stab wieder abblasen und dafuer den viel gefaehrlicheren und damit dem General Psychologus viel sympatischeren Weg ueber Suedrussland einschlagen. Und der gute deutschfreundliche Feisal wurde durch ein fatales "Jagd-Unglueck" aus der Welt geschafft; einige Maschinengewehrsalven durch irgendwelche gekauften Beduinenstaemme besorgten dieses schmutzige Geschaeft. Der koenigliche Wagen wurde in gefaehrlicher Brusthoehe seiner sitzenden hohen Passagiere durch blaue Bohnen durchsiebt.

Geht man der Betrachtung, ob links oder rechts herum, weiter nach, so kommt man auf ein Resultat, das sich mit den Worten:

„Erst Irak, und dann Kaukasus" ausdruecken liesse.

Damit soll keine wilde imperialistische Forderung gestellt werden; vielmehr meinen wir, dass eine solche Loesung der vernuenftige, natuerliche Weg gewesen waere: eben die wirtschaftlich und politisch zusammengehoerenden Nationen in einem Grossraume zueinander finden und die Reichtuemer der Natur dieses Raumes, ohne komplizierte Macht-Konstellationen und ihre oft teuren Bedingungen, den zu ihnen gehoerenden Wirtschaftsraeumen direkt zufliessen zu lassen. Der Oelreichtum des Nahen Ostens waere also direkt nach Europa geflossen, anstatt auf grossen ausserkontinentalen Umwegen ueber die USA oder ueber England mit deren entsprechender „Rahm"-Abschoepfung.

Um eine solche europaeische Loesung des Nahost-Oel-Problems zu verwirklichen, haette es neben einer all-arabischen Einheit einer echten deutsch-arabischen Freundschaft bedurft. Es waere eine gute deutsche Politik gewesen. Beides nach Kraeften zu foerdern, womit ausser irgendwelchen Privatinteressen keinerlei Lebensnerv irgendeines Volkes oder gar einer Voelkergruppe getroffen worden waere.

Heute ist dieses Problem vielleicht nicht mehr akut oder nicht mehr so akut, da in der Zwischenzeit neue strategische Momente und andere politische Konstellationen sich entwickelt haben. In der Nordsee wurden riesige Erdgasfunde, in Norddeutschland, in der Sahara neue Erdoelquellen entdeckt. Neue Energie-Moeglichkeiten, wie die Atomwirtschaft mit ihren neuen Grundstoffen, sind hinzugekommen; Europa waechst langsam aber sicher zusammen; der Antikommunismus breitet sich immer mehr aus; China erwacht usw.

Es hat also die Aufgabe jedes grossen Staates — und das gilt natuerlich auch ganz besonders fuer das deutsche Volk — zu sein, sich ueber diese grossen Grundfragen klar zu werden. Es ist nicht nur ein militaerisches Problem, sondern auch ein politisches. Eine Generalstabsarbeit waere also ueber das rein militaerische hinaus auf alle die Staatsfuehrung angehenden Probleme zu erweitern.

Dass das Ganze von General Psychologus bereits erkannt war, sagten wir schon. Fuer die damalige Zeit zumindest, in verminderter Form bis heute, erkennen wir die strategische Position von Palaestina, das mitten in jenem arabischen Raume liegt und wo seit einigen Jahren der Staat Israel etabliert wurde, immerhin ein Gebilde, das gegen die in diesem Raume gewachsenen arabischen Interessen steht und gegen die mit diesem Raume verbundenen europaeischen Interessen.

Die Zukunft wird uns zeigen, ob dieses bedeutende Problem seine richtige und damit gerechte Loesung finden wird, oder nicht.

12) **Die mangelnde Unterbindung des feindlichen Nachschubes.**

Es sind keine strategischen Sonderkenntnisse notwendig, um einzusehen, dass mit der Unterbindung des Nachschubes fuer die feindlichen Streitkraefte die Haelfte des Sieges schon errungen ist.

In diesem Sinne sind denn auch auf den wichtigsten Kriegsschauplaetzen des Zweiten Weltkrieges, also in Polen, in Frankreich und dann auch in Russland riesige Kesselschlachten geschlagen worden mit dem Erfolg der vollstaendigen Vernichtung der in diesen Kesseln eingeschlossenen Armeen.

Im gleichen Sinne haette eine Einkesselung des ganzen Feindlandes oder besser gesagt eine moeglichst lueckenlose Blockade die logische erste Aufgabe sein muessen, die den entscheidenden Kaempfen vorauszugehen hatte.

Es ist hier der Einwand moeglich, dass das leichter gesagt als getan sei, da im Falle der Sowjetunion diese fast einen ganzen Kontinent ausmacht, und man eine Ausreifung ihrer durch die Gegenspionage erkannten Angriffsabsichten auf Westeuropa nicht habe abwarten duerfen. Wie die Dinge damals lagen — zumindest aus heutiger Sicht — darf jedoch gesagt werden, dass kraeftige Unternehmen gegen den alliierten Nachschub weitaus weniger Aufwand gekostet haetten, als die dann unvermeidlich aufgeweiteten grossen Schlachten und Rueckzugsgefechte, bei denen unwiederbringliches Menschen- und Waffenmaterial verloren ging; also doch da war und — rechtzeitig und richtiger angewandt — nicht ergebnislos vertan worden waere, sondern seine guten Fruechte getragen haette.

Gerade bei der Ausweitung des europaeischen Krieges zu einem Weltkriege waere die Unterbindung des Zustromes der gewaltigen Hilfe besonders aus USA von entscheidender Bedeutung gewesen. Dieser von Amerika kommende Nachschub musste sich auf geografisch unendlich langen gefahrvollen Wegen abspielen, ein Umstand, der in diesem Falle die alliierte Kriegsfuehrung sehr erschwerte, denn er wickelte sich zum grossen Teile auf dem Wasserwege ab. Dieser Schiffsverkehr war durch U-Boote, Minen und Bomben besonders zu treffen.

Eine „angriffs- und kriegslustige" deutsche Regierung haette also mit dem rechtzeitigen Bau und puenktlichen Einsatz grosser Mengen von U-Booten ein leichtes Spiel in ihrer Zerstoerungswut gehabt. Wir mussten aber schon feststellen, dass Deutschland in den Jahren vor dem Kriege eine nur kuemmerlich zu nennende U-Boot-Flotte zur Verfuegung hatte, die selbst fuer normale Verteidigungsfaelle ungenuegend war, geschweige denn fuer Gross-Unternehmungen. Diese schwere Unterlassung hatte der Fuehrer der U-Boot-Waffe mehr als einmal reklamiert. Eine solche Unterlassung kann nur aus anders gearteten Plaenen gerechtfertigt werden, bezw. sie zeigt zunaechst wieder, und zwar sehr eindringlich, dass die deutsche Welteroberungsplaene unterstellende Feindpropaganda keine wahre Basis hatte, was Deutschland anbetrifft. Vielmehr war die deutsche Regierung, mehr als oft sichtbar geworden, gezwungen zu improvisieren und die geringen Streitkraefte so zu verteilen, dass wenigstens das Landheer schlagkraeftig wurde, wozu dann eben andere Sparten der Kriegsfuehrung zurueckstehen mussten.

Kein Berufenerer als der Grossadmiral Doenitz stellte weiterhin fest, dass der Anteil der Unterwasserstreitkraefte im Vergleich zu den vorhandenen Ueberwasserfahrzeugen, die durch ihre Panzerung ungeheure Stahlmengen verschlingen, ein sehr bescheidener war; dass ueberhaupt die Stahl- und ganze Ruestungszuteilung durch die von Heeres-Offizieren entscheidend beeinflusste Wehrmachtsfuehrung fuer die Marine leider einen nur ganz bescheidenen Prozentsatz einraeumte.

Dieser Umstand zeigt ganz klar, wie stark damals der Einfluss der Heeres-Offiziere war, die mit ihren fachmaennischen Gutachten in damaliger Zeit bei der neuen „unerfahrenen" Reichsregierung noch entscheidenden Einfluss hatten und damit diese unzweifelhafte schicksalsschwere Fehlruestung durchdrueckten — womit sie wiederum dem General Psychologus dienten.

Ob diese unerhoerten Fehl-Anweisungen auf mangelndem Erkennen der Erfordernisse oder auf Boeswilligkeit beruhten — oder beides die Triebfeder war, das zu beurteilen, ueberlassen wir dem Leser. Man bedenke das ganz klar: Die Regierung entschloss sich zur Aufruestung. Eine ganz klar in erster Linie anti-bolschewistische Partei war in Deutschland ans Ruder gekommen und richtete Alles auf die Abwehr des Bolschewismus aus, wobei sie sich klar war, dass sie bei Anwendung von Gewalt von Seiten des Gegners, in gleicher Weise werde reagieren muessen.

„Der Feind sitzt in Russland und USA!" so wurde jeden Tag in aller Oeffentlichkeit und durch ein maechtiges deutsches Propaganda-Ministerium in allen wichtigen Sprachen der Welt argumentiert.

Jedermann wusste, dass diese beiden Deutschland feindlichen Grossmaechte in riesiger Uebermacht waren — schon eine dieser Maechte, die Sowjetunion gab mit ihrer aeusserst gefaehrlichen Angriffsdrohung Anlass zu einer Praeventiv-Handlung — und, dass es um so mehr im deutschen Interesse liegen musste, Alles daran zu setzen, um das militaerische Potential dieser beiden Grossmaechte sich nicht vereinigen zu lassen, oder zumindest alles zu tun, um eine solche Verbindung weitgehendst zu stoeren.

Bis zum entscheidenden Russlandfeldzug war es gelungen, die verschiedenen Gegner nacheinander auszuschalten.

Dasselbe Rezept sollte nun auf einmal nicht mehr Gueltigkeit haben?

Hatten die Herren des Widerstandes im Deutschen General-Stab nicht erkannt, worum es ging? War es Unfaehigkeit, oder war es boeser Wille? Beides ist auf jeden Fall zutiefst zu verurteilen, darueber ist sich wohl jeder militaerische Fachmann in der ganzen Welt restlos klar.

Zweifellos wurde sich die deutsche oberste Fuehrung ueber diese Geisteseinstellung zumindest eines Teils des militaerischen Fuehrungsstabes bald klar; aus heutiger Sicht sogar zu spaet. Hitler mit seinem ungeheuer ausgepraegten, sicheren Instinkt fuehlte die Unaufrichtigkeit und das Fehlen rueckhaltloser Hingabe zur Sache bei jenen Offizieren. Die Folge war — gerade in Kriegszeiten — ein absolut unnoetiges Gegeneinander in der obersten Fuehrung der Nation. Waere Hitler auch nur annaehernd so brutal, wie sein Gegenspieler Stalin gewesen, oder wie die Feindpropaganda es ihm angedichtet hatte, waere dieses unerhoerte und schicksalsschwere Gegeneinander sofort abgeschnitten worden, zum Guten der Nation, die die Konsequenzen dieses Gegeneinanders (die verstaerkten Feindeinwirkungen) dann zu erleiden hatte. Das geschah aber nicht und so kam es denn auch zu dem fuer Deutschland bitteren Ende, — wie es der General Psychologus meisterhaft eingefaedelt und durchgefuehrt hatte.

Kommen wir nun zu den wichtigsten Punkten des feindlichen Nachschubes zu dem Hauptkampfgebiet Russland:

a) **Murmansk** wurde schon erwaehnt. Auch hier sehen wir, dass die deutsche Fuehrung am Anfang die richtige Grundeinstellung hatte, sie war den Alliierten in der Besetzung von Norwegen bis hinauf in seine noerdlichsten Provinzen vorausgekommen und auch Finnland war seit Kriegsbeginn gegen die Sowjetunion der Verbuendete Deutschlands. Dieser Weg haette natuerlich und unbedingt consequent weitergegangen werden muessen, indem man zu einer entsprechenden, abschliessenden Schwerpunktsbildung durch ein Unternehmen gegen den Hafen Murmansk und seine Umgebung haette kommen muessen. Ein so grosser Fachmann und Kaempfer, wie der Feldmarschall Schoerner, der an dieser Eismeerfront eingesetzt war, bestaetigt diesen Gesichtspunkt und die militaerischsen Moeglichkeiten eines solchen Einsatzes.

General Psychologus erkannte natuerlich die Gefahr, die hier drohte und so wurde diese Luecke im Norden von irgendwelchen unsichtbaren Kraeften immer wieder offen gehalten. Diese Kraefte steuerten auf einen langen, jeden Tag mehr verzehrenden Verschleiss hin — und erreichten ihr Ziel hundertprozentig.

b) Die Fernost-Haefen

Es entzieht sich unserer genauen Kenntnis, welchen Anteil diese Fernosthaefen bei dem gesamten alliierten Nachschub gehabt haben. Fuer die entscheidende europaeische Front waren Murmansk und die persischen Haefen, auf die wir noch eingehen, bedeutender, weil sie viel naehere Plaetze waren.

Dennoch wird niemand ihre Bedeutung bestreiten. An anderer Stelle gingen wir bereits auf ihre Wichtigkeit und die des ganzen fernoestlichen Kriegsschauplatzes ein. Deshalb begnuegen wir uns an dieser Stelle nur mit ihrer nochmaligen Erwaehnung, um den Rahmen der Nachschubfrage zu komplettieren.

c) Persien

Es ist kaum bekannt geworden, dass bei Beginn des Russlandfeldzuges ohne viel Aufhebens dieses Land von den Alliierten besetzt wurde, um den Durch-Transport von Kriegsmaterial nach Russland zu gewaehrleisten. Das ist wieder einmal ein Beispiel fuer den Fall, wenn Zwei dasselbe tuen, es fuer das beruehmte Weltgewissen absolut nicht immer das Gleiche sein muss. Wir denken an das Gezeter, das ausgebrochen waere, wenn Deutschland in Persien einmarschiert waere.

Die Zufuhr durch Persien war zweifellos fuer den suedrussischen Kriegsschauplatz von entscheidender Bedeutung.

d) Das arabische Meer.

Die unter a) bis c) behandelten Untertitel „Murmansk". „Fernosthaefen" und „Persien" sind im Allgemeinen bekannt. Kaum jemand haelt es jedoch fuer notwendig, auf das Arabische Meer hinzuweisen. Unter diesem geografisch klaren Ausdruck koennen wir die ganze Sphaere zusammenfassen, zu der das Problem Persien, die arabischen Oelvorkommen und die Einfahrt zum Roten Meer — und damit ueber Suez zum oestlichen Mittelmeer — gehoeren.

Die schlauen Englaender sind dort schon lange „zuhause"; auch heute noch halten sie den Besitz Aden.

Die Italiener waren ihnen mit Somaliland, Ery-trea und Abessinien gefaehrlich nahe gekommen und unerwuenschte

Nachbarn geworden u. zw. ganz besonders unerwuenscht, seitdem die Italiener mit den Deutschen verbuendet waren.

Wieder rueckschauend mache man sich einmal klar, welche strategischen Moeglichkeiten es hier gab: Unter Ausnutzung der verbuendeten Italiener und mit dem Ausbau der deutsch-arabischen Freundschaft waere es durchaus moeglich gewesen, militaerisch vielleicht mit U-Boot-Stuetzpunkten, taetig zu werden; zumindest in diesem Gebiete erhebliches Unheil anzurichten. Diese Moeglichkeiten waeren die logische Fortsetzung des bei der Diskussion „Mittelmeer" vorgetragenen Argumentes vom „Wege rechts herum" gewesen. Wir erkennen auch, dass dieses Argument niemals zu den ungeheuren Verlusten gefuehrt haette und jeder Einsatz etwas Positives eingebracht haette und nicht nur in der Abwehr und im Rueckzug verpufft waere.

Die Englaender und mit ihnen unser General Psychologus, wussten natuerlich um diese Moeglichkeiten und um die Bedeutung der Araber in diesem Raum, von dem jedoch moeglichst niemand reden sollte; und der mit seiner Ausdehnung vom mittleren und oestlichen Mittelmeer bis nach Indien reicht und von entscheidender Bedeutung war!

Nicht nur fuer die russische Suedfront, sondern auch fuer den Kampf im oestlichen Mittelmeer, also auch fuer Rommel in Nordafrika und die entscheidende Schlacht bei El Alamein waere eine Sperrung der Einfahrt ins Rote Meer nicht ohne gute Folgen fuer die deutschen Waffen geblieben. Die Alliierten waeren zusammen mit einer Sperrung bei Gibraltar ihres sehr wichtigen Irak-Oels verlustig gegangen, mit der Folgerung, dass fuer ihre Mammut-Luftangriffe gegen deutsche Staedte, fuer ihre riesigen Lufttransporte ueber Groenland und ueber Suedamerika, fuer die grosse Pazifik-Flotte, fuer den ganzen auf Oelantrieb eingestellten Schiffstransport des Alliierten Nachschubes und natuerlich auch fuer die ganzen motorisierten und Panzer-Verbaende, fuer die ganze Luftwaffe, die Jaeger usw., bestimmt ein sehr wichtiger und einschneidender Mangel an Treibstoff aufgetreten waere; dazu die Folgerung, dass all die Petroleumprodukte, die den Alliierten damit entgangen waeren, im gleichen entscheidenden Mass den Deutschen zugute gekommen waeren.

Warum hat man auf deutscher Seite das nicht erkannt und gebuehrend beruecksichtigt? Die Alliierten hatten es doch schon laengst erkannt!

Wir lernten das Grundsaetzliche darueber schon vor dem Kriege im Erdkunde-Unterricht, der — wohl darum — heutzutage sehr vernachlaessigt wird, insbesondere wenn dabei auf Geopolitik oder gar Bio-Politik und aehnliche Dinge eingegangen werden muesste.

So bleibt uns nur der Trost, dass die fahrlaessige Unterlassung auf dem oben angedeuteten Kriegsschauplatz ein weiterer Beweis ist, dass niemand in Deutschland „so weit" gedacht hat. Etwaige Welteroberungsplaene haetten eine erhebliche Aktivitaet gerade in diesen entscheidenden arabischen Gewaessern verlangt; auch hiermit kann also ein Nichtbestehen derartiger absurder Plaene bewiesen werden.

Unsere obige Argumentation laesst vielleicht den Verdacht aufkommen, dass wir mit der Feststellung der Unterlassungen in dieser Hinsicht fuer „Besserung" in der Zukunft das Wort reden wollen. Wir moechten jedoch betonen, dass es um Studien der Vergangenheit geht. Die Umstaende von damals sind heute ganz andere. Indien ist fuer England verloren. Wie ueberhaupt jeder fernoestliche europaeische Einfluss. USA und UdSSR sind als neue Maechte auch in diesen Raeumen aufgetaucht. Neben Kohle und Eisen und Erdoel sind die Kunststoffe und die Atom- und Raketen-Antriebe getreten, neue Erdoel- und Mineralfunde sind getaetigt, die arabische Welt ist im Aufbruch.

Die im Ersten Weltkrieg noch Europa beeinflussende Rivalitaet England-Frankreich ist im Zweiten zur Nebenerscheinung verblasst oder gar ganz vergangen.

Europa, das Europa der Vaterlaender, ist in der Entwicklung.

Ein gesunder, sozialer Nationalismus entsteht in aller Welt, trotz einer haemischen, verdaechtigen Gegenpropaganda, die immer wieder zweitrangige Missetaten der Nazis hervorkramen; auch wir verurteilen sie, zusammen mit den Kriegs- und Nachkriegsverbrechen der Anderen; sie werden aber in Vergessenheit geraten, wo sie hin gehoeren, beide.

Wir halten es in dieser Hinsicht mit dem Spruch von Will Vesper:

  Lasst Hunde bellen, Raben schrei'n;
  Die gute Saat wird doch gedeih'n!

Die wissenschaftliche Geschichtsforschung in aller Welt wird die Basis sein fuer weitgehende Verstaendigung. Die dauernd sich steigernde Menschheit wird andere wichtigere Probleme vorbringen und ihre Loesung verlangen.

Wir hoffen dann, dass die europaeischen Intellektuellen aus ihrem Dornroeschen-Schlaf erwacht sein werden, nicht zuletzt durch das Getoese der letzten beiden Weltkriege, die ja wohl laut und furchtbar genug waren.

Ueberlegungen in dieser Hinsicht sollen unsere Argumente dienen.

e) **Brasilien**

Die Liste der Nachschub-Wege von Nordamerika nach Europa waere unkomplett, wenn man nicht Brasilien nennen wuerde.

Die Amerikaner waren zu Zeiten des Zweiten Weltkrieges bei Lufttransporten nach Europa noch auf Zwischenlandungen angewiesen, um die grossen Entfernungen meistern zu koennen. Sie mussten also entweder auf der Nordroute ueber Neufundland, Groenland, Island oder ueber die Azoren, oder auf der Suedroute ueber die Ostspitze des suedamerikanischen Kontinents nach der Westspitze Afrikas in Etappen fliegen und von da aus weiter nach Nord-Afrika, zum Mittelmeer oder nach England oder Russland selber.

Den noerdlichen Routen mit ihren vielen Stuermen stand die suedliche mit ihren weitaus ausgeglicheneren klimatischen Verhaeltnissen gegenueber, wo ausserdem wenig Feindeinfluss zu erwarten war, aus eben denselben geografischen Gruenden.

Man gab der suedlichen Linie deshalb den Vorzug, also jener, die ueber Nord-Brasilien ging. Brasilien hatte also eine grosse strategische Bedeutung! Beide kriegfuehrende Gruppen waren um Brasilien bemueht. Die Deutschen strebten eine strikte Neutralitaet Brasiliens an; die Alliierten das genaue Gegenteil; sie benoetigten unbedingt die Mitarbeit Brasiliens, inbesondere mit der Konzession grosser Flugplaetze mit dem dazu gehoerigen militaerischen Schutz, und von Flottenstuetzpunkten fuer die Sicherstellung der alliierten Schiffahrt.

Diese von USA verlangte Mitarbeit Brasiliens ging bekanntlich soweit, dass den Achsenmaechten der Krieg erklaert und ein Expeditionsheer nach Italien geschickt werden musste. Es kam zu dem wohl groessten und tragischsten Absurdum, dass brasilianisches Blut auf europaeischem Boden vergossen wurde, eine Tragik ohnegleichen.

Brasilien war also in dem Zweiten Weltkriege von garnicht unbedeutender Wichtigkeit! Darueber waren sich die

Alliierten und ihr General Psychologus natuerlich nicht minder klar. So wurde die USA Botschaft in Rio de Janeiro von einem der faehigsten nordamerikanischen Diplomaten (Jefferson Caffery) jahrelang geleitet, waehrend die Achsenmaechte ganz unbedeutende Leute vorwiesen.

Deutschland hatte als Botschafter einen unbekannten hoeheren Beamten des Auswaertigen Amtes bezw. seiner Personal-Abteilung, der vor seiner bevorstehenden Pensionierung noch schnell einmal einen Botschafterposten bekleiden sollte, um dann als Minister pensioniert zu werden. Ueber die charakterliche Sauberkeit dieses Beamten gab es keinerlei Zweifel, wohl aber ueber seine diplomatischen Faehigkeiten und seine diplomatische Taetigkeit, wozu die Anweisungen aus einem Amte, eben dem Auswaertigen, kamen, dessen erster Unterstaatssekretaer auch erste Figur im deutschen Widerstand war. Welchen Charakters diese Anweisungen waren, ueberlassen wir dem Leser zu urteilen.

Dem Botschafter stand ein Militaer-Attaché zur Seite, dessen persoenlicher Kontakt und Einfluss auf die brasilianischen militaerischen Kreise, die damals die Politik in Brasilien entscheidend gestalteten, gleich Null war. Der deutsche, in Brasilien aufgebaute Nachrichtendienst, dessen Aufgabe lediglich die einer Vermittlerstelle war — in Brasilien gab es fuer Deutschland nichts Wesentliches zu spionieren, insbesondere nicht in den schweren Zeiten des Russlandfeldzuges — loeste sich durch Selbstverrat auf, wie es bei seinem Chef auch nicht viel anders zu erwarten war. Der in Brasilien verzapfte deutsche Geheimdienstbloedsinn brachte fuer eine grosse Anzahl in Brasilien lebender Deutscher viel Ungemach und wurde natuerlich von General Psychologus fuer seine „Quinta-Coluna"-Machenschaften mit Begeisterung aufgegriffen und weitlich ausgewertet, gegen Deutschland natuerlich.

Schon vor dem Kriege — General Psychologus begann, wie schon ausgefuehrt, weit vor dem Kriege — kam es zum Abbruch der diplomatischen Beziehungen zwischen Brasilien und Deutschland; diese wurden dann gegen den Druck der Amerikaner doch noch 1940, nach den damaligen deutschen grossen Erfolgen in Europa, wiederhergestellt.

Am Anfang des Jahres 1942 jedoch wurde der nordamerikanische Druck dann wieder so stark, dass die Beziehungen wieder abgebrochen wurden, worauf dann einige Monate spaeter die endliche Kriegserklaerung folgte.

Das konnte Alles geschehen, trotzdem der damalige Praesident Vargas der Neuordnung in Europa mehr als sympathisch gegenuebergestanden hatte; trotzdem hierzulande weit ueber drei Millionen Deutschstaemmige als fleissige Buerger ihrer neuen Heimat lebten; trotzdem ein aeusserst grosser und wichtiger Teil der brasilianischen Industrie in der Hand der Angehoerigen der Achsenmaechte lag, sei es als Besitzer, sei es als technischer oder kaufmaennischer Leiter.

Auf diesem fuer Deutschland also wichtigen Aussenposten, wie es die Botschaft in Rio darstellte, wurden Gestalten beschaeftigt, die einen guten Deutschen nur anwidern konnten.

Nicht viel besser waren die aeusserlichen, raeumlichen Verhaeltnisse: Die Botschaft war in einem Hochhause untergebracht, in welchem auch Dienststellen der Alliierten eingerichtet waren, z. B. die englandtreue Gesandtschaft der hollaendischen Exilregierung.

Der Fahrstuhlfuehrer war ein Horchposten der Alliierten. Dem Haupteingang gegenueber war von dem Geheimdienst der Alliierten ein Haus gemietet, von wo aus jeder verdaechtige Besucher der Botschaft beim Betreten des Hauses gefilmt wurde. Leugnete man bei spaeteren Verhoeren, Kontakt mit der deutschen Botschaft gehabt zu haben — die Gegner Deutschlands erwarteten von dem Botschaftspersonal absolute Zuverlaessigkeit gegenueber der neuen deutschen Regierung und damit auch taetige Mitarbeit, soweit es der diplomatische Rahmen zuliess — so war das zwecklos, da die brasilianische Polizei, die auf Anweisung und unter Mithilfe der amerikanischen FBI handelte, den filmischen Gegenbeweis erbrachte.

Kam ein Kurier aus Deutschland, so wurde er in einem Hotel untergebracht, wo die Durchsuchung des „verdaechtigen" Gepaecks bei dem ersten Verlassen des Hotelzimmers eine sichere Sache war. Deshalb hatten jene Kuriere dann die Anweisung, wichtige Korrespondenz am Leibe zu tragen und sofort einzuhaendigen, ehe sie in falsche Haende fallen koennte.

Ausgesprochen in Brasilien, an dem Deutschland in Kriegszeiten nicht das geringste Interesse hatte, es sei denn Brasilien bewahre eine moeglichst wohlwollende Neutralitaet, richtete der deutsche Spionagedienst einen ueber Radio gehenden Nachrichtendienst ein, der mit Brasilien fast garnichts direkt zu tuen hatte, denn er empfing in dem damals ueblichen Zickzackdienst Nachrichten von irgendwo her und gab sie weiter. Der Chef des deutschen Radionetzes der „Abwehr" in Brasilien war eine Vertrauensperson von Canaris — mehr braucht man nicht zu sagen.

„Sie werden sich wundern, mein Herr, wer Sie bei uns denunziert hat!" so sagte ein brasilianischer Polizei-Kommissar zu einem der inhaftierten Deutschen. Spaeter stellte sich heraus, dass die Denunzie von der deutschen Botschaft aus gegangen war, die trotz der abgebrochenen Beziehungen, wenn auch sonst untaetig noch im Land war und auf den diplomatischen Austauschtransport wartete.

Die damalige deutsche Buchhandlung in Rio war wenige Tage nach Abbruch der Beziehungen das Ziel des aufgewiegelten Volkes, das sich sichtbar aus Elementen des Hafenviertels zusammensetzte. Das ganze Schriftenmaterial, das auf grossen Wuehltischen am Eingang der Buecherei lag — es handelte sich um alte Illustrierte, auch aus USA und England, oder Handarbeits- und Mode-Magazine, schlichte Fachbuecher aller Art; Alles wurde auf die Strasse gezerrt und dort angezuendet.

Die einzigen Glasregale, die nicht zerschlagen wurden und deren Inhalt damit nicht auf die Strasse gebracht und dort verbrannt wurden, waren die, auf denen die Buecher von Hitler, Goebbels, Goering und anderen damals verwuenschten Deutschen standen, sei es in deutscher, oder sei es auch in portugiesischer Sprache. Man ersieht daraus, das kein intellektueller unter den ausfuehrenden Randalisten gewesen war.

Es setzte eine wueste Hetze gegen Alles Deutsche ein. Alteingesessene deutsche Kaufleute und Handwerker und Bankbeamte und Ingenieure und Flieger und Aerzte und Pastoren und Seeleute wurden zu hunderten eingesperrt und misshandelt.

Wer hatte von alle dem Vorteile, etwa Brasilien, oder Deutschland, oder „lachende Dritte"? Der General Psychologus bestimmt!

Weder die Botschaft, noch sogenannte groessere Persoenlichkeiten der deutschen Kolonie — auch nicht die Vertreter der beiden christlichen Kirchen — hatten in den Jahren vor dem Kriege, die hierzulande so wichtige Freundschaft mit „Ihresgleichen" geknuepft. So blieben die deutschen Belange ohne die noetige Resonanz in der brasilianischen Oeffentlichkeit; ausserdem liessen sie die oben genannten Auswuechse geschehen.

Im Jahre 1941 — mitten im Kriege — kamen aus Deutschland zwei Schiffe als Blockadebrecher in Brasilien an. Sie trugen wichtiges, dringend benoetigtes Material fuer die brasilianische Industrie, fuer das Transportwesen, auch optisches und farmazeutisches Material, aber auch Gegenstaende fuer die brasilianische Wehrmacht.

Es kamen auch einige Kisten deutschen Weines an, konsigniert an die deutsche Botschaft.

Natuerlich sollte mit all diesem Material propagandistischer Eindruck zugunsten Deutschlands betrieben werden. Es sollten z. B. einflussreiche Brasilianer mitten im Kriege zu einem Glase guten deutschen Weines eingeladen werden. Electro- und Diesel-Teile sollten gerade in der hoechsten Not mit nur unbedeutend, durch die Kriegsrisiko-erhoehte Versicherungspraemie gesteigerten Preisen den alten Freunden geliefert werden.

Was geschah? Genau das Gegenteil! Die Ersatzteile wurden auf dem Schwarzmarkt zu teuersten Preisen abgestossen, sogar vor Verkauf ihrer natuerlich deutschen Verpackung entledigt — und der Wein wurde still und heimlich in den eigenen Reihen „verpichelt".

Es sind wohl keine weiteren Beweise noetig, um anzuzeigen, dass auch hier — es ist immer die deutsche Seite gemeint — so grobe Suenden begangen wurden, dass dieses an sich nicht deutschfeindliche Land Brasilien in die Reihe der Alliierten Feindstaaten verschoben werden konnte.

Die ansaessigen Deutschen mussten die Sache ausbaden und indirekt viele deutsche Soldaten und Zivile sie mit ihrem Leben bezahlen.

Fuerwahr ein Musterbeispiel fuer das Versagen einer Auslandsvertretung, was heute nicht sonderlich wundernimmt, nachdem wir wissen, wessen Geistes die hohen Herren im deutschen Auswaertigen Amte waren, wie der erste Staatssekretaer und leider viele andere.

Es gab natuerlich Maenner, die das damals erkannten und versuchten, dagegen anzugehen, indem sie in Deutschland bei den betreffenden amtlichen Stellen reklamierten. Was half es aber, wenn bei Canaris oder Weiszaecker, die beide zum Widerstande gehoerten — und damit auf General Psychologus hoerten — jemand dieserhalb vorstellig wurde? Die unhaltbare und katastrophale Lage war doch gerade von ihnen gewuenscht! Kam dennoch ein Sonderbeauftragter hier nach Brasilien, so wurde er, wie schon angedeutet, durch die eigenen Leute, die durch ein solches Untersuchungsverfahren vielleicht in Mitleidenschaft haetten gezogen werden koennen, bei den brasilianischen Landesbehoerden als Spion denunziert, womit man sich seiner schnell entledigt hatte; der Mann wurde verhaftet und damit zumindest bis Kriegsende ausgeschaltet. Es war fuer ihn bitter, bei dem Polizeiverhoer, das in aller Welt nicht gerade zu den herzlichen Freundschaftsbezeugungen gehoert, mehr oder minder hoehnisch belehrt zu werden, dass er sich wundern wuerde, wenn er wuesste, wer ihn denunziert habe.

Im Schatten dieser unerfreulichen Vorgaenge, die nur Nebenerscheinungen waren, ging das Wesentliche, der alliierte Lufttransport, eisern und ungestoert seinen Weg, wie es General Psychologus wuenschte.

13) Frontwechsel am Ende des Krieges.

Im Rahmen der kriegsentscheidenden Dinge und Vorgaenge ist eine Betrachtung des Endes des Krieges und seine Gestaltung unumgaenglich.

Schon Anfang 1944 begann unter den West-Alliierten bezueglich der Sowjetunion und ihrer Plaene ein erheblicher Zweifel aufzutauchen, der jedem richtig Ueberlegenden kommen muesste.

Eine derartige Entwicklung blieb natuerlich den Deutschen, die immer nach ihr Ausschau hielten und ihre etwaige Entwicklung foerderten, nicht verborgen. Es gehoerte also von deutscher Seite keine grosse Weitsichtigkeit dazu, eine solche Moeglichkeit, naem ich den Zweifel in einen wirklichen Bruch zwischen den Feindstaaten sich auswachsen zu lassen, zu nutzen und bei seiner Ausreifung nachzuhelfen.

Damit waere in entscheidender Stunde eine vollkommen neue, fuer Deutschland aeusserst guenstige Konstellation zustande gekommen. Es war ja schon immer der Wunsch Hitlers gewesen, zumindest mit England ein freundschaftliches Verhaeltnis zu haben; zumindest mit England und den anderen europaeischen Maechten eine grosse Abwehrfront gegen den Bolschewismus zu bilden, (wie sie heute in der Welt zumindest dem Wort nach nunmehr besteht).

Damals war es nur eine Frage des „Wann". Es waere also von deutscher Seite durchaus nicht falsch gewesen, nach dem Zusammenbruch seiner grossen West- und Ostfronten eine Art Zitadelle zu beziehen, die in der sogenannten Alpen-Festung verwirklicht werden sollte.

Noch bestanden auf deutscher Seite grosse, einigermassen intakte militaerische Verbaende, die die militaerische Aufgabe zumindest eine gute Zeit lang haetten erfuellen koennen, die mit der Belagerung dieser Zitadelle auf sie zugekommen waere. In dieser Alpenfestung haette man die bedingungslose Kapitulation zumindest sehr verzoegern koennen, um auf dem politischen Sektor wieder aktiv zu werden und die sich abzeichnende Trennung der Alliierten abzuwarten. Natuerlich gab es sowohl bei den Amerikanern, wie bei den Englaendern mindestens zwei Richtungen: die den krassen Roosevelt-Kurs bejaten, und die ihn ablehnten. Zu den letzten gehoerten die Soldaten, die die Schwere des letztenendes unnuetzen Kampfs zu tragen hatten.

Schon Anfang 1944 spuerte die amerikanische Regierung bei ihrem englischen Bundesgenossen Zweifel. Es waere ja auch nicht das erste mal gewesen, dass der Englaender seinen — allerdings bis dahin immer schwaecheren — Mitstreiter im Stich gelassen haette, siehe Polen, Frankreich, usw.

Der „Fall Schoerner", veroeffentlicht durch seinen Verteidiger Aschenauer, gibt uns ausfuehrliche, sehr interessante und wesentliche Berichte ueber die Tatsache, dass in den letzten Kriegsmonaten, also vor Kriegsende **englische Offiziere bei Schoerners Heeresgruppe** an der Ostfront erschienen.

Es werden unter meinen brasilianischen Freunden sicher einige sein, denen bekannt ist, wie geradezu herzlich die Uebergabe der deutschen Division an der Italienfront bei Ende der dortigen Kampfhandlungen war, wo gerade das brasilianische Expeditionsheer stand. Zwei oder drei Tage war Alles ganz friedlich und harmonisch, bis ueberraschenderweise dann alliierte Offiziere auftauchten, die dieser Verbruederung ein Ende machten.

In Potsdam reklamierte Stalin — mit Recht — bei dem englischen Premier, dass in Norwegen ueber 400 000 deutsche Soldaten noch im August 1945, also immerhin mehr als drei Monate nach dem Waffenstillstand von Anfang Mai, unter Waffen gehalten wuerden. Dieser Umstand wurde durch einen Bericht bestaetigt ueber den Admiral Krancke, der noch im April 1945 Oberbefehlshaber des Marine-Oberkommandos Norwegen wurde, und „dieses Amt bis August 1945 versah." (siehe Ausgabe der DNZ, Nr. 10 vom 19. 4. 63, Seite 9).

Zweifellos gab es unter den westlichen Alliierten — in England durch Churchill selber vertreten — eine Stroemung, die einem Frontwechsel sympatisch gewesen war und ihn angestrebt hatte.

Sobald der General Psychologus davon Wind bekommen hatte, lief er Sturm gegen eine derartige Entwicklung. Das waere ja noch schoener gewesen, ganz am Ende des grossen Ringens ihm die Fruechte seiner Arbeit aus der Hand zu winden!

Wir wissen heute, dass Stalin in hoechster Aufregung denn auch war. Mit viel List und Tuecke gelang es dem erfahreneren General Psychologus, wieder Herr der Lage zu werden und sie in seinem Sinne wieder zu festigen, nicht ohne seine intimen Helfer in den deutschen Reihen.

Auch das ist ein lohnendes Studienthema: Wie weit ging eine solche Hilfe von Deutschen, diese immerhin recht moegliche, weltgeschichtliche Wendung hintertrieben zu haben?

Es ist zumindest sehr verdaechtig, wie bis heute ueber diese Dinge geschwiegen wird; wie das Problem der Alpenfestung verniedlicht und geradezu laecherlich gemacht wird; wie der fuer die Fuehrung dieser Alpenfestung vorgesehene Feldmarschall Schoerner diffamiert wird bis in die heutige Zeit.

14) Die Fehl-Ruestung

In der Reihe der kriegsentscheidenden Dinge kommt jetzt eine weder geografisch noch politisch bedingte Frage zur Diskussion: die Fehlruestung.

Wir wollen diese Frage nun um Gottes Willen nicht verallgemeinern. Selbst die Nachkriegsaeusserungen fuehrender alliierter Militaers bestaetigen immer wieder, wie ideenreich, fortgeschritten, wirksam und oft ueberlegen die deutsche technische Ruestung war.

Und dennoch hatte General Psychologus seinen Einfluss auch hier geltend gemacht. Lassen Sie mich zunaechst einige Beispiele anfuehren, die in einem ganz kleinen Abschnitt einen eigenen Einblick in die Dinge gestatteten, wovon der eine Vorgang sich in Brasilien abgespielt hatte:

a) Vor dem Kriege wurde dem hiesigen Kriegsministerium ein sechsrad-angetriebenes Fahrzeug vorgefuehrt. Seine offizielle Bezeichnung im deutschen Heereswaffenamt, das die technische Entwicklung dieses Typs vorangetrieben hatte, war „G 2"; ein gelaendegaengiger mittelschwerer Lastwagen, der auch als Artillerieschlepper dienen konnte; wenigstens wurde er als solcher in Rio und Umgebung vorgefuehrt.

Das brasilianische Heer hatte in seiner oeffentlichen Ausschreibung technisch sehr strenge Bedingungen an die vorzufuehrenden Fahrzeuge gestellt.

Eine dieser Forderungen war das Manoevrieren des Fahrzeuges mit seinem 5 to. schweren einachsigen Anhaenger im losen Kuestensand (von Recreio dos Bandeirantes). Bei diesen Probefahrten in lockerem Sande buddelte sich das Fahrzeug vollkommen ein und fuhr sich fest.

Da das Fahrzeug bis dahin bei den vorausgegangenen Vorfuehrungen anderer Art das volle Interesse der brasilianischen Offiziere gefunden hatte, raeumte man eine Wiederholung der missglueckten Pruefung ein, sofern eine schnell durchzufuehrende technische Aenderung eine bessere Leistung erringen wuerde. Die Vertreter strengten ihren Verstandskasten an und fanden den Ausweg: Es wurden dem Fahrzeug uebergrosse Ballonreifen gegeben, die die Bodenauflageflaeche erheblich erhoehten und damit die Einbuddelungsgefahr restlos ueberwanden. Ueberglueclich ging man wieder in die Pruefung beim brasilianischen Heer und wurde dann auch jener Punkt zur vollen Zufriedenheit erfuellt.

Diese kostspieligen Umaenderungsarbeiten, die Beschaffung der uebergrossen, damals seltenen Reifen, wovon immerhin sechs benoetigt wurden, hatten bei der Fabrik in Deutschland grossen Staub aufgewirbelt. Es war viel Geld ausgegeben, wofuer infolge der Eile des Falles nachtraeglich die Genehmigung besorgt werden musste. Es entstand also eine grosse Diskussion, die dann auch ihre normale Erledigung fand. Es soll damit nur gesagt werden, dass die Angelegenheit gross und breit mit den technischen Stellen diskutiert wurde. Schliesslich wurden von der Werksleitung solche uebergrossen Reifen als „Wuesten-Ausfuehrung" serienmaessig an alle tropischen Laender angeboten und geliefert.

Wie war es nun moeglich, dass diese „Wuesten-Ausfuehrung" bei den Wehrmachts-Fahrzeugen nicht zur Anwendung kam?

Jahre spaeter heulten wir vor Wut, als wir englische Filme in Rio sahen, in denen hunderte von im Wuestensand eingebuddelte, verlassene Fahrzeuge gezeigt wurden, die in Feindeshand gefalen waren; nicht wegen Benzinmangels, sondern nur durch das Festfahren im schwierigen Wuestensand. Da die damaligen Vorfuehrungen auch gefilmt und fotografiert worden waren, hatte man ein Auge fuer solche typischen Einzelheiten in den Bildern. Ausserdem betonten die Englaender, dass sie die Fahrzeuge sofort wieder flott gemacht haetten; sie waren also nicht durch Waffeneinwirkung unbenutzbar geworden, sondern nur im Sande festgefahren.

Es ist undenkbar, dass eine solche technische Verbesserung, wie die Wuestenausfuehrung, dem Heereswaffenamt verborgen geblieben waere. Ein weiterer Kommentar ist wohl ueberfluessig.

b) Ein aehnlicher Fall ereignete sich in einer anderen deutschen Fahrzeugfabrik. Dort wurden Lastwagen und Omnibusse entwickelt speziell fuer Strassen- und Schienenbetrieb in Mandschukuo, dessen innere Provinzen sowohl grosse Hitze, als auch unerhoerte Kaeltegrade haben. Die Fahrzeuge wurden auf diese Sonderverhaeltnisse eingerichtet, z. B. mit geheiztem Betriebsstofftank, kaelte-isolierten Brennstoffleitungen etc. Also Alles, um der fuer europaeische Verhaeltnisse aussergewoehnlichen Kaelte widerstehen zu koennen.

Wie war es dann Jahre spaeter moeglich, dass im russischen Feldzuge im Winter die Fahrzeuge zu riesigen Mengen „festgefroren" waren? Die Maschinen drehten nicht mehr. Ich will dabei garnicht von den Lokomotiven der Eisenbahn sprechen, die auch schon frueher in kalte Gegenden geliefert wurden; die sibirische Kaelte war ja in Deutschland geradezu sprichwoertlich.

Gewiss war im ersten russischen Feldzugjahre der Winter besonders streng. Die erreichten Kaeltegrade waren aber kein neues Phaenomen und koennen deshalb auch nie als berechtigte Begruendung fuer das technische Versagen in solch grossem entscheidenden Ausmasse gelten.

c) Es gab in Deutschland ein zweimotoriges, vierradangetriebenes und auf Wunsch vierradgelenktes viersitziges Personenauto. Heute sagt man Jeep dazu. Jedermann weiss, dass die allradangetriebenen Fahrzeuge, wie auch der amerikanische Jeep besonders gelaendegaengig sind, insbesondere in losem Untergrund, also sowohl bei Schlamm, wie auch bei Sand.

Dieses Fahrzeug wurde hier in Brasilien auch vorgefuehrt und hat dabei den spaeter auftauchenden amerikanischen Jeep leistungsmaessig restlos geschlagen.

Die Motoren des Autos waren Zweitakter, also viel einfacher und billiger als die normalen Otto- oder gar Diesel-Motoren.

Die Sicherheit gegen einen etwaigen Ausfall der Motorkraft war eine aussergewoehnliche; die Motorkraft war zweigeteilt, jeder Motor konnte im Notfall unabhaengig vom anderen funktionieren. Der Vierradantrieb und die Vierradlenkung machten das Fahrzeug besonders gelaendegaengig und haftungssicher am Boden; ein Durchdrehen oder Eingraben wurde weitgehendst vermieden.

Das Fahrzeug hatte noch weitere grosse Vorteile, die die unbefangenen Offiziere des brasilianischen Heeres bewegten, dieses Fahrzeug als das einzigste fuer die brasilianischen Truppen zu erklaeren und entsprechend anzukaufen; die Herren hatten ja die freie Wahl und wollten das Fahrzeug erwerben, das fuer die brasilianischen Verhaeltnisse am besten geeignet erschien.

Niemand kann nun argumentieren, dass die schwierigen Gelaendeverhaeltnisse in Brasilien nicht dieselben sind, wie in Afrika, Russland oder am Balkan. Es kommt hinzu, dass jenes deutsche Fahrzeug bereits 1937 ueber die — nicht zugefrorene, sondern — stroemungsreiche Elbe fuhr, also schon ein Amphibienauto war.

Mir war der Konstrukteur und technische Leiter jenes Herstellerwerkes gut befreundet und ich kannte seinen Kummer, dass seine schoene, einfache und damit gerade fuer militaerische Zwecke aeusserst geeignete Konstruktion ohne ernstzunehmende Argumente, sagen wir ruhig vollkommen sinnlos, abgelehnt wurde und nur in kleinen Mengen fuer irgendwelche Motorschulen geliefert wurde.

Es komme keiner nun zu sagen, dass der dann in der Wehrmacht eingefuehrte VW-Kuebelsitzer nicht auch ein sehr gutes, treues Fahrzeug gewesen sei. Das will ich gelten lassen. Aber die vielen schweren Horch-, Mercedes-, Wanderer- und Stoewer-Wagen, die es damals gab? Sie waren doppelt so schwer, als jener Jeep aus Harburg. Man haette also materialmaessig aus einem schweren zwei leichte machen koennen, die auch viel weniger Kraftstoff verbraucht, viel beweglicher, schneller und leichter gewesen waeren, also im Falle des Festfahrens in schwierigem Gelaende leicht heraushebbar im wahrsten Sinne des Wortes waren, was von den anderen schweren, badewannenartigen Fahrzeugen kaum gesagt werden kann.

Warum hatte man nicht die exporterfahrene, prachtvolle, leistungsfaehige, bereits bewaehrte, in jeder Beziehung den althergebrachten Markenfahrzeugen technisch ueberlegene Konstruktion nicht irgendwie verwendet, oder mit den praechtigen VW-Motoren kombiniert?

Eine solche Anregung wurde damals mehrfach gegeben, aber man rannte damit gegen verschlossene Tueren oder fand taube Ohren vor; man laechelte nur milde. Damals legten wir jenes Grinsen als arrogante Ueberheblichkeit aus. Heute wissen wir, dass hinter dem widerlichen Laecheln eine gute Portion Niedertraechtigkeit und boeser Wille verborgen gehalten wurde. Man wollte doch den Krieg nicht gewinnen, man stand seit langem in echtem Widerstand, — auch der **Chef** des deutschen Ruestungsamtes.

Diese drei persoenlich erlebten, im Rahmen des Ganzen kleinen Beispiele, gaben schon lange die Gewissheit, dass in jenem Ruestungsamte nicht der Wind wehte, der fuer eine erfolgreiche Kriegsfuehrung bezw. Kriegsruestung notwendig gewesen waere.

Wie oft habe ich schon Bekannte getroffen, die aus ihren — „benachbarten" — technischen Bereichen Aehnliches berichteten.

Niemand von uns war damals auf den Gedanken gekommen, dass hinter diesen Fehlleistungen System liegen koennte, dass es einen Deutschen geben koennte, der bei solchen schmutzigen Vorgaengen mitspielen wuerde. Wir denken dabei an den verzoegerten Einsatz der ferngesteuerten Bomben (die „Tonne" u. a.), des Volks-Jaegers, der V1, V2 u.s.w.

In diesem Sinne berichtet auch der General Steiner von absolut unnoetigen Auseinandersetzungen zwischen dem Heereswaffenamt und dem Technischen Amt der Waffen-SS, das an seiner Spitze einen schon im Ersten Weltkriege bewaehrten und erfolgreichen Techniker hatte. Mit seinen neuen Gedankengaengen stellte er z. B. die ganze Artillerie-Aufklaerung auf eine neue, erfolgreiche, wissenschaftliche Grundlage, indem er schnelle bewegliche Artilleriebeobachtungsorgane schuf. Auch entwickelte er ein modernes Maschinengewehr und ein besonders leistungsfaehiges Sturmgewehr; die Panzerfaust war seine Entwicklung, wie er auch auf eine ferngesteuerte Raketenpanzerfaust zuging, auf Nachtziel-Ausruestungen usw. Heute gibt es in Ost und West keinen Panzer, der sie nicht besitzt. Immer wieder war es das Heereswaffenamt, das bremsend oder sogar zerstoerend eingriff. Steiner stellt diese Vorgaenge als Kompetenzstreitigkeiten und Buerokratie hin.

Leider hat es bei allen Waffengattungen derartige traurige Beispiele der Fehl-Ruestung gegeben, die aufzuzaehlen viel zu weit fuehren wuerde.

Auch diese Angelegenheit verdient unter die forschende Lupe der Geschichtswissenschaft genommen zu werden, auf dass kommende Geschlechter wissen, was los war, und auf dass sich solche Dinge nicht wiederholen!

Es liegt klar auf der Hand, dass all diese Fehlruestung nicht aus Dummheit oder aus Einfalt sich ereignete, sondern gesteuert wurde von Leuten, die letztenendes dem General Psychologus unterstanden.

Darueber braucht man sich nicht sehr zu wundern, denn der dem Wehrwirtschaftlichen und Ruestungs-Amt vorstehende General Thomas stand seit Jahren in echter Opposition gegen seine eigene Regierung und seinen obersten Kriegsherrn, wie wir bei Rotfels, dem Chefhistoriker des deutschen Widerstandes ganz klar nachlesen koennen. Dort wird es ganz klar ausgedruckt und damit auch garnicht bestritten. Man empfindet auch nicht rueckschauend den Frevel, der in diesen Vorgaengen lag; schaemt sich auch nicht, heutzutage ihn zu rechtfertigen. Man kann es dem Herrn Rotfels, der volksmaessig kein Deutscher ist, sondern in dieser Hinsicht einer der Hauptfeindmaechte angehoerte, auch garnicht veruebeln, wenn er auch heute noch zu den Kreisen, denen der General Psychologus und seine Auftraggeber angehoeren, steht.

Die Deutschen sollten sich jedoch restlos klar darueber sein, dass von einem solchen Nichtdeutschen Nichts Gutes fuer die Deutsche Sache kommen kann, auch wenn er uns ab und zu fuer uns nuetzliche Bestaetigungen, wie im obigen Falle, gibt.

15) Ausgangs-Stellungen des Zweiten Weltkrieges.

Meine lieben Freunde, in den vorausgegangenen Kapiteln ueber die verschiedenen kriegsentscheidenden Probleme und Ereignisse wurde auf konkrete Fragen eingegangen. Wir haben gesehen, immer hatte der General Psychologus an den entscheidenden Stellen seinen Einfluss geltend machen koennen, und hat das auch immer weitgehendst getan!

In der folgerichtigen, nach seinen Interessen ausgerichteten Abwicklung der kriegerischen Ereignisse war er fuehrend.

In diesem Sinne beeinflusste er schon die Ausgangsstellung in den Jahren vor dem Kriege in einer Weise, die den meisten Mitmenschen unbekannt blieb.

Um aber die Zusammenhaenge der europaeischen Ereignisse vollauf zu erkennen und zu verstehen, muss man immer tiefer schuerfen und den Dingen konsequent und nuechtern nachgehen. In diesem Sinne stellen wir fest:

Der Zweite Weltkrieg ist kein unabhaengiges, in sich selbst abgeschlossenen Ereignis gewesen, sondern „nur" eine zweite Etappe in einer riesigen epochalen Auseinandersetzung mit bezw. gegen die Macht der Mitte Europas.

Diese Epoche beginnt in den letzten Jahren des vergangenen Jahrhunderts.

Es wird von Manchen auch die Ansicht vertreten, dass man bei solchen Betrachtungen von der Zerstoerung Jerusalems durch die Roemer um das Jahr 70 nach der christlichen Zeitrechnung ausgehen muss und man dann eine grosse Linie erkennen kann, die ueber das Heilige Roemische Reich Deutscher Nation bis in die Jetztzeit sich hinzieht. Lassen wir das hier aber einmal beiseite.

Schon die Zeit vor dem Ersten Weltkriege war voller politischer Spannungen. Dann kam der Krieg, die erste Etappe der grossen Auseinandersetzung. Kaiser wurden gegen Koenige und Zaren, die untereinander verwandt waren, gefuehrt, wie auch ein Teil der kaempfenden Voelker stammesverwandt waren. Dazu kommt, dass die damalige Zeit den Beginn einer bluehenden technischen Entwicklung erlebte. Allgemeine Prosperitaet herrschte; also doch eigentlich kein Grund, um sich gegenseitig die Koepfe einzuschlagen, oder gar einen Kampf auf Leben und Tod zu fuehren. Und dennoch war der Krieg schlimm und grausam. Dem Kriege folgte der sogenannte Friedensvertrag von Versailles mit seinen Nebenvertraegen Trianon etc., die auch offiziell Friedensvertraege genannt wurden.

Was geschah in Wirklichkeit?

Die Mittelmaechte wurden zerschlagen und getrennt; von Deutschland auf allen Seiten seiner Grenzen wichtige Gebiete abgetrennt und damit Millionen von Deutschen aus ihrem eigentlichen Volkskoerper, der nun einmal so gross war, herausgetrennt und wesensfremden Nachbarstaaten unterstellt.

In kleinem Masse geschah dasselbe mit den kleineren Voelkern des Ostens und des Balkans.

Auf politischem Gebiet wurden die Monarchen vertrieben und sozialistische Revolutionen gestartet, was am wenigsten fuer Deutschland noetig war, da dieses schon vor dem Ersten Weltkriege eine Sozialordnung sein Eigen nennen konnte, die viele Staaten bis heute noch nicht erreicht haben.

Es folgten die „goldenen" Nachkriegsjahre mit ihren dauernden inneren Unruhen, Wirtschaftskrisen und den entsprechenden Reaktionen, ueber 100 000 deutschen Selbstmorden usw.

Dann kam der Zweite Weltkrieg. Einen deutschen Kaiser gab es nicht mehr, den man, wie nach dem Ersten Weltkriege, fuer all das Elend verantwortlich haette machen koennen.

Der Fuehrer der deutschen Nation im Zweiten Weltkriege war ein ehemaliger Gefreiter, im Zivilberuf einmal Malergehilfe gewesen, also gaenzlich unkaiserlich.

Auf sozialem Gebiet gab es auch nichts zu reklamieren, die deutsche Arbeiterschaft stand geschlossen hinter diesem Malergehilfen, der zweifellos ein Mann aus dem Volke, ein Mann von ihnen, gewesen war. Im Gegenteil, man befuerchtete ein Uebergreifen der beispielhaften deutschen Sozialgesetzgebung auf die umliegenden Feindstaaten.

Also musste irgend etwas Anderes erfunden werden! Also her mit der psychologischen Kriegsfuehrung, die in erster Linie mit der politischen Luege und Hetze und infamen Verleumdung und Falsch- und Fehlmeldungen ihr Ziel anzustreben versucht! Wir wollen es nicht Kampf nennen, denn die Art dieses Handelns, dieser schwarzen Propaganda ist dieses Ausdruckes nicht wuerdig. Wieder wurden Bruedervoelker aufeinander gehetzt. Schwerwiegende Existenzfragen der am Kriege beteiligten Voelker lagen wieder nicht vor. Dennoch gelang es, die zweite Etappe zu starten.

Die Furchtbarkeit des Krieges wurde in bis dahin undenkbare Formen gesteigert, nicht zuletzt durch die gemeinen Gift-Versprizer eines Ehrenburg oder Sefton Delmer.

Ueber 50 Millionen Menschen wurden in diesem Zweiten Ringen geopfert.

Wieder erfolgte die Abtrennung wichtigster Gebiete von Deutschland. Wieder kamen Millionen von Deutschen unter Fremdherrschaft, viele Millionen von Deutschen mussten Haus und Hof fluchtartig verlassen. Das Restreich wurde in vier Besatzungszonen aufgeteilt; so, wie es vor dem Kriege ganz offen als Kriegsziel verkuendet bezw. angekuendigt worden war. Eine solche Vier- oder Drei- oder nur Zwei-Teilung wurde aber nicht nur gegen Deutschland in Anwendung gebracht; wir finden diese neue politische Form in aller Welt. Heute gibt es ein Nord- und ein Sued-Koreia; zwei Staaten Vietnam, ein rotes und ein nationales China, zwei Indien, Ost- und Westdeutschland mit einem gevierteilten Berlin, mit Zonengrenze ueber hunderte von Kilometern mit Todeszonen und der Schandmauer mitten durch Berlin.

Eine Zweiteilung Irlands gibt es schon lange.

Es gibt eine Vielzahl von arabischen Staaten, mit der Stadt Jerusalem, die auch ihre verschiedenen Sektoren hat.

Dem zweiten Weltkriege folgte bisher kein offizieller Friedensvertrag, trotzdem doch schon viele Jahre seit dem Waffenstillstand vergangen sind. Man will also keinen Frieden! Es muss Alles in Aufregung und Unruhe gehalten werden, und wenn der Mond und die Marsbewohner dazu herhalten muessen. Nichts darf sich im Guten stabilisieren, der schreckliche „status quo" muss mit allen Mitteln erhalten werden.

Vergessen wir nicht, dass Stalin kurz vor dem Ende des Zweiten Weltkrieges zu seinem frueheren Freunde und Anhaenger Djilas in gemuetlicher Runde vor seinem Landhause haendereibend und in Boxerhaltung rief:

„Auf, auf, zur dritten Runde"!

Er, Stalin, wollte schon die zweite Etappe, er war es wohl, der sie am sehnlichsten herbeiwuenschte im Rahmen seiner Weltplaene, die er zunaechst im ideologischen Kampfe vorangetragen hatte. Dieser war relativ unblutig, sofern man von den vielen Strassenkaempfen absieht. Da diese vom Kommunismus eingefuehrte Kampfesart nach anfaenglichen Erfolgen dennoch nicht zu dem Kampfziel, der Machtergreifung, fuehrte, vielmehr sich eine gesunde Reaktion gebildet hatte, die in verschiedenen mitteleuropaeischen Staaten den Kommunismus abgewehrt hatte, musste eben auf das alte Kampfmittel, den Krieg, bezw. die Kriege zurueckgegriffen werden. So lehnen denn auch die kommunistischen Theoretiker den Krieg als solchen nicht ab, halten ihn vielmehr fuer noetig, wenn es um ihre Ideale geht, die mit dem militaerischen Kampf dann durchgedrueckt werden muessen, wo es mit der Ideologie nicht funktionierte.

Fuer diesen militaerischen Endkampf war es nur gut, wenn die zu erwartenden Gegner so weit wie moeglich durch vorausgegangene Einzelkriege geschwaecht sein wuerden.

So ging der sowjetische Chef den Pakt von 1939 mit Hitler ein, damit dieser — zunaechst — den Ruecken frei habe, also nicht einem gefuerchteten Zweifrontenkrieg ausgesetzt sei und somit dann mehr Mut habe, sich mit den Westmaechten mehr oder minder scharf auseinanderzusetzen, eine Entwicklung, die Stalin ungemein wichtig war, wuerden doch durch irgendwelche kriegerische Ereignisse seine zukuenftigen Opfer so weit wie moeglich geschwaecht, um dann um so leichteres Spiel in s e i n e r Endschlacht zu haben, wofuer er sich schon mit seinem ersten Vierjahresplane in den „goldenen" zwanziger Jahren vorbereitet hatte; wozu sonst seine derartigen militaerischen Vorbereitungen?

Ihm, Stalin, war es mehr als angenehm, wenn der erste Schuss zu s e i n e m geplanten Unternehmen gegen Mitteleuropa nicht von ihm gegeben werden musste, um sein scheinheiliges Gesicht des „Friedenskaempfers" zu wahren.

Dass Stalin diese militaerische Entscheidung gegen seinen westlichen Nachbarn Deutschland unbedingt herbeifuehren wollte, erkannte man bei Beginn des Russlandfeldzuges. Starke Angriffsverbaende in entsprechender strategischer Aufmarschstellung wurden in der Tat bei ihren Vorbereitungen ueberrascht; sie konnten sofort angegriffen und weitgehendst zerstoert werden.

Es bestand — bei der obersten deutschen Fuehrung — damals die Ansicht, dass, haetten die Deutschen die sowjetischen Vorbereitungen sich ausreifen lassen, der Abwehrkampf ungleich schwerer und sicher noch aussichtsloser geworden waere; wohl waeren die Russen noch nicht im Jahre 1941 zum Angriff uebergegangen, jedoch waere dieses bestimmt etwas spaeter, also in den Jahren 1942 oder 43 geschehen, wie es die den frueheren deutschen Radio-Kommentator Fritsche verhoerenden Offiziere der Roten Armee auf dessen ploetzliche Rueckfrage ganz freimuetig versichert haben.

Das ganze Geschehen richtete sich — mehr oder minder merkbar — nur nach den sowjetischen Plaenen aus. Beachten wir deshalb auch die Schlussworte, die Stalin damals (1945) in Potsdam, der symbolhaften Stadt des besiegten Deutschlands, aussprach, als der damalige USA-Praesident der Hoffnung Ausdruck gab, man moege sich in wenigen Jahren in Washington wiedersehen, sie lauteten:

„Jawohl, so Gott will!"

Diese ironischen Worte werden Stalin urploetzlich entschluepft sein in seiner Begeisterung ueber die soeben erst erfolgreich abgeschlossene zweite Etappe und ueber die damit gegebene Voraussetzung fuer weiteres Vorgehen im Rahmen der weltrevolutionistischen Sowjetplaene.

Bis Washington, soweit wollte Stalin doch gleich **nicht** gehen...

Wer die Protokolle von Potsdam studiert — absolut keine deutsche Propagandaarbeit, sondern nur reine interalliierte Berichterstattung ueber die Vorgaenge und die schliesslichen Abmachungen waehrend jener Zusammenkunft der Siegermaechte — wird erkennen, dass

wiederum kein Friede,

noch weniger ein gerechter,

angestrebt wurde!! Alles, was seit Anfang dieses Jahrhunderts politisch geschah, waren keine definitiven, wirklichen Loesungen. Und so soll es anscheinend weiter gehen; nichts darf geschehen, was naturgemaess richtig und damit eine gerechte Loesung sein wuerde, um einen wirklichen Frieden zu garantieren.

Ist es denn nicht laengst an der Zeit, dass die betroffenen Voelker das endlich erkennen, endlich sehen, worum es wirklich geht?

Wenn man von einem Dritten Weltkrieg redet, sollte man sich die oben genannten Argumente vor Augen halten.

16) **Die europaeische Neuordnung.**

In den Jahren nach dem Ersten Weltkriege, also waehrend der von einer kleinen Interessengruppe sogenannten „goldenen" zwanziger Jahre von 1920 bis 1930, oder sagen wir auch bis 1935, entwickelte sich in der immer noch entscheidenden „Alten Welt" — heute geografisch richtiger mit Westeuropa bezeichnet — eine neue Welt- und Lebens-Anschauung.

Das Gefuege der europaeischen Ordnung war seit der Jahrhundertwende, insbesondere durch den langen Ersten

Weltkrieg und die sich diesem anschliessende Zeit sehr erschuettert worden. In fast allen Laendern suchte man nach neuen Formen.

Leider war man sich dabei nicht bewusst, dass es bestimmten Kreisen in Wahrheit garnicht um, neue bessere Lebensformen und Idealismen ging, dass diesen vielmehr nur Vorschub geleistet wurde, um die Vorbereitungen fuer ganz klare, reine Macht-Plaene so lange wie moeglich zu verschleiern und damit irgendeiner natuerlichen Gegenbewegung der Betroffenen so lange wie moeglich aus dem Wege zu gehen.

Es gab eben Politiker, die sich mit Sozialismus abgaben, um ihren politischen — oft sogar reichlich unsozialen — Plaenen und Zielen damit zu dienen; wie es dann aber auch Maenner gab, die die Politik einsetzten, um der wahren sozialen Gerechtigkeit willen.

Wie weit man das heute erkennt, bleibt zumindest noch abzuwarten. Sie, meine lieben Freunde, sollten sich darueber Ihre Gedanken machen.

Es ist das Schicksal Europas, dass die sich im Laufe von Gegenbewegungen gegen jene Machtplaene nicht-europaeischer Drahtzieher anbahnende Neuordnung von aussen gestoert bezw. beeinflusst wurde, und zwar sowohl von Seiten des uebertriebenen, ueberlebten Kapitalismusses, wie er von London und der Walstreet verkoerpert wurde, wie auch durch den nach Westen vordraengenden bolschewistischen Imperialismus aus Russland.

Wir muessen uns ganz klar darueber sein, dass der an sich schon alte, aber von der Sowjetunion schon durch deren ersten Vierjahresplan wieder akut gemachte Drang des Ostens gegen den Westen das „Primaere" in der damaligen Zeit war, und logischerweise eine diesen Drang abweisende Gegen-Bewegung auf den Plan rufen musste.

Da der Osten nicht nur ideologisch mit seinen kommunistischen Parteien in allen anvisierten Laendern vorging, sondern sich anschickte, mit der Roten Armee eine gewaltige Streitmacht sich zu schaffen, um sie dort einzusetzen, wo der ideologische Kampf nicht zu dem gewuenschten Ziele der Machtergreifung gefuehrt hatte, musste auch die sich anbahnende europaeische Neuordnung nicht nur ideologisch sich entwickeln, sondern — leider — auch machtpolitisch sich gegen aeussere, gewaltsame Einflussnahme vom Osten her wappnen.

In einer Reihe von westeuropaeischen Laendern, wie Italien, Polen, Ungarn, Deutschland, Oesterreich, Spanien und Portugal kamen diese neuen Bewegungen zum Durchbruch und es dauerte dann auch nicht lange, dass diese westeuropaeischen Laender begannen, sich enger zusammenzuschliessen, zunaechst durch einen Antikominternpakt.

Auch der kurze Kampf Deutschlands gegen die europaeischen Westmaechte (1940) trug letztenendes die Orientierung, „so oder so" Europa gegen den Bolschewismus zusammenzufuehren.

Die logische Erweiterung dieser mitteleuropaeischen Machtkonstellation ging ueber Gibraltar und Malta nach Nordafrika mit seinem aufstrebenden Arabertum, und nach dem Nahen Osten mit seinem Oelreichtum, um dann auch den ganzen afrikanischen Kontinent als bestes und nahstes Ergaenzungsland mit Europa zu verbinden, den Europaeern die dortigen Besitztuemer zu erhalten und auszubauen.

Nur wenige Jahre waeren noch noetig gewesen, um diese gesunde, naturgebundene Entwicklung ausreifen zu lassen.

Eine solche Entwicklung hatte natuerlich auch ihre Feinde, vor allen Dingen jene Gruppen, die an der bisherigen Lage ihren Vorteil hatten und ihn nicht gern aufgeben wuerden. „Es ist nicht englische Art, Erworbenes zu verschenken!" so sagte einst ein englischer Ministerpraesident.

Es gab aber auch eine Gruppe, die anstelle der Mitteleuropaer die afrikanischen Besitztuemer einverleiben wollten, wie es die heutigen Verhaeltnisse in Afrika denn auch klar zeigen.

Verstaendlicherweise war auch der nach Westeuropa vordraengende Osten an einer Mittel-Europa staerkenden Entwicklung keinesfalls interessiert, auch wenn sie noch so logisch, naturgebunden und sonstwie folgerichtig und damit rechtens war, und auch niemandes wirkliche Lebensrechte geschmaelert haette.

Also einigten sich Far-West und Ost gegen Zentral-Europa!

Man werde sich darueber einmal ganz klar: Far-West, (also Amerika) und Ost (Russland) ziehen gemeinsam gegen Zentraleuropa, wobei dieses Zentraleuropa weder von Far-west noch von Ost Etwas wollte, es sei denn, dass sie Europa zufrieden lassen, sich nicht in seine internen Dinge einmischen und einigermassen ehrlich und ohne Hintergedanken mit ihm zusammenarbeiten; leider bis heute ein utopischer Wunsch, auch wenn er noch so vernuenftig, unkriegerisch und nicht-aggressiv ist.

Also, man war sich einig, gegen Zentraleuropa vorzugehen, und tat es auch. Ideologisch hatte man vor dem Kriege in diesem Mitteleuropa den Kuerzeren gezogen. Sowohl der uebertriebene unzeitgemaesse Kapitalismus, wie auch die russische Form des Sozialismus waren nicht brutal niedergekaempft, sondern durch bessere fortgeschrittenere Ideen und Formen ueberwunden. Wenn „man" die alte Ordnung erhalten wollte, an der man so interessiert war, dann musste eben die Gewalt, der militaerische Kampf, der Krieg herhalten, um das zu erzwingen, was man wollte.

General Psychologus wurde fuer dieses Unternehmen herangeholt, der sich darauf einzustellen hatte, dass man mit den europaeischen Militaernationen nicht nur auf der herkoemmlichen Weise kaempfen duerfe, wenn man nach dem Verlust der ideologischen Auseinandersetzung nicht auch die letzte Chance, die Gewaltanwendung, nicht auch noch verspielen wollte; dann gaebe es kein Mittel mehr, um den „status Quo" zu erhalten; das wirtschaftliche und das finanzielle waren sowieso schon vergebens in der vergangenen Zeit in die Waagschale geworfen, um die Interessen der Geldmaechte zu retten. Dieses Europa war eine verdammt harte Nuss!

Die psychologische Planung gegen Mittel-Europa.

Also suchte man neue Wege und fand sie auch mit den psychologischen.

a) Zunaechst wurde man sich darueber klar, dass man es sich nicht leisten duerfe, jene gewaltige europaeische Neu-Ordnung sich ausreifen zu lassen.

Man tat Alles, um die als unumgaenglich und noetig erachtete und darum angestrebte und sich am politischen Horizonte schon abzeichnende neue Kriegs-Epoche weitgehendst zu foerdern und nach vorn zu bringen, u. zw. soweit wie moeglich vorzuverlegen.

Trotz allem politischen Getue und Geschrei wusste man nur zu gut, dass die Hauptmacht dieses Mitteleuropas, Deutschland, mit seiner Aufruestung noch sehr im Argen lag.

Wie der amerikanische Geschichtsprofessor Klein festgestellt hat, gab zu damaliger Zeit Deutschland nur einen Bruchteil seines Staatshaushaltes fuer Ruestungen aus, waehrend die umliegenden Staaten, insbesondere England und Russland, ein Vielfaches dafuer ausgesetzt hatten.

Hitlers damalige Hauptaufgabe war eine soziale; es ging ihm in erster Linie um die Wiederbeschaeftigung der Millionen von Arbeitslosen in Deutschland. Sein ganzes weitgespanntes Sozial-Programm konnte Alles, nur keinen Krieg vertragen.

Man schlug also zwei Fliegen mit einer Klappe, wenn man gegen das von ihm gefuehrte Deutschland gewaltsam vorging: Man diente den rein militaerischen Plaenen und ausserdem zerstoerte man diese unerwuenschten sozialen Plaene in jenem Zentraleuropa, womit auch ein Uebergreifen derselben auf die eigenen Laender verhindert werden sollte.

b) Es musste Alles getan werden, um von dem eigentlichen grossen Kampfe gegen den Bolschewismus irgendwie abzulenken. Man sah, die vorgesehenen „Opfer" der Bolschewisierung ruesteten sich zur Verteidigung.

Die Rote Armee musste also entsprechend ausgebaut werden, was bei dem neuen sowjetischen Wirtschaftssystem garnicht so leicht und vor allen Dingen gar nicht so schnell durchzufuehren war; es war erheblich schwaecher in der wirklichen Produktionsleistung und vor allen Dingen viel zu umstaendlich und damit zu langsam, insbesondere, wenn man Vergleiche mit dem sogenannten alten Wirtschaftssystem West-Europas zog, von den neuen modernen Wirtschaftssystemen garnicht zu reden.

Man setzte also wieder das alte Lenin-Rezept an, wonach sich die „Anderen" nur tuechtig zanken und schlagen sollten, auf dass der Kommunismus um so leichter in entscheidender Schlusstunde der Kaempfe der lachende Dritte werde. Man tat also Alles, um England oder Frankreich gegen Deutschland, oder Frankreich gegen Italien, oder Polen gegen die Tschechen, oder Italien gegen Oesterreich, oder Ungarn gegen Polen in gegenseitige Kriege zu bringen.

General Psychologus muss furchtbar gegrinst haben, als er die Kriegserklaerung des Deutschen Reiches gegen die USA vernommen hatte, wie er sicher auch sehr stolz gewesen sein muss, dass es ihm gelungen war, die ganze angelsaechsische Welt gegen das Grossdeutsche Reich in einen wuetenden, gegenseitigen, totalen Vernichtungskampf verwickelt zu haben.

Ihn schauderte es bei dem Gedanken, wie pleite er mit seinem ganzen psychologischen Unsinn sein wuerde, wenn die Angelsachsen und die Deutschen seinen psychologischen Schwindel durchschauen und in der Vertretung ihrer wirklichen, oft gemeinsamen oder gleich liegenden Interessen zueinander finden wuerden. **Dagegen war ihm jedes Mittel recht.**

c) Als der Zweite Weltkrieg wider alles Erwarten zunaechst in verschiedene Blitz-Kriege zerlegt worden war und Deutschland die damaligen Gegner nacheinander niederzwang; insbesondere Frankreich als bis dahin groesste Militaermacht innerhalb weniger Wochen ausgefallen war, musste General Psychologus Alles tun, um einen weiteren Blitz, der in einer erfolgreichen Invasion der englischen Insel gelegen haette, zu verhueten, denn dann waere eine Hilfeleistung durch Far-West schon viel schwieriger geworden.

Wie schon ausgefuehrt, genuegten zwei grobe Falschmeldungen, um Deutschland von den Invasionsplaenen gegen England wieder abzubringen.

Um auch fuer die Zukunft solche Unternehmen von deutscher Seite zu vermeiden, also insbesondere Luftlande-Unternehmen zu hintertreiben, bediente man sich des Kreta-Unternehmens, bei dem relativ hohe Verlustziffern gerade unter den deutschen Elitetruppen — nicht ohne verraeterische Mitarbeit deutscher Helfershelfer — erreicht wurden, womit der in dieser Beziehung ahnungslosen deutschen obersten Fuehrung der Appetit fuer derlei Unternehmen genommen wurde.

Das hinderte auf der anderen Seite die Alliierten nicht, derartige militaerische Neuigkeiten nicht nur zur Kenntnis zu nehmen, sondern sie nun ihrerseits auf- und auszubauen und zur Anwendung zu bringen, siehe dann die grossen Luftlandungen der Alliierten an der Invasionsfront der Normandie.

Meine lieben Freunde, hier koennen Sie wieder unseren General Psychologus erkennen: In wesentlichen Dingen, auch in militaerischen, versucht man, ein entscheidendes strategisches Mittel, wie eine Luftlandung, oder eine kombinierte Amphibien-Luft-Landung, dem Gegner irgendwie abspenstig zu machen, um sie dann aber fuer eigene Interessen um so besser auszubauen und anzuwenden! Hie der Plan einer Invasion gegen England und seine — voellig falsch plazierte — Vorausprobe Kreta; dort die verwirklichte und erfolgreiche Invasion an der Normandie, gegen den Kontinent, die es den USA ermoeglichte, in Europa militaerisch fusszufassen.

d) Nachdem es dem Russen klar war — nicht zuletzt durch Verrat auf deutscher Seite — dass ein deutscher Angriff erfolgen wuerde, wurde Alles unternommen, um fuer den Beginn eines solchen Russlandfeldzuges eine Verzoegerung zu erreichen.

Es wurde der Balkanfeldzug gestartet, der erfolgreich fuer die deutschen Waffen war, jedoch den Anfang der Feindseligkeiten gegen Russland um drei Monate verzoegerte; die Zeit, die genuegte, um den „General Winter" in Russlands riesigen Weiten wirksam werden zu lassen, wie wir es heute wissen.

General Psychologus war wirklich raffiniert: Er ueberlaesst dem Feinde den Ruhm des Erfolges einer militaerischen Handlung, sichert aber fuer sich die ihm wesentlicher erscheinende Auswirkung der Kriegshandlung; eine ausgesprochene Eulenspiegelei: Till lachte auch, wenn er mit Last schwitzend bergauf ging, weil er wusste, dass es auf der anderen Seite des Berges wieder leichter bergab gehen wuerde...

e) Thema Mittelmeer: Hier liegt wohl das beste Beispiel vor, wie weit das Spiel mit der Unterlassung wichtiger Unternehmungen und der Verniedlichung grosser Probleme, zwecks Ablenkung von ihnen, getrieben werden kann.

Jeder nuechterne Beobachter erkennt — und jeder Schueler in Deutschland lernte — die Bedeutung des Mittelmeers fuer Europa und die strategische Lage von Gibraltar, Malta und Suez, sowie die Bedeutung des Nahost Problems mit seinen Oellagern; man nannte es frueher Mesopotanien und man sprach von der Wichtigkeit der Bagdadbahn, die schon vor dem Ersten Weltkriege ihre Zusammenhaenge mit der Politik hatte.

Dazu trat das Problem der Araber, die eine Nation von 100 Millionen Untertanen darstellen.

All das wurde verniedlicht und "gaenzlich unbedeutend" gemacht, u. zw. nun nicht nur durch die Kreise, die bis dahin dort ihre grossen Interessen zu „schuetzen" hatten, sondern — leider — auch durch hohe Offiziere des militaerischen Beratungsstabes der deutschen Reichsregierung.

Trotzdem jene Offiziere diese Ansicht des von ihnen hochverehrten deutschen Generals Ludendorff kannten — oder vielleicht gerade darum — fuer den die europaeischen Entscheidungen auch schon in Nordafrika fallen wuerden, taten sie Alles, um an all diesen Binsenwahrheiten und einfachen Erkenntnissen vorbei zu gehen, als ob sie garnichts bedeuteten; man trug „hoeheres" strategisches Denken vor, worin man meinte, allein Fachmann zu sein.

Nur so konnte es geschehen, dass ein Ereignis, wie die Zerstoerung der italienischen Mittelmeerflotte in Tarent im November 1940, also bei Anfang des Krieges noch, ohne eine ernste Resonanz auf deutscher Seite blieb! Dabei waren die Umstaende in Tarent unerhoert: Den Englaendern war weder ein Wachboot, noch ein einziger Segler in der klaren Nacht begegnet und die hohen Kommandostellen der Italiener wussten vermeintlich von nichts. Ausserdem existierten unerklaerliche Luecken im Luftschutz der italienischen, dort in Tarent vor Anker, also bewegungslos, liegenden Schiffe, und diese Luecken waren den Alliierten genau bekannt, die sie dann auch restlos ausnutzten.

Nur so konnte es in gleichem Sinne geschehen, dass Gibraltar und Malta nicht fielen; dass der begonnene Kontakt mit den politisch erwachenden Arabern praktisch wieder verloren ging; dass ein Kreta-Unternehmen an voellig falschem Punkt gestartet wurde; dass der Nachschub auf der kurzen Seestrecke von Italien nach Nordafrika entscheidend ins Stocken kam, nachdem vorher grosse Truppenverbaende angelangt waren und nun gebieterisch ihren Unterhalt forderten; dass kein hoeherer deutscher Truppenfuehrer bei Beginn der Entscheidungsschlacht in El Alamein zugegen war, dass Rommel „zufaellig" in einem Sanatorium in Deutschland war, u. s. w.

Dass in diesen ganzen empoerenden Ereignissen System lag, erkennen wir heute auf jeden Fall; damals wurde es infolge seines aeusserst geschickten Vortrages von massgeblicher deutscher Seite leider nicht vollends erkannt.

Heute ist unter vielen militaerischen Sachverstaendigen des In- und Auslandes die Meinung vertreten, dass, wenn Deutschland nur einen Bruchteil seiner Schwerpunktbildung, wie es sie gegen den Kaukasus angewandt hatte, fuer ein Unternehmen in Richtung auf die nicht minder bedeutenden Oelquellen des nahen Ostens aufgewandt haette, fuer Deutschland mehr erreicht worden waere.

Wer das ganz genau erkannt hatte, war unser General Psychologus. Seine aeusserst geschickte Ablenkung seines deutschen Gegners von sehr gefuerchteten Plaenen gegen den Nahen Osten; das „Nicht-Vorbereitetsein" der obersten deutschen Truppenfuehrung vor El Alamein in entscheidender Stunde, das Ausbleiben jeder Vorwarnung bei der Zerstoerung der italienischen Flotte in Tarent — nur diese verraeterischen Ereignisse wollen wir hier anfuehren — erbrachten zu ihrem Teil eine fuer die Alliierten guenstige Entscheidung.

Diese, — fuer Deutschland tragischen — Mittelchen waren auch nach diesen — in diesem Umfange wohl unerwarteten — Erfolgen im Mittelmeer dazu ausersehen, auch an der Normandie-Front wiederholt zu werden, um zu einer auch dort guenstigen Entwicklung fuer die Alliierten entscheidend beizutragen. Auch dort ereignete sich dann keinerlei Vorwarnung; kein Kuestenwachboot sichtete das Herannahen der gewaltigen Invasionsflotte; kein Flieger war in der entscheidenden Nacht in der Luft ueber dem Kanal. Die obersten deutschen Truppenfuehrer waren weit hinter der Front zu einem strategischen Sandkasten-Uebungsspiel vereint, gerade in dieser Nacht, die in aller Welt offen angekuendigt war — wir erinnern uns noch gut der Propaganda: „X" und drei Tage, dann „X" plus zwei Tage, dann „X" plus ein Tag — und dann war der „X-Tag" wirklich da.

Nur die Deutschen wussten es nicht, um auf ihren Kommandostellen zu sein und sofort bei Invasionsbeginn einzugreifen. Auch Rommel war wieder nicht zur Stelle, er feierte den Geburtstag seiner Frau weit in Deutschland. Und Hitler als oberster Kriegsherr wurde nicht geweckt, als die Invasion im Morgengrauen losging.

Heute koennen wir nur sagen, dass die Fahrlaessigkeit auf deutscher Seite fast groteske Formen angenommen hatte. Das Ganze waren bei Licht besehen uebele Mittelchen, Maetzchen, mit denen General Psychologus die Entscheidung zu seinen Gunsten beeinflusste. Ohne eine taetige Mithilfe seiner verraeterischen Helfershelfer — diese nennen sich heute Widerstaendler; in der hoechsten deutschen Truppenfuehrung waere der General Psychologus natuerlich nicht mit diesen Tricks zurande gekommen. Man muss das einmal in seiner ganzen Tragik erkennen!

f) Im zwoelften Kapitel waren wir bereits auf die strategische Bedeutung der Barent-See/Murmansk, auf die Fernosthaefen, sodann im vierzehnten Kapitel auf die Fehlruestung eingegangen, sei es bei den Fahrzeugen, oder beim verzoegerten Duesenantrieb u. s. w.

Wir erkannten schon, dass irgendwelche wirklichen Wunderwaffen von General Psychologus absolut unerwuenscht waren. Hier arbeitete er immer wieder mit den vermeintlich unumstoesslichen Gutachten der militaerischen Fachleute, denen zuviel Glauben geschenkt zu haben man der deutschen Fuehrung allerdings keinen Vorwurf machen konnte, noch heute kann; denn das verraeterische Verhalten dieser Kreise ist sehr ungewoehnlich und verwerflich. Insbesondere von Vertretern traditionsreicher, alter, deutscher Familien war es am allerwenigsten zu erwarten gewesen.

Hinter diesem alten Ehrenschild schmiedete also der General Psychologus seine Plaene gegen Deutschland. Mit Fug und Recht darf das wohl als eine ganz ungewoehnliche Tragik angesehen werden, die das ganze Soldatentum angeht. Und dieses niederschmetternde Beispiel musste ausgesprochen von Deutschland gegeben werden, wo die Begriffe von Ehre und Wuerde und von sauberem Soldatentum einstmals die hoechsten waren, die es gab.

18) **Atom**

In der Stadt Braunschweig war in den Jahren nach dem Ersten Weltkriege an einem Gymnasium ein Physik-Professor als Rektor der Anstalt taetig. Dieser Herr Prof. Bergwitz war auch ausserordentlicher Professor an der Universitaet von Goettingen. Schon zu damaliger Zeit entwickelte er Theorien, die man heute als nuklaere Forschung bezeichnen wuerde. Als er eines Tages seine Erkenntnisse einem wissenschaftlichen Kollegen anvertraute, entgegnete dieser ihm: „Mein lieber Bergwitz, wenn Ihnen ihr Ruf als Wissenschaftler lieb ist, dann packen sie diese ganzen Unterlagen zusammen und legen sie ad acta; das ist Alles Unsinn!"

Bergwitz ist lange tot, jedoch wissen wir heute aus berufenem Munde, dass seine Theorien die Grundlagen fuer die nukleare Forschung bildeten. So meinten kuerzlich einige Professoren, dass eigentlich als Erster der Professor Bergwitz einen Nobelpreis oder eine aehnliche Anerkennung fuer seine bahnbrechenden atomalen Erkenntnisse verdient haette.

Neben Bergwitz haben natuerlich viele andere Wissenschaftler an dem gleichen Thema gearbeitet, wie auch zur selben Zeit der Raketen-Antrieb die Gemueter der Techniker erregte. An fast allen Hochschulen wurden diese Themen in immer breiterer Form diskutiert.

Neben den Fach-Instituten einer jeden Hochschule gab es in Deutschland das „Kaiser Wilhelm-Institut", wo neben anderen Forschungen auch diese Probleme vorangetrieben wurden.

Auch die neue deutsche Reichsregierung foerderte mit grossem Aufwand die dortigen Arbeiten. Da gab es im Rahmen des deutschen Vierjahresplanes einen Forschungsrat der Deutschen Wirtschaft, der vom wirtschaftlichen Gesichtspunkt diese wissenschaftlichen Forschungen begleitete.

Im Rahmen dieser ganzen wissenschaftlichen Arbeit gelang es dem Deutschen Professor Otto Hahn, im Kaiser Wilhelm-Institut die ersten Atom-Zertruemmerungen durchzufuehren. Sie hatten vermeintlich nur wissenschaftlichen oder zumindest nur energie-wirtschaftlichen Wert, jedoch keinerlei Kriegsbedeutung; so wenigstens informierten Prof. Hahn und seine Mitarbeiter ihre „Brotherren von der deutschen Regierung". Prof. Hahn selber war sich aber auch der militaerischen Bedeutung durchaus bewusst, denn er hatte nichts Eiligeres zu tun, als ueber Daenemark seine Atomzertruemmerung den Alliierten in die Haende zu spielen. In Kriegszeiten nennt man in aller Welt eine solche Beguenstigung des Feindes Landesverrat. Hahn hat spaeter offen zugegeben, dass er nicht gewollt habe, dass der boese Hitler seine Erfindung fuer „seinen Krieg" haette nutzen koennen.

Wenn es schon tragisch ist, dass ein hoher deutscher Intellektueller, wie Prof. Hahn, bei Kriegsausbruch noch nicht wusste, um was es ging, so kann man ihm den Vorwurf des Landesverrates nicht abnehmen, denn von der Verweigerung seiner Erfindung, die er mit Reichsmitteln erreichte bis zur Weitergabe an die Feindmaechte ist ein weiter Weg! Wenn er schon meinte, das Ergebnis seiner ihm von Hitler bezahlten Arbeit diesem vorenthalten zu muessen, dann haette er die ganze Sache geheim und fuer sich behalten koennen, womit — von heute aus gesehen — der Menschheit mehr gedient gewesen waere.

Vielmehr liess er es nicht nur zu, sondern foerderte das Herausschmuggeln ins Ausland. Dort wurde von durchaus nicht intelligenteren Menschen ihre riesige Bedeutung auch fuer den Krieg erkannt und genutzt. Innerhalb weniger Jahre beendeten zwei kriegsverwendungsfaehige Atombomben den Krieg im Fernen Osten schlagartig.

19) Duesen-Antrieb und Raketen

Es bleibt restlos unverstaendlich — und kann deshalb nur kuenstlich erstellt worden sein — dass diese beiden grossen Neuerungen in der Technik erst so spaet in Anwendung kamen, richtiger gesagt „zu spaet".

Die ganze „Raketen"-Verwendung haette ausserordentlich vielseitig sein koennen. Sein Vorteil lag in erster Linie in der weitaus hoeheren Geschwindigkeit, die mit dem Raketen-Antrieb erreicht wird, im Vergleich zu Propeller oder gar Raederantrieb (bei Fahrzeugen) also ein sehr grosser, militaerisch nutzbarer Vorteil. Mit den riesigen Geschwindigkeiten war in den meisten Faellen auch eine ungewoehnliche Reichweite verbunden, insbesondere im Vergleich zu den bisherigen Pulver-Geschossen.

In den meisten Verwendungsfaellen war es ausserdem moeglich, die Flugbahn zu steuern, bei Abweichungen zu korrigieren, und damit die Treffsicherheit zu erhoehen. Schliesslich sind raketenangetriebene Landfahrzeuge unabhaengig von der Beschaffenheit der Erdoberflaeche, und bei „Luft-Fahrzeugen" spielt der Sauerstoffgehalt der Luft, insbesondere in grossen Hoehen, keine Rolle mehr, da andere Grundstoffe „verbrannt" werden.

Mit Fug und Recht bezeichneten die Raketentechniker also ihr Fach als sehr bedeutend, als grossen Fortschritt und Vorteil fuer die zukuenftige militaerische Entwicklung, und waren, bezw. haetten damit auch kriegsentscheidend sein koennen.

In kleinem Rahmen wurde so auch zunaechst sehr richtig und gut begonnen. Jedoch muss festgestellt werden, dass, je mehr der Ausbau dieser neuartigen Waffen zu praktischen Ergebnissen kam, desto mehr „Obstruktion" und Verzoegerung geuebt wurde. Das laesst uns heute nicht mehr wundernehmen, nachdem wir wissen, dass der Chef des Ruestungsamtes „in echter Opposition", sprich Widerstand, war. Heute sind Bilder bekannt von offiziellen Besuchern, damals hoechsten Offizieren, wie Olbricht und Fellgiebel, damals aber auch hoechsten Vertrauenspersonen des Widerstandes, die damals das diesbezuegliche Forschungszentrum Peenemuende besuchten — und dann spaeter bei dem Attentat gegen Hitler auch dabei waren. Jene Bilder zeigen auch den leitenden Beamten einer in Peenemuende taetigen Baufirma; dieselbe Person gab noch 1964 bei internationalen Empfaengen ihr Widerstandsgestaendnis ab.

Ausser diesen hohen Persoenlichkeiten sorgten die — auch schon von General Psychologus verseuchten — offiziellen deutschen Sicherheitsorgane fuer eine heute sehr verdaechtige Verwundbarkeit jener Peenemuender Forschungs-Stelle.

Zumindest aus heutiger Sicht ist es unverstaendlich, dass ein alliierter Bombenangriff so verheerende Ausmasse annehmen konnte, wie er es damals angenommen hatte. Wir wissen heute, dass Peenemuende verraten wurde. Wir wissen heute auch, dass die Alliierten nicht so sehr auf die Einrichtungen, als auf die „Hirne", also die Bueros und Wohnungseinrichtungen der deutschen Ingenieure es abgesehen hatten.

In einem solchen Geheimbetrieb, Kriegsgefangene und sogar Haeftlinge zu beschaeftigen, ist wohl das Hoechstmass von Unglaublichkeit.

Auf der anderen Seite wurden, wie auch in vielen anderen Faellen, wertvolle Menschen, insbesondere angeforderte Ingenieure und Spezialisten nicht, oder sehr spaet, bezw. immer etwas zu spaet, aus vollkommen unwichtigen Positionen, wie Gefreiter der Infanterie oder Flieger, freigegeben.

Wie zu Anfang dieses Abschnittes schon gesagt, war das Raketenwesen ausserordentlich vielseitig: Flugzeugantrieb, Fliegende Bomben (abzuschiessen von Land, vom Flugzeug, vom Panzer oder gar von Hand (Panzerfaeuste), von Wasserfahrzeugen oder gar von U-Booten) und manches andere mehr war mit Raketen moeglich. Man hatte Luft-Abwehr-Raketen-Riegel oder mehrstufige Guertel vor, um ganz Deutschland oder zumindest wichtigste Ruestungszentren, wie das Hydrierwerk in Leuna bei Merseburg oder die Luftfahrt-Forschungs-Anstalt bei Braunschweig, oder Peenemuende selbst, gegen massive Bombeneinfluege zu schuetzen.

In riesigen, unterirdischen Fertigungsstaetten im Harz wurden noch 1944/45 gewaltige Riesenraketen bereits in Serie gebaut.

Es bestand der Plan, mit U-Booten grosse Raketen an die feindlichen Kuesten „unbeobachtungsmoeglich" heranzufahren und abzuschiessen.

Schon 1937 flog das erste duesenangetriebene Flugzeug und wurde schon 1939 als He 176 offiziell vorgefuehrt. Ein kleiner ueberschneller „Volksjaeger" war 1942 in der Entwicklung fertig. Wir wissen heute, dass der in den letzten Monaten des Krieges noch zum Einsatz gebrachte Duesenjaeger von Messerschmitt eine ausserordentliche Gefahr fuer den alliierten Sieg noch war.

Ueber fliegende, ferngesteuerte Bomben liegt ein Bericht vor, wonach auch diese aeusserst wirkungsvolle neue Waffe im letzten Moment aus dem Rennen geworfen wurde. Es fehlten nur irgendwelche elektrischen Steckerteile. Auf eine energische Reklamation erschien auch ein hoher Offizier vom beruechtigten Ruestungs-Amte und sagte nicht nur die fraglichen Teile fuer sofort zu, sondern versprach, fuer diese neue durchschlagende Waffe eine groessere Fabrikationsstaette zu besorgen.

In der Tat wurde der Umzug zu der neuen Fabrik" begonnen" und von den fleissigen und hingebungsvoll arbeitenden Ingenieuren begruesst und unterstuetzt. Sie merkten erst spaeter, dass sie in das Garn der Verraeter gegangen waren, die die alte Fabrikationsstaette abraeumten — und damit das ganze Problem mit der ferngesteuerten Bombe... Der Transport blieb irgendwo stehen...

Aber auch bei den Fahrzeugen haette ein zusaetzlicher Duesenantrieb, der nicht erdgebunden ist, die verhaengnisvolle Einbuddelei fast aller erdgebundenen Fahrzeuge entscheidend ueberwinden geholfen (als Zusatzgeraet).

Raketen-angetriebene Fahrzeuge (Opel) oder auch Propellerantrieb fuer Schienenfahrzeuge — also auch fuer Strassenfahrzeuge — waren in den Jahren 1920/30 keine technischen Probleme mehr, denn es gab sie bereits.

Auch gab es fuer den Winterbetrieb Schlitten mit Raketen- oder Propellerantrieb.

Erst jetzt hoert man, und dann auch nur so ganz nebenbei, von aus dem Hindernis „herausgeblasenen" Panzern.

Eine logische Weiterentwicklung haette auch bei Wasserfahrzeugen auf die neue, viel schnellere Antriebsart hinfuehren muessen.

Nicht nur dem Antrieb der Fahrzeuge und Flugzeuge koennte diese technische Neuheit dienen; dasselbe galt auch fuer die Geschosse.

Weit vor dem Kriege benutzte die deutsche Post im Alpenverkehr schon ziemlich genau ankommende Raketen. Dennoch wurden die ganzen Raketenwaffen, Panzerfaeuste, sodann die V-Waffen also V1, V2 etc., deren Anregungen zum Teil in die „goldenen" zwanziger Jahre zurueckgehen, in ihrer Entwicklung und ihrem Bau entscheidend verzoegert; immer wieder kam das laehmende „Zu Spaet" in Anwendung.

Niedertraechtige, falsche, vermeintliche Gutachten, ausgegeben von hoechsten militaerischen, jedoch verraeterischen Stellen, wurden als richtig hingenommen und als verbindlich erklaert.

Sicher kann die Liste der entscheidenden Unterlassungen oder Fehlruestungen leider noch erheblich erweitert werden. Darueber koennen wir uns heute nicht wundern, stand doch der Leiter des Wehrwirtschafts- und Ruestungsamtes, der General Tomas, — jawohl, ein hoher General war dazu faehig — schon lange

„in echtem Widerstand".

und damit im Befehlsbereich des Generals Psychologus, dem einschlagende, wirkliche Wunderwaffen, wie sie von der deutschen Regierung immer wieder angekuendigt wurden, natuerlich mehr als unerwuenscht waren.

Vielmehr hat der General Psychologus die wiederholten aber unerfuellt gebliebenen, Ankuendigungen, solche Wunderwaffen fuer seinen psychologischen Pressefeldzug gebuehrend ausgenutzt, um Enttaeuschung und Niedergeschlagenheit in den deutschen Reihen entstehen zu lassen, was sich nie zugunsten Deutschlands auswirken wuerde. Auch das war eine psychologische Waffe.

20) Die eigentlichen Entscheidungs-Schlachten.

Kommen wir nun zu den eigentlichen konkreten militaerischen Entscheidungs-Schlachten des Zweiten Weltkrieges.

Die anfaenglichen grossen deutschen Erfolge in Polen, in Skandinavien, im Westfeldzug, am Balkan, und die Anfaenge in Nordafrika und Russland mit den grossen Kesselschlachten brachten keine Kriegsentscheidung. Eine solche wirkliche und definitive Entscheidung faellt nun einmal immer nur am Ende des Krieges, also mit der letzten Schlacht.

Wir wissen heute, dass jene deutschen Erfolge mehrfach die fuer Deutschland guenstige Kriegsentscheidung gebracht haetten, wenn nicht Verraeter die guenstige Lage wieder zunichte gemacht haetten.

Nach Polen, nach dem Westfeldzug und nach den grossen Vernichtungsschlachten in Russland stand es um Deutschland recht gut.

Churchill sagt in seinen Memoiren ganz klar aus, dass er im September 1940 sich gezwungen sah, mit Hitler Verstaendigung aufzunehmen; bis dazu kein Grund mehr war, als die deutschen — eine Invasion vorbereitenden — Luftangriffe unvermutet aufhoerten, wie wir schon frueher ausfuehrten.

Aber auch Ende 1941 glaubte sich Russland am Ende; die Verwirrung und die Verluste waren bis dahin zu gross gewesen. Da war es Canaris, der in Bern russischen Mittelmaennern ausrichten liess, dass es in Deutschland genau so aussaehe und dass sie, die Russen, nur durchhalten sollten. Es ist schier unverstaendlich, dass ein deutsches Hirn so etwas zu denken in der Lage war und sich zu einem solchen Verrat hinreissen liess, noch dazu rein sachlich sein Argument nicht gestimmt hatte. Wohl hatte der Vormarsch in Russland grosse Verluste gebracht, aber katastrophal waren diese bis dahin nicht gewesen.

Die Unternehmungen bis Ende 1941 haetten fuer die damalige politische Lage ausgereicht. Die Deutsche Regierung hatte niemals die Absicht, die Sowjet-Union nun bis Taschkent und Wladiwostok oder bis zur Mongolei zu besetzen. Vielmehr lag ihr an einer erfolgreichen Abwehr, bezw. Rueckdraengung der sowjetischen Macht aus dem mitteleuropaeischen Raume, was mit den Schlachten bis Ende 1941 so ungefaehr erreicht worden war, zumindest fuer eine geraume Zeit. Ob der Bestand der Sowjetunion nach dem schweren Aderlass der Kesselschlachten und dem Verlust der Ukraine ueberhaupt noch gesichert gewesen waere, ist sehr zu bezweifeln, denn die missliche militaerische Lage haette bestimmt zu internen Befreiungsaktionen innerhalb Russlands gefuehrt. Das waere im wahrsten Sinne epochal gewesen! Diesen Triumph Hitler zu lassen, das kam also nicht infrage, weder fuer eine solche Gestalt wie der Canaris es war, und noch weniger fuer den General Psychologus.

Eine Verstaendigung zwischen Hitler und Stalin Ende 1941 waere auf jeden Fall der ganzen Menschheit zugute gekommen.

Natuerlich ging die Macht des Generals Psychologus nun nicht soweit, dass er jedes kriegerische Ereignis von vornherein in seinem Sinne beeinflusste. Dafuer war sein Gegner viel zu stark.

Ihm genuegte — und darin war er Meister — die wenigen grossen Entscheidungen, die wir mit den Namen: Stalingrad, El Alamein, Normandie, Alpenfestung und Potsdam umreissen koennen; drei davon sind militaerisch abgewikkelte, die vierte ist eine gewonnene Schlacht ohne Kampf und die fuenfte Entscheidung war die Siegerkonferenz in Potsdam, wo nicht mehr die Armeen entschieden, sondern der eine Mann Stalin, der dort weit ueber seine militaerischen Siege hinaus das einheimste, was er sich nicht hatte traeumen lassen.

Diese relativ wenigen grossen Entscheidungen hatte er psychologisch bestens und soweit wie moeglich unsichtbar — ja bis heute fuer Viele unsichtbar — vorbereiten lassen, sodass dann die sichtbaren Entscheidungen zu seinen Gunsten ausfallen mussten, u. zw. nicht nur in politischem und militaerischem, sondern auch im moralischen Sinne, indem er seinen Gegner zum Verbrecher stempelte und damit ihm die Verantwortung fuer den ganzen furchtbaren Waffengang aufhalste, und jedes „Nehmen" seinerseits rechtfertigte.

a) zu Stalingrad.

Wir wissen heute, dass wie fast jede deutsche Offensive in diesem Kriege, so auch die gegen Stalingrad schon seit ihren Anfaengen und in ihren Zielen in allen Einzelheiten dem Feinde bekannt war, bezw. bekannt gemacht worden war.

Wir wissen aber heute auch, dass im gegenteiligen Sinne chiffrierte Telegramme der Russen von dem Deutschen Abhoerdienst aufgefangen wurden, jedoch von den Uebersetzern als unentzifferbar erklaert wurden. Um auch fuer spaeter die Spuren zu verwischen, wurden die Telegramme sogar weggeworfen.

Man sieht — auch hier wieder, war an der richtigen Stelle der richtige Mann...

Die Deutschen wollten bei Stalingrad die Wolga erreichen, um damit Russland entscheidend zu treffen, indem man den Kaukasus mit seinem Erdoel und die Industriegebiete im Donez-Becken und am Don von der russischen Zentralmacht keilfoermig abtrennen, und ebenso entscheidend das freiwerdende Potential der deutschen Seite zugute kommen lassen wollte.

General Psychologus hatte in der naechsten Umgebung seines Widersachers genuegend Vertrauensleute eingeschleusst, um solch entscheidende Dinge rechtzeitig zu erfahren. So war er mehr als rechtzeitig ueber die Ziele und den Beginn der Offensive und ihren weiteren Verlauf dann taeglich und oft sogar stuendlich ueber Einzelunternehmungen genaustens im Bilde.

Vielleicht hat er sogar bei der Planung der Offensive — natuerlich in seinem Sinne — mitgewirkt, wir denken an den massiven Einsatz der unsicheren Italiener an entscheidender Stelle und an die spaeter bemerkte „Abstimmung" der deutschen Plaene auf die russischen, denen nicht nur die Neutralisierung der deutschen Plaene gelang, sondern denen es gelang, zu einem gewaltigen Gegenschlag auszuholen; man wollte ausserdem in Stalingrad eine innerdeutsche Entscheidung erzwingen: Stalingrad sollte das Fanal sein zur Erhebung und Auflehnung hoher deutscher Truppenfuehrer gegen die deutsche oberste Fuehrung; ein Plan, der an der Haltung des durch Stalingrad bekannt gewordenen General Paulus zunaechst jedoch scheiterte.

Was aber auch ohne die allgemeine Erhebung der deutschen Kommandeure von den Russen erreicht wurde, war katastrophal genug fuer die Deutschen!

Das Unternehmen Stalingrad, wie es von General Psychologus gestartet wurde, war auf jeden Fall von groesster Kuehnheit und in jedem Fall garantierte es ihm grosse Vorteile in seinem Kampfe gegen Deutschland, wie wir es aus heutiger Sicht nur bestaetigt finden.

b) zu El Alamein:

Deutschland trachtete vom Kriegsbeginn an darauf, den Krieg raeumlich, wie zeitlich zu beschraenken und bei auftretender Ausweitung so weit wie moeglich, ihn wieder einzudaemmen.

Seine Gegner erstrebten das strikte Gegenteil. Je weiter sich Deutschland von seinen Herz-Gebieten entfernte, desto duenner musste die Front werden und damit um so durchlaessiger und bruechiger. Die Anmarschwege fuer deutsche Truppen mussten sich immer weiter verlaengern.

Fahrzeuge und Betriebsstoff und sonstiges Material mussten sich immer mehr verbrauchen, ehe sie am Kampfplatze nutzbringend zum Einsatz kommen wuerden. In dieser Hinsicht war der afrikanische Kriegsschauplatz geradezu ideal, weil er in dem tropischen Nordafrika in dieser Hinsicht hoechste Anforderungen stellte.

Zwei grosse Engpaesse hatten die Deutschen zu ueberwinden, den Transport ueber die wenigen Alpenuebergaenge und dann die Verladung auf Schiffe fuer den Seetransport mit dem risikohaften Wasserwege bis zu den italienischen, immerhin, sehr fremdlaendischen Kolonien. Dann kam der fuer europaeische Verhaeltnisse endlose Landtransport durch die nordafrikanischen wuestenartigen Gebiete.

Hinzu kam die besondere Klassifizierung des gesamten dort benoetigten Materials, welches auf den tropischen und Wuesten-Krieg spezialisiert sein musste, mit einer sehr hohen Verdunstungsquote bei den Betriebsstoffen, mit den furchtbaren Sandstuermen — bekanntlich ist Sand der groesste Feind jeder Maschine und jeden Motors, sofern er in sie eindringen kann.

Trotzdem konnten auch dort am Anfang grosse Erfolge gezeitigt werden, die zum Weitergehen auf diesem Wege ermunterten. Die Probleme waren also nicht unloesbar, ausserdem bestanden sie zum grossen Teile auch fuer die Gegner der Deutschen.

War jedoch erst einmal ein grosser und damit anspruchsvoller Apparat von den Deutschen in der Wueste aufgebaut, so war fuer den Feind eine Stoerung der Verbindungswege um so erfolgreicher in seiner katastrophalen Auswirkung. Nachdem man auf der Geheimdienst-Seite in Italien ganze Arbeit geleistet hatte — immerhin wurden einige italienische Admirale und Marschaelle mit hohen Auszeichnungen der Alliierten — ihren eigentlichen Gegnern doch — bedacht, tat man auch in dieser Hinsicht sein Moeglichstes in den hohen Staeben an der El Alamein-Front. Es steht heute fest, dass diese Entscheidungsschlacht am Anfang ohne hoechste Truppenfuehrer vor sich ging. Rommel war in Deutschland und auch sonst war die Vorbereitung nicht den Erfordernissen entsprechend durchgefuehrt worden, sodass es zu einer Katastrophe kommen musste.

c) zur Normandie:

Diese schon in die Schluss-Phase des Krieges fallende Invasion, von England aus, gegen den Kontinent, ist schon mit den wenigen Anfangsworten dieses Satzes klar gekennzeichnet. Ich wiederhole:

„In die Schlussphase des Krieges fallende Invasion, von England aus, gegen den Kontinent seitens der anglo-amerikanischen Streitkraefte."

Diese Worte sprechen fuer sich allein und zeigen die ganze Tragik auf.

Auch auf diesem Kriegsschauplatze sind typische Merkmale der Kampfesart des Generals Psychologus klar erkennbar. Wir kennen sie schon von der Italienfront und vom Mittelmeer, wo an einem stillen klaren Abende englische Streitkraefte die Ankerplaetze der italienischen Flotte ungewarnt und ungestoert angreifen und ihre zerstoerenden Schlaege austeilen konnten. Den Alliierten war die Existenz von Luecken im Unter- und Ueberwasser-Schutz bekannt. Wozu diese Luecken bestanden, war normalerweise unverstaendlich, denn bei fuer die Italiener notwendigen Ein- und Ausfahrten waere es selbstverstaendlich, dass die Durchfahrten durch die Sperren nach Benutzung wieder zugemacht wuerden.

Die Luecken konnten also nur fuer die Alliierten offen gelassen sein! An der Kanalkueste war es dann nicht viel anders . Kein Kuestenwachboot oder sonst ein Beobachter bemerkte das Herannahen der groessten Invasionsflotte aller Zeiten! Weder der deutsche Geheimdienst, noch der militaerische Kuestenschutz erbrachten rechtzeitige Warnungen.

Man muss sich das einmal ganz klar vor Augen fuehren, was das heisst; wie so etwas moeglich ist und was fuer katastrophale Folgen das haben musste!

Die hoechsten deutschen Armee-Fuehrer waren in der Nacht vor der Invasion weit hinter der Front zu einem mehr oder minder vergnueglichen strategischen Sandkasten-„Spiel" vereint, und das in einer Stunde, da die ganze andere Welt dem Invasionstage „zugefiebert" wurde. „Tag X plus vier", dann Tag X plus drei, Tag X plus zwei, Tag X plus eins" und dann war der X-Tag da! Die Invasion begann, und der Oberbefehlshaber auf der Deutschen Seite ist weit hinten im

Lande und feiert den Geburtstag seiner Frau und fragt dann noch bei telefonischem Avis: „Was gibt's?"

Es gibt genuegend Literatur ueber diese traurigen Vorgaenge, als dass wir in diesem Rahmen weiter darauf eingehen muessten, es genuegt nur der Hinweis auf sie und auf andere „Tor-Aufmache"- und Verzoegerungs-Manoever. Wie schon bei El Alamein und Stalingrad sind auch hier an der Normandiefront, wenn es „um die Wurst geht", auf einmal Irrtuemer und Fehlentscheidungen mit sehr verdaechtigem Charakter in Huelle und Fuelle da und nichts klappt mehr, was bis dahin in unzaehligen — unbedeutenderen — Unternehmungen sich tadellos abgewickelt hatte. Auf einmal hatte die oberste Wehrmachtsfuehrung und ihr Fuehrer einen Klaps, sie machten Alles falsch usw. Es gehoert nicht viel Intelligenz und Spuersinn dazu, um zu erkennen, dass darin System lag. Es war das System vom General Psychologus!

d) zur Alpenfestung

Mancher wird erstaunt sein, wenn nach den ersten drei allgemein bekannten Entscheidungsschlachten nun dieses umstrittene Wort von der Alpenfestung als vierte Hauptentscheidung angefuehrt wird.

Es war eine Schlacht ohne Kampf!

Im Sinne der Notwendigkeit, nicht alle Schlachten, sondern auf jeden Fall die letzte entscheidende zu gewinnen, hatte die Alpenfestung eine unerhoerte Bedeutung.

Wir sind der festen Ansicht, dass dieser vierte Fragenkomplex die hoechsten Wahrscheinlichkeitswerte noch in sich barg, den epochalen Kampf gegen den Bolschewismus doch noch zu einem erfolgreichen Ende zu bringen.

Neben der deutschen obersten Fuehrung erkannte das natuerlich auch der General Psychologus, ihm war schon Anfang 1944, also fast ein Jahr vorher, bekannt geworden, dass zumindest einer der beiden angelsaechsischen „Freunde" — spaeteres Opfer — zu merken begann, das falsche Schwein geschlachtet zu haben und mit einem Frontwechsel spekulierte.

Dem Insel-Europaeer waren wohl doch gewisse Bedenken gekommen, die den Far-West-Angelsachsen nicht so ohne weiteres kommen wuerden; die ja nie eine Politik zugunsten Europas trieben; auch heute nicht treiben und wohl auch niemals treiben werden. Warum sollten sie auch — das ist doch Aufgabe der Europaeer!

So unternahm General Psychologus Alles ihm nur Moegliche, um auch in diesem Falle seine Interessen zu vertreten und zu einem guten Ende zu kommen. Er spielte seine Freunde in deutschen militaerischen Kreisen aus, die das ganze Alpenfestungs-Projekt als grossen Quatsch ablehnten und mehr als duerftig die diesbezueglichen Anweisungen der obersten Fuehrung befolgten, es restlos ungenuegend vorbereiteten und kaum Ansaetze zu seiner Durchfuehrung machten. Sie, die zu frueheren Zeiten immer fuer rechtzeitige Rueckzuege und Beziehen neuer rueckwaertiger Linien waren bezw. der obersten Fuehrung oft Vorwuerfe gemacht hatten, das am Anfang in Russland nicht rechtzeitig getan zu haben, waren nun gegen eine solche wirklich sinnvolle erfolgversprechende Rueckzugsbewegung in Richtung auf eine Alpenfestung. Auch hier wieder die „Unverstaendlichkeit", die in Wahrheit boeser Wille war!!

e) Potsdam

„In Potsdam wurde in diesem Kriege doch nicht gekaempft; keine grosse Schlacht geschlagen?" So werden sicher einige meiner Freunde fragen.

Kriegsmaessig gesehen, hat es allerdings dort nichts Besonderes gegeben, was eigentliche Kaempfe anbelangt.

Und dennoch wurde dort eine grosse Schlacht geschlagen, eben die eigentliche letzte entscheidende Schlacht. Es fiel kein Schuss, nur ab und zu soll hier und da ein Sekt- oder Schnaps-Glas oder gar ganze Flaschen zerschellt sein.

Der Held dieser Schlacht war Stalin, bis dahin immer nur im schlichten Arbeiterkittel, aber jetzt in Marschallsuniform!

Jetzt fielen in den Gespraechen mit seinen beiden „Verbuendeten" die Entscheidungen, wie er sie wuenschte.

General Psychologus war in Hochform aufgelaufen. Neben den militaerischen Vorbereitungen waren die psychologischen und politischen einhergegangen. Der USA Aussenminister Byrnes und seine Helfer Hopkins und Harriman hatten in den USA ganze Arbeit geleistet. Byrnes gab Stalin Alles, was er wollte — natuerlich gab er insbesondere Teile Europas, die ihm garnicht gehoerten; da ist das Geben ja leicht!

Stalins einzigen Widersacher Churchill liess man ruhig sich ausreden bis zu den — demokratischen — Wahlen in

England, zu denen Churchill schnell einmal heimfuhr. Stalin wusste, dass Churchill diese Wahlen verlieren wuerde — und er — Stalin — damit seinen Widersacher. Die englischen Wahlen ereigneten sich mitten waehrend der Konferenz von Potsdam, zu deren entscheidendem Schluss Churchill nicht wieder kommen konnte; die parlamentarische Demokratie — in ihrer „modernen" Form stets Wegbereiter des Kommunismus, — hatte auch hier wieder ganze Arbeit in England geleistet.

In Potsdam gelang es dem General Psychologus, seine Plaene restlos — vielleicht sogar weit darueber hinaus — durchzusetzen. Nach der Kapitulation des zentraleuropaeischen Blockes wurden sie auf dem noch dazu kein hohes Niveau zeigenden diplomatischen Parkett zur Hoechstform entwickelt, wie es sich die Auftraggeber des Generals Psychologus selber nicht ertraeumt hatten.

Studiert man die jetzt veroeffentlichten Vorgaenge in Potsdam etwas naeher, was bisher infolge der Geheimhaltung der Protokolle, (und der Tagebuecher des damaligen amerikanischen Praesidenten Roosevelt, die bis heute der Oeffentlichkeit sicherlich mit allem Grund vorenthalten werden), sehr schwer war, so kann es einen Europaeer nur grausen, wie dort in Potsdam groesste Werte des Abendlandes vertan, oder sagen wir ruhig verhoekert wurden!

Auch dort wurde eine alte kommunistische Handlungsweise angewandt: So, wie kleine Feinde vor ihrer Exekution oft selber noch ihr Grab ausschaufeln mussten, liess man auch das Britische Weltreich sich selber sein Grab machen. Von den anderen europaeischen Kolonial-Maechten soll garnicht geredet werden; sie kamen, trotzdem sie ausschliesslich gegen Deutschland mitgekaempft hatten, in Potsdam garnicht zuworte; sie waren garnicht eingeladen oder zugelassen in Potsdam! Ueber fuenfzig Nationen wurden so geprellt.

Und die Welt, diese ueber 50 Nationen, unter ihnen auch Brasilien, laesst sich das ganz friedlich bieten. Ueberall ist der nationale Gedanke, der sich gegen derlei Behandlung auflehnen wuerde, rechtzeitig zum Erlahmen gebracht. Es kommt zu keinem Frieden, den die Welt sich so sehr erwuenscht und auf den sie ein Anrecht hat.

Noch sind die anscheinend unersaettlichen internationalen Geldmaechte nicht zufrieden. Die Unruhe muss also verewigt werden. Wann merkt das die Welt und zieht ihre Konsequenzen daraus?

Um das Bild in dieser Artikelfolge zu vervollstaendigen, ist es noetig, die Reihe der „Entscheidungs-Schlachten" um zwei weitere, u. zw. typisch psychologischen Charakters, zu erweitern: Einmal sind es die 100 bis 200 „Chef-Verraeter" und ihre Taetigkeit, und zum anderen „Canaris in Bern".

Wir setzen also diese Reihe der kriegsentscheidenden Schlachten um diese zwei Positionen fort:

f) Die 100 bis 200 „Chef-Verraeter".

Meine lieben Freunde, Alles bisher Erwaehnte erreichte unser General Psychologus nun nicht mit dem Einsatz von zusaetzlichen hunderten von Divisionen, sondern — was sein ausgesprochenes Aufgabengebiet anbelangt — nur mit wenigen hundert Mann, wovon dann auf deutscher Seite wieder nur wenig mehr als 100 oder 200 Menschen ihm als Helfer zur Seite gestanden haben.

Ich denke nun nicht daran, mich zu der Behauptung zu versteigen, dass es „der ganze" deutsche Generalstab oder „das ganze" Offizierskorps der Deutschen und seiner Verbuendeten gewesen waere, die da mit dem feindlichen General Psychologus zusammengearbeitet haetten.

Dafuer waren die Opfer, die der ueberwiegend groesste Teil der Offiziere auf deutscher Seite dargebracht hatte, viel zu gross und koennen nur Dank, Anerkennung und Ehrfurcht erheischen.

Darin liegt gerade die grosse Tragik, dass es 100 bis 200 Schurken gelang, die unerhoerten Leistungen, die Hingabe und die Opfer von tausenden von Offizieren und Millionen Soldaten und des ganzen Volkes umsonst sein zu lassen. Diese verraeterischen Mitarbeiter in den Schluessel-Stellungen der deutschen Fuehrung, die am Gaengelband des Generals Psychologus hingen, vermochten den schliesslichen Sieg an dessen „schwarze" Fahnen — sagen wir richtiger schmutzige Lappen — seiner psychologischen Kriegsfuehrung zu heften.

Es gelang ihm, den Nimbus der Unbestechlichkeit der Deutschen und in Sonderheit ihrer Offiziere noch dazu in den Schicksalsfragen ihres eigenen Vaterlandes zu brechen.

Es gelang ihm, den Treuebegriff, der bis dahin durch den Eid auch aeusserlich bekraeftigt worden war und unbedingte Geltung hatte, gerade in Kriegszeiten, wo er dringend noetig war, zu zerstoeren; u. zw. nun nicht den des einfachen Mannes oder Soldaten zu seiner Fuehrung — dieser war in den vorausgegangenen Jahren auf politischem Gebiete genuegend gefestigt — sondern den noch wichtigeren und entscheidenderen Treubegriff der zahlenmaessig geringen, aber dafuer um so bedeutenderen Maenner der oberen und obersten und intimsten Fuehrungsstaebe im Verhaeltnis zu ihrem obersten Chef und Staatsoberhaupt.

Es gelang dem General Psychologus, den Hoch- und Landes-Verrat an obersten entscheidenden Stellen in Deutschland zu einem fast taeglichen Ereignis, ja zu einem fast normalen, nicht mehr verabscheuungswuerdigen Vorgang zu machen. Fuerwahr eine geradezu tolle, kaum glaubhafte, aber leider dennoch wahre Sache! Das Verblueffende dabei ist, dass bis heute die offiziellen Regierungsstellen in der Bundesrepublik behaupten, dass jene Landes-Verraetereien „keine" waren, nur ein Kampf gegen den Tyrannen oder dergleichen gewesen waere.

Gluecklicherweise gibt es aber ausser den offiziellen deutschen Stellen genuegend Menschen — in Deutschland, wie in der weiten Welt — die als genaue Kenner der damaligen Vorgaenge sich nichts vormachen lassen und somit aber auch restlos anderer Ansicht sind und den Landesverrat das sein lassen, was in allen Militaergesetzbuechern der Welt ueber ihn gesagt wird; das schwerste Verbrechen, was ein Mann begehen kann.

Sie, meine lieben Freunde, werden jetzt mit mir der gleichen Ansicht sein, dass das Wirken dieser 100 bis 200 Verraeter in den eigentlichen Entscheidungsschlachten eine entscheidende Rolle spielte; darum seine Erwaehnung in diesem Zusammenhange. Es waren 100 bis 200 dem General Psychologus ergebene Mitarbeiter gegen Deutschland.

g) Canaris in Bern

In diesem Zweiten Weltkriege, der von Absurditaeten nur so strotzte, ist die entscheidendste Schlacht von einem einzigen Manne geschlagen.

Auch sie war also keine Schlacht mit Millionen Soldaten, Tanks, usw.

In jenem Zweiten Weltkriege, der von deutscher Seite ein reiner Abwehrkrieg gegen den von Osten vordraengenden Bolschewismus gewesen war, war nicht etwa die Eroberung der ganzen Sowjetunion das deutsche Ziel gewesen, sondern eine Zurueckdraengung im osteuropaeischen Raume und die

Zerschlagung der Roten Armee als Instrument des Bolschewismus.

Dieses wenn auch nicht gerade leichte, aber dennoch begrenzte Kriegsziel von deutscher Seite war nach den ersten Monaten des Russlandfeldzuges im Grossen und Ganzen erreicht (Ende 1941).

Das amerikanische Kriegspotential war zu damaliger Zeit noch weit weg!

Vor allen Dingen hatte die durch die grossen Vernichtungsschlachten erschuetterte Sowjetregierung sich zu einem Waffenstillstand mit den Deutschen genoetigt gesehen und streckte nun ueber die Schweiz entsprechende Friedensfuehler aus. In Bern kam es zu diesbezueglichen Besprechungen, die — das lag in der Natur dieser Geheimverhandlungen — durch den Geheimdienst auch auf deutscher Seite gefuehrt wurden.

Der Russlandfeldzug waere damit zu einem sogar vernuenftigen Ende gekommen, und damit der ganze Krieg, bezw. das ganze Ausmass der erst ab 1942 in Erscheinung getretenen Schrecklichkeiten des totalen Krieges, waere verhindert worden.

Sogar General Psychologus war am Ende seiner Kunst.

Und da kommt von deutscher Seite ein Unterhaendler des deutschen Geheimdienstes, der unter Canaris stand, nach Bern und fordert die Russen auf, doch durchzuhalten, da auch die Deutschen am Ende ihrer Kraft seien und es nur noch eine Frage von Tagen oder Wochen sei, dass Deutschland zusammenbrechen wuerde.

Es ist das wohl das Tollste, was ein Landes-Verraeter verbrechen konnte!

Werden Sie, meine Freunde, sich restlos klar, was die Handlungsweise eines einzigen Schurken verursachen kann. Die ganzen grossen Schlachten im russischen Raum wurden mit einer Handbewegung beiseite geschoben.

Und wissen Sie, dass dieser Vorgang bis 1963 in Deutschland und in der Welt praktisch bis heute unbekannt blieb, trotz seiner epochalen Bedeutung?

Werden wir uns dabei klar, dass das noch nicht einmal der General Psychologus veranlasst oder gewollt hatte, wenn er auch mit riesiger Begeisterung sich an diesen Strohhalm klammerte, und die ganze Sache dann doch noch seine Rettung war.

Fuer die Deutschen ist dieser Vorgang wohl mit das Schmachvollste, was ein deutscher hoher Truppenfuehrer — Canaris war immerhin ein Admiral — tuen konnte, noch dazu in einer Stunde, die wirklich eine epochale Wendung zum Guten fuer das Deutschtum in sich barg.

General Psychologus hatte es mit dem innerdeutschen Hass jedoch soweit getrieben, dass diese hohen Herren so blind waren, dass sie nicht mehr erkannt hatten, was sich wirklich da abspielte bezw. verspielt wurde.

Das allein koennte vielleicht als Entschuldigung, oder besser gesagt, als Erklaerung fuer ihre frevlerischen Taten gelten.

21) Die „unpolitischen" deutschen Militaers.

Da der General Psychologus fuer seine oben angedeuteten Plaene gegen die hoehere deutsche Fuehrung zwangslaeufig Deutsche aus diesen Kreisen benoetigte, musste er sich nach solchen Elementen, die dafuer in Frage kamen, energisch umsehen, u. zw. auch so fruehzeitig wie moeglich.

Es war ihm dabei gleich, ob es an sich loyal zur deutschen Regierung stehende, oder gar verraeterische Leute waren.

Vielleicht waren ihm sogar die guten Elemente noch lieber, als die Schufte, da ihr Denken und Handeln in ihren ebenso gutwilligen Kreisen dann um so eindrucksvoller und damit fuer den General Psychologus um so brauchbarer gewesen waeren, wobei es wiederum unbedeutend war, ob sie bewusst oder unbewusst dem General Psychologus in die Haende arbeiteten.

Zu dieser ersten sogenannten loyalen Gruppe ist Folgendes zu sagen:

In den langen Jahren des politischen Kampfes innerhalb Deutschlands hatte sich bei der Mehrzahl des Volkes — gerade in den nicht fuehrenden Kreisen — eine unerschuetterliche Kameradschaft entwickelt, die sich dann in den verschiedenen Wehrverbaenden noch weiter steigerte.

Jeder Normalbuerger war damals der fuer ihn selbstverstaendlichen und unumstoesslichen Ansicht, dass das nach „oben" entsprechend so weiter gehen wuerde, dass also die oberste Fuehrung des Reiches eine unter sich restlos einige, eisern zusammenarbeitende, restlos zusammenhaltende, verschworene Gemeinschaft gewesen waere, die ihrem Fuehrer ebenso wie die unteren Schichten des Volkes restlos zugeneigt und ergeben und untertan sein wuerde.

Nach aussen wurde denn auch dieser Eindruck gewahrt, und deshalb musste General Psychologus etwas dagegen tuen. Eine solche wirkliche restlos einige Fuehrungsgruppe durfte er auf keinen Fall sich bilden oder gar vollenden lassen!

So begann er schon mehr als ein Jahr v o r der Machtergreifung Hitlers (1933), den noetigen Unfrieden zu saeen oder zu schueren. Jeden Tag wurde damals die schon starke Partei Hitlers immer staerker und erhielt ungeheuren Zulauf. Das musste irgendwie gestoppt werden! Aus dieser einen starken Partei mussten vielleicht mehrere gemacht werden. Fuer jeden kleineren Hitler eine Extra-Partei, das war doch eine Moeglichkeit. Verschiedenes wurde versucht. Und man erreichte auch im Jahre 1932 einen gewissen Rueckgang. Hitlers damals wohl staerkster Mitarbeiter Gregor Strasser war diesem psychologischen Beschuss besonders ausgesetzt. Gregor musste unbedingt irgendwie weg! Heute wissen wir, dass Admiral Canaris in der Vollendung der Abspaltung Gregor Strassers von Hitler entscheidend mitgewirkt hat. Bedenken wir es ganz klar, schon damals waren die Maenner des Widerstandes taetig! Allerdings kann man ihnen, als politischen Gegnern Hitlers, fuer die damalige Zeit keine Vorwuerfe, insbesondere die des Landesverrates, machen, war es doch die Zeit vor der Machtergreifung Hitlers und damit vor dem grossen nationalen Kampfe.

So begann man also schon damals den „noetigen" Unfrieden zu stiften und auszubauen. Jeder nur halbwegs brauchbare, in jeder Verwaltung vorkommende Unsinn wurde durch entsprechendes Aufbauschen dabei verwertet, wenn damit nur der Spaltung — und damit Schwaechung — und dem Stoppen des Zulaufes gedient wurde. Jeder Unsinn war dem General Psychologus geradezu willkommen, e r dachte garnicht daran, ihn event. nur anzuprangern, um ihn abzustellen, wie viele politisch Naive in Deutschland es verstanden und sich deshalb auch empoerten, sondern er benoetigte jeden Unsinn fuer seine psychologischen Plaene.

Hinzu kam, dass die 1933 an die Regierung gekommenen Kreise wohl in allgemeiner Hinsicht politisch erfahren waren; jedoch fehlte ihnen damals noch in den eigentlichen Regierungsgeschaeften die dazu noetige, so beruehmte, praktische Erfahrung. So war die neue deutsche Reichsregierung auf den alten Stamm der hohen Regierungsbeamten angewiesen, auf die sie sicherlich auch gern zurueckgriff in der festen Ueberzeugung, dass sie sich auch von „Neuen" fuehren lassen wuerden, wenn es um das Wohl des Vaterlandes ginge; gerade, nachdem per Saldo die bisherigen „Alten" doch versagt hatten.

In diesem natuerlichen Spannungsfeld zwischen „Alt" und „Neu" herrschte gerade das richtige Klima fuer die unsauberen Unternehmungen des Generals Psychologus.

Unter den sogenannten intellektuellen traditionellen, bis dahin zur Fuehrung des Volkes berufenen Kreisen des deutschen Volkes waren bedeutende Teile noch nicht dazu gekommen, zu verstehen bezw. ganz zu erfassen, was es mit der Machtuebernahme durch Hitler fuer eine Bewandnis hatte; dass es nicht etwa ein mehr oder minder harmloser und normaler Regierungswechsel, sondern eine gewaltige Umwaelzung, eine wirkliche Revolution war. Man erkannte nicht, dass wenn gepfluegt werden soll, um neue Saat auszusetzen, man keine Ruecksicht auf einzelne noch tragende Halme oder Buesche oder die eine oder andere schoene Blume nehmen konnte. Viele erkannten noch nicht einmal die Notwendigkeit des Umbruches.

Man war seit Jahrzehnten auf unpolitisches Denken und Verhalten erzogen. Es war in Deutschland „unfein" gewesen, sich ueberhaupt mit Politik abzugeben. Kam ein Politiker an eine Tischrunde, zog man sich baldigst von dort zurueck.

Man ging ja auch nicht zu den Wahlen; die damalige Wahlbeteiligung ging selten ueber 60% hinaus. Man erkannte natuerlich nicht, dass man sich damit bereits auf dem von General Psychologus aufgezeichneten und angewiesenen Wege befand. So war das auch noch in den „Goldenen" Jahren (1920—1930).

Lesen wir Memoiren, z. B. das hoechst interessante Buch des Prinzen Schaumburg-Lippe ueber seinen Chef Dr. Goebbels, so erkennen wir, wie innerlich uneinig die nationalsozialistische Fuehrungsgruppe war, die nur durch die Persoenlichkeit Hitlers zusammengehalten wurde. Staerkste Gegensaetze z. B. zwischen Goebbels und Goering oder Himmler und Ley oder Streicher und Ribbentrop werden dort mehr als einmal sichtbar.

Dazu kommt, dass man sich nur der Masse des Volkes gewidmet hatte, die allerdings bei Wahlen entscheidend war;

aber nicht bezw. nicht genuegend die Intelligenz des deutschen Volkes — auch sie ist „Volk" — angesprochen hatte, die aber allein nur zur Fuehrung herangezogen werden kann. Es ist unwahrscheinlich, dass der General Psychologus das nicht erkannt und nicht eingegriffen haette.

General Psychologus tat Alles, um eine weitgehende politische Naivitaet gerade in den sogenannten intellektuellen Kreisen zu verbreiten. Er liess die „ganze breite Oeffentlichkeit" unpolitisch sein. Jeder gesunde politische Instinkt sollte damit bewusst unterdrueckt werden. In Deutschland hatte man nicht die geringste Ahnung von politischer, geistiger, psychologischer Kriegsfuehrung und merkte noch weniger, dass man bereits ihr Opfer war. Viele merken das uebrigens auch heute noch nicht.

General Psychologus ging dann noch einen Schritt weiter, als nach dem Ende des Ersten Weltkrieges die neue deutsche Republik in Weimar ausgerufen wurde, die dem ganzen deutschen Volke die demokratischen, parlamentarischen Errungenschaften bringen oder festigen sollte. Mit der neuen Verfassung verweigerte sie den Soldaten und Offizieren das erste Grundrecht eines jeden Buergers, das Wahlrecht. Man bedenke das einmal ganz klar, was es heisst, wenn die Soldaten, also doch die Garanten des neuen Staates, damit restlos unpolitisch gemacht wurden.

Derselbe neue Staat lehnte ausserdem eine eigene religioese Bindung und Fuehrung ab: Staat und Kirche wurden also getrennt.

Das war so ganz nach dem Geschmack des Herrn Generals Psychologus! Den Deutschen eine eigene Religion und die Politik abzuschwatzen und abspenstig zu machen, damit diese Hauptsaeulen einer jeden Nation nicht nur nicht zum Tragen kamen, sondern moeglichst sogar ganz ausgemerzt wuerden.

So kam es, dass viele wertvolle Menschen, die nun einmal auf diese Weise unpolitisch geworden oder gemacht worden waren, dann auch nicht die Zeichen der Zeit verstanden haben und auch die gewaltige revolutionaere Umwaelzung mehr oder minder spurlos und eindruckslos an sich vorueber ziehen liessen.

Eigentlich haetten sie aus ihrem politischen Dornroeschenschlaf durch die November-Revolution 1918 mit der Vertreibung der Landesfuersten und dem lauten Ausrufen der neuen Republik erweckt sein sollen. Aber nein, es ging die politische Naivitaet eisern weiter und so wurde dann die politische Ueberrumpelung — nur darum handelte es sich in letzter Konsequenz — in Deutschland moeglich.

So wurde es moeglich, dass auch noch nach der Machtergreifung durch die neuen Politiker um Hitler, die mehr als lauthals ihre neuen Plaene und Ideen verkuendeten, ein gewichtiger Teil der hoeheren Fuehrungsschichten nicht recht wusste, worum es ging und damit innerlich weit von den neuen Machthabern entfernt waren — und blieben. Das war so nicht nur in den zivilen, sondern auch erstaunlicherweise in den militaerischen Kreisen. Wohl gab es dort einige politisierende Generaele. Deren Politik war jedoch nur eine kleinliche; eine Frage der Macht, ein Problem des Augenblicks und der Gelegenheit; weit entfernt von den wirklichen grossen, insbesondere sozialen Problemen der Zeit.

Auf diesem politisch morschen Untergrunde war eine wirksame Machtentfaltung und ein Durchdruecken und Durchkaempfen grosser Aufgaben zumindest ungemein schwerer, als es bei restlosem gegenseitigem Verstaendnis und innerer Uebereinstimmung der oberen Fuehrung der Fall gewesen waere. Aber das gerade musste der General Psychologus verhindern, und er tat es!

So kam es, dass, nachdem die Politik mit anderen Mitteln, dem Kriege, fortgesetzt wurde, deutsche militaerische Fuehrer in dem Zweiten Weltkriege ihrer politischen Fuehrung keine klare Folge leisteten, sie innerlich nicht mit ihr verbunden waren und glaubten, andere Wege gehen zu muessen. Es ergab sich ein Hueh und Hott zwischen der militaerischen und politischen Fuehrung; beide waren stark, und so zehrten ihre inneren Kaempfe sehr an den vom Volke kommenden Kraeften, die allein fuer das Wohl des Volkes haetten eingesetzt werden duerfen.

Das Ergebnis haben wir inzwischen in seiner ganzen Tragik fuer das deutsche Volk erlebt.

Fast alle deutschen Feldmarschaelle waren betont „unpolitisch", ebenso die Admiraele; ein Zustand, den es bei den Gegnern Deutschlands, insbesondere bei den Russen, in der modernen Zeit nicht mehr gegeben hat.

Anstelle das nicht immer leichte und saubere Handwerk von Politik und Polizei von sich aus in die Hand zu nehmen und dementsprechend vernuenftig zu planen und zu handeln und leitend richtig voranzugehen oder mitzugehen, setzte man sich „von dem ganzen Verein ab" und beschaeftigte sich mit ihnen nur als mehr oder minder vermeintlicher Aussenseiter, und erging sich in seichter Kritik. Dabei ging es den Herrschaften nicht auf, dass sie absolut keine aussenstehenden Beobachter waren, sondern ganz erheblich im Spiel lagen als Mitfuehlende und Mitwirkende oder noch klarer gesagt als „Opfer" — nur in negativ-passiver Hinsicht.

Aus allen Memoiren der militaerischen Schriftsteller, oder besser gesagt — den schriftstellernden Militaers, ist denn auch diese tiefe Abneigung gegen alles Politische zu erkennen; sie geben oft und offen zu, dass sie sich nicht mit politischen Dingen beschaeftigt haben. Sie glauben sich damit eine Art Persilschein auszustellen — und erreichen bei kritischen Betrachtern genau das Gegenteil: sie bezichtigen sich selber damit einer groben Interessenlosigkeit und damit Fahrlaessigkeit in Bezug auf die wichtigen Fragen der Nation, denn das ist doch schliesslich Politik!

An fuehrender Stelle in der Deutschen Wehrmacht taetig, waren sie mehr als der Normalbuerger verpflichtet, sich nicht nur eingehend, sondern entsprechend ihrer hohen Stellung in ganz besonderem Masse sich mit den politischen Problemen abzugeben und darin ihrer politischen Fuehrung in der von dieser massgeblich festgelegten Weise befehlsgemaess, und auch aus innerem Kontakt zu ihr, zu folgen. — Sie taten es nicht!

Ein Beispiel: Der Fuehrer der deutschen U-Boot-Waffe — und Kanzler fuer wenige Tage nach Hitlers Ausscheiden — erklaert in seinen hoechst interessanten Memoiren („10 Jahre und 20 Tage") von sich aus England als den Hauptgegner Deutschlands im Zweiten Weltkriege; sein Staatsoberhaupt und Oberbefehlshaber ist mit dessen Hauptkampf gegen den Bolschewismus grundsaetzlich anderer Ansicht; Hitler war sogar anglofil bis zum Aeussersten.

Mit anderen Worten, an hoechster Stelle war man sich in der Deutschen Fuehrung ueber diese Kernfrage also nicht einig.

Es soll hier nicht diskutiert werden, ob Doenitz oder Hitler recht hatte in ihrer Ansicht, wer der Hauptgegner Deutschlands damals gewesen war. Wir wollen nur nuechtern ueberlegen, was das in einer solch weltweiten Auseinandersetzung zu bedeuten hat!

Und noch eine Frage nebenbei: Haben die Gegner Deutschlands auch nicht recht gewusst, wer ihr Hauptfeind war?

Sodann konnte es selbst einem sonst so positiv eingestellten Manne, wie Grossadmiral Doenitz es war, passieren, dass er z. B. bis zum Kriegsanfang den Stellvertreter des Fuehrers und Minister Rudolf Hess persoenlich nicht gekannt hatte.

Oder, erst im Jahre 1944 — und dann auch nur ganz kurz und oberflaechlich — lernte er den Reichsfuehrer der SS Himmler und den Aussenminister von Ribbentrop kennen.

Als Doenitz bei Kriegsende von Hitler zu seinem Nachfolger, also zum Staatsoberhaupt und damit Chef des Kriegskabinetts gemacht wurde, meinte er richtig zu handeln, fast alle national-sozialistischen Minister aus dem bis dahin bestehenden Kabinett auszuschliessen.

Eine von Himmler angebotene, eigentlich logische, weitere Zusammenarbeit zwischen ihm und dem Staatsoberhaupt lehnte er strikte ab. Bei den diesbezueglichen Verhandlungen hielt der Grossadmiral eine entsicherte Pistole bereit. So weit klaffte also der Abgrund zwischen zwei hohen Fuehrern zur Zeit des Todes von Hitler — eine saubere Arbeit unseres Generals Psychologus!

Eine vermeintlich unueberbrueckbare innere Abneigung veranlasste Doenitz wohl dazu. Ebenso sah seine „rechte" Hand die Dinge, der fruehere Minister von Schwerin Krosigk; ein Mann, der die ganzen Jahre Hitlers Finanzminister gewesen war.

Schliesslich ging der Grossadmiral noch einen Schritt weiter, indem er ausgesprochen vor einem so fragwuerdigen Gericht, wie dem Nuernberger sich mit der Richtigkeit oder Unpassenheit des Fuehrerprinzips — noch dazu restlos ablehnend — glaubte befassen zu muessen; also in dieser ernsten Stunde des Zusammenbruches mit politischen theoretischen Studien in der deutschen und weltweiten Oeffentlichkeit begann; damit aber nur Oel auf das Propagandafeuer der Gegner Deutschlands goss — und damit auch nicht verhinderte, dass nach wenigen Tagen auch er und seine neuen Minister in Gefangenschaft gehen mussten, noch dazu unter den bekannten unwuerdigsten Verhaeltnissen („Hosen herunter! Auch die Sekretaerinnen!").

Der inzwischen alte Herr Doenitz moege uns nicht zu boese sein, um diese Argumentierung, aber wir kommen nun einmal nicht um diese durch General Psychologus beeinflussten Ereignisse herum. Im Sinne der positiven Auswertung fuer die Zukunft muss gezeigt werden, wo es selbst bei sonst gutwilligen, untadeligen und loyalen Maennern gehapert hatte, dass bei der selbst von Feindseite anerkannten Geschicklichkeit und Intelligenz dieses Befehlshabers der deutschen U-Boote (und spaeteren Reichspraesidenten auf wenige Tage) der fuer eine solche Stellung ungeheuer wichtige politische Teil seines Denkens auf Abwege gekommen war, bezw. gebracht worden war, eben durch den General Psychologus. — Das ist seine einzige Entschuldigung.

Leider stand Doenitz mit seiner politischen Haltung nicht allein. Ein grosser Teil der Offiziere des Generalstabes dachte und handelte in gleichem Sinne; gemeint sind hier, wie im Falle Doenitz, zunaechst diejenigen Offiziere, die nicht an irgendwelchen Widerstandsplaenen beteiligt waren.

Auch in den nicht-militaerischen Kreisen gab es solche Faelle. Bereits in den ersten Monaten der Regierung Hitler, weit vor Beginn des Krieges, — die Zeiten waren schon nicht minder bedeutend, auch wenn es von der Mehrzahl der damaligen Regierungsmitglieder nicht erkannt wurde — ereigneten sich Dinge, infame persoenliche Intrigen, die nicht mehr haetten passieren duerfen.

Ich denke dabei an einen Fall, bei welchem der ehemalige Aussenminister von Neurath beteiligt war.

Die neue Regierung hatte auch fuer die Aussenpolitik neue Maenner mitgebracht. Von Ribbentrop war zweifellos ein solcher neuaufkommender Stern.

Hitler wollte einen Sonderbotschafter nach England entsenden. Jedermann wusste, dass das keine leichte Aufgabe sein wuerde. Um so mehr bezw. leichter konnte sie aber benutzt werden, um einen unbequemen Nebenbuhler sich an einer solchen schweren Aufgabe die Zaehne ausbeissen zu lassen und damit aus dem Rennen zu werfen. Also schlug man Ribbentrop als Sonderbotschafter vor, mimte damit strikte Loyalitaet, ging aber in letzter Konsequenz anderen ureigensten Zielen nach; auch wenn dabei die wichtigste Aufgabe und Hitlers ernstestes Vorhaben, mit England zu Frieden und Ausgleich zu kommen, unerledigt bleiben wuerde, bezw. das genaue Gegenteil stattfinden wuerde. Wir meinen, dass solche privaten Intrigen noch in der Privatwirtschaft oder in Sportvereinen sich abspielen duerfen, nicht aber in Angelegenheiten, die die ganze Nation angehen; diese Sphaere sollte heilig sein.

Durch eine zielbewusste Partei-Arbeit war das „einfache Volk" auf die zu erwartende Zeit der grossen Entscheidungen vorbereitet gewesen. Nicht so war es leider bei einem Teil der „Besseren".

Heute muessen wir feststellen, dass insbesondere die geistige Vorbereitung gerade der Intellektuellen, keinesfalls beendet war, vielmehr in den wichtigsten Gesichtspunkten noch nicht einmal die ersten Grundanschauungen der neuen Machthaber erreicht hatte. Hitler hatte sich in erster Linie an die zahlenmaessig groessere Gruppe der bis dahin links orientierten deutschen Arbeiter gewandt und fuer sich gewonnen. Sicherlich wird er geglaubt haben, dass er es bei den Intellektuellen viel leichter habe und auch schneller zum Ziele kommen wuerde. Dass er sich insbesondere bei den hoeheren Kreisen des Heeres getaeuscht hatte, wissen wir heute.

Wir duerfen auch annehmen, dass General Psychologus das sehr fruehzeitig erkannt hat. Deshalb tat er Alles, um die Zeit der grossen Entscheidungen vorzuverlegen, um eben auf keinen Fall die geistige — und dabei natuerlich auch nicht die materielle — Vorbereitung des Gegners sich vollenden zu lassen. Dem General Psychologus war die von Hitler geplante und betriebene Neuordnung Europas durchaus kein „boehmisches Dorf"!

Es gelang ihm rechtzeitig, diese europaeischen Neuordnungsplaene erst garnicht in die Hirne der vielen, gefuerchteten, anstaendigen, deutschen Offiziere zu damaliger Zeit eindringen zu lassen.

22) **Der deutsche Widerstand und der Verrat.**

Der oben geschilderte, immerhin gewagte Weg ueber die loyalen Fuehrungskreise durfte nicht der alleinige bleiben — immer von den Interessen des Generals Psychologus aus betrachtet.

Es lag daher nahe, dass der General Psychologus auch die andere Seite, die ewig Unzufriedenen, die „Kritikaster", die Unterlegenen, die Zurueckbleibenden, die Ausgeschalteten oder sich Nicht-Einfuegenden ansprach. Der bei diesen Kreisen unbefriedigte Ehrgeiz, auch manche gewollte, aber auch ungewollte Kraenkung ergaben eine geradezu ideale Grundlage fuer ihren Einsatz bei konspirativen Plaenen.

So war es dem General Psychologus ein Leichtes, eine von ihm gesteuerte diesbezuegliche Vereinigung zusammen zu bringen, die man mit dem Worte „Widerstand" klar umreissen kann. Bis heute nennt sie sich selber so.

Die Reihe der kriegsentscheidenden Dinge waere recht unkomplett, wenn wir diesen deutschen Widerstand nicht erwaehnen wuerden; eine Erscheinung, die es in dieser Form und mit derartigem Einfluss erst jetzt gegeben hat.

Sie, meine lieben brasilianischen Freunde, machten ein etwas unglaeubiges Gesicht, als wir bei unserer Unterhaltung dieses Thema kurz streiften. Es war Ihnen nicht ganz klar, was das sein sollte. Sie haben ja hierzulande auch das sogenannte politische Leben, das manchmal sogar auch sehr stuermisch und aufgeregt vor sich geht, mit gegenseitig gesagten oder sonstwie angedeuteten Unfreundlichkeiten, Tumulten im Parlament, Polemik in den Zeitungen etc.

Sie konnten es sich aber nicht vorstellen, dass, wenn Ihr Land in Gefahr kommen wuerde oder gar Krieg sein wuerde, es dann noch Kraefte gegeneinander geben wuerde. Sie haben also noch einen gesunden und richtigen und berechtigten Patriotismus, den es auch bei allen anderen Voelkern gibt. Sie koennen sich gluecklich schaetzen, dass er bei Ihnen klar und ausgepraegt vorhanden ist.

Es war fuer Sie vollkommen unverstaendlich, dass eine innenpolitische Gegnerschaft so weit gehen kann, dass sie sich aus dem noch dazu feindlichen Auslande Hilfe heranholt, um sich und ihre Plaene durchzusetzen; und dass solche auslaendische Hilfe eine militaerische oder sogar kriegerische sein konnte, die die ganze Nation dann teuer bezahlen musste mit Gebiets- und Bevoelkerungseinbussen, garnicht zu reden von den schrecklichen Kriegsopfern an Menschen und Material.

In der Tat ist solch ein Verhalten unglaublich und empoerend, und koennen Sie ruhig bei Ihrer Ablehnung gegen solche Elemente, die zu „so Etwas" faehig sind, bleiben.

Im Rahmen des Themas dieses Buches ist es aber unumgaenglich notwendig, sich diesen, wenn auch widerlichen Erscheinungen zu widmen, denn sie sind in diesem Umfange, wie sie in dem Zweiten Weltkriege in Deutschland zur Schau getragen wurden, ein Novum in der politischen Weltgeschichte; sie waren kriegsentscheidend, sogar in doppeltem Sinne.

Der Widerstand erstrebte den Krieg gegen das „Nazi-Deutschland", und als es dann soweit gekommen war, untergrub er, soweit das ihm moeglich war, jede Unternehmung zugunsten eines fuer Deutschland gluecklichen Ausganges des Kampfes.

Auch das brasilianische Militaer-Gesetzbuch von 1897 klassifiziert derartige Dinge klar als Landes-Verrat. Sagen Sie das aber, wenn Sie zufaellig in das heutige Deutschland kommen, um Gottes Willen ja nicht laut; Sie werden sofort schwer verfolgt! Jene Landes-Verraeter sind die neuen Heiligen und Vorbilder des jetzigen Staates dort; nach ihnen werden Strassen, oeffentliche Plaetze und sogar Kasernen benannt; jeden Tag stehen in allen Zeitungen immer wieder Rechtfertigungen ihres Handelns.

Aber das aendert nichts an der Notwendigkeit, jenes Novum in der politischen Geschichte der Voelker genau zu untersuchen, von allen Seiten zu beleuchten und abzuwaegen; gerade, wenn wir studienhalber die geistige psychologische Kriegsfuehrung der damaligen Zeit betrachten.

Gehen wir zunaechst auf die Kriegsfoerderung des Widerstandes ein:

Entgegen aller unwahren, von vor dem Kriege bis heute geuebten Polemik lag es nicht in deutschem Interesse, Europa, insbesondere Mitteleuropa, durch politische Kaempfe oder gar Kriege zu erschuettern und zu schwaechen. Es schwebte dem deutschen Volke und seiner damaligen Regierung nur die eine grosse Aufgabe vor Augen, dem schon zeitlich weit vor der Existenz des National-Sozialismus nach Westen strebenden Bolschewismus aufzuhalten, u. zw. „so oder so", wenn moeglich auf friedlicher Basis; aber auch mit Gewalt, wenn diese vom Gegner in Anwendung gebracht wuerde, ihn zurueckzuweisen.

Der in ganz Europa und vielen anderen Laendern nicht etwa organisch gewachsene, sondern kuenstlich entfachte, und absolut unerbetene politische scharfe Kampf des Kommunismus auf ideologischer, innenpolitischer Basis hatte eine riesige allgemeine — voellig unnoetige und damit unangebrachte Unruhe erbracht. Werfen wir sogleich unsere lateinische Frage „Cui prodest" ein, um zu wissen, wozu, und nur fuer wen, das Ganze von Vorteil sein konnte.

Als nur natuerliche Reaktion kam es in fast allen diesen Laendern zu mehr oder minder starken, antibolschewistischen

Gegen-Bewegungen, insbesondere in den europaeischen intelligenzmaessig hochstehenden Kernlaendern. Der durch die neue politische Waffe des Kommunismus gewonnene Einfluss ging in den jeweiligen Laendern langsam aber sicher wieder verloren? Was geschah daraufhin?

Ich erinnere mich sehr gut an eine ernste Unterhaltung mit einem brasilianischen Kommunistenfuehrer aus dem Jahre 1935. Dieser erklaerte 1943 ganz unverbluemt, dass sie, die Kommunisten, „ihre" Rote Armee nicht zu Paradezwecken aufgebaut haetten, sondern sie sei dazu da, wo der ideologische Kampf versagt habe, die von ihnen gewuenschte Entwicklung zu erzwingen; natuerlich zum Guten des internationalen Proletariates, wie er sagte.

Zwei grosse, ideologisch untermauerte Gegenbewegungen gab es in Europa; zunaechst den italienischen Faschismus und spaeter dann den deutschen National-Sozialismus.

Beide kamen zu grossen innenpolitischen Erfolgen; also musste von General Psychologus Etwas dagegen getan werden, u. zw. insbesondere gegen die juengere und modernere und fortgeschrittenere Gegenstroemung, die der National-Sozialismus darstellte. Dieser war nicht durch einen Marsch auf die Hauptstadt des Landes zur Regierung gekommen, sondern auf ganz parlamentarische Weise, durch Stimmen-Mehrheit; war also im Volke verankert.

Wenn man ihn vernichten wollte, so musste man sowohl von innen, wie von aussen gegen ihn angehen.

Eine innenpolitische oder sozialistische Angriffsflaeche wurde kaum geboten, also musste man sehen, sie wenigstens von aussen her irgendwie zu schaffen. Nichts war evidenter, als sich irgendwelcher unzufriedener Elemente innerhalb Deutschlands zu bedienen. Es musste die Unzufriedenheit, die es ueberall in der Welt gibt, wo verwaltet wird, kuenstlich erhoeht und besonders gepflegt werden. Sehen wir das ganz klar!

Man wollte nun nicht die Unzufriedenheit einiger Deutschen durch Besserung etwa beheben — was interessierte schon Andere die Unzufriedenheit einiger Deutscher — sondern sie erhoehen, um daraus politisches Kapital zu schlagen. Was liegt denn auch dem Gegner Deutschlands daran, dass es dem deutschen Volke gut geht, er geht doch nur **seinen** politischen Zielen nach und tut Alles, um s e i n Ziel zu erreichen. Das haben die Widerstaendler niemals kapiert; viele, viele andere bis heute noch nicht.

Diese politisch Unzufriedenen — meistens hatten sie in den vorausgegangenen, jahrelangen, politischen Kaempfen den Kuerzeren gezogen — waren also, sagen wir es einmal klar ausgesprochen, besiegt, und wurden nun ein williges Werkzeug in der Hand des Generals Psychologus. Das Ganze ist natuerlich etwas verzwickt und kompliziert. Im Groben koennen wir jedoch nur feststellen: diese Kreise wurden unter der Anleitung des Generals Psychologus gegen die von ihrem eigenen Deutschland ausgehende Neuordnung zum Einsatz gebracht.

Die Deutsche Reichsregierung hatte sich um eine Einigung Mitteleuropas bemueht.

Der erste grosse aussenpolitische Erfolg war 1934 der Pakt mit Polen; es folgte die „Achse Berlin - Rom". Mit England war 1936 ein Flottenabkommen zustande gekommen.

Es bahnte sich also auf friedliche Weise und ohne grossen Zwang ein einiges Europa an.

Das musste natuerlich verhindert werden. Dafuer war jedes Mittel recht und das wurde auch den deutschen Helfern des Generals Psychologus eingetrichtert, was soweit ging, dass diese sich zu der Ungeheuerlichkeit hinreissen liessen, eine Niederlage ihres eigenen Volkes nicht nur nicht zu verhindern, sondern sogar zu wuenschen und den Feinden ihres Landes Hilfestellung im Kampfe gegen ihr eigenes Vaterland, das nicht nur schlicht besiegt, sondern ausgerottet und geviertteilt werden sollte, zu leisten.

Auf diesem „kleinen Umwege" ueber einen europaeischen Krieg wollte man die deutsche Regierung absetzen, anders ging es anscheinend nicht.

Jene Kreise waren politisch zu naiv, um nicht zu erkennen. dass wohl von der boesen deutschen Regierung die Rede war; man aber auf Land und Leute, auf das deutsche Volk in seiner Gesamtheit, es abgesehen hatte.

Heute steht fest, dass England ohne seinen damaligen staerksten Bundesgenossen — den deutschen Widerstand — niemals in der entscheidenden Stunde effektiv auf Krieg geschaltet haette. — Die Zusagen des deutschen Widerstandes, im Falle einer englischen Kriegserklaerung innerhalb weniger Tage die damalige deutsche Reichsregierung abzusetzen, gefangen zu nehmen und durch jene unzufriedenen Widerstands-Personen zu ersetzen, wurde, wie Churchill ganz klar in seinen Memoiren darlegt, bestimmend, sich fuer einen sagen wir einmal „Kleinen" Krieg zu entscheiden.

Eine solche neue deutsche Regierung waere eine krasse wirkliche Militaerdiktatur gewesen, die also nicht demokratisch gewaehlt, sondern durch einen Staatsstreich ans Ruder gekommen waere. Das waere also die „Demokratie" dieser Widerstandsaktion gewesen.

Sicherlich wollte England niemals einen langen grossen Weltkrieg. Das Ergebnis eines solchen grossen Krieges ist, was England anbelangt, ja heute fuer jedermann sichtbar, nachdem der Zweite Weltkrieg stattgefunden hat, und das englische Imperium praktisch zerschlagen daliegt, ohne dass das dafuer beschuldigte Deutschland auch nur einen Quadratmeter des englischen Besitzes sich angeeignet haette — das taten Andere!

Es steht heute weiterhin fest, dass sich Italien aus der Achse hat herausbiegen lassen, einerseits durch massive, wenn auch gebluffte Angriffsdrohungen seitens der Englaender, andererseits aber auch aus der intimen Kenntnis ueber die Widerstandsverhaeltnisse innerhalb Deutschlands. Sowohl der italienische Botschafter in Berlin, wie auch der Deutsche Geschaeftstraeger in Rom waren Kenner und sogar enge Mitarbeiter des Widerstandes und seiner Plaene. Italien hatte also mit seiner Befuerchtung garnicht Unrecht, nach einer Kriegserklaerung und nach dem Sturz der Hitler-Regierung praktisch allein dazustehen. Diese Befuerchtung war absolut genuegend begruendet und damit keinesfalls falsch.

Waere die deutsche Machtentfaltung nicht durch das Vorhandensein und die intensive Taetigkeit des deutschen Widerstandes in der grossen Politik um ihre geplante Wirkung gebracht, waere es weder England, noch Italien kaum eingefallen, jene Haltung einzunehmen, die sie dann damals gezeigt haben.

Selbst die Handlungsweise der Polen war nur moeglich, infolge der Existenz und Haltung des Widerstandes, der intime Verbindungen auch mit dem polnischen Botschafter Lipski unterhielt.

Polen hatte gar keinen Grund, eine so entscheidende Wendung in seiner Politik durchzufuehren. Gerade im Abwehrkampfe gegen den Bolschewismus und andere russische Gelueste in Bezug auf polnische Gebiete haette es treu zu der von seinem Marschall Pilsudski aufgezeichneten und angefangenen Politik stehen sollen. Das Ergebnis seiner dann neuen, antideutschen Politik ist ja heuzutage fuer jedermann sichtbar.

Gewiss wurde Polen durch England und die USA zu seiner schicksalsschweren Aenderung — auf den chauvinistischen Weg — gedraengt; wollte es doch allen Ernstes 1939 erfolgreich und innerhalb weniger Wochen auf Berlin marschieren.

Als die Polen sich auf den kriegerischen Weg begaben, besuchte sie der franzoesische General Gamelin, der sie nach einer fuer einen solchen Kurs nach seiner Meinung noetigen West-Befestigung, gegen Deutschland gerichtet, fragte. Gamelin bekam zur Antwort, dass eine solche nicht existiere, auch nicht noetig sei, denn man sei ja nur wenig mehr als hundert Kilometer von Berlin entfernt, die polnische Kavallerie werde schon mit den deutschen Papptanks fertig werden. Wir sehen damit, wie weit die politische Verblendung gehen konnte; noch in diesem Jahrhundert.

Haetten jene polnischen Kreise vor einer restlos machtvollen deutschen Regierung, also vor einer nicht durch eine Widerstandsbewegung geschwaechten gestanden; haette es jenen deutschen Widerstand, der viel von sich reden machte und ungeheuer ruehrig und taetig zu sein vorgab — ein Umstand, der im Verhaeltnis zur damaligen Wirklichkeit sehr uebertrieben dargestellt wurde — der seinen vermeintlichen Einfluss insbesondere dem Ausland und den auslaendischen diplomatischen Vertretungen kundtat, nicht gegeben, waere es niemals zu schweren kriegerischen Auseinandersetzungen gekommen, weder mit Polen, noch mit England!

Das ist also eine schwere, durch nichts wegzuleugnende oder wegzudiskutierende Schuld, die der Widerstand sich aufgeladen hat.

Aber nicht genug damit, der deutsche Widerstand ging noch viel weiter in seinen das eigene Vaterland schaedigenden Schritten.

Nachdem es zum Kriege tatsaechlich gekommen war, und dieser Krieg immer haertere Formen angenommen hatte, meinte jene Widerstandsgruppe, nichts Anderes tun zu muessen, als eine riesige Reihe von militaerischen Geheimnis- und Landes-Verraetereien zu begehen, worueber es mittlerweile umfangreiche Dokumente und Literatur gibt; es eruebrigt sich deshalb, Beispiele dafuer in diesem Rahmen anzufuehren; diese fuellen leider, bereits dicke Geschichts-Baende.

Der Widerstand hat also nicht nur zum Kriege getrieben, sondern hat auch Alles in seiner Macht stehende getan, damit es zur Niederlage kam. Das bestreiten diese Leute garnicht! Im Gegenteil, sie versuchen bis in die heutige Zeit, ihr damaliges Handeln zu rechtfertigen mit den groessten Absurditaeten. Sie rechnen ihr Verhalten sich sogar als Verdienst an. Soweit geht also das Verdrehen der Begriffe in diesem Jahrhundert!

Auch damit war es noch nicht genug. Mitten im Kriege hat der Widerstand es fertig gebracht, mehrere Mordanschlaege gegen das Staatsoberhaupt anzusetzen, das zu damaliger Zeit die grosse Mehrheit des deutschen Volkes bis zum bitteren Ende hinter sich hatte. Es ist das erste Mal in der neueren deutschen Geschichte, dass sowas passierte, wohlverstanden waehrend **die ganze Nation** im Kriege stand; nicht nur der „Nazismus", wie sie so gern immer sagen.

Auch das war immer noch nicht genug.

Die Anstrengungen der Feinde, Deutschland zu besiegen, wurden durch diese Mordanschlaege gegen Deutschlands Staatsoberhaupt und Obersten Kriegsherrn nur noch mehr angefacht und damit die Moeglichkeit — vielleicht sogar die daemmernde Einsicht zum Einlenken — zu einem Kompromissfrieden wieder in weite Ferne gerueckt, denn weshalb sollte der Feind zu solchen Schritten geneigt sein, wenn er unverkennbare Zeichen der inneren Zersetzung und damit der Schwaeche bei dem Gegner sah?

Der Widerstand hat also durch sein Verhalten eine Kompromissloesung, also damit auch eine vorzeitige ertraegliche Beendigung des Krieges hintertrieben. Das will er heute nicht gerne wahr haben, aber die Auswirkung seines Handelns ist nun einmal eine solche gewesen, sofern er nicht ueberhaupt auch eine restlose bedingungslose Niederlage erwuenscht und erstrebt hatte.

Unser General Psychologus wird zweifellos mit seinen diesbezueglichen deutschen Mitarbeitern — sprich Widerstaendlern — mehr als zufrieden gewesen sein und hat sie denn auch reichlich belohnt. Diese Leute leben bisher gut und haben keine direkten Sorgen — nur eine, dass man ihr Benehmen eines Tages unverbluemt erkennt. Sie haben gute Stellungen, sowohl in der Wirtschaft, wie auch in der heutigen deutschen Regierung. — Jaja, meine lieben Freunde, entruesten Sie sich nur richtig, da haben Sie vollkommen recht, leider ist das in dem heutigen Deutschland noch moeglich. Die Freunde von frueher sind noch maechtig und so haelt man sich auch noch. Vielleicht, wer weiss, bringt die nahe Zukunft die Gelegenheit, sich wieder in dem bisher gezeigten Sinne zu „bewaehren"; die Umstaende dafuer sind ja nur guenstige und man wird dann wieder die dann dritten „goldenen" Jahre geniessen; die zweiten sind fuer jene und gehen ja jetzt wieder zuende; 20 Jahre sind um!

Zurueckkommend auf den Rahmen unserer Studien der psychologischen Kriegsfuehrung stellen wir nur fest:

Auf alle, die in dieser Abhandlung erwaehnten kriegsentscheidenden Probleme hat der Widerstand entscheidend eingewirkt, allerdings immer nur in negativem Sinne. Damit muss er also als der weitaus bedeutendste aller kriegsentscheidenden Vorgaenge gewertet werden; fuerwahr ein trauriger Ruhm.

Diese traurigen Vorgaenge sind so krass und grenzen so ans Absurde, dass, wie auf jeden Druck, ein gesunder Gegendruck nicht ausbleiben wird. Sobald einmal der „Goldene Kaefig", den Churchill den Deutschen listigerweise zugedacht hatte, seinen gueldenen Glanz verliert, oder diejenigen, welche in diesem Kaefig nun schon lange bei Wirtschaftswunder-Kuchen und Kaffee sitzen, zu merken beginnen, dass sie in einem Kaefig sitzen; sobald dieser Kaefig also einmal gesprengt oder sonstwie aufgemacht wird und dann damit verschwindet, wird die Zeit kommen, dass der widerliche Widerstand nicht nur von einer durch Forschung wissend und damit illusionslos gewordenen und nuechtern abwaegenden Gruppe national Gesinnter, sondern allgemein, vom ganzen deutschen Volke als das empfunden wird, was er fuer jeden sachlichen Betrachter ist: Nicht nur eine Schande, sondern, was viel wichtiger ist, ein Monstrum, das dem deutschen Volke eine grossartige, gegen niemand gerichtete Entwicklung, seine groesste Chance in der neueren Zeit ausgeschlagen hat; zumindest fuer Jahrzehnte unnoetigerweise verzoegert hat.

Die grosse Linie in der Entwicklung Europas wirklich aufzuhalten, dazu ist weder der Geist eines deutschen Widerstandes, noch der General Psychologus in der Lage.

Kritische, verstaendige und heutzutage aus triftigen Gruenden interessierte Kreise des In- und Auslandes erkennen, dass das deutsche Volk — und damit zumindest und zunaechst die restliche westliche Welt, das sogenannte Abendland — die groesste Chance der modernen Zeit verloren hat, sich des gefaehrlichen und bedrohlichen Dranges von Osten her zu entledigen und eine bessere grossartige Entwicklung im Rahmen eines neugeordneten Europas, dessen Herzland das Deutsche Reich nun einmal ist und bleibt, anzutreten. Es bleibt die Hoffnung, dass Europa trotz dieses gewaltigen Rueckschlages die noetigen Kraefte aufbringen wird, um die schon mehrfach begonnene, aber immer wieder durch raumfremde Kraefte zum Scheitern gebrachte Neuordnung endlich zum guten Ende zu bringen. Moege es dabei nie die psychologischen Moeglichkeiten und Notwendigkeiten, die sowohl im Fuer, wie im Wider liegen, ausser Acht lassen.

VI. KAPITEL

DER GENERAL PSYCHOLOGUS AUF DEM POLITISCHEN SEKTOR

Wir zitierten am Anfang dieser Abhandlung das Wort von Clausewitz: „Der Krieg ist die Fortsetzung der Politik mit anderen Mitteln."

Nichts lag naeher, als dass der General Psychologus nicht nur im Kriege, sondern im Frieden, und zwar auch auf dem politischen Sektor, zum Einsatz kam, wenn es die ihm gegebenen Auftraege erforderten und seine Aufgaben erleichterte.

Im Rahmen der europaeischen Neuordnung hatte sich um das Jahr 1935 die Erkenntnis durchgesetzt, dass das Wohl oder Wehe der Nation nicht mehr von dem Ausgang der Wahlen und ihren Vorbereitungen, von dem parlamentarischen Leben, wie es damals geuebt wurde, abhaengig war; dass man die Demokratie — das Regieren nach dem Willen des Volkes, wie es die urspruengliche Definition sagte — anders, eben besser und fortgeschrittener realisiert sehen wollte. Man hatte begonnen, die damals oft wuerdelose und in letzter Konsequenz nur der Zersplitterung dienende damalige Form (des Parlamentarismus) zu ueberwinden.

Derartige Gedanken oder Plaene oder gar ihre Realisierung konnte — und kann — der General Psychologus auf keinen Fall dulden, insbesondere, wenn sie die Staerkung der betreffenden Nation und ihrer nationalen Kraefte foerdern wuerden.

Denn dann wuerde es mit seiner psychologischen Einflussnahme vorbei sein, die ihm und seinen Auftraggebern die noetige Staerke bisher gegeben hatte, um die wahren und natuerlichen Kraefte des von ihm anvisierten Volkes zu neutralisieren und damit gefuegig zu machen.

Er konnte und kann es ebensowenig zulassen, dass durch etwaige Studien oder Berichte von Maennern, die damals dabei gewesen waren, es allgemein bekannt blieb, dass Hitler damals auf dem sagen wir „alten" parlamentarischen Wege zur Macht gekommen war; dass seine Partei die weitaus staerkste gewesen war und ihm die Erringung der absoluten Stimmenmehrheit der deutschen Waehlerschaft moeglich gewesen war. General Psychologus tat Alles, damit die „Alten" diese Tatsachen vergassen und die „Jungen" nichts davon hoerten.

Die Auftraggeber des Generals Psychologus sind garnicht so parlamentarisch, so demokratisch, wenn es um ihre Interessen geht.

Um seine Hebel richtig anzusetzen, musste er nicht nur wendig und geschickt im Handeln sein, sondern auch Vorkenntnisse haben; er war also auch ein guter und genauer Kenner der Geschichte.

General Psychologus kannte die Vergangenheit seines „Opfers" sehr genau, liess sie durch und durch studieren bis in alle Einzelheiten und mit der Massgabe, moeglichst irgendwelche Schwaechen ausfindig zu machen.

Erst nach diesem ausfuehrlichen Studium baute er auf diesem seine Entschluesse und seine ganze Handlungsweise auf.

Er machte n i c h t den Fehler, auf Grund von Fehlinformationen und Falschmeldungen s e i n e Planung aufzubauen. Wohl verwendete er Fehl- und Falschmeldungen, indem er sie bei seinen „Opfern" anwendete.

Er wusste ganz genau — das ist ja seine Staerke — und sein Trick — dass jede Fehlinformation oder Falschmeldung sich immer mehr oder minder verheerend auswirken muss, insbesondere, wenn es um grosse Dinge geht.

Er tat auch Alles, dass dieses „Rezept" niemals gegen ihn selbst zur Anwendung kam, womit er es selbst etwa zu spueren bekaeme.

So studierte er in seinem Stabe genau die Deutsche Geschichte; sicher las er mit heutigem politischen Interesse schon den alten Tacitus ueber „Arminius, die Deutschen und Roemer".

Er kannte die Geschichte um 1807 bis 1815, die Zeit von Napoleon, die anzeigt, dass bei nationalem Elend eines Volkes immer Maenner aufstehen, die die Kraefte der Nation wieder ansprechen und aufruetteln, wie im deutschen Falle durch Ernst Moritz Arndt, Freiherr von Stein, Fichte, etc.

Er wusste auch, dass nach 1914/18 im nationalen Lager, — frueher gab es gar keine anderen Lager, als dieses — Maenner auftauchten, um die Lage wieder zu meistern.

Er kannte ganz genau den Kampf eines gewissen Hitler von 1918 bis 1933, ebenso die durch diesen Hitler gepraegte Zeit von 1933 bis 1939, die er dann in einem weltweiten totalen Kriege von 1939 bis 1945 zunichte machte.

Aus diesen Erkenntnissen und Erfahrungen heraus tat er auch nach 1945 Alles, um das Auftauchen aufrechter, rechtschaffener Deutscher zu verhindern oder zu vertuschen, oder ueberhaupt unmoeglich zu machen, oder zumindest ihr mit der Zeit unumgaengliches Erscheinen zu verzoegern.

Die sogenannte „breite Oeffentlichkeit" — auch ein Erzeugnis des Generals Psychologus — fragt bereits, ob es denn „So etwas" ueberhaupt noch gaebe, solch national gesinnte Maenner. Dem Wort „national" wird eine vollkommen entstellende Bedeutung untergeschoben, um es damit „unmoeglich" zu machen.

Mit gewisser Beruhigung koennen wir jedoch feststellen, dass diese ganzen Maetzchen nicht das erhoffte Ziel erreicht haben und wohl auch kaum erreichen werden. Sehr wohl gibt es auch heute aufrechte Deutsche, sie bilden das grosse Heer der unbekannten, politisch eingeschuechterten, „selbstverstaendlichen" Deutschen, oder sie erscheinen als tapfere Einzelpersonen.

Da gab es einen ehemaligen, kuerzlich verstorbenen Hochschulprofessor. Seit Kriegsende lebte er im Auslande. Einen Lehrstuhl bekam er in Deutschland nicht, auch keine Rente — die Generaele des in Kriegszeiten gegruendeten sogenannten National-Komitee in Russland bekommen volle Pension. —

Es ging jenem Hochschullehrer weder gesundheitlich, noch wirtschaftlich gut. Wenn man sich in Deutschland nach ihm erkundigte, erhielt man Antworten wie: „Leider kann ich aus strafrechtlichen Gruenden mit der von Ihnen angefragten Persoenlichkeit — keine Namenswiederholung wohlverstanden — keine Verbindung aufnehmen. Leider sage ich, weil ich es als eine Freiheitsbeschraenkung ansehe, wenn bestimmte Forscher und Forschungen heute von gewisser Seite unter Quarantaene gehalten werden."

Oder: „Bitte seien Sie recht vorsichtig in Verbindung mit unserem Freunde. Es sind bei mir schon Behoerdenvertreter — Deutsche — aufgetreten, die wissen bezw. sehen wollten, was ich auf in Privatbriefen gemachte politische Bemerkungen unseres Freundes geantwortet habe. (!)"

Da ist ein anderer grosser Idealist und zu gleicher Zeit grosser Sachkenner der deutschen juengsten Geschichte. Wenn man wissen will, was an einem bestimmten Tage, sagen wir am 25. August 1942 in Paris, politisch sich ereignete, so kann man sich an diesen Freund wenden und man kann sicher sein, dass seine dann folgende Information richtig ist.

Ein Teil seiner geschichtlich einwandfreien kritischen Niederschriften ist verboten; dabei soll in Deutschland eine Presse- und Redefreiheit im Grundgesetz verankert sein.

Dieser Mann lanzierte eines seiner Werke in zunaechst beschraenkter Erstauflage. Die Nachfrage war jedoch so gross, dass er sich zu einer vergroesserten Neuauflage entschliessen musste, was fuer den, der weder Dollar- noch Rubel-Hilfe annimmt, eine schwere wirtschaftliche Anspannung mit sich bringt; denn 8 bis 10.000 Buecher zu drucken, kostet viel Geld.

Kaum war die Neuauflage fertig, da setzte schlagartig in ganz Deutschland eine Welle der lueckenlosen Beschlagnahme ein, womit der Herausgeber natuerlich schwer getroffen wurde; mit der Beschlagnahme ruinierte man ihn wirtschaftlich. Ausserdem wurde er eingesperrt, blieb zwei Jahre im Gefaengnis, hatte fuenf Jahre Berufsverbot, konnte also als Buchverleger und Haendler auch keine Bibel verkaufen. Im Gefaengnis erlitt er einen Schlaganfall, der zunaechst garnicht und dann auch nur sehr ungenuegend behandelt wurde. So sahen wir den armen Mann zuhause in einem beklagenswerten Zustande; seine tapfere Frau unterhielt notduerftig die Familie. Der Idealismus dieses Mannes ist ungebrochen. In einem national orientierten Deutschland wuerde er verdientermassen in gehobener Stellung sich befinden; in dem heutigen Deutschland leidet er! Ja, auch das ist im heutigen Deutschland moeglich.

Das ist aber keine Ausnahme! Selbst im Juli 1963 ereignete sich Aehnliches mit einem jungen Verleger. Voellig unerwartet wurden ihm ueber 20 000 Buecher beschlagnahmt, ohne irgendeine vorausgehende Gerichtsverhandlung, zu der der Betroffene geladen worden waere oder zu der er durch einen ordentlichen Verteidiger oder irgendein anderes Rechtsmittel Stellung haette nehmen koennen, bevor die Entscheidung, also die Beschlagnahme, zur Durchfuehrung kam.

Man regt sich in der Bundesrepublik ueber die sowjetischen Schauprozesse auf oder ueber sonstige unjuristische

Vorgaenge im Ostblock. Selbst dort ist jedoch der Betroffene zugegen und kann zumindest einige Worte zu seiner Verteidigung sagen. Wir kommen nicht von dem Eindruck los, dass dieser primitivste Rechtsgrundsatz im heutigen Deutschland, wenn es sich um nationale Belange handelt, keine Gueltigkeit hat, was uns sehr bekuemmert. Man war doch sonst immer so erhaben ueber die juristischen Untaten der Nazis. Rechtsbeugung kann doch nicht auf diese Weise ueberwunden und „bewaeltigt" werden. Im Gegenteil, wir haben den Eindruck, dass man einen besseren sachlicheren, rechtlicheren Weg zu scheuen hat. Hinzu kommt der wirtschaftliche Schaden, der einer Gruppe von „Auch-Deutschen" unnoetig zugefuegt wurde und durch vorzeitige Zensurentscheidung haette vermieden werden koennen. Ja, auch das ist in dem heutigen Deutschland noch moeglich! Was waeren wir froh, wenn uns dieser schlechte Eindruck genommen wuerde!

Da sitzt nun schon lange Jahre ein anderer Idealist hinter „spanischen Gardinen". Er laesst es nicht zu, dass weder seine Frau, noch sein inzwischen erwachsener Sohn oder sonstwer aus seinem Familien- oder Bekanntenkreise ihn besuchen kommen. „Natuerlich" steht dieser Familie auch keine Pension zu. So bestreitet die tapfere Frau mit einem kleinen gediegenen Gaesteheim den Lebensunterhalt.

Ueber seine Persoenlichkeit und seinen Idealismus und sein unbedingtes Deutschtum ist jeder Zweifel erhaben. Man kann nur mit dem Patenonkel seines Sohnes sagen, „dass es in all den Jahren gelungen war, einen Idealisten reinsten Wassers unausloeschbar in die Geschichte zu stellen."

Es gibt „natuerlich" keine amtliche Stelle im ganzen Deutschland, die versucht, das Schicksal dieses inzwischen alten Mannes zum Guten zu wenden.

Da lebt in einem Dorfe in Norddeutschland der ehemalige Ministerpraesident eines kleinen deutschen Laendchens. Zu Zeiten seiner Regierung wurde er nicht selten von sogenannten Intellektuellen verspottet — das lag im Rahmen der damaligen Fluester- und Vernidlichungs-Kampagne, die unser General Psychologus auch auf „Nebenkriegsschauplaetzen", den unwesentlicheren Verwaltungsverhaeltnissen, fuehrte.

Heute koennen wir feststellen, dass dieser aufrechte Mann von seinen Gegnern garnicht so leicht genommen wurde, musste er doch ueber zwoelf Jahre in Haft bleiben und an diese Gefaengniszeit schloss sich ein mehrjaehriges Rede- und Schreibverbot an. Auch er ist inzwischen weit ueber siebzig Jahre alt.

Da gibt es einen weiteren Kaempfer, der nach dem Kriege in Uebersee lange Zeit der Einzigste war, der in einer fein aufgemachten Monatszeitschrift die nationalen Belange Deutschlands verteidigte und pflegte, wobei ihm einige weitere aufrechte Maenner zur Seite standen.

General Psychologus ueberdachte diesen ihm sehr unangenehmen Fall, Antideutsche Kraefte erzwangen zusammen mit verdaechtigerweise urploetzlich auftretenden wirtschaftlichen Schwierigkeiten und inneren Missverstaendnissen die Liquidation des Verlages.

Jetzt arbeitet der Mann in der Rezeption eines europaeischen Hotels, ausserhalb Deutschlands „natuerlich", denn dort waere er heutzutage „unhaltbar" bezw. „untragbar", oder klarer gesagt „unertraeglich und unerwuenscht".

Da lebt ein anderer Hochschullehrer in Deutschland. Seine Familie wurde zum Teil unterhalten durch die Ehefrau, die als Lehrerin taetig war. Pension, Rente oder gar eine Anstellung, ein Lehrstuhl oder dergleichen kamen fuer diesen Herrn „natuerlich" nicht in Frage, trotzdem er in seinem Fache ein ausgesprochener Kenner war.

Auch er hat schon vor den Gerichten gestanden. Man hatte ihn verknackt, aber Bewaehrungsfrist eingeraeumt, womit man ihn bis heute am Gaengelband haelt.

Jaja, auch das ist eine Form der heutigen deutschen Redefreiheit.

Erst durch eine Verbindung mit nordamerikanischen Fach-Kollegen gelang es diesem Freunde, sich durchzusetzen; man braucht also einen amerikanischen Schutzengel, um geschichtswissenschaftlich in dem heutigen Deutschland taetig sein zu koennen.

Da gaebe es noch viele Deutsche anzudeuten, die taetig zur Sache, zu ihrem Deutschtum stehen, aber mit viel Geschick vorgehen muessen, um nicht in ihrer wissenschaftlichen und nationalbewussten Arbeit von den Behoerden — von deutschen Amtsstellen — gestoert zu werden. Es ist kaum glaubhaft. Die oben Angedeuteten sind schon „gestoert", koennen also durch Erwaehnung in diesem Rahmen kaum weiter geschaedigt werden.

Diese geistige Beschraenkung und Einengung gilt es jedoch klar zu erkennen und weiten Kreisen vorzufuehren und damit bekannt zu machen, damit sie endlich aufhoeren. Die im Auslande lebenden Deutschen empfinden solche Vorgaenge und solch Verhalten deutscher Behoerden als tiefe Schande.

Es gibt da welche, die meinen, das Ganze sei „zufaellig" so. Ach nein, zufaellig geschieht nichts, sondern Alles wird genau geplant und gesteuert von interessierter Seite, die hinter dem General Psychologus steht.

Zufaellig ereignet sich insbesondere in der leidigen Politik ueberhaupt nichts! Insbesondere, wenn damit die sehr teure Publizistik verbunden ist, die fuer ihre Arbeit klingenden Lohn erhalten will, also finanzstarke Hintermaenner braucht — und sie, da sie arbeitet, auch zweifellos hat.

Finden Sie, meine lieben Freunde, es nicht auch sehr erstaunlich, wie weit es mit der Publizistik getrieben werden kann?

VII. KAPITEL

DIE UEBERWINDUNG DER PSYCHOLOGISCHEN WAFFEN UND DER NATIONALEN VERKUEMMERUNG

Ueberlegen wir einmal, wie die psychologische Kriegsfuehrung ueberwunden werden, bezw. wie man ihr begegnen und vor ihr bestehen kann. Wir stellen dazu zunaechst fest, dass ihr ueberraschender und entscheidender Einsatz ein zweites Mal nicht wieder seine Wirkung tuen sollte, wie es beim ersten Male der Fall war, als wirksame Gegenmassnahmen weder erdacht, noch zur Ausfuehrung gekommen waren.

Wie jede andere neue Waffe sollte sie jedoch ihre Gegenwaffe oder zumindest ihre Abwehr in Zukunft finden.

Das haengt entscheidend von der geistigen Haltung des von ihr betroffenen Volkes ab, ob dieses die psychologischen Vorgaenge als solche erkennt und damit ihre Wirkung einbuessen und sich wirklich totlaufen laesst — oder nicht.

Ob es heutzutage in der jetzigen deutschen Staatsfuehrung eine Dienststelle gibt, die sich — gerade nach den fuerchterlichen Erfahrungen in der juengsten Vergangenheit — mit diesen Dingen **im positiven Sinne** beschaeftigt — oder klarer gesagt, ob ein solches Amt in Deutschland noch unter dem Befehl des Generals Psychologus steht oder nicht, vermoegen wir nicht einwandfrei zu bestimmen. Nach dem, was wir bisher beobachteten, hegen wir ernste Zweifel. Und wir wollen auch gleich ausfuehren, warum! Siebzehn Jahre nach dem fuer Deutschland doch wahrhaftig genuegend katastrophalen Ausgang des Zweiten Weltkrieges, also 1962 sprach der deutsche Bundeskanzler in einer Rede an das deutsche Volk ausfuehrlich von einem „Abgrund von Verrat". Ende 1963, also mehr als ein Jahr spaeter, hoerte man von diesem Verrat nichts mehr.

Oder, im Jahre 1963 kommt es in Deutschland zu dem bis dahin groessten Spionage-Prozess. Trotzdem das Gericht in diesem „Felfe-Prozess" auf Landesverrat, verraeterische Beziehungen zum Ausland, schweren Geheimnisbruch, Verwahrungsbruch in gewinnsuechtiger Absicht und schwerer

Bestechlichkeit erkannt hatte, blieb es bei dem Strafmass noch unter dem gesetzlichen Hoechstmass, das mit fuenfzehn Jahren Freiheitsentzug fuer derartige Verbrechen viel zu milde war und in aller Welt viel schwerere Strafen vorsieht.

Lassen wir darueber das offizielle deutsche Nachrichtenbuero sprechen:

„...sollen seit 1951 Alles, was ihnen bei ihrer Arbeit im Westdeutschen—militaerischen—Nachrichtendienst unter die Finger kam, an die sowjetischen Geheimdienste verraten und dafuer hohe Summen erhalten haben...

...Felfe erreichte die Stellung eines Oberregierungsrates und erhielt dadurch wesentliche Einblicke...

...arbeiteten nach dem Kriege in dem von den Amerikanern finanzierten Nachrichtendienst „Organisation Gehlen"...

...hatten mindestens 95 Mitarbeiter des Bundes-Nachrichten-Dienstes namentlich und mit ausfuehrlichen Charakteristiken an den sowjetischen Dienst verraten.

...bei dem geheimen Material hat es sich unter anderem um Wochenberichte des Bundesnachrichtendienstes gehandelt, die von Felfe regelmaessig fotografiert wurden.

...die Sowjets hatten damit einen umfassenden Ueberblick ueber die jeweiligen Kenntnisse der Organisation Gehlen, ueber die Schwerpunkte des Agenten-Netzes und seines Einsatzes, sowie ueber Details betr. die Beschaffung geheimer Informationen. Ausserdem erhielten die Sowjets von den Angeklagten saemtliche Lage- und Monatsberichte ueber Spionage-Bekaempfung des westdeutschen Verfassungsschutzes..."

Jeder der beiden Hauptangeklagten hatte 140 000 Mark, das sind mehr als sechzig Millionen brasilianische Cruzeiros, fuer seine schmutzigen Dienste bekommen.

Und noch etwas Wichtiges: Der Prozess wurde zu grossem Teil unter Ausschluss der Oeffentlichkeit gefuehrt. Wir fragen nur : Warum?

Der oben angefuehrte Zweifel, ob man in Deutschland aus der Zeit des Zweiten Weltkrieges gelernt habe, duerfte schon mit der Erwaehnung des „Felfe"-Prozesses als zumindest genuegend berechtigt erscheinen.

Trotzdem der Bundeskanzler 1962 laut ausrief: „Wir stehen vor einem Abgrund von Verrat!" — nie waren wir mit ihm so einig, wie in dieser Feststellung — hat man in Deutschland eine einwandfreie Klaerung des ganzen Verrats-Komplexes bisher nicht zugelassen. Nur so ist es allerdings verstaendlich, dass der fuerchterliche Krebsschaden des Verrats nicht ausgerottet wurde, sondern immer wieder wilde Blueten trieb, wie es die juengsten Ereignisse — nicht nur die Affairen „Spiegel" und „Felfe" — zeigten.

Den noetigen Geist und die innere Ueberzeugung, bei solch hochpolitischen, meist heiklen Aufgaben die eigene — deutsche — Sache ueber Alles zu setzen, konnten wir bisher nicht beobachten. Fuer eine bessere Zukunft waere es absolut unumgaenglich. Wie es damit in anderen Staaten steht — das geht auch Sie meine brasilianischen Freunde, an — darueber sollen die jeweilig verantwortlichen Kreise sich selber ernsthafte Gedanken machen, denn nach den praechtigen Erfolgen gegen ein so grosses und maechtiges Reich, wie es das Grossdeutsche war, liegt die Vermutung sehr nahe, dass man den General Psychologus ueberall da einsetzen wird, wo es angebracht erscheint oder gar noetig ist; fuer dessen Interessen, versteht sich.

Dass es in diesem entscheidenden Punkte in der Vergangenheit auf deutscher Seite sehr gemangelt hat, liegt klar auf der Hand und muss auch ebenso klar erkannt werden; nicht nur von einigen Verstaendigen, sondern von jedermann, den das deutsche Schicksal angeht. Auf diesem Gebiete hat Deutschland wohl kaum eine Schlacht gewonnen, sondern fast nur verloren. Ja, man hatte sich auf diesem Gebiete kaum bewusst zum Kampfe gestellt bezw. sich nicht darauf eingestellt.

Eine solch schwerwiegende Unterlassung kann nur eine bewusste gewesen sein — man stand eben unter fremden Befehl, der von unserem General Psychologus ausging. Wohl entwickelte man in Deutschland viele neue und neuartige Waffen und neue Kampfesarten. Darin war man eifrig und auch erfolgreich.

Man erkannte aber nicht — besser gesagt, man sollte nicht erkennen — dass man damit schliesslich auf althergebrachten Wegen ging, waehrend die gegnerische Seite ganz neue Wege suchte und fand und benutzte und damit dann auch erfolgreich und sogar ueberlegen wurde!

Anscheinend waren die beruehmten Fachmaenner der deutschen Kriegsfuehrung garnicht auf solche, allerdings sehr undeutsche Kampfesart eingestellt. Oder — und das hoert man viel in auslaendischen Kreisen, die es mit Deutschland gut meinen, dass der sonst so tuechtige deutsche Generalstab in dieser Hinsicht vollkommen versagt hat, oder **versagen wollte.**

Es ist auch nichts bisher bekannt geworden von einer Vorausplanung fuer solche psychologische Kriegsfuehrung, wie es bei den anderen Waffengattungen und Kampfarten der Fall gewesen war.

Zweifellos waere es zumindest Aufgabe des Spionagedienstes, der „Abwehr" gewesen, hinter die psychologischen Dinge und ihre Zusammenhaenge zu kommen, noch dazu die gegnerische Seite sich innerdeutscher Elemente bediente und praktisch — mit gewisser Kuehnheit — innerhalb der deutschen Landesgrenzen agierte.

Wie weit hier, sowohl in der Spionage-Abwehr, als auch in den fuehrenden Kreisen des deutschen General-Stabes Unvermoegen oder boeser Wille vorgelegen haben, dieses psychologische Vorgehen des Feindes nicht erkannt und damit auch nicht abgewehrt zu haben, bedarf heute wohl kaum einer Klaerung mehr; heute weiss man — leider — ueberall, und das ist schon sehr beschaemend fuer die Deutschen, dass sie ueber ein rein passives, schon genuegend verwerfliches Verhalten weit hinausgegangen sind und gerade dieses psychologische Spiel aktiv — im Sinne des Gegners — mitgespielt haben!

Zweifellos trifft auch andere deutsche Aemter die Mitschuld. Hier sind insbesondere das Auswaertige Amt und ganz besonders Teile der Geheimen Staatspolizei zu nennen, die gerade fuer derartige Dinge dazusein hatten. Nicht nur in der Heeresleitung, im General-Stab und in der Abwehr, sondern auch in diesen beiden „Nazi"-Aemtern sassen solche verraeterischen Elemente.

Fuerwahr, General Psychologus hatte hier ganze Arbeit geleistet!

Dass das Auswaertige Amt mit seinen vielen Berufs-Diplomaten, die oft internationalen — niemals deutschorientierten — Klubs und anderen Bindungen angehoerten, zu einem unsicheren Kantonisten werden konnten, haette man bis zu einem bestimmten Punkte noch verstehen koennen. Immerhin hatte die letzte fuehrende politische Persoenlichkeit vor Hitler in Deutschland, der Professor Bruening, diese Kreise aufgefordert, ausnahmslos im Amte zu bleiben und zunaechst Loyalitaet zu „mimen", um, wenn die Lage einmal wieder ernst werden wuerde und damit die Stunde jener alten Politik schlage, an den richtigen einflussreichen Stellen zur Verfuegung zu sein. Rueckschauend kann man nur sagen, dass es genau so gekommen ist. Wir gehen noch an anderer Stelle darauf ein.

Dass aber eine solche Entwicklung in der Geheimen Staatspolizei, der beruechtigten, soviel erwaehnten und beschuldigten Gestapo moeglich war — und auch durch den General Psychologus erreicht wurde — muss uns in Erstaunen setzen!

Man kann heute sagen, dass die Gestapo, die ja schon nach ihrem Namen ein ganz klares Aufgabengebiet gehabt hatte, eben den Staat und damit das Reich gegen geheime Gegenstroemungen zu schuetzen, per Saldo restlos versagt hat; obendrein nicht verhindern konnte, dass sie bis heute zum Inbegriff von Brutalitaet, Tyrannentum und ungerechtem Polizeiwesen wurde und an erster Stelle steht, wenn es gilt, propagandamaessig gegen Deutschland zufelde zu ziehen und rufmaessig damit zu schaedigen.

Nie werde ich den Ausruf eines guten Deutschen vergessen, dass die Gestapo ein schlechter Tierschutzverein gewesen sei; dass, wenn sie nur halbwegs so scharf, wie sie hingestellt wurde, oder auch nur 10% so rabiat, wie die russischen Kollegen von der GPU, vorgegangen waere, u. zw. an den wirklich kritischen Stellen der Staatssicherheit — z. B. an jener psychologischen Front — sie dann Alles Schlimme fuer Deutschland haette verhindern koennen bezw. muessen; denn das war ihre eigentliche Pflicht gewesen.

Es wurde Alles getan, dass die Allgemeinheit zunaechst nur die rote, also die Gefahr von links sah; das typische Beispiel fuer geplante Irrefuehrung und Ablenkung von den wirklichen Gefahren und ihrer Auswirkung.

Nur wenige waren sich darueber klar, dass die groesste Gefahr nicht von links kam, sondern von Kreisen, die hinter den fuehrenden Persoenlichkeiten der beiden Hauptkonfessionen, in Deutschland und ausserhalb, standen. Noch Wenigeren war es damals klar geworden, dass, bei einem Unternehmen zugunsten der deutschen Nation, Gefahr von ganz rechts drohen konnte.

Es ist die grosse Tragik unserer Zeit, dass die beiden Maenner Mussolini und Hitler einen gewissen Dankbarkeits-

„Fimmel", sowie die an und fuer sich ja berechtigte, aber damals eben unangebrachte Ansicht hatten, dass kein Italiener oder Deutscher der italienischen oder deutschen Sache wegen zum Schweinehund werden koennten und deshalb auch nicht aus dem Wege geraeumt oder gar umgebracht werden duerften; es sollte ja um das Lebensrecht der Voelker gehen.

Beide Revolutionen verliefen deshalb relativ unblutig. Beide Maenner hatten nicht ahnen koennen, dass ihre eigenen Leute, noch dazu in Kriegszeiten, zu Hochverrat oder gar Landesverrat gebracht werden koennten. Beide erkannten nicht, dass die seelische Umwandlung bezw. Aushoehlung ueberhaupt schon vonstatten gegangen war und sich in den ehemals fuehrenden Kreisen, deren Fachkundigkeit sie nicht entbehren zu koennen glaubten, schon soweit ausgebreitet hatte; und diese Fachkreise garnicht erkannten, welchen Frevel an ihrem Volke sie damit begangen hatten. Man hatte nicht geahnt, dass das Seelenleben ausser einer religioesen, auch eine politische Bedeutung haben konnte.

Wohl fuehlte Hitler den oft grossen geistigen und ideologischen Abstand zwischen sich und seiner Umgebung und versuchte immer wieder, mit seinen beruehmten, manchmal langen und unerwuenschten Monologen, seinen Standpunkt klar zu machen.

Schon 1938 erkannte er bei den ersten aussenpolitischen Krisen die Unzuverlaessigkeit eines Teiles der hohen Generaele, auf deren militaer-technisches Koennen er nicht verzichten zu koennen glaubte.

In gutem Glauben war er zur Zeit der Machtuebernahme auf die Forderung jener Kreise zunaechst eingegangen, dass nur die Reichswehr bezw. die spaetere Wehrmacht der einzige Waffentraeger sein solle. Erst spaeter erkannte er die Notwendigkeit, aus den ihm ergebenen Verbaenden der SA und SS die Waffen SS zu gruenden.

Heute koennen wir sagen, dass es richtiger gewesen waere, die Wehrverbaende, nachdem das ihnen und dem ganzen Partei-Apparat gesetzte Ziel der Machtergreifung erfolgreich erreicht worden war, in dem neuen Staat und in der Wehrmacht aufgehen zu lassen bezw. mit ihnen den **Grundstock** zu bilden; sowohl, was den Manschaftsstand, wie auch, was das Fuehrerkorps anbelangt.

Was entwickelte sich jedoch mit den zwei Waffentraegern? Zweigleisigkeit!

Das war es gerade, was General Psychologus brauchte; ein Gegeneinander, und damit einen Ausgleich der Kraefte, wie er im Politischen mit dem Parlamentarismus bereits erreicht worden war, auch im Militaerischen zu erreichen; wohlverstanden immer nur beim Feinde.

Im deutschen Geheimdienste erreichte General Psychologus sogar statt einer Zweiteilung eine Viel-Teilung!

Das Auswaertige Amt, das aussenpolitische Amt der Partei, die Organisation des Auslandsdeutschtums, die Geheime Staatspolizei mit dem SD-Dienst, dann die militaerischen Spionagedienste, jede der drei Waffengattungen unterhielten ihre Spionagedienste; nicht zu vergessen der des Widerstandes. Sie alle fischten zusammen mit den auswaertigen Maechten in den trueben Gewaessern der Geheimdienste. Nicht Zweigleisigkeit, sondern Vielgleisigkeit, eine voellige Verzettelung der deutschen Geheimdienstkraefte war die Folge.

Auch hier erreichte General Psychologus ein wuestes „Catch as can" unter den deutschen Verbaenden, die selbstredend auf einen Nenner haetten abgestimmt sein muessen, wie in jedem anderen Staat — und wie bei den Alliierten, bei denen die jeweiligen nationalen Geheimdienste darueber hinaus auf das einzige gemeinsame Kriegsziel der Alliierten abgestellt worden waren, auf den Kampf gegen den gemeinsamen Feind Deutschland.

Die Deutsche Geheime Staatspolizei, so kann man heute nach naeheren Studien feststellen, war von ihrem eigentlichen Aufgabengebiet geschickt abgelenkt worden; sie wurde auf andere, unwesentlichere, Nebengebiete gewiesen, wobei man sogar Alles versuchte, daraus irgendetwas Rufschaedigendes herauszubilden, das dann wieder im psychologischen Kriege irgendwie verwendet werden koennte.

Und so ist es dann auch damals gekommen, wie wir es aus den Zeitungsberichten ersehen konnten.

Es ist geradezu ein Paradox — aber leider eine geschichtliche Tatsache, dass ein Teil der polizeilichen Sonderkraefte, vor allen Dingen die wichtigsten Abteilungen des Reichssicherheitshauptamtes (RSHA) im Dienste der Kraefte gestanden haben, die gegen die Reichs-Sicherheit arbeiteten, also der Gegner Deutschlands. Sie zogen also praktisch gegen sich selber zufelde; sie stoerten sich nicht mehr an ihrem

Vorgesetzten, dem Reichsfuehrer SS, den sie ganz friedlich ueberspielten. Kein groesseres Paradoxum ist denkbar!

Genau betrachtet war die Bekaempfung des ganzen feindlichen Agententums innerhalb Deutschlands und des dazugehoerigen deutschen Widerstandes eine innerdeutsche Aufgabe; war also eine ganz klare Aufgabe der Gestapo — und nur der Gestapo, aber einer wirklichen — gewesen, und waere, da Alles innerhalb der Grenzen des deutschen Machtbereiches vor sich ging, auch praktisch leicht erfassbar gewesen. Wir wissen heute, dass diese Aufgabe nicht erfuellt wurde und das deutsche Volk dieses Versaeumnis teuer bezahlen musste.

In diesem Kapitel wollten wir uns fuer die Frage interessieren, wie man in deutschem Interesse eine Wiederholung solch tragischer Vorgaenge in der Zukunft vermeiden kann; wie man den psychologischen Mitteln begegnen kann und muss. Dafuer moechten wir erst ganz klar stellen, was sich wirklich ereignet hatte, um sich dann Gedanken zu machen fuer die Zukunft.

Wir erkannten bereits, dass das Ganze ein Problem der Fuehrung war und in der Frage der hoechsten Fuehrung, also in dem Verhaeltnis zwischen Staatsoberhaupt und Generalstab gipfelte.

Nachdem es 1939 nun einmal dazu gekommen war, die Politik mit anderen Mitteln, also den kriegerischen, fortzusetzen, rueckte der Generalstab aus seiner vorbereitenden und abwartenden Stellung in eine neue, die die taeglichen Ereignisse zumindest in ihrer Planung zu gestalten hatte; die nationalen Kraefte hatten sich der militaerischen Aufgabe zuzuordnen, wie in jedem anderen Staate.

Die oberste Fuehrung wurde — ebenso wie in allen anderen Staaten in gleicher Lage — noch mehr konzentriert. Mehr wie sonst musste nun nach nur einem Willen, und einer Aufgabe zugute gehandelt werden.

Dabei muessen wir uns restlos darueber klar sein, dass die oberste politische Fuehrung nach wie vor die einzuschlagende Richtung und grundsaetzliche Planung anzugeben hatte — genau, wie in jedem anderen Staate — gerade, weil sie schon vor dem Kriege gefuehrt hatte, als es noch mit friedlichen Mitteln zuging.

Der Generalstab — wie in jedem anderen Staate, hatte also die Aufgabe, die militaerische Planung innerhalb der grundsaetzlichen Politik des politischen Staatsoberhauptes auszuarbeiten, immer in dem S i n n e — und das ist gerade so bedeutend und wurde auf deutscher Seite leider nicht bedacht — wie es die oberste deutsche Fuehrung nach reiflicher Ueberlegung verlangt hatte. Der Generalstab war nun einmal nicht die oberste Fuehrung, sondern beratendes Organ mit einem fest umrissenen Aufgabengebiet. Das Alles ist eigentlich bekannt und selbstverstaendlich nach dem Charakter dieser Dinge.

Ganz so selbstverstaendlich war das nun in Deutschland fuer die dortigen hohen Herren des Generalstabes leider nicht!

Es besteht heute kein Zweifel, dass hier der General Psychologus sehr rechtzeitig und durchgreifend eingegriffen hat; er war sich der einschneidenden Bedeutung bewusst, die das Verhaeltnis Generalstab-Reichskanzler in sich barg, sowohl in dem dem Kriege vorausgehenden, vorbereitenden Stadium, als dann auch gerade im Kriege selber.

Gerade der Deutsche — ehemals Grosse Kaiserliche — Generalstab hatte in der ganzen Welt, in Fachkreisen zumindest, einen guten Klang und war deshalb bei den Feindmaechten in einem Ernstfalle logischerweise sehr gefuerchtet.

Deshalb setzte General Psychologus auch gerade hier rechtzeitig und energisch ein.

Der Grosse Deutsche Generalstab war das Instrument des Kaisers, dem er noch ergeben und untertaenig gewesen war.

Nichts waere logischer gewesen, als dass dieser Majestaetsgedanke weiter, beziehungsweise wieder, mit Hitler als Fuehrer seine Gueltigkeit innerhalb der neuen, von Hitler schliesslich entscheidend beeinflussten Militarisierung Deutschlands und der damit verbundenen Neuaufstellung des Deutschen Generalstabes gefunden haette.

Anstelle des Kaisertums war fuenfzehn Jahre nach dem Abtreten des deutschen Kaisers, den der damalige Generalstab samt seinen vielen Offizieren nicht hatte verhindern koennen — er haette es tun koennen, tat es aber nicht — ein neuartiges Fuehrertum getreten.

Es waren andere — eben nicht-militaerische, also politische — Faktoren schon damals staerker gewesen, die dann in den auf den Ersten Weltkrieg folgenden Jahren, den vermeintlich „goldenen", das Auftreten eines neuartigen Fuehrertums erbrachten, das schliesslich eine Art von Wahl-Koenigtum war. Niemand kann leugnen, dass das deutsche Volk sich damals diese neue Art des Regierens und die Gestaltung seines politischen Lebens nach langjaehrigem innenpolitischen Kampfe, nach tausendfachem Fuer- und Wider-Diskussionen, erwaehlt und dieses Fuehrertum nun einmal das Vertrauen des Volkes damals gehabt hatte, und das deutsche Volk mit seinem Fuehrer durch Dick und Duenn zu gehen bereit war, wie niemals zuvor.

Das war doch also auch eine praechtige, fuer die Militaers brauchbare Grundlage, die jeder Generalstab in einem anderen Staate dankbar und sogar begeistert anzunehmen bereit gewesen waere.

Ob die grundsaetzliche Planung der deutschen obersten Fuehrung nun richtig oder falsch war, wollen wir zunaechst einmal dahingestellt sein lassen. Nach dem demokratischen Grundgedanken, der in Deutschland klar zum Ausdruck gebracht worden war in Wahlen und Volksentscheiden, war es der Wille des Volkes, der sich durch das gewaehlte Staatsoberhaupt kund tat und den es zu realisieren galt!

Hier tauchen jetzt einige Gemueter auf, die meinen, die Masse der Menschen in einem Volke wisse nicht, was richtig und gut fuer sie sei, das koenne nur eine intelligente Minderheit oder die Fachleute wissen.

Gehen wir also auch auf diese Argumentierung einmal ein: Wir wissen, dass die Zeiten der einfachen militaerischen Entscheidungen, der Eroberungen schliesslich vorbei sind.

Es muessen also bei Staatsentscheidungen eine Vielzahl von Argumenten und Ueberlegungen zusammengetragen werden, die zu einer wichtigen Entscheidung die Grundlage heutzutage bilden muessen.

Diese Vielzahl der Dinge, die die Allgemeinheit angehen, nennen wir doch wohl Politik.

Darin hatte das damalige Staatsoberhaupt der Deutschen eine damals von niemandem erreichte Erfahrung, sowohl aus der Zeit des jahrelangen politischen Kampfes mit seinen taeglichen Diskussionen mit den Gegnern auf den politischen Kundgebungen, als auch spaeter nach der Machtuebernahme. Der damalige Reichskanzler durfte also als ein ausgesprochener Fachmann in politischen Fragen bezeichnet werden. Gerade, weil die Deutschen die Fuehrungsaufgaben frueher vielleicht etwas zu militaerisch aufgefasst hatten, entwickelte sich mit Hitler eine vielseitigere politische Macht, die einem uneigennuetzig und ehrlich nur um das Dasein der Nation bedachten Generalstab nur recht haette sein muessen.

Es war in Deutschland eine bewusst politische, nichtmilitaerische, vielseitige Gruppe ans Ruder gekommen. Nichts war natuerlicher, dass diese neue Gruppe gerade auf die Mitarbeit einer schon bestehenden, traditionellen, national eingestellten Fachorganisation, wie es der deutsche Generalstab darstellte, rechnete und ihr auch zunaechst ein ziemlich uneingeschraenktes Vertrauen schenkte! Man ging so weit — heute wissen wir, es war ein Plan des Generals Psychologus — nach einem schweren ueber 14 Jahre gehenden Kampfe in Versammlungen und auf den Strassen, auf den Einbau dieser siegreichen politischen Wehrverbaende in die neue Wehrmacht zu verzichten; man erklaerte darueber hinaus die Wehrmacht zu dem einzigen Waffentraeger und machte sie bewusst oder unbewusst, wer weiss es heute, zum wirklichen einzigen Traeger der ausuebenden Macht, was in dem Charakter des Waffentraegers nun einmal liegt.

Schliesslich uebernahm man ziemlich geschlossen das ganze Offizierskorps. Es muss leider festgestellt werden, dass die fuehrenden Herren des alten Offizierskorps diese grosszuegige und vertrauensvolle Einstellung des damaligen Staatsoberhauptes weder erkannt, noch zu wuerdigen verstanden haben!

Die neue Regierung hatte sogar bei den 1933 stattgefundenen grossen nationalen Feierlichkeiten in der Potsdamer Garnisonskirche symbolhaft einen thronartigen Sessel freigehalten. Man kommt nicht um die Feststellung herum, dass trotz alledem dann die Erwartungen der **neuen Machthaber** schwerstens enttaeuscht wurden.

Man stellt es heutzutage gern „andersherum" dar, indem die Ablehnung des Generalstabes und seiner monarchistischen Einstellung seitens der neuen Machthaber als das Primaere dargestellt wird. Das ist jedoch krasser Anachronismus, der den wahren geschichtlichen Vorgaengen nicht gerecht wird. Und dafuer wollen wir uns doch gerade in unseren Studien interessieren.

Es waere zweifellos die sittliche Pflicht gewesen, den neuen Machthabern pflichtgemaess, also in fachlicher Hinsicht, aber auch sinngemaess zur Seite zu stehen und deren Sache zu der ihrigen zu machen. Hatten doch die neuen Machthaber die schweren vorausgegangenen innerpolitischen Probleme gemeistert, wozu jene Herren des Generalstabes und alle anderen politischen und fachlichen Organisationen die gleichen, meistens sogar durch ihre Vorbildung und ihre finanziellen Verhaeltnisse weitaus besseren Startmoeglichkeiten gehabt hatten; aber nicht in der Lage gewesen waren. Schon aus diesem Grunde haette von diesen Kreisen eine unbedingte restlose Loyalitaet erbracht werden muessen.

So konnte es jedoch passieren, dass nach dem siegreichen Ende des Westfeldzuges, waehrend dessen auch der Exilsitz des letzten deutschen Kaisers, in Holland (Doorn), erreicht wurde, eine grosse Anzahl hoher deutscher Offiziere es fuer angebracht und richtig hielt, dem ehemaligen Kaiser seine Aufwartung zu machen und damit ostentativ seine unerschuetterliche Zuneigung — und Abneigung gegen den neuen Staatsfuehrer — zum Ausdruck zu bringen. Aus heutiger Sicht heraus haette auf diese grobe Entgleisung ein ebenso grober Klotz gehoert. Hitler beschraenkte sich darauf, die bis dahin von der Wehrmacht gestellte Ehrenwache in Doorn durch eine „hoehere private Ehrung", durch die Gestellung der Wache durch Soldaten der Waffen SS zu ersetzen, womit allerdings der Zweck erreicht wurde, den Zustrom nach Doorn zu bremsen. Es zeigt sich auch hier, dass jene Kreise nicht zu sehr an Zivilcourage gelitten haben.

Das Ganze war, um sich vorsichtig auszudruecken, besonders befremdend nach dem erfolgreichen blitzartigen, militaerischen erfolgreichen Unternehmen gegen die Westmaechte; denn schon damals wussten jene Kreise, dass sowohl das Unternehmen gegen das Fort Emen Emael, wie auch die ganze Konzeption des Durchbruches an die Atlantik-Kueste bei Abbeville die — sagen wir einmal — privaten Plaene des damaligen Staatsoberhauptes gewesen waren, die zu so grossen Erfolgen gefuehrt hatten, wie es das Ende des Westfeldzuges zu damaliger Zeit zweifellos dargestellt hatte.

Hinzu kommt, dass der deutsche Generalstab als ausgesprochen militaerische Organisation sich auf den althergebrachten und verehrten Formen der preussischen Disziplin aufbaute, die es nun einmal verlangte, die noch dazu eidlich bekraeftigten Pflichten und Befehle der Vorgesetzten zu erfuellen und zwar, bedingungslos, auszufuehren.

Ausgesprochen jene Herren, die aus ihrer fachlichen Berufung heraus die restlose Pflichterfuellung und den unbedingten Gehorsam predigten und verlangten, sahen nicht die logische Notwendigkeit ein, dass jene eisernen Gesetze auch fuer sie zu gelten hatten.

Die waren fuer sie nicht nur nicht bindend, sondern diese Herren gingen noch einen erheblichen Schritt weiter, indem sie Obstruktion uebten und sich in Dinge einmischten, zu denen sie weder berufen, noch bestellt waren. Schliesslich ist der Ausdruck „Generalstab" in sich restlos klar; er ist keineswegs Oberhaupt, sondern eben nur ein „Stab", also eine Gruppe von fachlich ausgebildeten Mitarbeitern, die einem Vorgesetzten, dem Staatsoberhaupt in diesem Falle, beigeordnet sind. Das ist so nicht nur in Deutschland, sondern in jedem anderen Lande, wo es eine militaerische Organisation gibt.

Weder damals, noch heute, rueckblickend gesehen, konnte eine Persoenlichkeit, ein „Gegenfuehrer" festgestellt werden, der damals die Geschicke der deutschen Nation mit all ihren Ressorts besser gelenkt haette, oder auch nur bessere theoretische Vorschlaege gemacht haette.

Es gibt fuer diese speziellen Zusammenhaenge der damaligen Zeit ein Buch in Deutschland, die sogenannten Kaltenbrunnerberichte, die ueber das Attentat vom 20. 7. 1944 kommentarlos, nur abschriftlich, saemtliche internen Berichte der damaligen Staatspolizei an die Reichskanzlei bringen und gerade auf dieses Problem besonders eingehen, naemlich, was die damaligen Verschwoerer an Plaenen und Maennern gebracht haetten, wenn ihr Putschplan am 20. 7. 1944 erfolgreich durchgefuehrt worden waere.

Man ersieht aus jenem Buche: Es war kein grosser Gegenfuehrer da! — Das wollte der General Psychologus ja auch garnicht! Dieses Spiel wurde nicht erkannt.

Man erging sich in staendigem Reklamieren und Miesmachen und Putschieren. Nichts Hehres oder Aufbauendes oder Unternehmerisches war zu hoeren, nur muedes Resignieren und Noergeln.

Die Folge war, dass Hitler sich immer wieder bemuehen musste, jenen hohen Herren seine Gedanken klar zu machen — wie oft reklamierten sie hoehnisch die langen Monologe, wie sie sagten, anstelle bei sich selber anzufangen und in diesem Sinne nachzudenken. Sie waren meistens innerlich so weit entfernt, dass es schon an Fahrlaessigkeit grenzte, wenn es sich um hohe Truppenfuehrer handelte.

Das Ergebnis war, dass die oberste Fuehrung aus dem mangelnden Mitgehen dieser Leute und aus ihrer teilweise offenen Gegnerschaft die fuer eine stoerungsfreie Fuehrung unbedingt notwendigen Konsequenzen ziehen musste, denn die Entscheidungen kamen unerbittlich heran und erheischten eine Erledigung!

So wurde ein weiterer Waffentraeger notwendig, sowie ein neuer Wehrmachtsfuehrungsstab; es ergaben sich dauernde Umbesetzungen hoher und hoechster Kommandostellen; viel Energie musste in diesen internen Dingen verbraucht werden — anstelle sie dem Feinde gegenueber einzusetzen; jaja, der General Psychologus! Grosse Chancen blieben ungenutzt, gefaehrliche Unterlassungen wurden zur Tagesordnung, bis es schliesslich zu ganz gemeinem Hoch- und Landesverrat kam, der besonders verwerflich war, wenn er von vereidigten hohen Offizieren begangen wurde; und der trotz der vermeintlichen Nuetzlichkeit nur Schande und Schmach und zusaetzliche schwerste Kriegsopfer und Kriegsfolgelasten dem deutschen Volke eingebracht oder zumindest per Saldo auch nicht verhindert hat.

Nur eine rethorische Frage noch in diesem Zusammenhange: War es wirklich so schwer, den Kriegswillen der Feinde Deutschlands und ihre vernichtenden Plaene zu erkennen, insbesondere, wenn man, wie sie immer betonten, vom Fach war?!

Zweifellos ging dieser Hoch- und Landesverrat, wie schon an anderer Stelle ausgefuehrt, nicht nur in der Heeresleitung um, sondern auch in anderen Aemtern; immer dort, wo der General Psychologus seine Mitarbeit benoetigte.

Es liegt uns fern, auf billige Weise den erwaehnten Kreisen das damalige Fehl-Ergebnis in die Schuhe zu schieben oder einer unangebrachten Verallgemeinerung das Wort zu reden.

Der weitaus groesste Teil des Ofizierskorps setzte sich in voller Hingabe ein und erfuellte seine Pflicht bis zum hoechsten Einsatz. Aber was half es, wenn jene 100 oder 200 Chef-Verraeter an verantwortlicher hoechster Stelle die Opfer Tausender umsonst machten?

Die Deutschen muessen schon um ihrer Zukunft wegen klar erkennen und wissen, was sich damals abgespielt hat, und welches die Hauptprobleme waren, zumal diese ganzen „Geheim-Vorgaenge" letztenendes kriegsentscheidend waren.

Wer das ganz klar erkannt und dementsprechend gehandelt hatte, waren die damaligen Gegner Deutschlands, indem sie ihrerseits ihre bis dahin nur militaerischen Geheimdienste durch Aufstellung neuer, politischer Geheimdienste entsprechend erweiterten. Die USA haben auch nach dem Zweiten Weltkriege ihre diesbezueglichen Geheimdienste, wie es ganz offen in den Zeitungen stand, gewaltig erweitert, indem sie ihre Netze ueber die ganze Welt ausgelegt haben; sicherlich nicht ohne es an den besonderen Brennpunkten des Weltgeschehens auch nicht an einer den Verhaeltnissen rechnung tragenden Schwerpunktbildung in ihren Geheimdiensten fehlen gelassen zu haben.

Die Russen hatten diesem Thema schon in frueheren Zeiten viel mehr Bedeutung beigemessen. Das war auch allgemein bekannt; wie oft sprach man von GPU, NKWD etc. Um so mehr als unverstaendlich, dass die deutsche Seite in diesem psychologischen Kriege so unvollkommen und unvorbereitet in den Kampf ging.

Man muss sich ueberhaupt wundern, wie es der deutschen Fuehrung moeglich gewesen war, sechs Jahre gegen fast die ganze Welt bei dieser straeflichen Unterlassung zu bestehen. Und es ist garnicht auszudenken, wie der Kriegsausgang gewesen waere, wenn Deutschland psychologisch gewappnet gewesen waere und es die Hoch- und Landesverraeter auf deutscher Seite nicht gegeben haette, eine Erscheinung, die man bei anderen Voelkern und ihren Heeren in **diesem Ausmasse**, wohl nie gekannt hat.

Es ist also an der Zeit, dass sich die Deutschen anschikken, darin einmal einen grundsaetzlichen Wandel zu schaffen. Dazu ist es unumgaenglich noetig, den ganzen Verratskomplex **erschoepfend zu erkennen in allen seinen Erscheinungen**, auf dass man ihn in Zukunft vermeidet. Dass es moeglich sein kann, zeigt die Tatsache, dass es bei anderen Kulturvoelkern bis heute moeglich war.

Darum wollen wir diese Gedanken weiterspinnen:

Dieses vollkommene Versagen auf dem entscheidenden Sektor des Krieges, diese Ueberlistung, ja man muss es voellige Uebertoelpelung nennen, war bei der sonst unfraglichen deutschen Intelligenz, der deutschen Erfindergabe und der sonstigen geistigen Beweglichkeit somit schwer verstaendlich.

Rueckblickend kann man der obersten deutschen Fuehrung den Vorwurf nicht ersparen, diese Dinge nicht richtig und genuegend durchschaut zu haben. Immerhin hatten dieselben Kreise dem vorausgegangenen System, der Weimarer Republik, die innere Loyalitaet auch schon versagt. Ausserdem hatten jene Kreise ihre tiefe Abneigung gegen den aufstrebenden National-Sozialismus bis in die letzten Tage vor der Machtuebernahme Hitlers ganz offen kund getan.

Es soll hier nicht diskutiert werden, ob die Verweigerung dieser inneren Loyalitaet ihren Grund hatte oder nicht. Sondern es soll nur die Verweigerung als solche schon damals festgestellt werden; auch damals war sie fuer die Weimarer Republik fast ebenso bedeutend — allerdings war kein Krieg.

Nachdem das deutsche Kaiserreich 1918 zusammengebrochen war, wurde das Deutsche Reich in der Weimarer Republik fortgesetzt. Das Deutschland nach 1918 war aber auch eine Republik und diese war aus einer sozialistischen Revolution hervorgegangen. Republik und Sozialismus waren also neben der nationalen Fortsetzung des Deutschen Reiches fuer die neuen Machthaber von 1918 die wichtigsten Dinge, die es durchzusetzen galt.

Die damaligen hohen Offiziere der Reichswehr, immerhin Beamte dieses neuen republikanischen Staates, an ihrer Spitze der Generaloberst von Seeckt, oder der General Schleicher, oder selbst der Feldmarschall von Hindenburg, oder auch der Zivilist von Papen koennen beim besten Willen nicht als Freunde der Republik oder gar des damaligen Sozialismus bezeichnet werden, auch wenn sie dem Reich als solchem loyal gedient haben. Zweifellos war bei ihnen die nationale Idee die vorherrschende. Es soll jetzt auch nicht diskutiert werden, ob die Ablehnung gegen die republikanische Staatsform und den damaligen Sozialismus berechtigt war oder nicht. Den republikanischen und sozialistischen Ideen des Weimarer Staates gingen sie bestimmt nicht mit innerer Ueberzeugung, also im Geiste, wirklich nach.

Wir muessen also feststellen, dass schon die Weimarer Republik ihren Widerstand hatte, ob mit Recht oder Unrecht, soll hier nicht diskutiert werden. Dieser Widerstand kannte allerdings noch nicht die Zusammenarbeit mit dem Feinde, also den Landes-Verrat, wie ihn der naechste Widerstand dann in der Hitlerzeit geuebt hat. Der Widerstand gegen Weimar kostete auch nicht das Blut von Deutschen; der Widerstand gegen Hitler war allerdings auch darin ganz anders, viel „erfolgreicher", wie wir heute wissen.

Auch gegen die heutige Bonner Regierung gibt es zweifellos einen Widerstand. Der Kreis der Gegner des jetzigen Systems wird gar nicht so klein oder unbedeutend, vielleicht sogar viel umfangreicher sein, als der damalige gegen Hitler. Es soll an dieser Stelle wiederum nicht diskutiert werden, ob die Argumente des jetzigen Widerstandes berechtigter oder stichhaltiger sind, als die zu Hitlers Zeiten.

Soweit wir ueber diesen neuen Widerstand im Bilde sind, koennen wir allerdings Eines sagen, dass, wie schon der Widerstand gegen Weimar, auch der heutige gegen Bonn und Pankow niemals der Zusammenarbeit mit den Feinden Deutschlands also des Landes-Verrates bezichtigt zu werden Gelegenheit geben wird. Das Primat dafuer traegt in der neueren Geschichte der Widerstand gegen das Grossdeutsche Reich von 1933 bis 1945.

Die massgeblichen Leute des Widerstandes gegen Hitlerdeutschland verspuerten keine Verpflichtung, waren nicht mit dem Herzen bei den Kaempfen; sie hatten keine innere — sagen wir ruhig religioese Bindung mehr. Wohl hatten sie eine solche; aber keine direkte zu ihrem Volke und Vaterland, die schliesslich allein auf dem Spiele standen — und den Feind interessierten.

Sie empfanden keine unbedingte, alle anderen Gesichtspunkte ueberragende Bindung zu Volk und Vaterland, die sie in Momenten der Gefahr und selbst des Unverstandes beteiligter Mitbuerger diskussionslos von j e d e m Landes- und Vaterlands-Verrat fernhalten muesste — und auch koennte — und merkten garnichts mehr, welch wirkliche Suende, welchen ungeheuren Frevel sie damit begingen.

Aehnliche Ueberlegungen draengen sich auf, wenn wir die Parallele zu einem weiteren gleichartigen ebenso schicksalsschweren und frevelhaftem Verhalten ziehen, zu der Weggabe der deutschen Atom-Geheimnisse kurz vor dem Zweiten Weltkriege, worauf wir bereits zu sprechen kamen im Rahmen der Faktoren von kriegsentscheidender Bedeutung — leider gegen Deutschland.

Es fehlte diesen ganzen hohen Herren der innere, religioes untermauerte Halt, der sie auch bei staerkster Belastung, bei Fehlern und Intrigen der Verwaltung und Fuehrung, vom Verrat der hoechsten Gueter, wie es Volk und Nation darstellen, abhaelt, der sie von einem bestimmten Punkt an nur Deutsche und nichts als Deutsche sein laesst. Man koennte den Herren zurufen: Erfuellt Ihr doch erstmal Eure sonst so verehrte National-Hymne!

Sie alle merkten garnicht, dass sie von der brennenden Hauptfrage der Verteidigung ihres Vaterlandes auf ein in diesem Zusammenhange unwesentliches „geistiges" Nebenthema abgedraengt worden waren. So bestaetigt Rotfels in seinem Buch ueber den Widerstand auf Seite 170: Die staerkste Kraft, die sie trieb, waren moralische und religioese Impulse."

In demselben Buche koennen wir weiterhin auf Seite 46 schon ganz klar zur Kenntnis nehmen, dass: „wenn Blut, Rasse, Volkstum und Ehre den Rang von Ewigkeitswerten erhalten,... diese Bewertung abzulehnen ist" (!!)

Wir sind uns mit dem bedeutendsten Schriftsteller des Widerstandes durchaus einig, dass das die Kardinalsfrage war — und ist, und sein wird.

Damit ist jedoch eine Entscheidung ueber sie noch nicht gefallen. Dazu ist dann wieder eine weitere besondere Ueberlegung notwendig:

Dort, wo eine Universal-Religion oder gar Atheismus herrschen, wiederholen sich die widerlichen Akte des Verrats immer wieder; **sie sind in letzter Konsequenz eine wirkliche Gotteslaesterung.** Im Gegensatz dazu kommen sie kaum vor, wo die Religion direkt zu Volk und Nation gehoert und im staatlichen Leben ihren Anteil, und auch ihre Pflichten der Nation gegenueber hat, wie bei Japanern, z. Teil auch bei den Arabern, aber insbesondere bei den Juden, die darin beispielhaft sind und deren ganze Staerke darauf beruht. — General Psychologus laesst natuerlich diese nur logische Erkenntnis nicht aufkommen.

Wenn es mit Deutschland wieder bergauf gehen soll, so muessen die Deutschen hier — und nur hier — ansetzen, u. zw. indem sie einmal gegen die gegen sie selbst bewusst angesetzte innere Haltlosigkeit angehen, zum Anderen jene Leere ueberwinden durch neue Anschauungen oder durch gewisse Restaurierung alter, schon dagewesener bewaehrter Ansichten ueber — sagen wir es ruhig — die goettliche Gliederung der Menschheit, worin der Mensch, die Familie, die Sippe, der Stamm, das Volk und die Rasse wieder die ihr gebuehrende Stellung einnehmen.

Respektlosigkeit, Veraechtlichmachung oder gar Verrat dieser goettlichen Ordnung muss wieder als furchtbare Gotteslaesterung empfunden und geahndet werden.

Man ist in Deutschland davon soweit entfernt, dass eine solche Zielsetzung fast utopisch erscheint. Das aendert aber nichts an der Richtigkeit des Gedankens und an der absoluten Notwendigkeit dieses Weges!

Es hat den Anschein, dass in dieser Hinsicht in Deutschland sich Neues und Bedeutendes anbahnt. Es verlohnt sich z. B., sich mit den Ideen und Aufgaben der Deutschen Unitarier zu befassen. Wenn wir auch nicht wissen, ob dieser Weg der wirklich Richtige ist, so koennen wir zumindest viele wertvolle Gedanken von ihnen entnehmen.

Um einen solchen neuen, zweifellos bestechenden, grandiosen Weg einzuschlagen, bedarf es allerdings erst einmal einer restlosen Bereinigung des Untergrundes. Auf der morastigen Grundlage der noch dazu bewussten Unwahrhaftigkeit und Geschichtsklitterung, wie sie bisher in Deutschland geuebt wird, ist das natuerlich nicht moeglich.

Zunaechst muss also die juengste Vergangenheit restlos klar und sachlich, also wirklichkeitsgetreu und damit wahrheitsgemaess dargestellt und damit „bewaeltigt" werden. Solche wissenschaftlich einwandfreien Geschichtsstudien sollten nun aber nicht um ihrer selbst nur betrieben werden, sondern eben gerade, um aus ihnen fuer die Gegenwart und Zukunft zu lernen.

So, wie in jedem anderen Berufszweig das Koennen und die Erfahrungen der Alten aus der vorausgegangenen Zeit den Jungen und Neulingen mitgeteilt werden und auf ihren Erkenntnissen und Erfahrungen aufgebaut wird, so sollte es auch mit der geistig-politischen Weiterentwicklung Deutschlands geschehen.

Niemand wird es leugnen koennen, dass in den Jahren nach 1933 Deutschland sich aus tiefster Not wieder erhoben und zu bis dahin ganz ungewoehnlichen Leistungen auf fast allen Gebieten gekommen war.

Seine sozialen Leistungen und Weiterentwicklungen waren derart, dass sie sogar zu einem der wesentlichsten Kriegsgruende wurden, u. zw. nicht nur von Seiten Englands, sondern von allen anderen Gegnern, Russland eingeschlossen. Die Gegner Deutschlands fuerchteten bei ihrem eigenen sozialen Rueckstande, dass die deutsche Entwicklung auf ihre

Laender abfaerben wuerde. Man hielt wohl den deutschen Sozialismus fuer den fortgeschritteneren und damit nachahmungswuerdigeren; er war durch seine hoeheren Leistungen aber auch der kostspieligere und damit gefaehrlichere und unerwuenschtere. Deshalb musste man gegen ihn sein.

Das war letztenendes eine klare Anerkennung, auch wenn er von den Lippen der Feinde verunglimpft und verurteilt wurde.

Die Deutschen sollten sich aber durch derlei Mannoever nicht beirren lassen; vielmehr diesen Sachverhalt klar erkennen und jenen Weg der fortgeschrittenen sozialen Gerechtigkeit fuer alle Deutschen und alle Klassen weitergehen.

Ueber die damalige antibolschewistische Orientierung braucht kaum ein Wort mehr verloren zu werden. Die heutigen Antikommunisten koennten sich manche gute Anregung aus damaliger Zeit zueigen machen, die von ihren Vorgaengern entwickelt wurden. So, wie man einen Herrn von Braun fuer die Raketen uebernahm, sollte man es auch auf anderen Gebieten, auch auf dem politischen, insbesondere auf dem antibolschewistischen tun. In aehnlicher Weise sollte man in allen Sparten des oeffentlichen Lebens vorgehen, streng die Koerner von der Spreu trennen, aber die Koerner nicht dann auch wegwerfen, sondern sie alle nutzen!

Wenn den Deutschen die Vergangenheit so teuer zu stehen gekommen ist, so sollten sie um so mehr jedes Koernchen aufgreifen, jede teure Erfahrung erkennen und nutzen!

Das verlangt wieder rein sachliche Pruefung der ganzen Vorgaenge in der Vergangenheit, ein richtiges Aussieben der Gegebenheiten. Immer wieder sehen wir, dass die sachliche Darstellung der Ereignisse entscheidende Bedeutung auch heute noch hat.

Natuerlich ist Freund Psychologus strikte dagegen und haelt es auch so in seinem ganzen Vorgehen. Aber das sollte die Deutschen nicht stoeren, ihre eigenen, rein wissenschaftlich fundierten richtigen und rechten Wege zu gehen; zu studieren und zu erkennen, was gut und was schlecht war und damit die Machenschaften des Generals Psychologus endlich ueberwinden!

Gewiss war dessen Arbeit perfekt ausgefuehrt, aber doch nicht so, dass man dabei auf — gerade fuer Auslaender restlos unverstaendliche — Schwierigkeiten der Erkenntnis dieser Dinge bei den Deutschen selbst stoesst. Es bleibt fuer jeden national Denkenden in aller Welt vollkommen unerklaerlich, dass bei den gewaltigen Anschuldigungen gegen a l l e Deutschen diese Deutschen sich nicht mit Haut und Haaren und gesundem Instinkt gegen solche an sich plumpen und unverschaemten Verunglimpfungen zur Wehr setzen; dass sie nicht die Wirklichkeit und Wahrheit, oder nach den Beweggruenden fuer etwaige Gewalttaten ihrer Mit-Deutschen suchen oder sie zumindest zu erklaeren suchen; noch mehr, dass sie sogar selber dazu uebergehen, bei den Besudeleien mitzuhelfen — und damit ihr eigenes Nest beschmutzen.

Wir meinen, es waere eine eigentlich selbstverstaendliche Aufgabe des deutschen Staates und seiner Gliederungen — dabei sollte die Kirche nicht ausgeschlossen sein — das Volk, besser gesagt, das eigene Volk, woraus der Staat sich doch bildet, und jeden Untertan leidenschaftlich aufzufordern, sich und seine Ehre zu verteidigen; zu dem zu stehen, was bis dahin fuer gut und richtig erachtet war, was die erdrueckende Mehrheit des Volkes damals fuer richtig gehalten und worauf man schliesslich fuenfzehn Jahre oder mehr geschworen hatte und wofuer einige Millionen des eigenen Volkes in den Tod gegangen waren, als sie sich fuer dessen Durchsetzung eingesetzt hatten.

Dass die Nation von aeusseren Feinden bekriegt wurde, hatte doch mit den anderen internen Problemen in den deutschen Landen nichts zu tun! Es war doch kein Buergerkrieg, sondern ein Kampf gegen auslaendische Feinde!

Nach dem unendlichen Leid und den unerhoerten Opfern sollten die Deutschen sich nicht mehr mit unwahrer oder was noch schlimmer und gefaehrlicher sich auswirkt, mit halbwahrer und entstellender Propaganda vollstopfen lassen, sondern mit klarem normalem Menschenverstand und gesundem Instinkt fuer Gut und Boese die strikte Wahrheit suchen und fordern.

Dabei koennen dann auch gleich die Schurken ausfindig gemacht und ihrer Bestrafung zugefuehrt werden, die das Leid und die Opfer vergeblich machten und die jene Ideale **verraten haben**, wodurch es dann zur Katastrofe fuer Deutschland kam. Im Interesse der Zukunft sind in erster Linie jene, die im Dienste der Feinde standen, also Landes-Verraeter waren — ein in aller Welt klarer und verabscheuter Begriff — als solche klar herauszustellen, damit sie nicht noch einmal ihr schmutziges Handwerk betreiben koennen und das Volk nochmals schaedigen. Verrat muss fuer jedermann wieder das furchtbarste Verbrechen sein, was ein Mann begehen kann.

Vor diesem wichtigsten aller Probleme der Vergangenheit verblassen all die immer wieder der Oeffentlichkeit aufgetischten, in Wahrheit zweit- oder drittrangigen anderen Fragen, als da sind Missbrauch der Macht, politische, wirtschaftliche, administrative oder gar militaerische Fehler und Irrtuemer, die schliesslich in aller Welt, und damit auch auf der Feindseite gemacht wurden.

Die Deutschen muessen erkennen, dass diese Fehler und Irrtuemer ganz bewusst gefoerdert wurden, um auf Grund dieser „Arbeit" die vom Feinde erwuenschten Fehlschlaege und Fehlentscheidungen herbeizufuehren und damit den nichtdeutschen Zielen dienstbar zu sein.

Zweifellos ist es nicht immer leicht, diese psychologische Mauer zu durchbrechen. Aber der innere Wille dazu — darauf kommt es an — kann niemals unterbunden oder gar offiziell verboten werden.

Das deutsche Volk hat noch genug Intelligenz und Energie. Es moege einmal 10% der laufend fuer das Wirtschaftswunder aufgewandten Intelligenz und Energie fuer diese Aufgabe verwenden.

Anstelle sich fuer die Unterentwicklung anderer Laender und Voelker zu interessieren, sollten die Deutschen erst einmal **ihre eigene tiefgreifende nationale Verkuemmerung** wieder gerade ziehen, damit nicht auch noch das Wirtschaftswunder eines Tages durch unerwartete Ereignisse ein tragisches Ende findet.

Ohne diese nationale Verkuemmerung hat dann auch die psychologische Waffe des Gegners kaum noch Angriffsflaechen.

Dazu muessen dann noch einige praktische Vorkehrungen kommen, wie man sie in den beiden groessten Staaten USA und UdSSR laengst getroffen hat. Dort ist man laengst dazu uebergegangen, nicht nur den vollendeten Verrat zu strafen, sondern prophylaktisch saemtliche wichtigen Amtsstellen gegen jeden geplanten oder versuchten Verrat und seine Verraeter durchzukaemmen und damit die unsicheren Elemente auszumerzen.

Diesbezuegliche Ansaetze, auch in Deutschland, Verrat und Verraeter auszumerzen, wie es zweifellos die Spiegel-affaire von 1962 haette sein koennen, wurden bisher von interessierter Seite erfolgreich abgeschlagen. Trotzdem der deutsche Kanzler ausrief: „Wir stehen vor einem Abgrund von Verrat!" verlief die Spiegel-Aktion, auf die wir noch zu sprechen kommen, im Sande.

Es wird jedoch die Zeit kommen, da solch wichtige Dinge nicht im Sande verlaufen duerfen; sie muss kommen!

Dieses soll nicht ein nationaler Aufruf sein, sondern es ist eine Schlussfolgerung in unseren psychologischen Studien. Das ganze Tun und Treiben des Generals Psychologus ist nur auf dem Boden des Verrates moeglich.

Ueberwinden die Deutschen den Verrat, dann brauchen sie auch den General Psychologus, der den Zweiten Weltkrieg gewann, nicht mehr zu fuerchten.

VIII. KAPITEL

FORT MIT ANTISEMITISMUS UND ANTI-GERMANISMUS!

Bei unserer Unterhaltung wunderten Sie sich sehr ueber den kurzen Einwurf, dass der sogenannte Anti-Semitismus nur eine Waffe gegen Deutschland sei, insbesondere, was seine erwuenschte Auswirkung anbelangt. Sie haben es vollkommen richtig verstanden. Wer einmal die Spielregeln, oder besser gesagt die Kampfmassnahmen der psychologischen Kriegsfuehrung durch und durch erfasst hat, der wundert sich darueber nicht.

Er wundert sich dann auch nicht, dass man mit dem Ergebnis des letzten Krieges sich noch keinesfalls zufrieden gegeben hat, vielmehr selbst viele Jahre nach Kriegsende die Kampagne gegen Alles Deutsche in ganz grossem Ausmasse versucht fortzusetzen, wozu auch der Antisemitismus wieder herhalten muss.

Man braucht dafuer keine grossen Beweise anzufuehren; Es genuegt nur, einige Tageszeitungen aus der westlichen Hemisphaere aufzuschlagen oder einige Filmanzeigen zu studieren. Es ueberrascht auch kaum, dass die Presse-Organe in Deutschland — natuerlich durch General Psychologus „gleichgeschaltet"—, nachdem das Deutsche Ministerium fuer Volksaufklaerung und Propaganda abgeschafft worden war — diesen neuerlichen Pressefeldzug gegen Deutschland, also gegen sich selber sozusagen, mitmachen. Uns nicht in Deutschland Lebenden ueberlaeuft ein graesslicher Schauer, wenn wir an den Ekel denken, dass bei diesem schmutzigen Geschaeft auch nur ein Deutscher mitmacht!

Anti-Semitismus, Anti-Germanismus und ein widerlicher Masochismus werden in diesem geradezu unnatuerlichen Pressefeldzug miteinander vermischt und zur Anwendung gebracht.

Alle Zeitungen in Deutschland, auch die wenigen national orientierten Zeitschriften, gaben zumindest riesigen Raum fuer Artikel fuer und gegen die Juden, fuer und gegen jedwede juedische Taten oder Ereignisse, gegen die anti-semitischen Schmierfinken, oder grosse und lange Berichte ueber die Affaire Eichmann und andere Juden-Prozesse.

Wir haben festgestellt, dass diese Artikel nun nicht nur in Deutschland, sondern auch im uebrigen Europa, dann auch hier in Suedamerika, in Nordamerika, Afrika und Australien auf einen Schlag, an einem Tage, in gleicher Tonart, mit den gleichen Einzelheiten des Falles und teilweise sogar mit demselben Bild- oder Zeichen-Material gestartet, rechtzeitig, gut vorbedacht und zweckentsprechend frisiert und gut vorbereitet und dann zu gegebener Zeit lanciert wurden.

Sogar in Tel-Aviv wurden im Falle der Hakenkreuzschmiereien Flugblaetter in deutscher Sprache, sogar mit einem treffenden alten nazistischen Gruss von einem Lambretta-Fahrer verloren, wie es in den Zeitungsnotizen darueber hiess. Natuerlich war das nichts weiter als eine unangenehme Panne, die unseren Standpunkt nur bekraeftigt.

Der ausgestreute Verdacht, dass es sich dabei um deutsche Propaganda handele, ist zunaechst einmal garnicht so ungeschickt, auch wenn es dabei an der Wahrheit restlos mangelte. Selbst der Verdacht jedoch ist schon nicht sehr einleuchtend oder ueberzeugend, denn wuerde es sich wirklich um eine deutsche Propaganda handeln, waere diese aeusserst ungeschickt, wirkungslos und geradezu bloed.

Nach dem, was das deutsche Volk im letzten Weltkriege durch die psychologische Kriegsfuehrung und ihre Folgeerscheinungen hatte erleiden muessen, ist sie ihm auch nicht zuzutrauen, denn jene Propaganda ist zu abstossend und damit restlos contraproduzent. Vielmehr sind die wirklichen Auftraggeber nach dem alten Rezept „Cui prodest, Wer hat den Vorteil davon?" klar zu erkennen.

Immer wieder noch muss das alte „bewaehrte" Rezept der Diffamierung herhalten. Die Dinge werden fuer nicht direkt Beteiligte so abstossend wie moeglich dargestellt. Oder man veranlasst gewisse, fuer diese Propaganda noetigen „Ereignisse", und zwar durch vermeintlich Unbekannte, die vorher geschickt durch Unterwanderung in unerwuenschte Organisationen oder Parteien in Deutschland eingeschleusst worden waren, oder durch einfache direkte Bestechung einiger haltloser Mitglieder oder Mitlaeufer derselben fuer den dunklen Zweck angeworben waren, und dann auch prompt und leicht polizeilich gefasst werden, ihre Untaten gestehen usw. Dann wird die Propaganda mit einer grossen Reportage ganz gross aufgezogen, es wird helle Empoerung der oeffentlichen Meinung gemimt, die in Wirklichkeit zunaechst einmal garnicht interessiert ist; der es dann aber durch irgendwelche pikanten Beigaben doch noch irgendwie interessant gemacht wird.

Wer bisher derartige Argumentierungen fuer uebertrieben gehalten hat, der moege von dem Ende 1963 in der in New York herausgegebenen juedischen deutschsprachigen Wochenschrift „Der Aufbau" unter der Ueberschrift „Talmud-Schueler schmieren Hakenkreuze" erschienenen Artikel Kenntnis nehmen; darnach wurden fuenf Studenten der United Talmud Academy in Brooklyn polizeilich festgenommen, weil sie Hakenkreuze an das General-Konsulat von Israel geschmiert hatten.

Das beweist also zur Genuege, dass Israelitische „Ultras" bei den Hakenkreuzschmierereien an oeffentlichen Gebaeuden und Denkmaelern und auf Friedhoefen ihre Hand im Spiel haben.

Beachten wir auch den Zeitpunkt dieser ganzen Manoever: Viele Jahre nach Kriegsende, das doch ein den Feindmaechten genehmes Ergebnis gebracht hatte.

Beachten wir den Charakter dieser ganzen Manoever: Sie sind ausgesprochen antideutsch bezw. anti-germanisch, vermischt mit einem falschen Antisemitismus, der nur nichtdeutschen Interessen dient, also niemals zum Guten Deutschlands ist und sein kann.

Noch weniger ist die uebrige Welt an der ganzen fuer sie uninteressanten, nur niedertraechtigen Zielen dienenden Geschichte, die gaenzlich undeutsch ist und womit ihr nichtdeutscher Ursprung restlos klar ist, interessiert.

Also fort mit Antigermanismus und Antisemitismus!

Manche Freunde koennten hier einwenden, warum die Deutschen den Spiess nicht einmal herumdrehen, wenn diese schmutzige Waffe so erfolgreich — wenn auch gegen Deutschland — war. Wir meinen, dass es sich nicht verlohnt, Zahn um Zahn — schon diese Tatanweisung ist undeutsch — mit dieser schmutzigen Waffe zurueckzuschlagen.

Setzen wir uns vielmehr bewusst, von solch unsauberer und uns unwuerdig erscheinenden Kampfesart ab. Auf derartige Weise sollte es fuer die Deutschen ueberhaupt nichts zu kaempfen geben!

Allerdings muss eine geeignete technische Abwehr da sein, soweit deutsche Interessen wirklich tangiert werden, das waeren dann nur eine Art von Polizei-Massnahmen, bei denen dann die deutschen Gerichte und eventuell auch das Deutsche Auswaertige Amt helfend einzugreifen haetten — es gibt ja einen Staat Israel, mit dem diese Frage zu klaeren und damit zu bereinigen waere.

Aber in der grossen Linie sollte Deutschland sich nicht die Initiative aufdruecken lassen, was nun heute oder morgen in Deutschland oder ueber Deutschland diskutiert werden soll.

Es sieht manchmal so aus, als ob die Deutschen garnichts Anderes zu diskutieren haben, als die juedische Frage und deren Probleme.

Man sollte in Rechnung stellen, dass 0.8% der Weltbevoelkerung Israelen sind. In Deutschland mit seinen nur 20—30000 Juden liegt der Prozentsatz noch viel niedriger. Man sollte also bei oeffentlichen Diskussionen 99% nur dem Deutschtum und seiner nationalen Politik, der deutschen Kultur, der deutschen oder europaeischen Wirtschaft, der guten Nachbarschaft unter den Voelkern und rein deutschen Tagesfragen widmen und nur 1% noch den juedischen Themen.

Dass eine solche Neu-Orientierung sowohl noetig, wie insbesondere auch moeglich ist, sagt uns einmal der gesunde Menschenverstand, der leider so oft heutzutage ausgeschaltet wird. Im normalen Menschenleben setzt man sich von unangenehmen Dingen, wenn irgend moeglich, ab. Die Deutschen sollten dasselbe tuen, wenn es um juedische Fragen geht; sie sollten sich restlos von dem Problem loesen und absetzen!

Zum anderen zeigt die arabische Welt, dass es derartige Moeglichkeiten gibt. Dort gehoeren die oeffentlichen Presse-Organe nicht mehr der Welt- oder Lizenz-Presse an, und so war denn die „weltweite" Lancierung der Hakenkreuz-Schmierereien etc. **dort nicht moeglich**; eine zweifellos sehr bedeutende Sache, denn gerade in diesen arabischen Laendern, die einen heiligen Zorn auf alles Juedische haben, waere am ehesten ein Mitmachen bei einer wirklichen energischen antijuedischen Aktion denkbar oder zu erwarten gewesen.

Vielmehr lassen sich diese — wir sagen leicht „kleinen und unwichtigen" — arabischen Staaten nicht mehr dorthin draengen, wohin die internationalen Kreise sie stellen wollen. Die Folge ist, dass die Araber in ihrer Abwehr der fuer sie wirklich sehr gefaehrlichen israelischen Politik ihre eigenen Wege gehen. Es waere ja auch komisch, wenn die Araber einen antisemitischen Weg mitgehen wuerden, sind sie doch nun einmal auch Semiten. Dieser Umstand beleuchtet so recht den Unsinn des Wortes Anti-Semitismus.

Mit dieser Frage vertraute, gebildete Araber gehen sogar noch einen erheblichen Schritt weiter, indem sie den Juden, insbesondere den blonden europaeischen, die rassische Zugehoerigkeit zu den Semiten strikte absprechen.

Das ist ein weiteres Argument gegen den unsinnigen Antisemitismus.

Da es eine wirkliche, also gegen alle Semiten gerichtete Orientierung garnicht gibt, sollte also dieses unheilvolle Wort endlich ueber Bord geworfen werden. Es waere richtiger, wenn schon noetig, dann von antijuedischen Stroemungen bezw. wenn es schon ein „Ismus" sein soll, von Antijudaismus zu sprechen. Meine lieben Freunde, seien Sie sich darueber im Klaren, dass es Abwehrorganisationen, also „Anti-...ismusse" nur gibt, wo zur Abwehr vorausgegangener Anlass geboten wurde, wie beim Anti-Kapitalismus, Anti-Kommunismus und Anti-Yankismus, denn von nichts kommt nichts, das ist ein Naturgesetz.

Auch der Antijudaismus war nur dort moeglich, wo juedische Kreise den Anlass dazu geboten hatten. Er wird sich auch in Zukunft, und dort, wiederholen, wo zu ihm Anlass gegeben wird.

Hiermit zeichnet sich ganz klar der Weg ab, wie ein Antijudaismus aus der Welt geschafft werden kann: durch ein Verhalten von juedischer Seite, das keinen Anlass zur Abwehr bietet.

In aller Welt ist man dieser Ansicht schon lange. Durch die Auswanderung der Juden aus Europa und damit ihre Verstreuung ueber die ganze Erde ist das frueher nur auf Mitteleuropa beschraenkt gewesene Problem weltweit ausgebreitet und dadurch auch vielmehr bekannt geworden. Ueberall, wo es jetzt auch Juden gibt, sieht man diese Frage mit ganz anderen Augen an, nachdem zu der bisher allein zur Verfuegung stehenden Berichterstattung durch eine interessierte Presse in den einzelnen Laendern eigene Erfahrungen und Erkenntnisse im Zusammenleben mit Juden hinzugekommen sind.

Einige Kenner dieses Problems meinen, dass das Judentum ein gewisses Mass der Verfolgung geradezu brauche, um — wie in den vergangenen 57 Jahrhunderten — bestehen zu koennen; dass also jener Antisemitismus formgerecht und damit in letzter Konsequenz ungefaehrlich geschaffen und sogar gepflegt wuerde,

In dem Jerusalemer Prozess gegen Eichmann wurde die ueber 5700 Jahre gehende Verfolgung ausdruecklich erwaehnt und betont.

Die diversen seit Kriegsende schon wieder gestarteten antigermanischen Propaganda-Aktionen mit antisemitischem Unterton — gerade in einer Zeit, die sich nach Ruhe sehnt — scheinen jenen Kennern recht zu geben.

Ob nun jene Kenner recht haben oder nicht; ob eine solche Aktion heute noch recht und richtig ist, sollte fuer die Deutschen letztenendes unwichtig sein, und sollten die Juden es unter sich, oder mit Dritten ausmachen, sie sollten aber Deutschland dabei endlich aus dem Spiel lassen!

Deutscherseits sollte man sich also restlos von den juedischen Problemen loesen, keinerlei Kampagnen mitmachen, keine komplizierten Organisationen aufstellen, keine grossen Ueberschriften in der Presse mehr dulden, sondern eben nur volle Ruhe eintreten lassen und sich dafuer anderen, eigenen, rein deutschen Problemen widmen.

Fuer die Deutschen sollte es Aufgabe sein, einen dicken Strich der vollkommenen Trennung zu ziehen. Schluss machen mit allen juedischen Themen in jeder Hinsicht. Hat Deutschland nicht genug eigene, sein Volk angehende Aufgaben und Probleme? Anstelle der Versoehnung sollte die Trennung, die bis zur Entfremdung gehen sollte, gesetzt werden, sowie die Loesung von vermeintlich gemeinsamen Interessen.

Welche gemeinsamen wirklichen Interessen sollten denn auch schon existieren? Nach alle dem, was bis in die neuste Zeit geschehen ist zwischen den beiden Voelkern, ist eine echte Aussoehnung wenigstens fuer die jetzige Generation kaum moeglich. Man betrachte nur die eisern weitergehende Propaganda gegen Alles Deutsche in der ganzen westlichen Welt. Oder man hoere darueber einmal die ebenso ablehnenden Stimmen aus Israel; sie haben von ihrem Standpunkt aus nur recht und da fuehrt die Gegenseitigkeit solcher Ansichten auf die einzig moegliche Loesung. Niemals haben Juden und Deutsche sich geschaetzt — immer vom allgemeinen politischen Standpunkt aus gesehen; der private Standpunkt und die persoenlichen Freundschaften gehoeren garnicht in dieses Thema hinein. Also warum das nun erzwingen wollen?

Die nicht-juedische Welt ist gross genug, um darin in Frieden zu leben.

Natuerlich koennen und sollen die diplomatischen Beziehungen — auch die touristischen — korrekt und normal auch mit Israel sein. Auch koennen Juden in Deutschland zu Gast sein, wie dort hunderttausende von anderen Auslaendern unbehelligt und gern leben. Aber zwischen einer relativ unverbindlichen, aber korrekten Art des Zusammenlebens und der in Deutschland betriebenen ausgesprochenen Behudelei ist noch ein grosser Unterschied.

Dass die jetzige deutsche Bundesregierung nicht schon laengst einen solchen Kurs steuert nach all dem, was geschehen ist, bleibt unverstaendlich. Sollte sie unter Druck diesbezueglich handeln, so sollte sie einen solchen auch sichtbar werden lassen und endlich zu einer Loesung von solch geradezu unnatuerlichem Druck auffordern. Jedem Auslaender und uns Auslandsdeutschen ist es unfasslich, dass die Herren von der Bundesrepublik bei ihren Zusammenkuenften und Gespraechen mit den Chefs der juedischen Organisationen — und deren gibt es nicht wenige — nicht zu allererst darauf dringen, dass endlich einmal die internationale Hetze gegen Deutschland und gegen alles Deutsche in der Welt eingestellt wird und auf eine Beruhigung auch von juedischer Seite — denn die deutsche ist doch wirklich friedlich — draengen, noch dazu jedes Jahr Milliardenbetraege sowohl an den Staat Israel, wie auch an juedische Einzelpersonen im Rahmen der Wiedergutmachung gezahlt werden.

Empfinden diese hohen Herren eigentlich garnicht, was es heisst, dass Deutschland zahlt und obendrein noch jeden Tag angepoebelt wird? Wuerde sich das eine Einzelperson im normalen Geschaeftsverkehr erlauben? Na, da kann sich jeder selber die Folgen und Folgerungen ausmalen. Warum also nicht ebenso im Grossen?

Aber nein, da reden im Gegenteil diese hohen Herren ueberaus eifrig von „unseren juedischen Mitbuergern" und echter Aussoehnung zwischen Deutschen und Juden. Wie ist eine solche Aussoehnung moeglich, wenn die eine, in diesem Falle juedische Seite selber — unentwegt und ununterbrochen gegen Deutschland weiter diffamierend zufelde zieht? Die ewige Anpoebelei des deutschen Volkes faellt ja nun auch den schwaechsten Geistern in der ganzen Welt auf die Nerven. Das sah man schon im Falle Eichmann, wofuer das Interesse am Ende ziemlich auf dem Nullpunkt angelangt war und schon faule Witze darueber gemacht wurden. Man fragte sich hierzulande mit Recht, was jene deutsch-israelische Streitfrage mit den Interessen Anderer zu tun habe, z. B. was Brasilien damit zu schaffen habe.

Und die Sache mit den juedischen Mitbuergern: Die Deutschen in Uebersee haben oft, fast jeden Tag, Kontakt mit solchen ausgewanderten Mitbuergern. Sie koennen diesen Menschen nichts Schlimmeres antun, als sie als Deutsche zu bezeichnen. Sehr oft lehnen sie jede leichte auch nur kurze Unterhaltung mit einem wirklichen Deutschen auf der Strasse ab. Sie verleugnen sogar ihre deutschen Sprachkenntnisse, sie kaufen und verkaufen keine deutsche Ware — und das will etwas heissen — sie sprechen nur schlecht und witzelnd, sobald das Gespraech auf Deutschland oder auf die Deutschen kommt.

Das koennen doch keine Deutschen sein, noch viel weniger deutsche Mitbuerger! Sie wollen es auch garnicht sein!

Kommt das Gespraechsthema aber auf ihren Staat Israel, dann sind sie zufrieden und geradezu verklaert und erzaehlen, wie schoen es dort in ihrem Stammland ist. Sie sind also bewusste Juden, ihre Toechter tragen als Halsschmuck in Gold den Davidstern, ihre Feste werden gefeiert mit gebuehrendem Nachdruck, sie haben ihre eigenen Lebensmittelgeschaefte usw.

Sie halten ihre altangestammten Braeuche bei allen moeglichen und unmoeglichen Anlaessen; sie sind also — verwenden wir ruhig den von ihnen so verpoenten Ausdruck — beispielhaft in ihrer „Voelkischen Haltung".

Ihr J u d e n t u m ist ihnen heilig. Wir koennen nur sagen: Recht so!

Die Juden sind also Juden, und keine Deutschen; koennen also im deutschen Volke niemals Mitbuerger sein.

Damit ist der Weg angezeigt, und schon offen, fuer die einzige, naturgemaesse, sachliche und humane Loesung dieses so unnoetig aufgebauschten Themas, naemlich die Juden als — simple — Auslaender zu betrachten, und zusammen mit den vielen anderen, garnicht so viel Geschrei machenden Auslaendergruppen, die in Deutschland zu Gast sind, zu behandeln, naemlich korrekt und normal.

So, wie die Deutschen und viele andere Auslaender hier in Brasilien leben und sich den jeweiligen Landesgesetzen zu fuegen haben, wenn sie unbehelligt leben wollen, so muss es auch in Deutschland — das ist doch garnichts Besonderes — mit jedem Juden gehandhabt werden, wenn er dort in Deutschland nun unbedingt leben will. Wie von jedem anderen Auslaender, ist in Deutschland auch von ihm eine gleiche, loyale, korrekte Haltung zum Gastlande zu fordern.

In Deutschland ist das Auslaenderproblem nichts Besonderes. Ungezaehlte Touristen, Studenten, Arbeiter und sonstige Auslaender befinden sich dort. Niemals gab es Schwierigkeiten, also muss es sich auch mit den wenigen Juden, die noch in Deutschland leben, regeln lassen.

Moege sich also Deutschland zu 99% mit seinem Deutschtum befassen in jeder nur moeglichen Form, es gibt genug Wichtiges, sowie Erbauliches und Erfreuliches darueber zu reden und zu schreiben. Das Deutschtum hat es sogar dringend noetig, dass es behandelt und gefestigt wird zum Guten der deutschen Nation. Und dass es den Deutschen wieder heilig werde!

Fort mit Antisemitismus und Antijudaismus, aber ebenso auch weg mit antideutscher Propaganda und Anti-Germanismus!

Anstelle der unerfreulichen Diskussionen ueber die Judenfrage sollten die Bundes-Deutschen sich der viel positiveren Aufgabe wieder zuwenden, sich all der Deutschen in der ganzen weiten Welt, und der deutschstaemmigen Voelker zu besinnen, das Gemeinsame mit ihnen zu erkennen, zu pflegen und auszubauen und mit d i e s e n eine enge Zusammenarbeit anzustreben.

Dass eine solche grundsaetzliche, voellig neuartige Aenderung in der Haltung der Deutschen zu ihren mit-germanischen Nachbarvoelkern durchaus moeglich ist, zeigt uns wiederum das arabische Beispiel, die Arabische Welt, von der man leicht abfaellig sprechen hoert.

Schon 1956 ging eine hoechst bedeutsame Meldung durch die Presse; sie kam aus Kairo und berichtete von der Bildung einer grosszuegig aufgebauten Arabischen Propaganda-„Armee", die in aller Stille vorbereitet worden und dann schon zum Wirken gekommen war, u. zw. als ein Gegengewicht gegen die zionistischen Organisationen und Aktionen in der Welt, insbesondere im Nahen Osten.

Die Organisation umfasst mehrere hunderttausend Araber in aller Welt, hat anscheinend auch das noetige Kleingeld zur Hand, was bei den gewaltigen arabischen Oeleinnahmen nicht sehr wundern laesst.

Kaufleute und Industrielle, Diplomaten, Ehrenkonsuln, Professoren, Lehrer, Priester, Studenten, politische und religioese Fuehrer des Islams sind in dieser Organisation vereint.

Der direkte Anlass war natuerlich die Lage in Palaestina und das Suez-Unternehmen. Noch heute leben ueber eine Million vertriebener Araber in Elendslagern — soviel deutsche Juden haben, zusammengerechnet, niemals in deutschen Lagern gesessen. Die Ernaehrungslage und die hygienischen Verhaeltnisse sind dort immer noch die denkbar unguenstigsten und schrecklichsten.

Damit finden sich die Araber natuerlich nicht einfach ab. Vielmehr hat es den Anschein, dass die ganze Schlaeue und Kriegslist der Araber — sie sind schliesslich Semiten — zum Einsatz kommt; auch in der dort guten Boden findenden psychologischen Kriegsfuehrung.

Man kann erkennen, die Araber lassen sich nicht das Gesetz des Handelns aufdruecken; sie gehen vor, wie sie es fuer richtig halten und wann sie es fuer richtig halten und wann sie glauben, dass ihren Interessen auf lange Sicht gedient werden kann. Ihr Chef Nasser hat furchtbar viel Zeit und interessiert sich nicht fuer Prestige- und sonstige Augenblickserfolge.

Diese arabische Entwicklung sollten sich die Deutschen als eine Art Schulbeispiel dienen lassen; sie sollten ihr ganz besonderes Augenmerk auf die Tatsache lenken, wie dort weltliche und religioese Fuehrer und sonstige Intellektuelle mit dem ganzen Volke an einem Stricke ziehen, wenn es um Volk und Nation geht.

Dazu wuerde auch gehoeren, dass die Deutschen den Arabern ihre ganze Anerkennung und moralische Unterstuetzung geben sollten fuer diese hoechstwichtige Entwicklung.

Das soll nicht heissen, dass die Deutschen sich den antijuedischen arabischen Aktionen und Organisationen anschliessen sollen, sondern dass die Deutschen ihre eigenen

Wege gehen, um **ihre** (deutschen) — und zunaechst nur einmal diese — Interessen zu vertreten und zu schuetzen; die Deutschen haben ja genug Intelligenz, die dafuer eingesetzt werden koennte und endlich auch dafuer eingesetzt werden muesste. Dabei waere es nicht nur ihre Aufgabe, sich der Abwehr feindlicher Bestrebungen zu widmen, sondern darueber hinaus — insbesondere in Friedenszeiten — zur Ueberwindung der Probleme neue positive, aufbauende Loesungen zu suchen und der Verwirklichung zuzufuehren.

IX. KAPITEL

DES GENERALS PSYCHOLOGUS TAETIGKEIT IM FRIEDEN

Normalerweise sollte man annehmen, dass die Generaele sich zur Ruhe setzen, zumindest militaerisch untaetig bleiben, sobald nach dem Kriege der Friede ausgebrochen ist.

Die Neuzeit hat jedoch auch darin eine Aenderung gebracht.

Sehr aufschlussreich in dieser Hinsicht ist der Verlauf eines Verhoers, dem der bekannte deutsche Rechtsgelehrte und Anwalt Prof. Dr. Friedrich Grimm nach dem Kriege im Mai 1945 unterzogen wurde. Der alliierte Verhoerer stellte sich als Universitaetsprofessor vor. Die Unterhaltung war also unter Fachleuten und erreichte mit dem Verlauf des Verhoers ein hohes Niveau; man sprach von Recht und Unrecht, Macht und Gewalt, der Luege im Kriege, von Greueln und Greuelpropaganda etc. Dabei gelang es dem aus vielen internationalen Prozessen bekannten und in der Verhandlungsfuehrung geschickten deutschen Rechtsanwalt Grimm seinen ihn verhoerenden Gegner derart in die Klemme zu nehmen, dass dieser ploetzlich losplatzte:

„Ich sehe, ich bin an einen Sachkundigen geraten. Nun will ich Ihnen auch sagen, dass ich kein Universitaetsprofessor, sondern von der alliierten Greuelzentrale gegen Deutschland bin, von der wir soeben gesprochen haben. Seit Monaten betreibe ich das, was Sie richtig geschildert haben: Greuel-Propaganda — und damit haben wir den ganzen totalen Krieg, den totalen Sieg gewonnen."

Prof. Grimm erwiderte: „Ich weiss, aber nun ist der Krieg ja vorbei und Sie werden mit dieser Taetigkeit aufhoeren und in Ihr privates Leben zurueckkehren, wie wir Alle."

Schnell erwiderte der Mann von der Greuel-Propaganda: „Nein, **nun fangen wir erst richtig an!** Wir werden diese Greuelpropaganda fortsetzen; wir werden sie steigern, bis niemand mehr ein gutes Wort an den Deutschen laesst, bis Alles zerstoert sein wird, was die Deutschen in anderen Laendern an Sympathien gehabt haben und noch haben. Wir werden die Dinge soweit treiben, bis die Deutschen so durcheinander sein werden, dass sie nicht mehr wissen, was sie tuen, und wer sie sind."

Meine lieben Freunde, dieser Vorgang ist so bedeutend, dass ich gern die genaue Quelle angeben moechte, wo jedermann es — auch in weiteren Einzelheiten — nachlesen kann, wenn er will: Prof. Grimm, Politische Justiz, Bonn, Seite 146.

Im Rahmen unserer psychologischen Studien — wir wollen in diesem Kapitel die psychologische Taetigkeit in Friedenszeiten beleuchten — muessen wir uns ueber den Verlauf dieses Verhoers und seinen entscheidenden Inhalt restlos klar werden und ihn vollkommen erkennen.

Wir wollen gleich fragen: Ist es wirklich dazu gekommen, was da von dem vermeintlichen Universitaetsprofessor angekuendigt worden war?

Hat man tatsaechlich die Unverantwortlichkeit begangen, auch nach dem entsetzlichen Voelkerringen, in dem mehr als 50 Millionen Menschen ihr Leben verloren haben, diesen schmutzigen Kampf weiterzufuehren?

Nach Lage der Dinge heute und nach dem, was wir in den Jahren seit Kriegsende erlebt haben, muss diese ungeheuerliche Frage bejat werden!

Um Ihnen das ganz klar vor Augen zu fuehren, gestatten Sie mir, hier eine Begebenheit wiederzugeben, die ich bei einem Aufenthalt in Deutschland erlebte und wobei mir diese Umstaende ganz besonders bewusst geworden sind.

Ich traf einen alten Schulfreund; wir hatten das Gymnasium zusammen besucht, waren unzertrennliche Freunde bis zu meiner Ausreise nach Uebersee gewesen. Die Familie meines Freundes war damals streng und unabdingbar national gesinnt, es waren fleissige, strebsame Handwerksleute, die ihren Sohn nach dem Gymnasiumsbesuch auf einer deutschen Universitaet Kunstgeschichte studieren liessen.

Als wir uns dann nach 25 Jahren wiedersahen und sprachen, stellte ich sehr bald eine tiefgreifende Veraenderung bei meinem Freunde fest. Die von den Alliierten betriebene Umerziehung — so nennt man jene Bestrebungen der alliierten-Greuel-Propaganda in Friedenszeiten — hatte bei ihm gewaltige Fruechte getragen und war bereits soweit gediehen, dass es nur einer kurzen Streifung politischer Themen mit nationalem Akzent bedurfte, um ihn in unsachliche Erguesse und wueste Beschimpfungen fallen zu lassen, die selbst unseren alten Freundschaftsbanden schadete. Mein Freund ereiferte sich dabei derartig, dass man ob der Anhaeufung entstellenden Unsinns nur staunen konnte; das Ganze bei einer sonst garnicht bornierten, immerhin studierten Person, die in ihrem Beruf Aussergewoehnliches geleistet hatte und in ihrem Fach, der kunstgeschichtlichen Wissenschaft, an fuehrender Stelle stand.

Man ist sprachlos, wie ein solcher Mann, der an wissenschaftliches Denken und Arbeiten gewoehnt sein sollte und der in seinem Fache die Dinge richtig zu sehen und abzuwaegen in der Lage ist, restlos versagt, wenn es um allgemeine, sein eigenes Vaterland angehende Dinge geht, nur Negatives vorzutragen weiss; selber auch keine besseren Regelungen oder Vorschlaege zu machen weiss, sondern sich zu der ungeheuerlichen Bemerkung versteigt, dass Deutschland nicht nur geviertelt, sondern gesechsteilt werden solle, damit „endlich mal Ruhe kaeme!"

Zu meinem Bedauern habe ich dann von anderer Seite zu hoeren bekommen, dass diese damit zur Schau getragene zweifellose Haltlosigkeit auch in anderen Sparten seines Lebens und seiner jetzigen Freunde wilde Blueten getrieben hatte, sodass ich wenig Neigung verspuerte — und auch keinen Anhaltspunkt mehr fand — unsere alte Freundschaft wieder aufleben zu lassen, wie es mit den uebrigen alten Freunden gluecklicherweise der Fall war.

Mit der beruehmten „Umerziehung" hat man also die schon zur Genuege unter den Deutschen eingefuehrte Zersplitterung um eine weitere Variante erweitert, die Umerzogenen und die Nichtumerzogenen.

Man hat eben auf ganz neue Art und Weise die Deutschen angegriffen, indem man versucht, ihren Zusammenhalt durch diese neue Aufspaltung immer weiter zu zerstoeren, was obiger Einzelfall und eine Reihe weiterer allgemeiner Faelle, die hier aufzuzaehlen zu weit fuehren wuerde, bestaetigen. Man ist ganz genau so vorgegangen, wie der vermeintliche Universitaetsprofessor es klar herausgesagt hatte: einmal dort anzusetzen, wo die Deutschen unter sich noch einer Meinung sind; oder wo noch Sympathie fuer Deutsche besteht. Zum Anderen die Deutschen selbst so durcheinander zu bringen, dass sie nicht mehr wissen, was sie reden und tuen.

Oder man legt die alte Platte von den boesen Deutschen wieder auf: Zeitungen, Radio, Television etc. fuehren bis heute eisern die Hetzpropaganda gegen Deutschland weiter, wenn auch in einem gedaempfteren Ton, als in den ausgesprochenen Kriegszeiten.

Vor garnicht langer Zeit sah man in brasilianischen Staedten von „Blut triefende", rote Plakate, die weithin den deutschen Stahlhelm zeigten, „sinnig" umrahmt von Galgen und Truemmern. Das Plakat warb fuer ein auch hier in Brasilien herausgebrachtes Buch von Ilya Ehrenburg.

Ein aehnliches Plakat — beide sah man hierzulande in allen Staedten zu tausenden an den Bauzaeunen und Hauswaenden — nutzte den Namen von Hitler mit einem verzerrten Hakenkreuz darueber. Es warb fuer einen Schmoeker, der Politik mit erotischem Schmutz verbinden wollte; man erzaehlte vom intimen Leben des Diktators auf sehr schluepfrige Weise... jaja, die Demokratie und auch die christlichen Kirchen lassen das ohne jeden Protest oeffentlich geschehen!

Aus der Radiostation des Ministeriums fuer Erziehung und Kultur hoerte man nach den allabendlichen Nachrichten geschickt eingefuegt eine kleine Erinnerungsgeschichte an die boesen Nazis und ihr Dachau.

Man beerdigte vor garnicht langer Zeit in Rio „Juden-Seife".

Aber auch die meisten Einzelpersonen unter den juedischen Imigranten, auch der vermeintlich unpolitischste unter ihnen, erzaehlt noch heute jedem, der es hoeren will oder nicht, seine grausigen Erlebnisse aus der Nazizeit, mehr noch das noch schlimmere Schicksal Anderer, also der Freunde und Verwandten. Niemals hoert man bei solchen Gelegenheiten, dass es sich bei den reklamierten Faellen schliesslich und endlich um Krieg und um Vergeltung fuer vorausgegangenes Unrecht — also nicht um sinn- und grundlose Verfolgungen — gehandelt hatte. Vielmehr ist es dasselbe Lied, das man bei Unterhaltungen mit gewoehnlichen Strafgefangenen im Gefaengnis zu hoeren bekommt; diese sprechen immer nur von Kavaliersuntaten und beschimpfen Polizei und Richter. Nur ganz wenige stehen zu ihrer Tat und noch wenigere bereuen sie.

All diese auch in der Nachkriegszeit weitergehende Kontra-Propaganda sollte bei jedem Deutschen einen geradezu natuerlichen Widerspruch gegen jeden Versuch der Verunglimpfung seines (deutschen) Volkes und seiner politischen Ideen hervorrufen.

Wird darueber hinaus noch mit bewusster, offensichtlicher Luege gearbeitet, dann muessten gerade die deutschen Intellektuellen, an ihrer Spitze die sonst so moralischen religioesen Kreise, sich um so mehr dagegen auflehnen. Und was geschieht wirklich von Seiten dieser Kreise, und der grossen Gruppe der Volksvertreter, der Abgeordneten?

Man geht in dem immerhin voll-germanischen Deutschland zu Anti-Germanismus und einem ausgesprochenen Pro-Semitismus ueber!

Es vergeht kein offizieller Empfang — und die Auslandsstellen, wie Konsulate, Botschaften etc. halten es genau so — oder sonst ein moeglicher oder unmoeglicher Anlass, dass nicht erst einmal vorweg ein tuechtiger Schluck aus der alten Pulle getan wird, ein Hieb auf das verhasste — vergangene — Regime von 1933 bis 1945 ausgeteilt wird. Sie merken dabei nicht, dass solches Benehmen und solches Treiben im Ausland nur als zumindest unwuerdige Nestbeschmutzung empfunden wird, die garnicht verlangt und noch weniger gern angehoert wird, weil es fuer die Auslaender peinlich ist, die noch ein gesundes — auch politisches Schamgefuehl haben.

Selbst im Mai 1964 hielt es der deutsche Bundespraesident fuer noch richtig und passend, gelegentlich eines sonst so harmonisch verlaufenen Staatsbesuches in Brasilien einen solchen „Schluck zu tuen". In Anlehnung an die revolutionaeren Ereignisse hier in Brasilien einen Monat vor diesem Staatsbesuch — kehrte er die Tatsache heraus, dass Deutschland vor 31 Jahren in aehnlicher Lage, also in kommunistischer und Buergerkriegs-Gefahr geschwebt habe.

In der Tat war es moeglich, einige Parallelen zu ziehen, handelte es sich zweifellos um eine nationale Erhebung in Brasilien — wie in Deutschland. In Brasilien verlangte man nach Grundreformen, Vereinfachung des Parteiensystems, — wie in Deutschland.

In Brasilien wurden schlagartig die Kommunisten und ihre Anhaenger und Mitarbeiter eingesperrt und ein Buergerkrieg damit verhindert — wie in Deutschland. In Brasilien war man erbost, wie die internationale Presse, die immer gegen jede Form von Nationalismus ist, unwahr und unaufrichtig und boeswillig ueber die revolutionaeren Ereignisse in Brasilien berichtet hatte, — wie in Deutschland. In Brasilien war also eine nationale und soziale Bewegung zur Macht gekommen — wie in Deutschland.

Und dann sagte der deutsche Bundespraesident, fast am Ende seines Besuches: „...fanden wir 1933 uns mit dem National-Sozialismus ab. Wir erwarteten nicht, dass es so furchtbar werden wuerde, und wir hofften, dass mit der Zeit auch der National-Sozialismus nach und nach mit sich Schluss machen wuerde; aber das Ergebnis war, dass der National-Sozialismus mit uns, mit Deutschland Schluss machte!..."

Sehen wir einmal von dem Widerstandsbekenntnis, das in diesen Worten auch lag, ab.

Man ueberdenke nur das einmal: Da ist ein so hoher deutscher Vertreter bei einer frisch gebackenen nationalen und sozialen brasilianischen Regierung zu Gast und macht den National-Sozialismus derart herunter.

„Waren die Nazis eigentlich keine Deutschen?" fragte mich zu gleicher Zeit einer meiner hoeheren brasilianischen Offiziersfreunde und machte damit seine Ungehaltenheit klar, wobei er zu erkennen gab, dass er um die Tatsache wusste, dass die Nazis einmal die weitaus groesste Partei mit weit ueber 20 Millionen Anhaengern gewesen waren.

Dieser brasilianische Offizier und seine Kollegen empfanden es als Taktlosigkeit, so ueber eine gerade hier in Brasilien beginnende Regierungsform herzuziehen, noch dazu auf geschichtlich gesehen unwahrer Basis; waere doch Deutschland vo nseinen aeusseren Feinden besiegt und total niedergekaempft; und handele es sich doch um keinen politischen Selbstmord. Soweit die Ansicht des brasilianischen Offiziers.

Es war schon aeusserst ungeschickt gewesen, jenen Staatsbesuch ausgesprochen auf die Tage um den 9. Mai herum zu legen, an dem in der Welt der Alliierten, also auch in Brasilien, das siegreiche Ende des Zweiten Weltkrieges gefeiert wurde, an dem der brasilianische Praesident Marschall Castello Branco als Generalstabsoffizier an der Italienfront teilgenommen hatte.

Noch unpassender war dann eine zweite Episode, die sich bei der Kranzniederlegung an dem brasilianischen Kriegerdenkmal in Rio ereignete. Dort fragte das deutsche Staatsoberhaupt den ehemaligen Kommandanten der brasilianischen Streitkraefte, Marschall Mascarenhas de Moraes, welches seine Meinung ueber die Deutschen sei — eine unglaubliche Frage, ausgesprochen am Fuss des Gefallenen-Denkmals gestellt! So war denn auch die Antwort des brasilianischen Marschalls: dass er erst durch den Krieg das deutsche Volk lieben gelernt habe, (also letztlich durch den deutschen — damals national-sozialistisch ausgerichteten — Soldaten, und das sogar noch in der Endphase des Krieges, der zu damaliger Zeit brutalste Formen angenommen hatte).

Wir wissen nicht, ob der Zivilist Dr. Luebke den grossen Abstand empfunden hat, der zwischen dem Denken und der Haltung der brasilianischen, militaerisch und wirklich national gesinnten hohen Herren, und seiner inneren Einstellung bestanden hatte.

Darueber hinaus fertigt die Bundes-Republik Deutschland selber weitere „Platten" im Stile der „alten Platten" an: Zu Zeiten, da in anderen Gegenden der Welt, z. B. bei den Arabern waehrend der Suez-Krise 1956 Arbeiter und Intellektuelle, Studenten und selbst Insassen religioeser Institute sich aufmachten; zu den Waffen eilten und fuer ihre Sache einstanden, wenn sie bedroht oder gar angegriffen wurde, da weist man in Deutschland die von dem aergsten der ehemaligen Feinde bis heute eisern fortgesetzten propagandistischen „Unfreundlichkeiten" nicht etwa gebuehrend zurueck, sondern tut so, als ob „garnichts los" sei. Man liest von ueberschwaenglichen Glueckwuenschen zum 6. September, dem juedischen Neujahrstage, die darin gipfeln, dass man ein neues Heimatgefuehl fuer die Juden in Deutschland wieder herbeifleht.

Man ehrt juedische Persoenlichkeiten, wie Thomas Mann, Baer, Einstein etc. Wir erhielten aus Deutschland Briefe, die mit Briefmarken freigemacht waren, auf denen die Koepfe jener Maenner gezeigt wurden.

Kurz eine Frage: Gibt es Israelische Briefmarken mit Koepfen bedeutender Deutscher, z. B. Goethe, Robert Koch, Bismark, Hindenburg, Goebbels oder Hitler?

Die Frage beleuchtet so recht die in heutiger Zeit geuebte Ungleichheit, bezw. wie absurd die Dinge sich fast unmerklich entwickeln koennen bezw. von interessierter Seite vorwaerts getrieben werden.

Bei der deutsch-juedischen Frage wird Alles getan, um **nicht zur Ruhe** zu kommen.

Bis zum Ende des Zweiten Weltkrieges — so kann man ganz nuechtern feststellen — war man in der deutsch-juedischen Frage einen grossen Schritt weitergekommen. Gemeint soll nicht Hitlers „Unvollendete" sein, wie boshaft freundliche Auslaender sich ausdruecken, bei denen aehnliche Beweggruende aufzutauchen beginnen und die dann auch gleich weitaus radikaler denken; also eine Ausrottung oder die beruehmte „Endloesung".

Vielmehr wurde in weniger als einer Generation eine volle Trennung durch Emigrierung der Juden aus Deutschland erreicht. Fast alle juedischen Emigranten liessen sich auch formell schon waehrend des Krieges ausbuergern, sofern sie nicht schon die deutsche Staatsangehoerigkeit verloren hatten; sie waren damit keine Deutschen Staatsbuerger mehr, was sie auch garnicht sein wollten, wie schon frueher ausgefuehrt.

Den meisten Juden geht es ausserhalb Deutschlands — insbesondere jetzt — auch viel besser, sodass sie auch deshalb an eine Rueckkehr nicht denken. Viele sind inzwischen besuchsweise in Deutschland gewesen; sie meinen sich dort nicht wieder einleben zu koennen; belaecheln und bewitzeln auf die nur ihnen eigene, die Deutschen abstossende Weise das dortige Eigenleben und die taeglichen Lebensformen, die sie „spiessbuergerlich" nennen.

Wir haben da garnichts gegen und finden es durchaus verstaendlich, denn jedes Volk hat nun einmal seine besonderen Lebensarten. Die Deutschen verlangen auch garnicht, dass die Juden so denken und fuehlen, wie sie. Die Juden sollen sich aber auch nicht einbilden, dass ihre Stammesart und ihre Lebensgewohnheiten nicht ebenso damals in Deutschland auffielen — und heute in vielen anderen Laendern, auch hierzulande, auffallen.

Die in Brasilien lebenden Auslaender empfinden auch die hiesigen, brasilianischen Gebraeuche und Gewohnheiten und Denkungsarten als unterschiedlich; darum steht es ihnen jedoch nun lange noch nicht zu, abfaellig und belustigend sich ueber die brasilianische Volksart auszulassen; es zwingt sie ja niemand, unter den Brasilianern zu leben.

Denselben Respekt — und nur das, meine lieben Freunde, wollten die Deutschen von den Juden! Juden waren keine

Deutschen mit zufaellig mosaischer Konfession, wie sie es jedem einreden wollten, sondern sie waren und sind ein eigenes Volk und wollen es auch ausdruecklich sein. Fuer Deutschland waren sie, wie fuer jedes andere Land in Europa, Auslaender.

Dass die persoenlichen Beziehungen zu einzelnen Juden oft gute und herzliche sein koennen, hat nichts mit der allgemeinen politischen Frage zu tun.

Die Reichsdeutschen haben hier in Brasilien oft Kontakt mit Amerikanern, Englaendern, Schweizern, Franzosen, Arabern und auch Juden und anderen Auslaendern; oft bestehen freundschaftliche oder gar herzliche Verhaeltnisse untereinander. Von diesen Freundschaften bis zur politischen Beeinflussung oder gar Beherrschung des Gastlandes ist es jedoch ein weiter Weg. Auch in Brasilien wehrt man sich mit Recht gegen ein Ueberhandnehmen des insbesondere politischen Einflusses auslaendischer Gruppen. Das war es, worum es auch den Deutschen bei dem juedischen Problem ging.

Wir, die wir in Gastlaendern leben und trotz wirtschaftlicher und kultureller taetiger Mitarbeit keinerlei politisches Recht haben, verstehen nicht, dass dieselben souveraenen Rechte fast aller Staaten ausgesprochen den Deutschen in ihrem eigenen Lande vorenthalten werden sollten — und noch sollen.

Noch viel weniger verstehen wir, dass es in Deutschland ueberhaupt Kraefte deutschen Ursprungs geben kann, die solches Naturrecht nicht als eine Selbstverstaendlichkeit verlangen und mit allen Fasern ihres Herzens anstreben. Auch hier ist eine rethorische Gegenfrage angebracht:

Ist es denkbar, dass der Staat Israel Nichtjuden, also sagen wir einmal Araber oder Deutsche in hohen Staatsstellen hat, oder z. B. kulturell von einem Auslaender vertreten wird, wie es hier in Brasilien mit den deutschen Belangen nach dem Kriege der Fall war?

In der ganzen Welt kaempfen die Voelker gegen Fremdeneinfluss; einmal heisst er Kapitalismus; oder er heisst Kolonialismus, oder internationaler Sozialismus. Vergessen wir dabei nicht die vielen geistigen und religioesen Einfluesse.

Die Deutschen stehen also nicht allein in dieser Welt, wenn sie ihr geistiges und voelkisches Eigenleben in jeder Hinsicht anstreben (was sie es seit Kriegsende kaum tuen). Im Gegenteil, viele Voelker verstehen nicht, dass gerade die Deutschen jetzt so beiseite stehen und im Fahrwasser der wirklichen Weltbedruecker schwimmen.

Wohl wissen wir von deren internationaler Macht; auch verschliessen wir unsere Augen nicht vor der jetzigen politischen Schwaeche Deutschlands, die keine grosse Initiative in weltpolitischen Dingen gestattet. Aber ein sauberes voelkisches Eigenleben anzustreben, insbesondere sich von einem Pro-Semitismus fernzuhalten — uebrigens einer politischen Neuheit — und insbesondere jede luegenhafte Verdrehung der Darstellung der eigenen juengsten Geschichte, also jede eigene Nestbeschmutzung nicht nur zu unterlassen, sondern zu bekaempfen, denn sie hat ja ihren Zweck im Rahmen des auch heute noch fortgefuehrten psychologischen Kampfes gegen Deutschland und gegen jeden Deutschen und Alles Deutsche; das sollte heilige Verpflichtung und Recht fuer jeden Deutschen sein. Das ist garnicht so schwer, wenn man es einsieht und dann den entsprechenden Willen dazu aufbringt.

Die Zeitschrift „Der Quell" hat einmal geschrieben: „Die Verantwortlichen im Staat und in den Parteien, deren selbstverstaendliche und unabweisbare Pflicht es waere, der Hetze gegen das eigene Volk mit aller Schaerfe entgegenzutreten, lassen das Volk hier vollends im Stich.

Sie unterlassen es zudem pflichtwidrigerweise, von sich aus den tatsaechlichen Umfang zum Beispiel der Judenvernichtung im Rahmen des Moeglichen amtlich festzustellen und amtlich verkuenden zu lassen.

Schlimmer noch, sie unterstuetzen sogar die Uebertreibungen und Luegen! Da gibt es Professoren und Institute, die vorgeben, die historische Wahrheit zwecks Bewaeltigung der Vergangenheit erforschen und verbreiten zu wollen, die aber dabei plumpeste Luegen als Wahrheit anzubieten wagen und damit nur beweisen, dass sie andere Ziele verfolgen..."

Trotzdem die Allgemeinheit nichts davon hoeren will, ziehen die amtlichen deutschen Stellen die juedische Frage immer wieder hervor. Wie weit sie es aus sich selbst heraus tuen, oder von Mitarbeitern des Generals Psychologus dazu angehalten werden, steht jedem zu, selber abzuwaegen.

Fest steht, dass die ganze bundesdeutsche Fuehrung, vom Kanzler und Bundespraesidenten bis hin zu den Gewerkschaften und Kirchen beider Konfessionen, und natuerlich auch den Fuehrern aller Parteien von links bis rechts, immer noch in ueberschwaenglicher Weise zum Jahrestage der juedischen Zeitrechnung Grussbotschaften und Glueckwuensche uebermitteln in einer Form, wie sie es mit anderen Voelkern nicht im Entferntesten handhaben.

Darueber hinaus verlangt man bei gleicher Gelegenheit — in ganz klarer und nicht misszuverstehender Form — dass „alle demokratischen Kraefte in Deutschland die Aufgabe haben, den juedischen Menschen den ihnen gebuehrenden Platz in Deutschland einzuraeumen bezw. wieder einzuraeumen."

„Ein neues Heimatgefuehl soll unter den Juden Wurzeln schlagen und sich entfalten."

Und noch mehr: Mit der Bemerkung und Forderung nach „gemeinsamer schicksalhafter Zielsetzung und Verbindung mit den Juden", soll auf lange Sicht auf eine Verewigung eines solchen Wunschtraumes hingearbeitet werden.

Meine lieben Freunde, das Alles sind nicht von uns erfundene Worte, sondern sie wurden in Deutschland offiziell kundgetan.

Man denke einmal darueber etwas nach:

Da waere zunaechst einmal die Frage bezw. die damit schon beantwortete Frage, wozu die demokratischen Kraefte da sein sollen.

Sodann: Eine nicht erst von Hitler erfundene, sondern ueber die Jahrhunderte sich hinziehende Angelegenheit, wie der Antisemitismus es ist, hatte in den Jahren 1930/40 sich angeschickt, einer Loesung entgegenzugehen. Der fremdartige Einfluss in Staat, Wirtschaft und Kultur — nicht nur der juedische, sondern auch der nordamerikanische, englische, franzoesische und russische — waren abgestellt, und das fremde Voelkchen war bis auf unbedeutende Reste ausserhalb der deutschen Reichsgrenzen.

Die Juden hatten klar erkannt, dass es sich dabei nicht um die Ideen oder Ausgeburten einiger Politiker gehandelt hatte, sondern, dass es eine Sache des ganzen Volkes war, was die Zielsetzung anbelangte.

Ein echtes Heimatgefuehl oder ein wirkliches ehrliches Gefuehl der uneingeschraenkten Zugehoerigkeit zum deutschen Volke haben die Juden nie gehabt. Wie koennten sie auch?!

Hinzu kam der immer mehr Zulauf und Unterstuetzung findende Zionismus mit dem neuen Staatsgebilde Israel. Wer mit den Untertanen dieses neuen Staates, also Juden, zusammentrifft — zumindest im Ausland — wird feststellen, dass sie innerlich restlos von Deutschland geloest sind. Sie hassen noch heute jedes Deutsche, sie lassen kein gutes Haar an irgendeiner deutschen Sache, sie lehnen sehr oft sogar jede wirtschaftliche Verbindung oder Handel mit Deutschland ab — es sei denn, um Wiedergutmachung aus Deutschland zu bekommen — sie verleugnen ihre noch deutsche Tagessprache und einige Gewohnheiten laufen entweder weiter oder werden ins jiddische abgebogen; sie halten die alten juedischen, nicht deutschen Feiertage und religioesen Vorschriften und Braeuche u. s. w. Recht so! Fabelhaft! Restlos nachahmungswert, was dieses rassische und nationale Selbstbewusstsein der Juden anbelangt.

Verlangen wir nur Gegenseitigkeit in diesen Dingen, also fuer die Juden das Judentum, so auch fuer die Deutschen das Deutschtum!

Das Ganze war doch auf jeden Fall eine wirkliche Loesung, fast ein Schlusstrich. Hier das deutsche Volk in seinem Lande, und dort die Juden draussen, ob in Israel oder sonstwo in der Welt, war zunaechst einmal unbedeutend. Auf jeden Fall waren sie nicht mehr innerhalb des deutschen Volkskoerpers; und damit fuer die Deutschen: Fremde, Auslaender; ein Begriff, der in jedem Staate bekannt ist und fuer den es genaue Verhaltungsregeln gibt mit Rechten und Pflichten und Beschraenkungen in politischer Hinsicht.

Bei dieser klaren eindeutigen Sachlage gibt es nun tatsaechlich in kirchlichen und Regierungskreisen in Deutschland Leute, die verzweifelte Anstrengungen machen, das Rad der Geschichte zurueckzudrehen. Unwillkuerlich draengt sich bei diesem Geschehen das alte Sprichwort auf: Wenn ueber eine Sache, mal endlich Gras gewachsen ist, kommt sicher ein Kamel gelaufen, das Alles wieder runter frisst.

Wir wollen nichts gegen etwaige Gepflogenheiten auf diplomatischer Ebene einwenden, sofern es sich um solche handelt. So, wie am 7. September in Brasilien oder am 25. Mai in Argentinien oder am 14. Juli in Frankreich, soll am 6. September ein deutscher Diplomat, **sofern ein solcher bei** dem neuen Israel-Staat in dessen Hauptstadt **akkrediert ist,** seine offiziellen Wuensche ueberbringen. Von dort bis zu den unterwuerfigen unwuerdigen Grussbotschaften ist es jedoch ein weiter Weg, noch dazu vorgetragen von dem jetzigen Vertreter desselben deutschen Volkes, das bis vor wenigen Jahren mit in erster Linie in jenem allgemeinen Abwehrkampfe gegen diese Elemente aus sicher triftigen Gruenden gestanden hatte.

Man halte uns nicht entgegen, dass die Deutschen heute politisch bevormundet oder unterdrueckt sind. Das waren Inder, Japaner und Araber und viele andere jetzt freigewordene Voelker auch, bei denen so etwas, soviel Wuerdelosigkeit, soviel Masochismus ganz undenkbar waere. Das gilt es zu erkennen, und zu aendern!

Man komme uns auch nicht mit der Vorhaltung, dass wir uns hier zu ausfuehrlich mit der juedischen Frage abgegeben haben. Schon die Tatsache, dass die juedische Seite sie bewusst und mit aller Wucht vorwaerts treibt, verlangt Stellungnahme. Nicht wir, sondern die Kreise, die heutzutage die sogenannte breite Oeffentlichkeit in Deutschland ausmachen, ziehen dieses Problem immer wieder nach vorn. Darum ist es noetig, dasselbe in aller Klarheit und Offenheit einmal zu betrachten und mit dem Problem des Deutschtums, das fuer die Deutschen weit ueber allen anderen Problemen zu stehen haette, zu konfrontieren.

Wir wenden uns dagegen, dass im Rahmen des Deutschtums andere Probleme unnoetigerweise nach oben gespielt und das Deutschtum dafuer vernachlaessigt wird. Dieses Recht kann den Deutschen niemand nehmen, am allerwenigsten eine deutsche Dienststelle.

Viele Mit-Deutsche empfinden garnicht mehr, um was es da geht. Das empfinden dafuer um so mehr allerdings sehr viele auslaendische Freunde Deutschlands, die es ja gottseidank gibt — und auch die Mitarbeiter des Generals Psychologus.

Aus einer vielleicht noch erzwungenen Haltung mit einer Pistole von Freund Psychologus im Ruecken oder dergleichen, heraus waere eine gemaessigte, aber wuerdige Zurueckhaltung vertretbar, nie aber ein ausgesprochener Pro-Semitismus. Diese psychologische Nachkriegs-Erscheinung gilt es zu erkennen und zu ueberwinden.

Wenn die heutige deutsche Regierung beabsichtigt — das koennte bei derartigen werbenden Schritten unterstellt werden — noch abseits stehende, wirklich deutsche Elemente zum jetzigen deutschen Staatsgebilde und damit praktisch zum deutschen Volke zurueckfinden zu lassen, so empfehlen wir, sich versoehnend an den grossen Teil der aufrechten Deutschen zu wenden, die ueber die ganze Welt verstreut sind; sie sind fuenfzig mal mehr Menschen deutschen Blutes, als es jene undeutsche Volksgruppe jemals in Deutschland war.

Sie sind es, die ihr wirkliches und ehrliches Deutschtum mit allen Mitteln aufrecht erhalten und erhalten sehen wollen; jeder auf seine Weise und wie es ihm die Umstaende zugestehen. Sie erhalten sich ihre Lebensweise, pflegen ihr deutsches „Zuhause", halten Kontakt mit der Heimat, erwerben deutsches Schrifttum — meist sehr teuer im Ausland — oder deutsche Schallplatten oder sind innerlich befriedigt, wenn sie im Radio die Heimat hoeren.

Bei politischen Diskussionen stehen sie fuer die deutsche Sache meistens ein — sofern bei ihnen Gen. Psychologus nicht auch schon wirksam geworden ist—. Sie suchen und forschen mit viel ehrlichem Willen nach Gruenden der Katastrophe. Dass diese Elemente in der Mehrzahl in dem Ringen bis 1945 schwerste Opfer jeder Art bewusst gebracht haben, sei nur am Rande bemerkt.

Im Gegensatz zu den nicht-arischen Elementen, die garnicht zurueck wollen und nichts mit irgend Deutschem zutuen haben wollen — Gott erhalte diesen Standpunkt zum Wohle beider Voelker — bringen die „anderen" wirklichen Deutschen viel guten Willen mit; sie wuerden es einem aufrichtigen Bemuehen der deutschen Behoerden in dieser Hinsicht leicht machen.

Grussbotschaften und Glueckwuensche zur Wiederkehr des Tages der damaligen Machtergreifung oder zum 20. April — nicht zum 20. Juli — sind nicht noetig.

Sie, meine lieben Freunde, werden wieder erkennen, dass es uns hier nicht um das Schicksal und sonstige Fragen des Judentums geht — diese wissen sich selber genug und gut zu verteidigen — sondern wir versuchen im Rahmen unserer Betrachtungen der psychologischen Kriegsfuehrung immer wieder — und nur — aufzuzeigen, wie das Deutschtum von General Psychologus bekaempft wurde; damals, um die Zeit des Zweiten Weltkrieges herum, bis in die heutigen Tage hinein. Dass wir dabei notwendige Folgerungen und Forderungen fuer das Deutschtum gestellt haben, ergab sich zwingend aus der Materie.

Allerdings begleiten uns bei solchen Diskussionen immer die Wuensche fuer ein Wohlergehen unseres Deutschtums, was Sie, meine Freunde, uns nicht veruebeln werden. Unseren deutschen Lesern sind diese Zeilen besonders gewidmet, auf dass man dort in Deutschland erkenne, worum es wirklich ging oder geht. Und dass — wie der Freiherr von Stein schon vor 150 Jahren sagte — „Deutschland, nur durch Deutschland gerettet werden kann". Also durch Besinnung auf sich selbst und seine in ihm schlummernden Kraefte, die der General Psychologus verschuetten wollte.

Dieses Kapitel war der etwaigen psychologischen Taetigkeit in Friedenszeiten gewidmet. Moegen die Leser erkennen, dass mitten im sogenannten Frieden der psychologische Krieg weitergegangen ist, bis heute!

X. KAPITEL

POLITIK UND RELIGION

Im Rahmen unserer psychologischen Studien wollen wir die nachstehende, vielleicht wichtigste und entscheidendste Frage stellen:

Wieweit spielte die Religion in die Politik hinein, bezw. in die psychologische Kriegsfuehrung; hat der General Psychologus vor diesem heiligsten aller Probleme etwa nicht halt gemacht?

Natuerlich hat er davor nicht halt gemacht! Es ist sogar auf diesem Gebiet zu einer gewissen Vielfaeltigkeit gekommen.

Da waere zunaechst die „religioese Unduldsamkeit", die den Deutschen, auch im Rahmen der Judenfrage, vorgeworfen wurde. Nichts war jedoch unsinniger und falscher als das!

Eine solche Unduldsamkeit waere vollkommen undeutsch gewesen. Nie waere im deutschen Volke ein Martin Luther, oder ein Friedrich der Grosse geboren, von dem das Wort stammt: „Jeder kann in meinem Reiche nach seiner Façon selig werden". Wie schon ausgefuehrt, gab es in Deutschlands Hauptstadt Berlin ausser den christlichen Kirchen ueber 200 Tempel der verschiedensten Religionen und Kulte. Dazu kommen die vielen philosofischen und freidenkerischen Vereinigungen und ihre Maenner, wie man denn ja auch vom deutschen Volke von dem der Dichter und Denker gern spricht.

Das Alles zeugt also kaum von einer Unduldsamkeit, sondern eher vom Gegenteil.

Dass Politik und Religion in der Geschichte fast immer zusammengespielt haben, braucht nicht sehr betont zu werden, wir denken nur an die Kaempfe im Mittelalter, an die Zeit der Reformation u. s. w.

Auch in unseren heutigen Tagen, das wissen wir ja, spielen die Konfessionen eine nicht unbedeutende Rolle im taeglichen politischen Leben.

Bei all diesen geschichtlichen Vorgaengen traten die Vertreter der Religionen in eigener Sache auf, sie waren ebenso Machtgruppen, wie die Kaiser und Koenige und sonstige weltliche Machthaber.

Was uns bei unseren psychologischen Studien hier mehr interessieren soll, ist die Frage, seit wann die Religion schon als Instrument weltlicher Machtgruppen, oder schon einmal Waffe oder Weg zur Beherrschung anderer Voelkergruppen gewesen ist, insbesondere, was die fuer eine solche Beherrschung auf lange Sicht notwendige geistige Umwandlung, natuerlich im Sinne einer geistigen Schwaechung, anbelangt. Wir haben naemlich die Vermutung, dass der moderne General Psychologus bis in die neuste Zeit, etwas Uraltes betrieben hat, was zu diesem Thema gehoert. Da die Frage ungeheuer heikel ist, wollen wir uns auf einige Zitate beschraenken und dann nur jedem anheimstellen, darueber einmal sich seine Gedanken selber zu machen.

1) Lord Beaconsfield - Disraeli: „...sich selber fragen, ob irgendein Fuerst aus dem Hause Davids soviel fuer die Juden getan hat, wie jener Fuerst, der auf Golgatha gekreuzigt wurde. Ohne ihn wuerden die Juden ziemlich unbekannt sein, oder doch nur als eine hoehere orientalische Kaste, die ihres Landes verlustig gegangen war, bekannt sein.

Hat er nicht ihre Geschichte zur Beruehmtesten der Welt gemacht?

Hat er nicht ihr Gesetz jedem Tempel eingegraben?

Hat er nicht erlittenes Unrecht geraecht?

Hat er nicht den Sieg des Titus geraecht und die Caesaren ueberwunden?

Hat nicht Jesus Europa erobert und ihm den Namen des Christentums aufgepraegt?"

2) Heinrich Heine: „Wahrlich, Rom, der Herkules unter den Voelkern, wurde durch das juedische Gift so wirksam verzehrt, dass Helm und Harnisch seinen welkenden Gliedern entsanken und seine imperatorische Schlachtstimme herabsiechte zu betendem Pfaffengewimmer und Kastratengetriller."

3) Rabbiner Marcus E. Ravage, in The Century Magazine, 1928:

Unsere Legenden und Volkssagen sind die heiligen Botschaften...

Unsere Nationalgeschichte ist ein unentbehrlicher Bestandteil eures Unterrichts geworden...

Unsere Koenige, unsere Propheten und unsere Krieger sind eure Heldengestalten...

Unser frueheres Laendchen wurde euer heiliges Land.

Unsere nationale Literatur wurde eure Heilige Bibel...

Wir haben euch einen fremden Glauben und ein fremdes Buch aufgebuerdet, die ihr nicht geniessen und verdauen koennt, die mit eurem angeborenen Geist in Widerspruch stehen und euch unaufhoerlich unruhig machen.

Wir haben eure Seele gespalten.

Inmitten des Lebenskampfes muesst ihr niederknien vor dem, der euch sagte: Erwidere Boeses nicht mit Boesem.

Wir sind uns des Unrechtes vollkommen bewusst, das wir euch antaten, dass wir euch unseren fremden Glauben und unsere fremde Tradition aufzwangen... Alle Komplotte und Revolutionen sind nichts im Vergleich zu der grossen Verschwoerung, die wir zu Beginn dieser Aera ins Leben riefen, und die der Bestimmung diente, den Glauben einer juedischen Sekte zur Religion der westlichen Welt zu machen.

Die Umwaelzung, die das Christentum nach Europa brachte, war, das laesst sich zum mindesten leicht nachweisen, von Juden geplant und ausgefuehrt als Racheakt gegen einen grossen nichtjuedischen Staat (Rom)... unter Anwendung aller Mittel unters Volk gebracht, und das zu einer Zeit, wo Judentum und Rom sich in einem Kampf auf Leben und Tod gegenueber standen, der mit dem Zusammenbruch des grossen — nichtjuedischen — Reiches endete...

...kam naemlich auf den Gedanken, den moralischen Halt der roemischen Soldaten durch die Lehre der Liebe und des Pazifismus zu zerbrechen und so Rom zu Boden zu ringen und zu demuetigen...

...machte seine Sache so gut, dass nach Ablauf von 400 Jahren dieses grosse Reich, welches sich Palaestina und die halbe — damalige— Welt unterworfen hatte, nur mehr ein grosser Truemmerhaufen war, und das mosaische Gesetz wurde offizielle Regierungsform Roms.

Pazifismus, blinder Gehorsam, Resignation und Liebe waren gefaehrliche Waffen; unter die feindlichen Legionen verbreitet, vermochten sie die Disziplin zu untergraben und so doch Jerusalem den Sieg heimzubringen.

Mit einem Worte, Saulus war hoechstwahrscheinlich der erste Mann, der die Moeglichkeit erkannte, Krieg durch Propaganda zu fuehren...

Wir aenderten den gesamten Lauf eurer Geschichte.

Wir brachten euch so unter unser Joch, wie nie eine eurer Maechte jemals Afrika oder Asien in ihre Knechtschaft brachte.

Und das Alles vollbrachten wir (Juden) ohne Waffen, ohne Kugeln, ohne Blut und Schlachten, ohne Gewaltmassnahmen irgendwelcher Art, einzig durch die unwiderstehliche Macht unseres Geistes, mit Ideen und Propaganda."

4) Aus der Unterhaltung zwischen zwei Reisenden, einer davon Jude:

Van Ryke, 1954: „...Sie aergern sich, fuhr er fort, ich verstehe, dass diese Dinge sich aus meinem Munde unangenehm anhoeren. Aber verschliessen Sie sich nicht, wenn Sie koennen.

Sehen Sie, wir haben 3000 Jahre Diaspora hinter uns, mehr als die Haelfte unserer Geschichte, und sind ein Volk geblieben.

Wir besitzen in den tieferen Regionen nicht den Bruchteil des schoepferischen Geistes der Deutschen und haben trotzdem die groesste Macht und den groessten Reichtum gewonnen, den je ein Volk auf dieser Erde besass.

Dreitausend Jahre, das sind hundert Generationen. Ist das ein Merkmal von Destruktivitaet?

Ihre Auswanderer wissen in der dritten Generation nichts mehr von ihrer Herkunft. Oder: Haben Sie schon jemals gehoert, dass ein Jude den anderen verraet? Nun, Ihre Geschichte beginnt mit einem Verrat, und es sieht ganz so aus, als wuerde sie auch mit einem enden.

Wir haben — ich leugne es nicht — viele gemeine Dinge getan, aber vor dem Verrat haben wir uns gehuetet.

Wir haben Orthodoxe und Liberale, Zionisten und Progressive, Nationalisten und Kosmopoliten, Glaeubige und Psycho-Analytiker, aber selbst der allerletzte und allersimpelste von uns kennt genau die Grenze, von der ab er nur Jude und nichts als Jude ist.

Ich wandere aus, doch wo ich auch sein werde, bin ich ein Stueck Israel. Sind Ihre Deutschen im Ausland auch ein Stueck Deutschland?

Das ist das Geheimnis unserer Macht und unseres Selbstbewusstseins, das **ganze Geheimnis Ihrer Schwaeche.**

Sie werden von mir keinen Rat annehmen wollen, mein Herr, aber wenn die Deutschen eine Zukunft haben wollen, so werden sie sich **nicht gegen uns, sondern gegen diesen ihren Fehler wenden muessen...**"

Meine Freunde, nehmen Sie diese Zitate, insbesondere das letzte, richtig in sich auf, denn das ist wohl das Wesentlichste, was in der letzten Zeit zu Papier gegeben wurde; es ist von epochaler Bedeutung und eruebrigt einen Kommentar.

Wir schliessen daraus: Religion ist oberste Instanz in allen Dingen, insbesondere den geistigen; religioeser Halt ist also der Grundpfeiler fuer die ganze Menschheit, sowohl fuer die Einzelpersonen, wie fuer die hoeheren Gliederungen, die Voelker und ihre Nationen.

Jeder Voelkergruppe ihre wesens- und artgemaesse Religion! Kirche und Staat haben zusammen der Nation, dem „Menschheits-Glied" zu dienen.

Das Gegenteil, die Halt-Losigkeit, erbringt nur Zerfall, Schimpf und Schande, wobei es unwesentlich ist, ob die Haltlosigkeie von allein infolge Degeneration einsetzt, oder von Anderen geschuert oder beigebracht wird im Rahmen entsprechender politischer Plaene, die die Zerstoerung von Abwehrkraeften aus irgendwelchen, meist egoistischen Regungen Anderer, anstreben.

Dazu ist die „geistige Umwandlung", das Spalten der Seele etc., notwendig, von wo dann der Weg zum Verrat nicht weit ist.

XI. KAPITEL

VERRAT

WIDERSTAND — NATIONALE HALTLOSIGKEIT

Verrat ist also bei starker religioeser Untermauerung des politischen Lebens unmoeglich und undenkbar. Tritt Verrat auf, so ist die geistige Umwandlung, die seelische Zerstoerung, bereits bedenklich fortgeschritten.

Geistige Umwandlung gehoert auch zur psychologischen Kriegsfuehrung, die nach Ravage also mit Saulus ihren Anfang nahm und die in die neuste Geschichte hineinragt; bei kleinen Nationen kaum zu merken; bei den Nationen, die nun einmal Schluesselstellungen im Weltgeschehen einnehmen, wie der deutschen, um so mehr, weil sie eben interessante Objekte sind.

Auch der Bolschewismus war sich darueber klar, dass er eine neue, die bisherige erschuetternde oder gar ersetzende Weltanschauung im Zuge seiner weltrevolutionaeren Plaene herausbringen muesse; es wurde der „historische Materialismus" des Marxismus, Leninismus, Stalinismus, etc. deren neue Heilslehre.

Moskau war also auch zu Beginn seiner bolschewistischen Taetigkeit gegen die christliche Weltanschauung und bekaempfte sie mit den bekannt brutalen Mitteln. Die insbesondere gegen die ortodoxen Priester geuebte Brutalitaet ist bekannt, ebenso die Entwuerdigung der Gotteshaeuser. Man bezeichnete — fuer die Anderen — die Religion als Opium fuer das Volk.

Das weltliche Staatsoberhaupt, der russische Zar — auch hoechster Wuerdentraeger der russischen ortodoxen Kirche — wurde liquidiert.

Auch der zweite — nicht roemisch-katholische — Zweig der Christenheit, der deutsche Protestantismus wurde durch die Gottlosen-Bewegung der als typisch psychologisches Kampfmittel anzusehenden kommunistischen Partei angegriffen; auch sein Oberhaupt, der Deutsche Kaiser wurde, wenn auch nicht physisch erschlagen, sondern „nur" vertrieben.

Trotzdem war man jedoch in Deutschland nicht zum Zuge gekommen. Also musste General Psychologus es mal anders herum versuchen; vielleicht das Christentum politisch gesehen also statt zu bekaempfen, eben gerade „einzubauen"; und gegen etwaige neue Stroemungen auf geistiger Basis auszuspielen.

In der Tat erschien dazu die Moeglichkeit, als die neue hitlersche Abwehrbewegung gegen den Kommunismus u. a. auch mit einer neuen Weltanschauung antrat.

Man erkannte durchaus, dass eine GEFAHR nur aufkommen konnte von einer neuen besseren idealistischen Weltanschauung. Deren Bildung musste also unbedingt verhindert werden.

So eroeffnete man gleich bei ihren Anfaengen ein internationales Kesseltreiben; ehemalige Freunde und Feinde kaempften gegen diesen nun gemeinsamen Feind, den National-Sozialismus. Die absurdesten Verbindungen wurden eingegangen: Adlige verbanden sich mit Proletariern, Christen mit Gottlosen usw.

General Psychologus sorgte dafuer, dass die neue Weltanschauung in die Haende von, der Aufgabe niemals gewachsenen — deutschen — Fuehrungskraeften geriet, die dann auch dazu gebracht werden konnten, die ganze Angelegenheit fehl zu leiten; eben dorthin, wo sie der General Psychologus hinhaben wollte. Der zweifellos im Ansatz befindliche, von vielen guten Kraeften des deutschen Volkes getragene Entwicklungsprozess einer neuen Weltanschauung wurde in seiner Aufbauarbeit unsichtbar gehemmt und fehlgeleitet.

Wie auch auf dem politischen Sektor wurden sich in jeder Entwicklung ergebende unwesentliche Irrtuemer und Fehler aufgebauscht; nicht um sie abzustellen, sondern sie psychologisch als Gegenm. ttel zu verwenden. Das wurde natuerlich nicht recht beim Namen genannt, denn dann wuerde ja bald die ganze Sache durchschaut werden koennen.

Man drehte also den Spiess um und ging nun seinerseits dazu ueber, die vermeintlich angegriffenen Christen nun fuer sich zu verwenden, sie sogar zu fanatisieren. Die Frucht dieser Bemuehungen, um das Aufhalten einer wirklichen, neuen, durchschlagenden Weltanschauung war in Deutschland der „geistig orientierte" Widerstand.

Man macht sich im Allgemeinen, im Auslande insbesondere, gar keinen Begriff, wie weit dieser „Widerstand" in Deutschland, genauer gesagt in der Fuehrung Deutschlands, gediehen war. Man hielt ihn in Deutschland, dem man bisher immer die rein preussische Grundhaltung der Sauberkeit und Lauterkeit des Charakters und der Treue unterstellte, einfach nicht fuer moeglich.

So wurde noch in Kriegszeiten hier in Brasilien ein Deutscher wegen vermeintlicher Spionage verurteilt. Man hatte die Aufforderung zu einer solchen Organisation bei ihm gefunden und so war fuer den Richter der Fall bereits klar, denn „ein deutscher Offizier sagt in Kriegszeiten bei einer solchen Einladung nie nein", ergo — wurde er verurteilt. (Dabei hatte der Mann tatsaechlich nicht Folge geleistet aus triftigen Gruenden. Man hatte ihn damals also zu Unrecht verurteilt).

Der „Widerstand", den man hier in Brasilien und ebenso in allen anderen Laendern schlicht mit Verrat bezeichnet, hatte in dem Hitler-Deutschland zu bis dahin unerreichter schicksalsgestaltender Bedeutung kommen koennen.

Ein gewisses Mass von Verrat hat es bei kriegerischen Auseinandersetzungen immer gegeben. Dass dieser Verrat jedoch so tief und gerade in der deutschen Fuehrung verankert war und sein Unwesen trieb — so, wie es General Psychologus, sein geistiger Vater, es ihm eingab — blieb bisher ziemlich unbekannt. Wir wollen hier zunaechst nur einige Beispiele folgen lassen:

Dass der Chef des deutschen Geheimdienstes Canaris und sein Stabschef Oster fuehrend im deutschen Widerstand waren — man werde sich ueber die Bedeutung dieser Amtsstelle restlos klar —; dass dieser Canaris am ersten Tage des Zweiten Weltkrieges in sein Tagebuch schrieb, Deutschland duerfe diesen Krieg nicht gewinnen, ist bereits allgemein bekannt. Dass Canaris Ende 1941, also nach den ersten Kriegsmonaten, die das kommunistische Russland an den Rand der Niederlage gebracht hatten, die russischen Friedensfuehler ueber die Schweiz mit der Aufforderung abschlug, die Russen moegen noch durchhalten, auch Deutschland sei am Ende seiner Kraft, ist schon weniger bekannt, aber deshalb nicht unwesentlicher und unbedeutender.

Dass der Generalstabschef der deutschen Streitkraefte, genauer sogar die Chefs, also zunaechst Beck, dann Halder und Zeitzler, mit ihrem obersten Staatschef fundamental, anderer Ansicht waren, ihn sogar als ihren groessten Feind betrachteten, auch das ist bereits bekannt. Wie waere es denn auch sonst moeglich gewesen, dass geheimste Besprechungen Hitlers mit diesen hoechsten Offizieren innerhalb weniger Stunden den Russen bekannt waren — das ist wieder weniger bekannt.

Durch die Gerichtsverhandlungen nach dem Attentat auf Hitler vom 20. Juli 1944 wurde weiterhin bekannt, dass der Befehlshaber des gesamten Ersatzheeres und sein Stab „contra" war, u. zw. nicht erst auf Grund etwaiger im Kriege begangener Fehler, sondern sie waren es schon vor Kriegsbeginn. Anstelle sich um ihre Aufgabe zu kuemmern, den Krieg fuer ihr Vaterland zu gewinnen — die einzige Aufgabe, die ein hoher Offizier haben sollte — waren sie damit beschaeftigt, Propagandamaterial und schlechte Nachrichten unter den anderen hoeheren Staeben zu verbreiten, so schreibt es ganz offen der Geschichtsschreiber des Widerstandes, Rotfels (siehe Seite 80 seines Buches): „Sie bearbeiteten monatelang ihre Kollegen, um sie zum Widerstand zu bekehren", so steht es in dem gleichen Buche auf Seite 77; von spontaner Hingabe fuer die Sache des Widerstandes kann also nicht geredet werden.

Fast alle Feldmarschaelle wussten vom Widerstand und den Putschplaenen, der eine mehr, der andere weniger; niemand von ihnen ist gegen einen solchen Krebsschaden energisch und entscheidend angegangen, und wenn es mit der Waffe in der Hand der Fall gewesen waere! Die geistige Umwandlung war bereits soweit gediehen, dass diese ganze Tuschelei unter der Decke nicht denunziert oder sonstwie abgeschafft wurde, auch wenn man den Verrat noch nicht offen mitmachte. Es wurden also diejenigen, die zum Abfall und Verrat zu ueberreden versuchten, nicht etwa gleich verhaftet und vor ein Standgericht gestellt, wie es sich gehoert haette, um diese gefaehrlichen Zerfallserscheinungen gleich bei ihrem Entstehen auszurotten. Leider nur sehr vereinzelt — und dann auch nicht bei den Richtigen — gelang es der Geheimpolizei einzugreifen.

Dieser Krebsschaden — das ist der richtige Ausdruck dafuer, ging jedoch noch viel weiter, u. zw. gerade zu einer Zeit, als der Krieg sich im Osten zuspitzte.

Der erste Generalstabsoffizier der Heeresgruppe Mitte an der deutschen Ostfront — jedermann weiss um die Bedeutung dieses „Ersten" — muss als wichtiger militaerischer

Widerstaendler genannt werden. Er wieder hatte seine Vertrauten an anderen Stellen, insbesondere bei der Heeresgruppe Sued und am Don. Dort an der Ostfront wurde etwas Furchtbares zusammengebraut: Die an der russischen Suedfront zwischen den Fluessen Don und Wolga angestrebte — das war dem Feinde bekannt gemacht — und sich abzeichnende militaerische Entscheidung sollte keinesfalls zum Erfolg gefuehrt, also siegreich beendet werden, vielmehr sollte sie das Fanal zu einer Erhebung hoechster deutscher Truppenfuehrer werden. Den Auftakt dazu sollte Paulus in Stalingrad geben mit einem Aufruf an seine Soldaten und die der Nachbarabschnitte, den Befehlen nicht mehr zu gehorchen.

Meine lieben Freunde, Sie werden vielleicht etwas unglaeubig sein bei der Schilderung dieser nur monstruoes zu nennenden Putsch- und Verderbens-Plaene. Aber sie beruhen leider auf Wahrheit; wir gingen bereits auf das Thema ein, als wir uns ueber das Abschwenken von der Invasion Englands auf den den Verraetern mehr versprechenden Russlandfeldzug unterhielten. Jetzt bei der grossen Schlacht bei Stalingrad war fuer diese Herren die Stunde gekommen! Stalingrad erscheint damit zwangsmaessig in ganz anderem Lichte, als es bisher im Allgemeinen dargestellt wurde. Naeheres kann man in einschlaegiger Literatur darueber nachlesen, sei es bei Lenz „Der verlorene Sieg", bei Strassner „Verraeter" u. a. —

Aber auch an der deutschen Westfront hatte sich der Widerstand eingenistet, in Belgien war es von Falkenhausen; und in Frankreich von Stuelpnagel, der schon bei Putschplaenen vor dem Kriege dabei war und dem es gelang, selbst Rommel durch dessen auch dem Widerstande angehoerenden Stabschef Speidel fuer den Widerstand zu gewinnen. Diese hohen deutschen Offiziere gehoerten also der „feinen" Gruppe des Widerstandes an, deren Grundthese es war, „unter dem gegebenen Regime einen deutschen Sieg nicht einmal wuenschen zu duerfen", siehe wieder Rotfels, Seite 83.

So war es im Westen moeglich, dass unglaubliche Versaeumnisse auf deutscher Seite begangen wurden. In der kritischen Nacht vor der alliierten Landung in der Normandie war kein Kuestenwachboot oder Aufklaerungsflieger auf deutscher Seite unterwegs, um das Herannahen der groessten Invasionsflotte aller Zeiten rechtzeitig zu avisieren. Kein hoher Kommandant war am kritischen Tage, den wir hier in Brasilien in der Zeitung ablesen konnten, auf seiner Kommandostelle; Rommel war zur Geburtstagsfeier seiner Frau tief in Deutschland. — Das erscheint Alles in eigenartigem Licht, vorsichtig ausgedrueckt.

Die Reihe der grossen Verderber ihres Vaterlandes geht weiter:

Der Chef des Ruestungsamtes — man werde sich restlos ueber die einschneidende Bedeutung auch dieses Amtes klar — stand „in echter Opposition", wie es in der einschlaegigen Literatur heisst. Er war schon bei frueheren Putschplaenen dabei; draengte 1940 darauf, dass die „Generalitaet den Angriff verweigere; die Berliner Garnison sollte Hitler verhaften und die Armee das Regiment uebernehmen". Dieser General, namens Thomas, wurde leider erst Ende 1942 entlassen. Man kommt nicht umhin zu sagen, „leider nur" entlassen; er haette eine gerechtere Strafe verdient.

Es gab eigentlich keine deutsche militaerische Fuehrungsstelle, bei der der Widerstand seine, immer nur wenigen, aber entscheidenden Vertrauensmaenner nicht eingebaut hatte, wobei auffaellig ist, dass der Widerstand vorwiegend beim Landheer sich ausgebreitet hatte. Der Chef des deutschen Widerstandes und deutsche Spionagechef — welch teuflische Verquickung — haette verdammt richtiger getan, dieses Eintraeufeln der Zersetzung und diese geschickte Untergrabung der obersten (deutschen) Fuehrung insbesondere im militaerischen Sektor anstelle auf deutscher, eigener, Seite bei den Feindmaechten pflichtgemaess zumindest zu versuchen, anstelle die eigenen Reihen damit zu verpesten und tausende deutscher Soldaten — eigene Kameraden — fuer seine spleenigen Ideen zu opfern.

In den beiden anderen Waffengattungen; der Marine und der Luftwaffe, trat der Verrat kaum in Erscheinung. Schon das zeigt, dass er nicht unbedingt sein musste. Dafuer sass er aber um so fester an anderen Stellen; immer dort, wo er wirklichen Einfluss nehmen konnte.

Der Polizeichef der deutschen Reichshauptstadt Berlin, der Stadtkommandant der alten, praktisch zu Berlin gehoerenden Garnisonstadt Potsdam, sowie der Chef der Kriminalpolizei, diese Drei gehoerten auch zum Widerstand. Ueber den Einfluss in der Geheimen Staatspolizei sprachen wir schon an anderer Stelle.

Ueberlegen Sie sich, meine Freunde, was es hiess, wenn diese obersten Spitzen der militaerischen und polizeilichen Gewalt contraer zur Reichsfuehrung standen.

Der Widerstand blieb aber nun nicht auf die militaerischen Sektoren begrenzt. Das Netz der Konspiration wurde vom Heer aus zu den Zivilen Stellen weiter geflochten. Besondere Verbindungsoffiziere sorgten fuer den noetigen Kontakt mit dem Auswaertigen Amte (Kieps, Kessel, etc.). Hier erfasste sie gleich die hoechsten Stellen, die es dort nach dem eigentlichen Aussenminister gab, also den Staatssekretaer, der zunaechst durch von Buelow, dann durch den besonders verraeterisch wirksamen von Weiszaecker besetzt war. Durch diesen Mann wurden wichtigste geheimste aussenpolitische Informationen den Feindmaechten zugebracht; die Herren nannten das „aussergewoehnliche Massnahmen". Die deutschen Botschafter in London, Rom und Moskau waren entsprechend besetzt, um nur einige herauszugreifen.

Aber auch in den hoechsten Kreisen der deutschen Wirtschaft und Finanz wurde konspiriert. Der fruehere — sogar preussische — Finanzminister Popitz sah seine Aufgabe darin, „das Regime durch Aufspaltung der Kraefte zu schwaechen, oder eine Revolution von innen heraus anzustreben". So drueckte er sich selber einmal aus. Das Alles wohlverstanden nicht in den langen Jahren vor der Machtuebernahme, wo gerade fuer diese Herren genuegend Zeit und Gelegenheit zu wertvoller und konstruktiver Taetigkeit gewesen waere, sondern ausgesprochen in ernstesten Kriegszeiten.

Viele meinen, den Finanzier Schacht als den ersten Mann des Widerstandes auf dem zivilen Sektor ansehen zu muessen. Wie verabscheuungswuerdig sein Handeln auf jeden Fall war, geht aus zwei Saetzen hervor, die selbst in Nuernberg der amerikanische Chefanklaeger Jackson ihm entgegenschleuderte, aus denen die tiefe Verachtung, die selbst Jackson fuer solch erbaermliche Vaterlandsverraeter mit Recht hegte, klar zu erkennen ist. Der eine Satz war die Frage, „Ob es in Deutschland ueblich sei, einer Regierung beizutreten mit der Absicht, das Programm des Chefs der Regierung zu vereiteln?"

Der andere: „...dass Schacht einen Teil der Verantwortung dafuer zu uebernehmen habe, dass Deutschland den Krieg verloren hat."

Die Liste der grossen Verderber ihres Vaterlandes geht noch immer weiter: Die deutsche Lufthansa hatte ihren Otto John und selbst die bekannte deutsche Firma Bosch hatte den zivilen Chef des Widerstandes Goerdeler angestellt, um auf dessen Auslandreisen „das Ausland von den Gefahren des Nazismus zu ueberzeugen".

General Psychologus gelang wohl das Tollste, was es bisher in dieser Materie gegeben hat: er drang bis in die „Hoehle des Loewen" vor, indem er die naechste Umgebung des deutschen Staatsoberhauptes mit ausgesprochenen Vertrauensleuten des Widerstandes besetzte, wie den Chef-Dolmetscher (Schmidt) und Hitlers Wehrmachtsadjudanten (Hossbach). Man bedenke einmal, was es heisst, wenn der bei hohen Staatsbesuchen unumgaenglich notwendige Dolmetscher, oder der Verbindungsoffizier zur Wehrmacht keine fuer das Staatsoberhaupt zuverlaessigen Leute gewesen sind!

General Psychologus wird auch seine Finger in dem Fall Hess gehabt haben. Rud. Hess war Stellvertreter des Fuehrers, also praktisch der zweitmaechtigste Mann der Hitlerzeit. Nichts lag naeher, als bei den psychologischen Bemuehungen, an den gefuerchteten Hitler heranzukommen, auch bei Hess sein Glueck zu versuchen.

Hess hatte herzliche Beziehungen zu Prof. Haushofer. Dieser Professor Haushofer hatte einen Sohn, der schon sehr frueh zu dem Kreise Popitz, Planck, Olbricht, Goerdeler, also den Koepfen des deutschen Widerstandes gehoerte. Sohn Haushofer wurde dann auch im Rahmen der Verhaftungen um den 20. Juli aufgegriffen und spaeter erschossen.

Im Rahmen des Hess-Fluges nach England ereigneten sich eine Anzahl Ungereimtheiten, die auf gewollte Fehlleistungen hinweisen.

Gerade, weil man den Idealismus von Hess kannte, der damit also gefaehrlich war, musste er irgendwie ausgemerzt oder unschaedlich gemacht werden; musste aus der Reichsfuehrung verschwinden; musste er als engster Vertrauter und Berater und Freund Hitlers aus dessen naechster Umgebung irgendwie herausgerissen werden.

Mit Verratshandlungen ihn zu koedern, war natuerlich nicht moeglich; also versuchte man es mit einem uebertriebenen, idealistischen Unternehmen, das per Saldo schief gehen musste. Man fuetterte ihn ungemerkt mit diesen Plaenen — und kam per Saldo damit zum Zuge!

„Todt ist tot, und Hess ist mir davon geflogen!" so sagte Hitler zu Freunden damals, woraus wir ersehen, wie sehr ihn der Fortgang von Hess tangiert hatte. Das aber gerade wollte ja der General Psychologus, oder etwa nicht?? Zufall ist der ganze Vorgang bestimmt nicht.

Es besteht kein Zweifel, dass das Unternehmen Hess sehr gefaehrlich fuer General Psychologus war. Wir wissen heute, dass Stalin aeusserst aufgebracht war und spaeter Hess's sofortiges Erschiessen gefordert hatte. So ernst es also dem Stalin, so wichtig war es also grundsaetzlich fuer Deutschland! Darum musste Hess auch unbedingt zu Fall gebracht werden. Und das hat General Psychologus ja auch voll erreicht; er wusste ueber seine Mitarbeiter – die Widerstaendler — von derartigen aehnlichen Bemuehungen ueber Lissabon, denen Hess aber zuvorkam, gewollt oder ungewollt, wer weiss es.

Es verstummen auch die Geruechte nicht, dass Hitlers hoechste Vertrauensperson, der Reichsleiter Bormann in letzter Konsequenz ein Agent der Sowjets gewesen sein soll. Die von ihm betriebene Abschirmung des Staatsoberhauptes, das von ihm betriebene Fernhalten vermeintlich unwesentlicher Vorgaenge, sein bisher nicht geklaertes Ende — sein Tod wurde bisher von niemandem bezeugt — die Tatsache, dass manche Personen seines Kreises irgendwo in der Welt ganz friedlich leben; dass um seinen ganzen Fall der Mantel der Mystik gelegt wird; dass ganz einwandfreie Persoenlichkeiten aus der damaligen Zeit von dem

„boesen Bormann"

sprechen, lassen allerdings ein grosses Fragezeichen berechtigt erscheinen.

Wir verstehen durchaus, dass die Verschiebung Bormanns ins verraeterische Lager sehr starker Tabak ist. Und dennoch muessen wir uns diesem Thema widmen.

Dass Bormann ein sowjetischer Agent sein muesse, erkannten wohl erstmalig russische monarchistisch eingestellte Emigranten, die in diesem trueben Wasser des Agentenlebens, wie es bis dahin meisterhaft von den Sowjets gefuehrt wurde, wohl die einzigsten waren, die mithalten konnten in diesen merkwuerdigen Geschaeften. Aber auch sie merkten es nicht schon 1933, sondern runde neun Jahre spaeter, als der Entscheidungskampf wirklich los ging.

Aber auch 1948 stellte der Leiter der Untersuchungsabteilung des Nuernberger Militaergerichtes, Mister W. Rapp, fest, er habe Beweise dafuer, dass Bormann, der nach dem Englandflug von Rudolf Hess der unumschraenkte Herrscher in der Parteikanzlei geworden war, lange Zeit mit den Sowjets zusammengearbeitet und Hitler getaeuscht habe. Die deutsche Armee und die deutsche Verwaltung haetten deshalb im Russlandfeldzug so viele Fehler gemacht, weil Bormann an Hitler l a u f e n d falsche Informationen gegeben habe.

Im Jahre 1955 wurde ein Bericht des Nachrichtendienstes der russischen, nichtsowjetischen, Emigration veroeffentlicht. Darin wird ziemlich genau auf das Thema Bormann eingegangen. Die Tatsache, dass jene Broschuere („Sowjet-Agenten ueberall") inzwischen verboten und beschlagnahmt wurde, laesst erkennen, dass zumindest Einiges daraus der grossen Politik unerwuenscht ist. Martin Bormann wird darin eine riesengrosse Verantwortung angelastet; dass er eben ein Vertrauensmann der Sowjets im letzten Grunde war, um an den — immer wenigen — wirklich entscheidenden, Ereignissen „zur Stelle" zu sein.

Nachdem Hess nach Schottland geflogen war, machte er damit seine ungeheuer wichtige Mitarbeiterstelle in der naechsten Umgebung Hitlers fuer einen anderen frei. Nichts lag naeher, als dass sein bisheriger Stabschef, der ihn sicher unmerklich zu dem Englandunternehmen zugeredet haben wird, an seinen Platz aufrueckte und somit Martin Bormann direkt neben Hitler stand in der Praxis.

In den gleichen Berichten wird auch der Leibarzt Hitlers, Prof. Morell, zur Sprache gebracht, der mit marihuanaaehnlichen Drogen Hitler langsam aber sicher zugrunde gerichtet haben soll.

Mit Wehmut denken wir an eine Veroeffentlichung aus der Zeit vor dem Kriege, worin Hitler in Bayreuth, schick im Smoking, gezeigt wird und dicht bei ihm sein damaliger Leibarzt Dr. Brandt; jener Brandt, der spaeter im Rahmen eines Aerzteprozesses gehaengt wurde. Moreil wurde weder gehaengt noch zur Rechenschaft gezogen, sofern man von formellen Vernehmungen in Nuernberg, um die man — um das Gesicht zu wahren — nicht herum gekommen war, absieht; (er ist kurze Zeit nach dem Kriege verstorben).

Der gleiche Bericht der russischen Emigration befasst sich ebenso ausfuehrlich mit der unerhoerten Gestaltung des

Ostministeriums und der ganzen contraproduzenten wirtschaftlichen, politischen und militaerischen Entwicklung, wie sie von diesen Verraetern mit ungeheurem Geschick zur Entscheidung bezw. Rechtfertigung und Befehlsunterlage bei Hitler vorgetragen wurden.

Auch hier wird eine ausfuehrlichere geschichtliche Forschung einzusetzen haben, denn es handelt sich hier um Dinge, die von ganz entscheidender Bedeutung waren — und noch sind.

In den Rahmen der Bemuehungen des Generals Psychologus passt der Fall Bormann und die deutsche Ostpolitik auf jeden Fall wunderbar hinein.

Schliesslich muss bei dieser traurigen Liste nicht Halt gemacht werden, wenn wir an verschiedene kirchliche Wuerdentraeger denken.

Sowohl der katholische Bischof von Berlin, Graf Preysing, wie auch der evangelische Bischof Wurm hatten ihre Verbindung zum Widerstand, ebenso, wie der Leiter des Aussenamtes der evang. Kirche Dr. Schoenfeldt, der ueber die Schweiz mit dem amerikanischen Spionenchef Allan Dulles — nicht etwa mit einem nordamerikanischen Kirchenmann — zusammenarbeitete. Er wurde dabei von seinem Freunde Pastor Bonhoeffer unterstuetzt, der bekanntlich in Genf zu Kriegszeiten fuer die Niederlage seines deutschen Vaterlandes offen gebetet hatte.

Ach, lassen wir diese schreckliche, widerliche, wuerdelose Liste der Landes-Verraeter. Sie alle mimten Hingabe zur Sache, nahmen hohe Auszeichnungen und die damit verbundenen teuren Geschenke von Seiten ihrer Reichsregierung an, aber genau so auch einige hundert Millionen Dollar, die in diese Kanaele geflossen sind, laut Aussagen des amerikanischen FBI-Chefs General Hoover, die dieser gleich nach dem Kriege machte und die in allen Tageszeitungen damals veroeffentlicht wurden.

General Hoover berichtete bei gleicher Gelegenheit ausserdem ueber die damaligen Schwierigkeiten und Verzoegerungen; man habe geglaubt, dass der deutsche Widerstand eine Finte, ein Trick, der Traeger irgendeines geschickten Planes gegen die Alliierten sei, bis man festgestellt habe, welch wirkliche, klaegliche Situation vorlag, welch kuemmerliche Gestalten sich ihm und seiner Organisation, die zwangslaeufig intelligente und raffinierte Offiziere auf ihrer Gegnerseite vermuten musste, sich darboten, fuer die sie, (vom alliierten Geheimdienst), nur tiefste Verachtung hegten, auch wenn sie aus ihrer Aufgabe heraus sich mit diesen Elementen abgeben und sie weitgehendst fuer die alliierten Zwecke verwenden mussten.

Es ist mittlerweile bekannt geworden, dass Hitler, der schon lange mit Argwohn auf Grund seiner unerhoerten Erfahrung auf politischem Gebiete und seines ziemlich sicheren Instinktes und teilweise auch auf Grund guter Arbeit seiner Geheimpolizei und anderer ihm ergebener Mitarbeiter insbesondere jene „unsicheren Kantonisten" betrachtete und auch entsprechend manchmal behandelte, seelisch und damit auch in seinem Gesundheitszustand einen nicht wieder gutzumachenden Knacks bekam, als er insbesondere durch die Aufdeckung des gegen ihn gerichteten Attentates vom 20. Juli 1944 erfuhr, wie weit die Faeulnis, die geistige Umwandlung gediehen war; dass sie ueberhaupt in Deutschland, noch dazu in seinem militaerischen Fuehrungsstabe und in solch ernsten Kriegsjahren moeglich war; dass der Fahneneid bei jenen hohen Herren nur noch so wenig galt; das Alles in einer so schweren Stunde der Nation, in der auf Leben und Tod gekaempft wurde, nicht um der Nazis, sondern um des deutschen Volkes und seiner Nation willen.

Fuerwahr ein weiteres, wirkliches Meisterstueck des Generals Psychologus!

Unwillkuerlich draengt sich wieder die Frage auf: Was waere wohl geschehen; was haette fuer Deutschland erreicht werden koennen, wenn dieser ganze Kreis nur seine Pflicht getan haette, wenn er die ihm von der Reichsfuehrung gestellten Aufgaben und Befehle nicht nur ordnungs- und sinngemaess erfuellt, sondern darueber hinaus mit ganzem Herzen weiter entwickelt und ausgebaut haette?

Wie gesagt, eine Meisterleistung in der gegnerischen psychologischen Kriegsfuehrung: Die oberste Fuehrung, der deutsche Fuehrer selbst, der gefuerchtete, wenn auch in der Propaganda oft laecherlich gemachte Hitler, schwer angeschlagen in seinem gesundheitlichen Zustand und seinem seelischen Halt und damit in seinem Glauben und seinem Vertrauen an seine eigene engste Umgebung, auf die er natuerlich in jeder Hinsicht angewiesen war.

Die Gegner hatten sehr genau erkannt, wie richtig und stark die hitler'sche Regierungsart im deutschen Interesse war; viele Deutsche, die es anging und heute noch angeht, hatten diese Erkenntnis nicht, die die Feindseite hatte!

Immer wieder draengt sich hier die zweite Frage auf: Wie war es ueberhaupt der deutschen Reichsregierung moeglich gewesen, fast sechs lange Jahre gegen fast die ganze Welt zu bestehen bei einem derartig unzuverlaessigen Apparat der oberen Verwaltung und solchen widerstaendlerischen Mitarbeitern? Wie stark musste die deutsche Sache, insbesondere im Volke selber, gut verankert gewesen sein, dass sie trotz dieser widrigen Umstaende sechs Jahre ausgehalten hat?

Kehren wir auf unsere Studien der psychologischen Kriegsfuehrung zurueck.

Es steht also ausser Zweifel, dass der Verrat in Deutschland ziemlich genau gesteuert wurde; es lag ein immer wiederkehrendes System darin. Zunaechst drang man in mittlere und hohe Regierungsstellen ein, wie schon beschrieben. Das klappte ganz gut. Also ging man einen Schritt weiter und versuchte es bei den hoechsten Militaers und Ministern. Wir berichteten schon ueber das Eindringen in die „Hoehle des Loewen" und ueber die Bemuehungen gegen Hess. Ja, man ging an den nach aussen hin so gefuerchteten Reichsfuehrer der SS, Heinrich Himmler heran. Auch an Hermann Goering, den Reichsmarschall, der zu den Vertrautesten Hitlers gehoerte, sowie an den nicht minder intimsten Mitarbeiter Dr. Goebbels wird man versucht haben, irgendwie heranzukommen, wenn auch bisher nichts bekannt geworden ist, den letzten, den Minister fuer Propaganda, der als aeusserst intelligenter Mann bekannt war, in deutschfeindliche Intrigen hineinzuziehen.

Ueber die Person Himmlers sind nach dem Kriege viele Zweifel aufgetaucht. Schon waehrend des Krieges hatte mancher hohe Truppenfuehrer seine mehr als gelinden Zweifel ueber dessen militaerische Faehigkeiten.

Seien wir uns darueber jedoch klar, dass Himmler niemals ein ausgesprochener Militaer im althergebrachten Sinne war; auch fuer eine solche Aufgabe niemals ausgebildet und wohl auch niemals in normalen Zeiten vorgesehen war. Erst das vielseitige Versagen und die Unzuverlaessigkeit der berufenen Kreise brachte Himmler in jene hohe Stellung, in der er sich am Ende des Krieges befand.

Ob er eine so ueberragende Intelligenz gehabt hatte, um den mit allen Mitteln und mit langer Erfahrung arbeitenden General Psychologus nicht ins Garn zu gehen, muss aus heutiger Sicht bezweifelt werden. Erkennen wir, dass der groesste

Teil der deutschen hohen Truppenfuehrer, die beim Widerstand waren oder auch nur von ihm wussten und ihn duldeten, ebenso nicht gemerkt haben, dass sie am Gaengelband des Generals Psychologus zappelten.

Endgueltiges darueber muessen wir der noch noetigen geschichtlichen Forschung ueberlassen. Bedeutend ist dabei, dass Hitler in seinem politischen Testament, das er kurz vor seinem Tode verfasst haben soll, sowohl Himmler, wie auch Goering von sich gestossen hat.

Bei Beiden darf wohl angenommen werden, dass sie sich eines verraeterischen Treibens nicht bewusst waren. Dem General Psychologus war es doch egal, ob Verrat oder unerkannte Intrige der Weg zu seinen Plaenen war.

Hermann Goering war nach Hitler zweifellos die groesste Persoenlichkeit damals.

Goering hatte, wie jeder Mensch schliesslich, seine persoenlichen Schwaechen, die bei gerechtem Abwaegen seine eindeutige Haltung und Ueberzeugung nicht aufwiegen konnten, siehe Nuernberg. Von dort hat der englische Richter Birkett mit wenigen Worten diesen Mann beschrieben, wie es in der Sunday Times berichtet wurde:

„...die aussergewoehnliche Persoenlichkeit Goerings. Er sei der Mann gewesen, der die ganze Procedur beherrschte, sogar schon, als er noch kein Wort oeffentlich auszusprechen vermochte, bis zu seinem Auftreten vor den Schranken des Nuernberger Gerichtes. Wie kein Anderer habe er hoechste Befaehigung und sein Wissen unter Beweis gestellt, eine solch vollkommene Selbstbeherrschung und eine solche Intelligenz in der Kenntnis aller Details...

Die Vernehmung hatte kaum zehn Minuten gedauert, da war es schon offenbar, dass der Angeklagte den Richter Jackson vollkommen beherrschte.

Geschmeidig, schlau, geschickt, souveraen in der Beweisfuehrung wurde Goering bald Herr der Situation...

Seine Kaltbluetigkeit war beachtlich und neben allen anderen Faehigkeiten, die er im Laufe der Debatte bewies, wirkte er auf dem Hoehepunkt durch seine metallene Stimme und eindrucksvolle Gebaerden.

Das Tribunal erwies sich als machtlos bei dem Versuch, Goerings Rede zu unterbrechen, der das Auditorium beherrschte. Es gelang nicht, das Verfahren wieder unter Kontrolle zu bringen.

Goering beherrschte mit seiner starken Persoenlichkeit die Szene ohne Unterbrechung und vollendete unstreitbar die Aufgabe, die er sich gestellt hatte: Die Ideen und das Programm der Bewegung, der er angehoert hatte an fuehrender Stelle, fuer kommende Generationen der Deutschen nochmals darzustellen und zu erlaeutern."

Soweit der Bericht des englischen Richters Birkett.

Die Haltung Goerings, dazu der gesundheitliche Zustand und der seelische unerschuetterliche Halt dieses zweiten Mannes in dem damaligen Deutschen Reiche gaben also fuer den General Psychologus zunaechst nicht die direkte Moeglichkeit, Goering als mehr oder minder williges Werkzeug seiner psychologischen Machenschaften zu „verbrauchen".

Vielmehr hatte anfangs Goering dem General Psychologus ein dickes Schnippchen geschlagen, indem er ihn auf die von ihm zur Schau getragene Prunksucht und andere Albernheiten hatte hereinfallen lassen; so wurde dieser garnicht so unwichtige und untuechtige Mann bei den Feinden verkannt und unterschaetzt, bis man bei Kriegsbeginn merkte, mit wem man es zu tun hatte in der Wirklichkeit.

Sofort musste Etwas geschehen! Wenn nicht im direkten Beschuss, so musste man ihn indirekt zu fassen kriegen.

Bis 1940 „spurte" sein Laden prima. Eine westfaelische Industriellentochter leitete mit viel Umsicht sein Sekretariat, worauf schliesslich immer sehr viel ankommt.

Ein adliger Major heiratete diese energische und zuverlaessige Kraft „weg"; und wenige Monate spaeter starb sie ploetzlich und unerwartet. Meine lieben Freunde, Sie wissen, dass wir Zufaelligkeiten in der jetzigen Zeit, und dass irgend etwas von allein geschieht im politischen Leben, absolut ablehnen.

Erst nach dem Ausscheiden jener Kraft breitete sich die „Rote Kapelle" im Reichsluftministerium bis hin in die engsten Kreise der Umgebung von Goering aus. So war es moeglich, dass die Geburtstagsgaeste im Hause Goering zwei Stunden spaeter im englischen Radio lueckenlos genannt wurden.

Goering hat den ueber ihn geworfenen psychologischen Schleier im Laufe des Jahres 1944 wohl erkannt; worauf den Sohn seines Bruders zu sich nahm und viele Dinge aufklaeren liess. Dann war es jedoch zu spaet. Sein Ansehen bei der Reichsfuehrung und bei seinen Untergebenen hatte entscheidend gelitten.

Dem General Psychologus ging es um die Schwaechung der gefuerchteten Reichsfuehrung, und das — so muss man ihm zugeben — ist ihm auch im Falle Goering gelungen.

Dass man Goering bis zum Schluss nicht richtig erkannt hatte, zeigt die Tatsache, dass man in Nuernberg ihn hat ausreden bezw. ueberhaupt zu Worte kommen lassen.

Seine oben geschilderte energische und ueberlegene Art, wie Kenner der damaligen Zeit es aus frueherer Zeit garnicht anders kannten und erwartet hatten, liess es nicht zu, dass er fuer die geplante psychologische Nachkriegs-Arbeit verwendet wurde. Bis heute hoert man wenig ueber ihn, wenn es gilt, die damalige Zeit zu verunglimpfen.

Es fehlte nur noch, dass der General Psychologus sich an Hitler selbst herangemacht haette, um ihn irgendwie direkt einzuspannen. Diese Hauptfigur umzustimmen oder als Werkzeug fuer andere, als deutsche Interessen einzubauen, war wohl denn doch zuviel. Um so mehr versuchte man, ihn, dessen ungeheure Persoenlichkeit und Faehigkeiten auf der Feindseite eine feststehende, darum mit allen Mitteln zu bekaempfende Tatsache gewesen war, dann irgendwie klein zu kriegen, erst durch direkte Attentate; dann durch die eben oben angezeigten Vorgaenge seelisch zu erschuettern oder gar ganz klein zu kriegen.

Oder ihn — und das ist bedeutend, und auch speziell geplant und dann auch durchgefuehrt worden — durch Fuetterung mit Fehl- und Falsch-Informationen zu bei ihm frueher seltenen Fehl-Entscheidungen zu veranlassen oder gar hinzureissen, oder auch nur friedlich zu bringen, je nach dem, wie der Fall lag, womit wiederum das Zutrauen seiner Umgebung und seiner Mitarbeiter gerade in den militaerischen Kommandostellen beeintraechtigt wuerde. Dass dieses vollauf erreicht wurde, ist heute ebenso bekannt, wie die gleichfalls erstrebte schlechte Auswirkung auf das Vertrauensverhaeltnis zwischen Fuehrung und Untergebenen, was dann nach dem Kriege von General Psychologus konsequent weitergefuehrt wurde bis hinunter in das einfache, bis dahin glaeubig mitgehende Volk. Auch das war, wie wir schon ausfuehrten, im Sinne des Generals Psychologus; und wurde denn auch gruendlich besorgt.

Das waere also der direkte Einfluss auf fuehrende Personen des Gegners und auf seine Plaene und Handlungen. Die Helfer des Generals Psychologus koennen mit ganz wenigen Ausnahmen nur Verraeter sein, das liegt in der Sache begruendet, u. zw. meistens auch nur Landesverraeter, nachdem wir wissen, dass der General Psychologus weder ein Deutscher war, noch deutschen Interessen diente.

Bleibt noch, die indirekte Einflussnahme des Widerstandes auf die Kriegsereignisse kurz zu streifen, die sich der Meldung verfaelschter und entstellter Tatsachen, der Fehl- und Falsch-Informationen bediente und bis zum baren Unsinn manchmal gegangen ist, was man besonders leicht erkennen kann, wenn man die Dinge rueckschauend betrachtet. Es gehoerte natuerlich wieder zur Technik des psychologischen Krieges, diese Informationsart — zu damaliger Zeit — unerkennbar oder zumindest schwer erkennbar werden zu lassen und dann auch nur fuer Fachleute, also einen beschraenkten Kreis. Ein gutes Beispiel dafuer gab eine kuerzliche Veroeffentlichung ueber „das Gemeinsame des Widerstandes" — wie offiziell der gemeine Landesverrat waehrend des Zweiten Weltkrieges heute in Deutschland von gewissen Kreisen betitelt wird; ein weiteres geradezu ideales Schulbeispiel fuer das Erkennen der psychologischen Kriegsfuehrung:

„...Sucht man etwas Gemeinsames der Widerstaendler, dann war es die Absicht, das sich bereits klar abzeichnende kommende Chaos der totalen Niederlage abzuwenden, indem sie die Schicksalsfigur noch rechtzeitig wegraeumten..."

So stand es geschrieben als Schlussfolgerung eines diesbezueglichen Artikels, die die ganze Tragik der neusten deutschen Geschichte in sich birgt. Fuerwahr steht sehr viel in diesem einen Satze, der Wort fuer Wort unter die kritische Lupe genommen zu werden verdient.

Als alter Reichsdeutscher in Uebersee ist man mit der Zeit Vieles gewoehnt, was die sogenannte Tatsachenberichterstattung anbelangt; schon vor dem Kriege, dann natuerlich besonders im Kriege, war man dem ganzen Wust der Feindpropaganda ausgesetzt.

Dabei glauben wir jedoch auch etwas gelernt zu haben, u. zw. aus all dem Schmutz und Schund, der gegen Alles Deutsche geworfen wurde, doch noch eine Menge Brauchbares, ja sogar oft sehr Wesentliches herauszulesen und sich auf diesem allerdings muehsamen Wege ueber Vieles klarer zu werden.

So verursacht jedes Wort der obigen so schwerwiegenden Schlussfolgerung unwillkuerlich einige Fragen, die zu einer besseren Klaerung fuehren:

1) Gab es wirklich keine anderen Wege, die Niederlage abzuwenden, als nur den des Verrats und des Bombenattentats auf die oberste Fuehrung der im Kriege liegenden deutschen Nation?

2) War es Mitte Juli des Jahres 1944 „noch rechtzeitig" gewesen?

3) Wann waren die ersten gefaehrlichen Rueckschlaege?

4) Hatte diese Rueckschlaege — ausser den Feindstaaten — noch jemand mit herbeigesehnt und schliesslich auch herbeigeschafft bezw. dabei der Feindseite — geholfen?

5) War es nicht die Mittelmeerfrage, insbesondere Gibraltar mit dem Besuch des Canaris in Spanien, oder war es die mit Recht von deutscher Seite erwartete zweite Front der Japaner im Fernen Osten, die durch das Wirken des Dr. Sorge nicht aufgemacht wurde, um nur einmal zwei der wirklich kriegsentscheidenden Rueckschlaege anzufuehren?

6) Wer waren die Canaris und Sorge? Deutsche Offiziere bezw. Diplomaten, oder Agenten der Feinde?

7) Wollte man mit derartigen Manoevern die Niederlage abwenden, oder herbeifuehren?

8) Begann der Widerstand wirklich erst, als sich das Chaos abzuzeichnen begann?

9) Oder waren die massgebenden Herren des Widerstandes, wie Witzleben, Oster, Goerdeler, Stuelpnagel, Thomas, Canaris etc. nicht schon v o r dem Kriege — wie es ganz offen in den Widerstandschroniken von Weisenborn und Rotfels zu lesen ist — ja, waren sie zumindest teilweise nicht sogar schon vor der Machtergreifung Hitlers, also vor 1933, schon vereint in ihren damals politischen, gegnerischen Bestrebungen, die sie dann bis in die Kriegszeiten fortsetzten?

10) Sind die Emissaere des Widerstandes — siehe die Buecher von Kordt und Jan Calvin — nicht vor dem Kriege zwischen London und Stockholm und Amerika hin- und hergefahren, um den Krieg „endlich" herbeizufuehren und damit ein Instrument in die Hand zu bekommen, um auf diesem kleinen Umwege Hitler auszumerzen?

11) Drehte es sich im Kriege um Hitler oder um Deutschland?

All diese Fragen, die sich jeder ernst Suchende der geschichtlichen Wahrheit schon gestellt haben wird, darf man wohl als laengst geklaert ansehen.

So wollen wir darueber hinaus ueber Einiges eine weitere Klaerung anstreben:

Auf der Suche nach etwas Gemeinsamen des Widerstandes sollten wir zunaechst der Denunzie nachgehen, wie sie in dem Buch „Men against Hitler" gestellt wird: Wussten die Teilnehmer am Widerstand von der neuartigen antideutschen Dach-Organisation unter der Fuehrung eines Nichtdeutschen?

Wussten sie, wie diese, weit vor der Machtergreifung Hitlers, mit aeusserstem Geschick in Deutschland auf die Beine gestellt wurde?

Dienten sie unbewusst oder gar bewusst dieser gefaehrlichen antideutschen Organisation und ihrem nichtdeutschen Chef?

Suchen wir weiter: Natuerlich hatten die Widerstaendler noch mehr Gemeinsames: Keiner hatte den Mut oder die restlose Hingabe zur Sache, um sich und sein Leben dem risikohaften Ausgang einer Direkthandlung, mit der Pistole oder dem Dolch in der Hand, die besagte Schicksalsfigur umzubringen, auszusetzen und sich damit zu opfern fuer ihre vermeintlich so hehre Sache. Immerhin waren eine Menge im Waffenhandwerk ausgebildeter Leute dabei.

Aber auch das ist nicht sehr entscheidend; viel wesentlicher war: sie alle hatten die Moeglichkeiten, der Hitlerschen Organisation und seinen Plaenen andere und bessere entgegenzusetzen u. zw. **zur rechten Zeit** — nicht erst in totalen Kriegszeiten — und haetten damit ihrer deutschen Nation besser dienen koennen. Die Meisten unter ihnen hatten sogar durch ihre Vorbildung und ihre wirtschaftliche Lage und ihre „Beziehungen" viel leichtere und bessere Startmoeglichkeiten, als es Hitler dann gehabt hatte.

Es steht den Ueberlebenden — und Anderen — noch heute frei, das zu tuen und damit anzufangen. Aber nicht nur reden, sondern wirklich zupacken und etwas wirklich Brauchbares auf die Beine stellen — und dann einmal sehen, wie schwer es ist, es besser zu machen... jedem Deutschen recht zu machen.

Denken wir dabei an das, was vor mehr als 150 Jahren der Freiherr von Stein praegte: Deutschland kann nur durch Deutschland gerettet werden. Also bitte!

XII. KAPITEL

DER UNAUSLOESCHLICHE NATIONALE GEDANKE

Das Fundament fuer ein solches Beginnen ist der nationale Gedanke. Unter den psychologischen Momenten ist er der staerkste und damit **der** Gegner des General Psychologus, der denn auch seit seinem Einsatz ganz besonders ihm zugewandt war und Alles daran setzte, ihn zufall zu bringen.

Es hat sich jedoch herausgestellt, dass der nationale Gedanke letztenendes unschlagbar ist; er kann wohl zeitweilig verschuettet werden, bleibt aber, da er der **Ausdruck einer natuerlichen Lebens- bezw. Existenz-Forderung eines Volkes ist,** aus diesem Charakter heraus unabdingbar und unausrottbar; trotz aller feindlichen Bemuehungen, die gegen ihn gestartet werden — solange es noch **lebenswillige** Angehoerige jenes Volkes gibt.

Diejenigen Zeitgenossen, die glauben, recht zu handeln, wenn sie gegen den nationalen Gedanken ihres eigenen Volkes sind — General Psychologus foerdert sie natuerlich aus seinen Bestrebungen heraus — moegen sich einmal rechte Gedanken darueber machen, insbesondere, was ihre eigene Lebenswilligkeit anbelangt; sie kann sich im rechten Sinne nur innerhalb ihres Volkes vollziehen; das haengt nicht von dem jeweiligen Aufenthalt der Person ab.

So ist der nationale Gedanke international verbreitet. Denken wir nur an seine besonders starken Verfechter, die Franzosen, die Englaender, die Polen, die Inder, Araber, Juden und andere mehr.

Er tritt dort mehr in Erscheinung, wo durch aeusseren Druck anderer Maechte gegen ihn angegangen wurde; auch im deutschen Raume ist er deshalb eine nicht wegzudenkende Erscheinung. Denken wir nur an die in neuerer Zeit entstandenen Reiche, das Erste, das Zweite und das Dritte Reich — und zweifellos wird auf die jetzige Uebergangszeit ein „Viertes" folgen.

Selbst in der Sowjetunion musste der nationale **Gedanke** in Zeiten der Not und Bedrohung herhalten. Das „Vaterland" wurde auch dort nach relativ kurzer Zeit der Verdammung und Ablehnung wieder hervorgeholt und in hoechsten Toenen gefeiert und geehrt und des hoechsten Einsatzes wert erklaert. (Ebenso erging es der bis dahin auch verpoenten militaerischen Zucht und Ordnung, einem Bestandteil bezw. einer Ausdrucksform des nationalen Gedankens.).

Kein russisches Wort mehr — und keine Tat — im Rahmen der einst so gepredigten internationalen Verbruederung der Arbeiter; im Gegenteil in Russland wurde mit nie dagewesener Bestialitaet gegen die „Auch-Arbeiter" und Soldaten der Deutschen und ihrer Verbuendeten angegangen.

Immer wieder versuchte der General Psychologus — bei den Anderen — das Hauptbollwerk gegen seine Plaene, den nationalen Gedanken, irgendwie zum Einsturz zu bringen. Zunaechst war es die alte Form, die der direkten Bekaempfung, gewesen. Mit Propaganda und Revolution kam man sogar zu greifbaren Ergebnissen. Die Ereignisse um 1918 sind allgemein bekannt; man verjagte den Kaiser, poebelte die Soldaten und ihre Offiziere an, riss ihnen die Achselstuecke und Auszeichnungen herunter u. s. w.

Nach dem Zweiten Weltkriege war es nicht viel anders gewesen. Anstelle des Kaisers wurde das derzeitige Staatsoberhaupt Hitler mit all seinem bis dahin gueltigen und anerkannten Partei-Apparat verdammt. Die Heimkehrer, sogar die Verwundeten, insbesondere auch die besten und am hingebendsten gekaempft habenden Soldaten der Waffen SS, wurden angepoebelt; deren Kriegerwitwen bekamen keine Renten etc. Noch heute wird in der deutschen Oeffentlichkeit das eigentliche echte Soldatentum gelinde gesagt angeschwaerzt und abgelehnt.

Man hat aber erkannt, dass das allein auf die Dauer nicht genuegt und so ist man auch bei der Bekaempfung des nationalen Gedankens zu neuen psychologischen Kampfarten uebergegangen, als da sind:

1) Ohne viel zu argumentieren, erklaerte man den nationalen Gedanken fuer „ueberlebt", fuer „vorbei" und „heutzutage uninteressant und unbrauchbar". Bis heute versucht man immer wieder dieses Rezept in der westeuropaeischen Publizistik, auch in anderen Laendern.

Auch die Diskussion um ein vereintes Europa oder gar einen Weltstaat gehoert hierher, sofern es nicht die Lesart der vereinigten Vaterlaender ist.

2) Man lancierte einen uebertriebenen oder gar falschen Nationalismus, nicht zu seinem Guten, sondern zu seinem Schaden in seiner endlichen Auswirkung fuer das betreffende Land.

Es kam zu dem bekannten Chauvinismus, wie ihn Franzosen, Polen, Tschechen u. a. geuebt haben.

Dabei schlug man gleich zwei Fliegen mit einer Klappe, indem man einmal die jeweilige Nation schaedigte, zum anderen diese Nationen als unmittelbare Nachbarn der grossen Macht der Mitte (Deutschland) gegen diese aufbrachte.

3) Man erklaerte die Idee des Nationalismus als wertlos und laecherlich. In unendlich vielen Karrikaturen, sei es in Zeitungen oder im Film und im Fernsehen, bemuehte man sich ganz besonders um diese Ironisierung.

4) Hohe nationale Persoenlichkeiten — auch die aus der Vergangenheit — wurden moralisch unmoeglich gemacht durch einen entsprechenden Luegenfeldzug, mit dem Erfolg, dass sie moralisch zumindest ausgeschaltet oder gar zufall gebracht wurden. Da jede grosse Persoenlichkeit leicht zu Extravaganzen neigt und ihre Schwaechen hat, wie jeder Mensch, studierte und erforschte der General Psychologus ihr Vorleben, ihren Umgang und ihr taegliches Benehmen.

Bei boesen Absichten ist es dann immer moeglich, die Schwaechen herauszufinden und entsprechend auszuschlachten. Darin war der General Psychologus immer schon Meister; er setzte immer dort an, wo der Gegner am schwaechsten war. An sich ist das ein altes militaerisches Rezept; neu ist nur die Anwendung auf nicht-militaerischem Gebiete.

Deutschland zeigte im psychologischen Sektor seine nationalen Schwaechen in diesem Kriege mehr als noetig und ist es somit an der Zeit, hierin endlich eine Aenderung herbeizufuehren. Wir wollen einige Beispiele anfuehren, um den Lesern klar vorzufuehren, wie solche Dinge sich ereignen bzw. in der Vergangenheit ereigneten:

Der erste Kriegsminister zu Hitlers Zeiten war der Feldmarschall Blomberg. Eines Tages heiratete der bereits ergraute Marschall eine junge Dame. Hitler und Goering amtierten als Trauzeugen. Hoehere politische Persoenlichkeiten gab es damals in Deutschland nicht; es war also ein grosses Ereignis. Wenige Wochen nach der Trauung „wurde bekannt", dass jene junge Dame eine fischierte Lebedame gewesen sei. Das war natuerlich skandaloes; Blomberg musste um seine Entlassung bitten, die ihm auch gewaehrt wurde.

Blomberg hatte es bis dahin verstanden, die neuen Politiker, die „Nazis", mit dem Deutschen Generalstab zusammenzubringen. Das musste der General Psychologus unbedingt verhindern, aus seinen offensichtlichen Machtgruenden heraus. Also musste der Vertrauensgeneral Hitlers moralisch unmoeglich gemacht werden, damit er ausfiel und an seine Stelle ein anderer kommen konnte.

Zweifellos sollte der „ganze Naziverein" moralisch damit getroffen werden.

Aehnlich ging man im Falle Udet vor. Udet war ein, insbesondere bei der Jugend, beliebter Flieger. Sein fliegerisches und technisches Koennen war ueber jeden Zweifel erhaben.

„Und wo sind seine Schwaechen?" fragte sich der General Psychologus, der einen solchen Kaempen auf deutscher Seite sehr ungern sah.

Udet feierte gern. Durch geeignete Mittelsmaenner, die natuerlich tuechtig mitfeierten, wurde das „Opfer" mehr als noetig animiert zu Gelagen, was in Kriegszeiten fuer Personen an verantwortlicher Stelle nicht immer gut war. Erwachend aus einem solchen „Delirium" — hinzu kommen unerfreuliche Vorgaenge in seinem Amte und auch allgemein — zieht der charakterlich einwandfreie Mann die Konsequenzen und bringt sich selber um.

Was wollte der General Psychologus mehr??!

Ein weiteres Meisterbeispiel fuer solch psychologisches Vorgehen war die „Fritsch-Krise" gewesen.

General von Fritsch war OB des Heeres zu Zeiten des Wiederaufbaus der Deutschen Wehrmacht; ausserdem ein typischer Vertreter des traditionellen preussischen Offizierskorps, ein untadeliger Herr.

Fuer General Psychologus war mit diesem Mann eine mehrseitige Gefahr im Anzuge! Einmal war es das fachmaennische Koennen dieses tuechtigen hohen Offiziers, was auf die Dauer „nicht tragbar" fuer die Gegner Deutschlands und seiner erstarkenden Wehrmacht war.

Zum anderen musste unbedingt verhindert werden, dass jenes preussische Offiziers-Korps sich mit den neuen Machthabern verstaendigen und dann aeusserlich, wie vor allen Dingen auch innerlich, zusammenarbeiten wuerde, denn dann wuerde ja eine „entsetzliche Machtentfaltung" auf deutscher Seite die Folge sein, was der General Psychologus keinesfalls dulden durfte, er musste also irgendwie dagegen angehen.

„Wo sind hier die Schwaechen?" fragte er sich wieder.

Herkunftsmaessig war eine grosse Differenz zwischen den neuen Fuehrern und dem Offizierskorps, das ausserdem alles Andere, als sozialistisch orientiert war. Das waren zwei schwache Punkte, die nicht ungenutzt bleiben durften. Zunaechst unbedeutende Meinungsverschiedenheiten in militaerischen oder politischen Kreisen wurden dazu benutzt, indem man sich „ihrer naeher annahm", sie wiederholt lancierte, immer etwas lauter, um sie fuer politische Ausnutzung entsprechend aufzubauschen.

Mitten in diese Diskussionen platzte dann der Fall Fritsch. Auf dem Hoehepunkt des an sich noch fuer die Oeffentlichkeit unbedeutenden Streites wird „bekannt", dass Fritsch homosexueller Vergehen bezichtigt werden musste. Ein so hoher Offizier kann bei derartigen Anklagen natuerlich unmoeglich in seiner hohen Kommandostelle bleiben und wird abgesetzt.

Empoert sind darauf natuerlich seine Freunde, aus seinen Kreisen, auch ueber die schmutzige Art der Anpoebelei. Sie merkten allerdings damals nicht, dass das Ganze von nichtdeutscher Seite eingefaedelt und durch entsprechende, allerdings deutsche, Mittelsmaenner, lanciert worden war.

Zu Verschleierungszwecken hatte man den ganzen Vorgang den Nationalsozialisten in die Schuhe geschoben. Spaeter stellte sich dann heraus, dass es sich um eine Verwechslung gehandelt hatte; es gab einen Major Frisch, der tatsaechlich abartig veranlagt gewesen war.

Das Porzellan war aber schon zerschlagen; General Psychologus hatte erreicht, was er wollte. War es doch der Anfang des spaeter offenen Zerwuerfnisses zwischen der obersten Reichsfuehrung und einem Teil der obersten Offiziere. Innenpolitisch war das der Regierung ergebene Volk natuerlich gegen diese vermeintlich schlechten Vertreter des „blauen Blutes".

Auch das war dem General Psychologus nur recht; ihm sind jede Art unerquicklicher Diskussionen und — wenn auch nur vermeintliches — Unrecht nur recht! Auch in diesem Fall zeigt die Frage des „Cui Prodest", wer an der ganzen Fritsch-Geschichte damals interessiert war: kaum eine deutsche Regierungsstelle.

Aber nicht nur zu damaliger Zeit, auch bis heute ist General Psychologus in diesem Sinne weiterhin taetig; auch gegen den nationalen Gedanken in heutiger Zeit — er muss es ja, von seinem Standpunkt aus, denn er ist und bleibt sein alter — und groesster Widersacher.

Als im Herbst 1962 in Deutschland die „Spiegel-Affaere" gestartet worden war — nicht von ihm — setzte der General Psychologus alle ihm zur Verfuegung stehenden Hebel in Bewegung — wir kommen noch darauf zu sprechen — um sein bisheriges Gebaeude nicht zum Einsturz kommen zu lassen, mit dem Erfolge, dass die auftauchenden Probleme noch einmal in seinem Sinne „geloest" wurden und er dem Ganzen sogar noch einen Schlusstrumpf aufsetzen konnte: Einer seiner besten Mitarbeiter, Sefton Delmer, hielt Einzug in die Redaktionsstuben des Spiegel Magazins. Und die Probleme, die am Anfang der Spiegel-Affaire auftauchten, blieben per Saldo alle ungeloest; Unwesentlicheres rueckte an ihre Stelle, so, wie es das nun schon alte Rezept verlangt; damit geht der Kuchen immer noch gut auf....

General Psychologus hatte es bisher relativ einfach, da er seine Taetigkeit nur auf ein Land zu konzentrieren hatte, das war Deutschland. Die allgemeine Entwicklung geht jedoch auf Einigung in Europa aus, was ihm garnicht recht ist!

So hat es den Anschein, dass er auch hinter dem englischen Fall Profumo stand, der Mitte 1963 in England lanciert wurde.

Profumo war, relativ jung, Minister der Verteidigung geworden; er stand in dem Verdacht, einen neuen Kurs in der englischen Politik einzuschlagen, zumindest war er Gegner der bisherigen Politik. Also musste er weg!. Die Affaire wurde von langer Hand vorbereitet, denn wie waere es sonst moeglich gewesen, von bis dahin gaenzlich unbekannten Personen und den erwaehnten Lebedamen ausfuehrliche Berichte und Fotomaterial auf einen Schlag in der ganzen — westlichen — Welt zur Verfuegung zu haben, als der Skandal begann. Sein Fall wurde selbst in einer brasilianischen Zeitung mit der Spiegel-Affaire verglichen und wir wollen in diesem Rahmen den Vergleich auf die oben angefuehrten Faelle von

Blomberg und Udet erweitern, denn sie sind sich untereinander alle ziemlich aehnlich und man erkennt einen „gemeinsamen Nenner". Die Aehnlichkeit ist selbst bei dem grossen Zeitunterschied in der Tat verblueffend und es komme uns keiner mit dem Argument, dass das Alles reiner Zufall waere. Vielmehr sind all die Faelle treffsichere alte „erprobte" Tricks im psychologischen Kampfe gewesen. Drehen wir fuer einen Augenblick einmal den schmutzigen Spiess der psychologischen Kriegsfuehrung herum:

Es waere doch ganz interessant, in das Privatleben der Verfasser jener psychologischen Winkelzuege hineinzuleuchten. Ab und zu werden ja Fotos von jenen psychologischen „Grosskaempfern" ganz ungeniert gebracht; diese Aufnahmen zeigten bisher ziemlich widerliche Kerle, bei denen man nicht annehmen kann, dass sie auf jenem Gebiet, das sie bei Anderen anprangern, selber nun geradezu Engel waeren.

Wir lehnen jene moraltriefenden Erguesse solcher Leute restlos ab, ohne damit die von ihnen reklamierten Faelle gutheissen zu wollen; aber dafuer muessen Andere, Berechtigtere kommen, die eine saubere Vergangenheit hinter sich haben und deren eigene moralische Haltung beispielhaft in gutem Sinne zu sein hat, ohne verdaechtige Auftraggeber!

Ob der Profumo Skandal noch ein erfolgreicher Trick in der psychologischen Kriegsfuehrung sein wird, also eine entscheidende Schwenkung in der Politik Englands aufhalten wird, bleibt zumindest abzuwarten. Wir haben den Eindruck, dass die heutigen Probleme in Europa so gross sind, dass sie nicht mit Tricks, sondern mit wirklichen ernsten Unternehmungen behandelt werden muessen; es steht doch zuviel auf dem Spiele. Es geht um das Dasein der verschiedenen Nationen; ihr Lebenswille wird durch den nationalen Gedanken zum Ausdruck gebracht. Auf die Bedrohungen der Eigenstaendigkeiten der verschiedenen Nationen, insbesondere der grossen, muss naturnotwendig eine gesunde Reaktion folgen. Darum breitet sich auch der nationale Gedanke international aus, ist ueberall gerechtfertigt und erheischt auch die noetige Achtung. Die Natur des Begriffes bringt es mit sich, dass er in Gefahrenzeiten sich in der aeusseren Macht der jeweilig bedrohten Nation besonderen Ausdruck verschafft. In unserer Zeit sind verschiedene Nationen in ihrer Eigenstaendigkeit bedroht und somit gibt es eine Anzahl von Kundgebungen des nationalen Gedankens von seiten der einzelnen Voelker.

Die staerkste Kundgebung des nationalen Gedankens der Neuzeit war die in Deutschland um das Jahr 1933 herum. Dem General Psychologus war diese Entwicklung garnicht recht und so musste er sich Gedanken machen, wie ein solcher guter Gedankengang, der bei seinen Auftraggebern **volle** Geltung hat und gehegt und gepflegt wird, bei den Anderen, den Opfern, in Misskredit gebracht oder gar ganz ausgeschaltet werden koennte. Das war garnicht so einfach, ohne seine eigene Position nicht auch zu gefaehrden.

In solchen Dingen war unser General Psychologus immer schon sehr rege und erfahren gewesen und hatte auch fuer diesen Fall einen guten Plan zur Hand gehabt:

Er leitete den nationalen Gedanken — bei seinem Opfer — auf falsche Gleise, um ihn auf ein falsches, schlechtes, aber der psychologischen Kriegsfuehrung genehmes Ziel zusteuern zu lassen, wobei er sich wieder innerdeutsche — wenn auch falsche — Verfechter — der an sich guten Idee auserkor.

In den ersten Jahren nach dem Ersten Weltkriege war „man" der Meinung, dass dem wahren deutschen Nationalismus am besten beizukommen sei durch den hitlerschen National-Sozialismus. Darum auch die zeitweilige damalige Foerderung des Nazismus von mancher an sich verdaechtigen Seite. Auch die spaeteren Emigranten halfen, wenn auch ungewollt in dieser Hinsicht mit, indem sie immer wieder verbreiteten, Hitler werde wenige Wochen nach der damaligen Machtergreifung wieder in der Versenkung verschwinden und mit ihm „sein ganzer Verein"; also mit ihm sowohl der unerwuenschte — „viel zu teure" — Sozialismus, als auch sein Nationalismus, wollen wir gleich klarstellen!

Auch wenn diese Kreise damals mit dem schnellen Verschwinden Hitlers nach wenigen Wochen nicht recht behalten haben, so kann man kaum leugnen, dass diese Kreise auf lange Sicht hin dennoch recht behalten haben. Noch heute bekaempfen sie laut den Hitlerismus und meinen in erster Linie nur den nationalen Gedanken der Deutschen, der in der Tat durch all diese Machenschaften eine ziemlich erhebliche Verkuemmerung erlitten hat.

Zeitweilige Verkuemmerung ist aber immer noch keine endgueltige Ueberwindung oder Zerstoerung, um die es jedoch dem General Psychologus geht. Also muss er immer wieder bohren und schaffen und tuen, was sein Hirn nur hergibt.

So trieb er schon waehrend des letzten Weltkrieges in Deutschland eine ganz bewusste, kraeftige Zersetzungsarbeit, sowohl durch Mittelsmaenner in Deutschland, wie auch an der Front, wo er auf Wehrzersetzung ausging. Dazu dienten neuartige sogenannte Soldatensender, von denen insbesondere in England eine Anzahl arbeitete; sie trugen verschiedene Namen, wie „Soldatensender Calais", „Siegfrid I" oder dergleichen. Der Chef dieser Untergrund-Propaganda gegen Deutschland war ein in Berlin geborener Englaender, mit Namen Sefton Delmer.

Mit Kriegsende ging die Aufgabe dieses Mannes nicht zuende. Dieses Mal sollte ganze Arbeit geleistet werden, und dazu gehoerte, den deutschen Nationalismus auch nach Kriegsende genauestens zu beobachten, ihn durch „Umerziehung" des Volkes weiter abzubauen, und wenn er dann immer noch da sein wuerde, ihn hervorzulocken, notfalls mehrmals, um ihn dann wieder in der Breitseite zu treffen, um ihn doch noch zu zerschlagen.

Tatsache ist, dass dieser Herr Delmer z. B. sich Eingang zu einer der deutschen national bewussten Parteien verschaffen konnte. Wie das moeglich war, ist fuer uns unverstaendlich; in dem politisch naiven Deutschland hatte man von Delmer wohl direkt nichts gehoert und begegnete ihm darum mit offenen Armen. So konnte Delmer an einem Kongress der „Reichs-Partei" persoenlich teilnehmen und der Rede des Praesidenten dieser Partei demonstrativ Beifall spenden. Was er sich dabei gedacht hatte, war sicher eine andere Sache.

Garnicht lange nach diesem verdaechtigen Beifall wurden in dieser Partei Geruechte ueber diesen oder jenen Mitarbeiter laut; es frass sich die beruehmte Zwietracht unter den Deutschen auch in diese Partei hinein, mit dem Erfolge, dass die Partei — zumindest zeitweilig — den groessten Teil ihrer Waehler verlor — und damit eine Sammlung der „gefaehrlichen" nationalen Kreise in Deutschland fuer einen weiteren Zeitabschnitt verhindert wurde.

Es bleibt unverstaendlich, wie ein Mann wie Delmer ueberhaupt zu einem Parteitage einer deutschen, noch dazu betont nationalen Partei Zugang haben und in jenen Kreisen so ungeschoren bleiben konnte. Immerhin zeigt der Vorgang, dass General Psychologus bis heute taetig ist — sogar mit denselben Leuten in seinem Stabe, und die naiven Deutschen merken es noch immer nicht! Noch immer lassen sie sich die Staerke, die ihnen der nationale Gedanke, wie jedem anderen Volke auch, geben koennte, aus der Hand winden. Das ist dem General Psychologus natuerlich nur recht!

Pausenlos setzt er seine Bemuehungen fort mit immer besseren Feinheiten. So benutzte er im Maerz 1962 die Gelegenheit eines Kongresses in Chicago, um

— von sich aus —

den von den Deutschen erwarteten neuen starken Mann zu lancieren.

Aus seiner langen Erfahrung und aus seinen ziemlich erschoepfenden Studien seines Gegners (Deutschland) weiss er, wie ein solcher Mann aussehen muss; wie er reden muss; woher er kommen muss, etc.

Er hielt also Ausschau unter seinen alten Kumpanen aus der Kriegszeit. Selbstverstaendlich musste es ein echter Deutschser sein, „mit Stammbaum" nach Moeglichkeit, und gut klingendem Namen.

Die Wahl fiel auf einen garnicht untuechtigen Mann, der Eigentuemer von mehreren bluehenden Landsitzen und Musterbetrieben, ausserdem auch Politiker in Bonn war. Sein Einfluss im Bundestage und sein Ansehen unter den fuehrenden Leuten in Deutschland wurde im Laufe der letzten Jahre unmerklich gefoerdert.

Gelegenheit zur Lancierung bot ein Kongress in Chicago, wo der neue „Fuehrer-Kandidat" seine erste grosse Rede hielt. Sie war in Aufbau und Vortrag vollendet, wie auch das Englisch und sein ganzes Auftreten.

Er erklaerte freimuetig und unerschrocken, dass die Deutschen auf Grund ihrer Aussoehnung mit den Franzosen ihr Selbstvertrauen zurueckgewonnen haetten und nicht laenger gewillt seien, sich von USA und England beschimpfen und demuetigen zu lassen; dass der gemeinsame europaeische Markt eher ein politischer Akt, als das Ergebnis angewandter Wirtschaftspraxis sei; — dass Europa entweder aus freien Stuecken sich einigt, oder gewaltsam unter sowjetischer Herrschaft geeinigt wuerde.

Europa sei es leid, seit 1945 lediglich Objekt der Geschichte zu sein; es wuensche, wieder Subjekt der Geschichte zu werden; sich nicht von der Macht der Sowjetunion und der USA einfach hypnotisieren zu lassen.

Man koenne das von Hitler im Zweiten Weltkriege gefuehrte Deutschland mancher Excesse bezichtigen; er betone aber, dass die Richtung der SS auf ein vereintes Europa damals etwas Gesundes gewesen sei, das man fortsetzen und zum Tragen bringen muesse.

Jedenfalls koenne man von den USA nicht erwarten, der Waechter Europas zu sein; Europa muesse und koenne sich in jeder Hinsicht auf eigene Fuesse stellen. Ein vereintes Europa koenne eine Grossmacht werden, die durchaus in der Lage sei, ein Gegengewicht zur Sowjetunion zu bilden und sich demgemaess zumindest aus eigener Kraft zu verteidigen, es sei doch dann ein Staatenbund von mindestens 300 Millionen Europaeern.

Der kommunistische Kreuzzugseifer beruhe auf der Annahme, dass es unter den noch bestehenden kapitalistischen Staaten stets neue Konflikte und Machtkaempfe geben wuerde. Haette sich diese Doktrin erst einmal durch den Zusammenschluss dieser europaeischen — jetzt kommt der Pferdefuss — noch bezw. weiterhin kapitalistischen Staaten als ein Trugschluss erwiesen, wuerde der kommunistische revolutionaere Funke erloeschen und auch das russische Volk es dann leichter haben, sich vom Kommunismus selbst zu befreien.

Ein im Zeichen der Neutralitaet wieder vereintes Deutschland werde fuer immer von der Gnade der Sowjetunion abhaengen, genau wie Finnland und Oesterreich.

Als wir das Alles damals zur Kenntnis nahmen und noch Vieles Interessante mehr, was seine Europa-Politik anbetraf, waren wir ungeheuer beeindruckt und meinten in der ersten Reaktion, dass da wirklich ein starker Mann, ein neuer Fuehrer in Deutschland am Kommen sei.

Wir waren ganz aufgeregt; Diskussionen gingen hin und her und wir dachten schon daran, uns diesem neuen Manne ganz zur Verfuegung zu stellen. Aus der Schweiz kam die Nachricht, dass er in Kuerze deutscher Aussenminister werden wuerde.

Eine Deutschlandreise gab die Gelegenheit zur weiteren Klaerung des Falles. Eine bei einer deutschen Grossbank eingeholte Auskunft bestaetigte die aeusseren guten wirtschaftlichen Umstaende des Mannes; es wurde sogar nahe gelegt, dieser Persoenlichkeit nach Kraeften zu helfen.

Von anderer vertraulicher Seite wurde uns jedoch klar gemacht, dass ein solcher Stern, wie wir ihn uns vorgestellt hatten, nicht ueber Bonn aufgehen koenne.

Und schliesslich erfuhren wir von verschiedenen Freunden, dass jener neue vermeintliche Fuehrer schon an der „schwarzen" — sagen wir ruhig schmutzigen — Front gegen Deutschland und zwar am Soldatensender Calais gestanden habe!

Damit war allerdings Alles klar!

Kaum eine andere Angelegenheit waere in der Lage gewesen, uns so zu enttaeuschen, aber auch wachzuruetteln und klar zu machen, dass die Deutschen ihre politische Naivitaet und Gefuehlsduselei ersetzen muessen, durch politische Nuechternheit und eine klare Diagnose, wozu es auch noetig ist, die politische Geschichte des Volkes, insbesondere die der neusten Zeit genaustens zu studieren und dann zur Basis fuer Entscheidungen heranzuziehen.

Der oben geschilderte Fall zeigt, wie die Deutschen auf der Hut sein muessen, insbesondere, wenn es um den ihnen heiligen Begriff des nationalen Gedankens geht.

Aehnliche Gedanken kommen uns, wenn wir an die EWG und an de Gaulle denken, dessen Vergangenheit im schweren Gegensatz zu seinen jetzigen Worten und Taten steht; auch er unterstand zu damaliger Zeit in England der gleichen Leitung, wie jener deutsche Politiker von der Chicagoer Rede.

Nur der Respekt vor der grossen wunderbaren Idee der deutsch-franzoesischen Aussoehnung legt uns Reserven auf, dieses Thema weiter zu verfolgen. Im Rahmen unserer psychologischen Betrachtungen kommen wir um seine Erwaehnung nicht herum.

Es wird uns aber niemand verwehren koennen, bezw. es darf uns niemand verwehren, die Dinge ganz klar und nuechtern zu sehen, sowohl die Vergangenheit, wie die Gegenwart, auf denen beiden sich die Zukunft aufbaut.

Es darf die Feststellung gemacht werden, dass ein gesunder Menschenverstand sich auch wieder in Deutschland ausbreitet. In diesem Sinne war es erfreulich festzustellen, dass die Chicagoer Rede jenes deutschen Politikers kein Echo im Lande fand, insbesondere nicht in den Kreisen, die damit angesprochen, um nicht zu sagen „aufs Eis gefuehrt" werden sollten, naemlich die nationalen Kreise.

Vielmehr koennen wir feststellen, dass der nationale Gedanke auf lange Sicht von niemanden zu Tode geritten werden kann, auch wenn es immer wieder versucht wird: auch General Psychologus wird sich an ihm die Zaehne ausbeissen, sofern er zuviel Kraft macht.

Der nationale Gedanke ist unausloeschbar, weil naturgebunden, es sei denn, dass das betreffende Volk restlos ausgerottet wird und ihn damit niemand mehr verfechten kann. Schon der Versuch der teilweisen Ausloeschung des deutschen Volkes, wie es der Morgenthau- und der Kaufmann-Plan vorsahen, gelang nicht zur Haelfte. Diesen Dingen sind wohl auch von der Vorsehung gewisse Grenzen gesetzt, worauf wir vertrauen koennen.

Fuer uns ist auch der nationale Gedanke eine religioese Angelegenheit, die durch nichts wegdiskutiert werden kann.

Deshalb verdient der nationale Gedanke gepflegt und von zeitweiliger boeswilliger Verschuettung befreit zu werden, wenn es einmal dazu gekommen ist.

Im Rahmen unserer psychologischen Betrachtungen kommen wir zu der Feststellung, dass der nationale Gedanke mit einer religioesen Untermauerung auch fuer den General Psychologus ein unueberwindbares Hindernis bedeutet, vielleicht sogar das einzige Hindernis ist, an dem seine Bemuehungen zerschellen.

Das weiss er — und wir alle sollten uns ebenso darueber klar sein!

SCHLUSSBETRACHTUNGEN.

Es liegt etwas Bestechendes in der schon erwaehnten Ueberlegung, welche Kraefte fuer ein starkes Mitteleuropa — und welcher Segen damit fuer die ganze Welt — sich entwickeln wuerden, wenn auf dieser starken uneinnehmbaren Bastion des nationalen Gedankens der gute Teil der Entwicklung in Deutschland um die Jahre 1933—45 gepaart wuerde mit dem nun allerdings nur positiven Einsatz des ganzen Widerstandes samt seinen vielen still gebliebenen Duldern und Mitwissern und seiner zielstrebigen und schliesslich ja auch „erfolgreichen" Handlungsweise — damals erfolgreich im Sinne seiner fremden Auftraggeber,, (katastrophal fuer ihr deutsches Vaterland.)

Glauben Sie nicht, meine lieben Freunde, dass wir hier das Wort fuer irgendeine Restauration vergangener Regierungs-Systeme reden wollen. So, wie das Heilige Roemische Reich Deutscher Nation und spaeter das von Bismarck geschaffene deutsche Kaiserreich — dann die Republik Deutschland von Weimar — zur deutschen Vergangenheit gehoeren, so ist auch das Dritte Reich vorbei; es kann auch nicht weggeleugnet werden, wie die vorausgegangenen Reiche; es gehoert nun einmal der deutschen neusten Geschichte an. Wie fuer uns, sollte es fuer jedermann eine Selbstverstaendlichkeit sein, auch diesen Teil der neusten Geschichte ganz nuechtern und wissenschaftlich einwandfrei so hinzunehmen, wie er sich in der Wirklichkeit ereignet hat. Und wie diese war, kann niemals eine noch dazu von Feindseite gesteuerte Propaganda, sondern nur ein wissenschaftlich einwandfreies Studium uns sagen; sogar je eher, desto besser! —

Nur Neues kann die Zukunft bringen; nur ein Vorwaertsschreiten in wahrhaft fortgeschrittenem Sinne interessiert uns fuer Deutschland.

In den Jahren nach dem Zweiten Weltkriege war erste Aufgabe: die Erhaltung der volklichen Substanz. Wenn auch in der ersten Nachkriegszeit noch einige Millionen Deutscher umkommen mussten, so kann dennoch gesagt werden, dass bisher die Substanz des deutschen Volkes erhalten blieb. Wenn nicht ganz grosse atomare Ereignisse dazwischen kommen, ist auch fuer die naechste Zukunft eine guenstige Entwicklung in dieser Hinsicht zu erwarten.

Im nicht-atomaren Bereich sind einige gute Ansaetze im Rahmen der europaeischen Einigung zu erkennen, jedoch gibt es da noch sehr viel zu tuen.

Einen solchen Einsatz zum wirklichen Wohle des Vaterlandes in die Tat umzusetzen, duerfte garnicht so schwer sein — ob der General Psychologus nun will oder nicht.

Eine grosse Voraussetzung dafuer muss allerdings vorher Erfuellung finden: Das ganze Tun und Denken aller Deutschen muss wieder — noch mehr, als in den vergangenen Zeiten — auf das deutsche Vaterland, noch mehr auf das wahre reine **Deutschtum** ausgerichtet werden, wobei es mehr auf das echte Wollen aus innerer Ueberzeugung und positivem Willen ankommt, als auf das „moralische Muessen".

Das Deutschtum muss, benutzen wir den profanen Ausdruck wieder, „religioes untermauert", muss wieder hoechstes Gut sein, jedem Deutschen lieb und teuer und heilig sein.

Dann kann es nicht wieder passieren, dass bei unvermeidlichen Streitigkeiten und Intrigen im politischen Leben der Nation eine solche Diskrepanz sich entwickelt, wie es zwischen der letzten Reichsregierung und ihrem Widerstand traurige Tatsache geworden war.

Auch die Deutschen muessen dahin kommen, dass sie von einem bestimmten Punkte an

nur Deutsche und nichts als Deutsche

sind, die fuer ihr Deutschtum und ihr Vaterland eintreten, wie es bei anderen Voelkern laengst der Fall ist; man denke an die Englaender, Franzosen, Japaner, Araber und wieder an die Israelen.

Wenn bei diesen Ueberlegungen die Frage nach der Staatsform auftaucht, so moegen wir unsere Blicke nur auf die katholische Kirche richten, u. zw. auf ihren weltlich-administrativen Aufbau. Dort koennen wir eine fast vorbildliche Anregung kennen lernen; dort kann man lernen, wie man restlos zur Sache stehen und ihr dienen kann.

Ohne viel Aufhebens wird sie bestens — in ihrem Sinne und ihren Erfordernissen entsprechend — regiert und immer auf die ureigensten Interessen ausgerichtet. Sie hat das gemeine Volk der Glaeubigen und die grosse ergebene Menge der eifrigen, gehobenen Helfer in den Orden beider Geschlechts; sie hat ihre fuehrenden Maenner, die Bischoefe, Erzbischoefe, Praelaten und Kardinaele, die sich nur aus ihren besten Elementen rekrutieren, soweit das unter Menschen moeglich ist.

Auch die Wahl des Oberhauptes dieser — kirchlichen — Organisation, die Wahl des Papstes durch das hohe Gremium der Kardinaele, die wirklich die berufensten dazu sind und bei genauem Hinsehen wohl auch die einzigsten sind, die aus dem engen Fuehrungskreise des bisherigen Papstes dazu berufen sind, darf als bestens und beispielhaft betrachtet werden; denn nur sie, bei denen alle Faeden zusammenlaufen, wissen um die wirklichen Interessen und Erfordernisse ihrer Sache und so ist eine vernuenftige kontinuierliche Entwicklung ihres „Unternehmens" gewaehrleistet. Das ist richtige, gesunde Auswahl der Fuehrung!

Und dann nach der Wahl: Nur mit gewissem Neid kann man immer wieder beobachten, wie nach erfolgter Papstwahl unverzueglich anschliessend der ganze Klerus durch Kniefall und Handkuss auch aeusserlich seine absolute Treue, seinen Gehorsam und seine Hingabe zur Sache kundtut, und dieses sicher dann auch mit ganzem Herzen tut!

Wohl das Eindrucksvollste, was es an „politischer Einheit" geben kann!

Es gilt also eine solche absolute, politische Einheit, „religioes untermauert", auch fuer Deutschland anzustreben.

Auch von der altchinesischen Lehre der „Kunger" koennen wertvolle Anregungen entnommen werden.

Nur neue Wege — so, wie einst Cahen gegen alles Deutsche zufelde zog, ohne Verein und ohne Parteien und Karteien — koennen so Etwas im Sinne des Deutschtums bringen.

Die Deutschen moegen ihre National-Hymne endlich erfuellen: „...Ueber Alles in der Welt..."; ueber jedem privaten Interesse und ueber jedweder philosofischen oder religioesen Ueberzeugung hat das Deutschtum zu stehen. Die Kirche hat positiv zum Deutschtum zu stehen; hat fest im Staate verankert zu sein mit einer Anzahl von **Rechten und Pflichten fuer die Nation.**

Ein solcher Weg verlangt allerdings einige Anstrengungen und Leistungen seitens des ganzen Volkes, das einen solchen Weg zunaechst in seiner vollkommenen Notwendigkeit und Unbedingtheit erkennen muesste und daraufhin aus innerer Ueberzeugung mitzugehen haette, insbesondere seine Intelligenz, die das Ganze gedankenmaessig auszuarbeiten und dann in die Praxis umzusetzen haette.

Grosse Persoenlichkeiten waeren dazu noetig, mit restloser persoenlicher Hingabe zur Sache; das Schicksal moege sie bescheren, wenn die Zeit reif sein wird.

Noch ist die Zeit dafuer jedoch nicht reif, und somit hat es mit solchen ueberragenden Fuehrerpersoenlichkeiten keine grosse Eile.

Im Gegenteil, es hat den Anschein, dass man unter den ehemaligen Feindmaechten sich einen Hitler in Deutschland geradezu wuenscht; nicht gleich einen so grossen, wie den Adolf Hitler, sondern einen sagen wir kleineren Hitler.

Man wuerde damit wieder mehrere Fliegen mit einer Klappe schlagen, zumindest zwei: Einmal wuerde man das Zerstoerungswerk gegen die europaeische Macht der Mitte, die sich unerwartetermassen innerhalb weniger Jahre wieder herausgerappelt hat, weiter fuehren koennen, moeglichst zu einem definitiven Ende.

Zum Anderen moechte man fuer die eigenen Misstaende irgendeinen Moses ausfindig machen, der die Schuld dann von alle dem wieder zu tragen haette. Es kann wohl niemand uns die Feststellung verweigern, dass die Welt seit 1945, also seit Ende des Hitlerreiches und seiner Neu-Ordnungsplaene, keinen Frieden und keine geordneten Zustaende mehr hat, vielmehr von der furchtbaren Drohung eines Dritten, atomaren, noch totaleren Weltkrieges befallen ist.

Wir meinen, die Maechte in Ost und West sollen mit ihrer Politik erst dorthin kommen, wohin ihre — von uns als unhaltbar und katastrophal betrachtete — Politisiererei — unumgaenglich fuehren muss. Erst sollen sie selber die Fruechte ihrer Taetigkeit ernten, oder sagen wir es klar heraus, sollen sie selber und allein abwirtschaften, damit ihre Voelker sehen, wo der Haase vergraben liegt.

Ein praechtiges Beispiel fuer die Moeglichkeit einer solchen Entwicklung hatte uns Anfang April 1964 die brasilianische Nation gegeben.

Seit fast zehn Jahren war den nationalen Kreisen des Landes die Fuehrung entglitten. Der Weizen der Gegner Brasiliens bluehte; Kommunisten und Opportunisten trieben ihr schlimmes Spiel. Nichts Wirksames geschah dagegen, sodass schon Viele an die Unvermeidlichkeit des Absinkens in ein furchtbares Chaos glaubten und Manche ihr Heil in der Emigration suchten oder anderen fatalistischen Entschluessen.

Als ich ein Jahr vor diesen Ereignissen einen mir befreundeten hohen brasilianischen Offizier auf die unhaltbare Lage ansprach und ihn rund heraus fragte, ob die hiesige Wehrmacht der ganzen — schlimmen — Entwicklung tatenlos zusehen wuerde, bedeutete mir jener Freund, dass die bewaffneten Streitkraefte solange zusehen wuerden, bis die Tagespolitiker restlos abgewirtschaftet haetten und sozusagen nackt und schmutzig bekennen muessten, dass sie am Ende ihrer Kunst seien.

Dieses Ende ihrer „Kunst" wuerde — und muesste — dann fuer jedermann sichtbar werden und sein, um dann die noetige Rechtfertigung fuer die radikale Kursaenderung auch vor der Allgemeinheit zu haben.

Im Schatten der nationalen Streitkraefte wurden denn auch in den letzten Wochen vor der Revolution das Paktieren der Regierung Goulart mit chinesischen und sowjetrussischen und kubanischen Kommunisten mehr als sichtbar und ein Eingreifen der nationalen Kraefte mehr als faellig.

Die Riesen-Kundgebungen in den groesseren Staedten des Landes, in den ersten Tagen nach der Revolution, zeigten denn auch, dass das Volk auf der Seite der nationalen Kraefte war, dass die revolutionaere Bewegung vom Volke getragen wurde, also wirklich demokratisch war, im eigentlichen Sinne dieses Wortes.

Nicht ohne gewisse Genugtuung beobachteten die national gesinnten Auslandsdeutschen diesen Weg, der der Entwicklung in Deutschland um das Jahr 1933 sehr aehnlich war. Diese Ereignisse zeigten uns auch die fuer dieses Land absolut nicht erwartete radikale Wendung im politischen Leben, insbesondere die Moeglichkeit eines nationalen Durchbruches; sie zeigten, dass gegen alle gemeine Propaganda und Hetze der nationale Gedanke in jedem, auch in einem so vielgestaltigen Volke, wie dem brasilianischen, nun einmal drin steckt und zu spontaner Kundgebung kommt, wenn ihn einige beherzte Maenner in der Stunde wirklicher Gefahr ansprechen; die Zeit also reif ist.

Dieser Teil der brasilianischen Ereignisse war der sogenannten Weltpresse — und damit auch den deutschen Presseorganen — absolut nicht recht; „das" sahen ihre Auftraggeber garnicht gern, wenn sie auch so taten, als ob die Verhinderung der kommunistischen Machtuebernahme in Brasilien und damit in dem ganzen suedamerikanischen Kontinent begruesst wuerde.

Es zeigte auch, dass es erst zu einer wirklichen Gefahr und effektiven Bedrohung kommen musste, um die — einfiltrierte — politische Gleichgueltigkeit, zu ueberwinden, und dass die Abwehr der kommunistischen Bedrohung nicht ohne die betont nationalen Kraefte des Volkes moeglich gewesen waere, die in Brasilien durch die bewaffneten Streitkraefte verkoerpert werden und die — gluecklicherweise — den ganzen politischen Spuk der Gegenseite in wacher Lauerstellung beobachtet hatten und dann auch im noetigen Augenblick energisch einschritten.

Auch dieser Tatbestand wurde „sehr ungern" festgestellt und natuerlich von der lauten Weltpresse absolut verschwiegen.

Es sind nicht die Voelker, sondern ihre Fuehrer, die verantwortlich fuer die Politik sind. Schnell koennen diese Machthaber wechseln, wie wir es an dem brasilianischen und an anderen Beispielen der neusten Geschichte gesehen haben.

Roosevelt wurde kurz vor seinem Triumpf abberufen. Kennedy wurde das Opfer eines ploetzlichen Attentates. Selbst Hitler, der wohl wie kein anderer in der modernen Geschichte eine unerhoerte Machtfuelle auf sich vereinigt hatte, verschwand wieder sehr schnell; sein Reich war von kaum 12 Jahren, was im Leben von Voelkern nur ein Augenblick ist.

Bis wieder einmal eine Epoche der Entscheidungen kommt — und sie kommt, wie das Amen in der Kirche — sollte es deutsche Aufgabe sein, sich biologisch und geistig zu erhalten und damit auf die kommende Stunde sich vorbereiten; Freundschaften in anderen Grossraeumen suchen, schliessen und pflegen, sei es mit der arabischen Welt, der lateinamerikanischen, indischen, chinesischen oder japanischen Welt.

Natuerlich auch die ureigensten nationalen Probleme im eigenen Hause klaeren. Um die Probleme reifen zu lassen, bedarf es zunaechst einmal natuerlicher, absoluter Aufrichtigkeit und sauberen guten Willens, restloser Hingabe zur Sache von Seiten aller beteiligten Deutschen und eines wuerdigen ehrenhaften Verhaltens, und einer einwandfreien Grundhaltung.

„Wahre Dein Antlitz!"

so rief ein deutscher Schriftsteller richtig aus.

Selbstbezichtigung und Selbstbeschmutzung, sowie Geschichtsklitterung usw. muessen natuerlich aufhoeren; das haben wir mehr als 20 Jahre nach dem Zweiten Weltkriege genuegend, ja im Ueberfluss, gehoert und gelesen.

Noch ist nicht Viel in dieser neuen Hinsicht zu beobachten. Hier und da werden von aufrichtigen Maennern und Frauen kleine Ansaetze unternommen, um dann aber immer wieder in den alten Rythmus zu verfallen, der ja auch weit bequemer ist. Auch diese merken kaum, dass sie, wenn auch versteckt, dem Einfluss des Generals Psychologus unterliegen, der immer wieder boesartige Bemuehungen gegen Deutschland vortraegt.

Beleuchten wir in diesem Sinne einmal die sogenannte Spiegel-Affaire; nach dem ganzen Eichmann-Rummel und dem Chicagoer Kongress eine nicht weniger bedeutende und fuer unsere Studien am psychologischen Kriege nicht minder bedeutende und geeignete, typische Affaire; alle „Affairen" haben einen unangenehmen Beigeschmack.

Seien Sie ueberzeugt, meine lieben Freunde, die Reihe der Affairen wird auch in naher Zukunft zumindest in Deutschland nicht abreissen, denn sie sind immer wieder sehr noetig und erfolgreich — fuer die Gegner des Deutschtums, versteht sich.

Als die Spiegel-Angelegenheit begann, konnte man in den ersten Tagen in den deutschen Zeitungen lesen, dass es sich um eine tolle Landesverratssache handele. Der damalige Kanzler Adenauer sagte selber ganz klar: „Wir stehen vor einem Abgrund von Verrat!" Klarer und einfacher und aus berufenerem Munde konnte es wohl kaum ausgesprochen werden.

Und dann? Es beginnt eine laute Kampagne, bei der von tausend Dingen geredet wurde, nur nicht vom Verrat. Man vergass, bezw.

es wurde vergessen gemacht,

dass der Anlass eine ernste Reklamation seitens der militaerischen Nato-Fuehrung war.

Interne Berichte ueber Manoever-Ergebnisse waren veroeffentlicht worden, die von einer noch mangelnden Leistung der deutschen Bundeswehr sprachen; das war an sich kein Top-Geheimnis, ausserdem auch offiziell durch die entsprechenden Presse-Organe bekannt gegeben worden.

Der amerikanische Oberbefehlshaber der NATO hatte jedoch klar erkannt, dass in diesem Zusammenhange zum Teil peinliche und geheim zu bleibende Einzelheiten aus den Geheimberichten und Archiven der NATO nach draussen gedrungen waren, besser gesagt, verbracht worden waren.

Der USA-General, inzwischen abgeloest, klarer gesagt abgesetzt, denn so alt war er noch nicht — gehoerte, so hoert man sagen, — zu jenen amerikanischen hohen Militaers, die infolge ihrer genauen Kenntnisse der Lage, des etwaigen Gegners der NATO und dessen Absichten, die ganze NATO-Sache n i c h t als Spielerei auffassten, sondern ernst und streng sachlich auf ihrem militaerischen Sektor vorgingen, indem sie alle Umstaende und Vorbedingungen fuer eine erfolgreiche Arbeit genau unter die Lupe nahmen und fachmaennisch zu erledigen trachteten.

Dazu gehoerte — gerade nach den Erfahrungen bei der erst kuerzlich niedergerungenen deutschen Wehrmacht — das Studium der absoluten Geheimhaltung der militaerischen Dinge. Dem kam besondere Bedeutung zu durch die Krise in Kuba im Herbst 1962, die zeitlich mit der Spiegelaffaere zusammenfiel, bezw. ihr direkt folgte.

Man sagte weiter, es sei heute ein offenes Geheimnis, dass sich Mitteleuropa endlich anschickt, selber militaerisch gegen die Bedrohung des Ostens verteidigungsstark zu werden; Spanien, Frankreich und die Bundesrepublik wuerden das Rueckgrat einer solchen Verteidigungsmacht bilden.

Man sagte weiter, dass gewisse Kreise in USA dieser Entwicklung positiv gegenueberstaenden, zumal es genuegend amerikanische Interessen in Europa heute zu verteidigen gelte.

Die Amerikaner seien vielleicht noch „geiziger" mit der Hergabe von Blut, als es die West-Europaeer sind; sie wuessten ganz genau, dass Verrat gerade mit gutem Blut teuer bezahlt werden muesse. Also trachteten s i e — die Amerikaner — darnach, in ihrer Organisation den Verrat auszuschalten.

Wuerde er also auch nur leicht sichtbar, insbesondere in Zeiten der Gefahr, wie es die Kubakrise zweifellos war, taeten sie alles, um ihn auszurotten, auch wenn der Fall, womit der wenn auch nur kleine Verrat sichtbar wurde, wie im Falle des „Spiegels", nur unbedeutend sei.

Auch in den USA wisse man aus der Geschichte zur Genuege, dass, je hoeher der Grad des Geheimnisses sei, desto schneller es von Charakterlumpen verraten wuerde. Also trachte der amerikanische Teil der NATO nach absoluter Saeuberung der Fuehrung von etwaigen Mitarbeitern, die nicht ganz „hasenrein" seien.

Die Offiziere der anderen auch in der NATO stehenden Maechte waeren natuerlich der gleichen Ansicht, sofern es sich um einwandfreie Elemente handele.

Militaerischer Geheimnis-Verrat, Hoch-Verrat und Landes-Verrat sind nun einmal in keiner militaerischen Organisation zu dulden und so sind denn auch alle militaerischen Fuehrer sehr dahinter her, den Verrat auszuschalten und mit allen Mitteln gegen ihn vorzugehen.

Im Falle des „Spiegels" handelte es sich im Grunde nicht darum, gegen den einen Fall des unbedeutenden Manoevergeheimnisses anzugehen, sondern man wollte zweifellos gegen den Abgrund des Verrates, wie es der Kanzler selber formuliert hatte, gegen **den** Verrat vorgehen.

Sicherlich wollte eine Gruppe deutscher Offiziere jeden, auch den vergangenen, anprangern bezw. klar stellen, wollte den g a n z e n Verratskomplex, der so schicksalsschwer gegen Deutschland lastete und noch lastet, endlich einmal aufgreifen.

Ob der Kanzler so weit gehen wollte, weiss man allerdings nicht, auch wenn es noch so logisch und recht gewesen waere. Auf jeden Fall muessen wir feststellen, dass aus der ganzen „Spiegel-Geschichte" etwas vollkommen Anderes geworden ist. Von tausend anderen Dingen und Nebenerscheinungen wurde inzwischen geredet.

Statt von Verrat, redete man ueber den Verteidigungsminister Strauss und seine Mitarbeiter und seine Arbeitsmethoden.

Man konnte auch gebuehrend die Tatsache anprangern, dass man mittlerweile wieder soweit gekommen war, mit dem faschistischen Spanien eng zusammenzuarbeiten —

„da sitzen ja sowieso soviel alte Nazis und Offiziere" — so eng, dass selbst ein harmloser Ferienreisender im schoenen Malaga oder auf Mallorca auf deutsche Veranlassung durch spanische — natuerlich Geheim-Polizei verhaftet werden konnte, etc.

Da konnte bewiesen werden, sogar ziemlich schluessig, dass es alle moeglichen Verfassungsschwierigkeiten, Versaeumnisse und Fehler gab.

Man schlug also gleich mehrere — sogar viele — Fliegen mit einer Klappe und liess das peinliche Verrats-Thema per Saldo restlos ungeschoren.

Eine kleine bescheidene Frage: Und da sollte unser General Psychologus nicht seine Finger drin gehabt haben?

Es standen ihm doch noch alle die guten alten Mitarbeiter zur Verfuegung.

General Psychologus sollte ganz friedlich zulassen, dass s e i n e ganzen „V"-Maenner in mehr oder minder krassen Schauprozessen nun in Deutschland bloss gestellt und damit ausgeschaltet werden?

General Psychologus sollte seine ganze Nachkriegsarbeit einfach so aufgeben?

Was geschah bezw. was veranlasste unser General Psychologus?

Minister Strauss war vielen Politikern sowieso ein Dorn im Auge; also weg mit ihm! Er wurde weggeschickt und mit ihm gingen weitere unbequeme Elemente.

Der Nato-Oberkommandierende General Norstad wurde abgesetzt; er, der die Dinge aus eigener Erfahrung, die er in Europa sammeln konnte, klar sah, und der vielleicht ein Vertreter jener Gruppe in USA war, die den ganzen Rooseveltschwindel nicht mehr mitmachen wollte.

Die Krone wurde dem Ganzen aufgesetzt, indem man ganz offen von einer bevorstehenden Militaer-Diktatur in USA faselte, deren Anfangstermin — ebenfalls allgemein bekannt — auf Mai 1963 festgelegt worden war — Rebellenarbeiten ja immer in aller Oeffentlichkeit...

Der Fall Norstad aehnelt sehr den Abberufungen von MacArthur und General Walker.

Der Deutsche „Denunziant" in der Spiegel-Affaire Herr Prof. von der Haydte, ein hochdekorierter deutscher Offizier, wurde auch restlos „fertig gemacht". Der Spiegelredakteur

Augstein und alle „Wichte" freigelassen; Alles zerredet, sodass schliesslich die Zeitungen schreiben konnten:

„Jetzt nur noch fahrlaessiger Landes-Verrat! (Ton auf „nur noch"; ein harmloses Kavaliersdelikt).

General Psychologus trat mit seinem alten Mitarbeiter Sefton Delmer ganz offiziell und nunmehr allgemein sichtbar in die Redaktion des immerhin groessten in Deutschland erscheinenden „Spiegel"-Magazins ein — ein harter Schlag ins Gesicht der Deutschen!

Viele „hohe Tiere" in Deutschland atmeten wieder erleichtert auf, denn nun waren sie zumindest fuer eine weitere Zeit wieder sicher vor solchen derartig aufregenden und an die Nieren gehenden unangenehmen Affaeren.

Und sie werden eine Heidenangst vor der naechsten Affaire haben, die diesmal noch zur rechten Zeit abgebogen werden konnte; immerhin wurde der allgemeine Verrat, also auch der aus dem Zweiten Weltkriege, noch nicht offiziell zur Sprache gebracht. —

Halten w i r uns an die alten goldenen Worte, dass die Sonne Alles an den Tag bringt, und dass Gottes Muehlen, wenn auch langsam, mahlen...

Es wird bei dem zahlenmaessig ja sehr grossen deutschen Volke und bei den aeusserst geschickten psychologischen Bemuehungen der Gegner Deutschlands nicht von heute auf morgen gehen, Deutschland wieder auf den naturgemaessen, richtigen nationalen Weg zu bringen.

So, wie die breite, gelenkte, Oeffentlichkeit in Deutschland noch denkt, kann es nicht weiter gehen. Stand da typisch letzthin in einem Brief aus Deutschland: „Ist Lippoldsberg nicht das ehemalige Nazinest? Das erzaehle man ja nicht jemanden in Deutschland, dass Du dahin willst! Es ist nicht offiziell verboten, den Namen Hitler auszusprechen. Du wuerdest nur auf vollstaendig fassungslose Gesichter stossen und sie wuerden inwaendig laecheln, wer kann jetzt noch davon sprechen... Ich sage Dir das vorher, als dass Du mit dem Thema aneckst".

Darauf die Antwort: Lippoldsberg ist nicht Bueckeburg, wo die Erntedankfeste zu Hitlers Zeiten gefeiert wurden — anscheinend ein furchtbares Verbrechen... die heutige Zeit, die w i r zutiefst ablehnen. Diese Zeit wird gesteuert von jenen, die die Zeit bis 1945 und das Richtige an ihr fuer

Deutschland, garnicht in ihrem Innersten leugnen, vielmehr wohl erkannt hatten, was in ihr lag; sie aber bekaempften — und heute noch bekaempfen —, weil sie ihren — nicht-deutschen-Zielen „nicht diente."

„Heutzutage geschieht nichts ohne Lenkung; d i e Zeiten sind vorbei. Wir beobachten — gerade von draussen erkennen wir es klarer — eine fuerchterliche, insbesondere geistige Anarchie, die von gewissen Kreisen natuerlich gewollt ist. Diese Kreise betreiben Propaganda und nennen sie frecherweise „Geschichts-Forschung"; sie luegen dabei wissentlich, dass es nur so kracht! Sie gehen dabei Zielen nach, die ganz bestimmt nicht zu Deutschlands Gutem oder Nutzen sind, und auch nicht sein sollen!"

„Seht Ihr nicht die Zonengrenze und die furchtbare Mauer in Berlin? Schriebest Du nicht selber, dass Georgette nicht ihre Eltern in Potsdam zu Weihnachten besuchen darf?"

„Schriebest Du nicht selber, dass unsere liebe Tante Etta aus Dresden nicht ihre 86-jaehrige Schwester in Hannover noch einmal besuchen darf? Konnte Eugen noch nicht einmal zur Beerdigung seiner Schwaegerin von Ost- nach West-Berlin kommen-"

„Bedeutet Euch denn das garnichts mehr? Ruehrt Euch das Alles nicht mehr? Ich finde es immer wieder erstaunlich, dass es den Deutschen sozusagen abgeschwatzt wurde, normal zu empfinden und sich um die wahren Dinge der deutschen Vergangenheit und der Gegenwart, und insbesondere um die wesentlichen Vorhaben ihrer Gegner und damit um **ihr ureigenstes Schicksal** sich ernsthaft zu kuemmern und **fuer lebenswichtige, dringende Fragen zu interessieren**."

Es scheint Euch bequemer zu sein, den ganzen Quatsch der Propaganda einfach aufzuloeffeln, sich nur ungenuegend, also falsch zu informieren, anstelle sich die Muehe zu machen, der Wahrheit nachzugehen."

„Es ist doch ein Trauerspiel, dass ein amerikanischer Universitaetsprofessor den ersten grossen Schritt tun musste zu wissenschaftlichen Studien ueber die Vorgaenge, die zum Zweiten Weltkriege fuehrten. Es soll damit nicht gesagt werden, dass es keinen deutschen Schriftsteller gegeben haette, der sich diesem Stoff gewidmet haette. Es ist kaum allgemein bekannt, dass die aufrechten deutschen Maenner und Frauen schwersten Verfolgungen durch die Schergen des Generals Psychologus ausgesetzt waren und bis heute sind. Vielmehr wollen wir erkennen, dass es in Deutschland eines auslaendischen Gelehrten bedurfte, (dem man persoenlich nicht an den Wagen fahren konnte) um klare geschichtliche Feststellungen und die sich daraus ergebenden Kommentare und Schluesse zu treffen."

„Der amerikanische Professor stuetzt sich bei seiner Arbeit auf unzaehlige Dokumente, die er am Schluss seines Buches auffuehrt; es sind 55 Seiten, jede Seite mit 15 Autoren; also circa 800 Schriftsteller und wissenschaftliche Werke und Memoiren meist nichtdeutschen Ursprungs. 800 Schriftsteller wollen gelesen sein, und jeder Autor hat seinen Interessentenkreis. Schon daraus ersiehst Du einmal, wie gross das Interesse fuer das Vergangene und damit vermeintlich Erledigte ist, das eben nicht erledigt ist, also keine wirkliche Loesung gefunden hatte.

Jede Seite, die man in jenem Buche des Amerikaners Hoggan aufschlaegt, bringt wichtige Tatsachen hervor. Wer darueber zur Tagesordnung uebergehen will oder es gar belaechelt, dem ist nicht zu helfen ob seines gefaehrlichen Unwissens und seiner Interessenlosigkeit fuer Dinge, die die ganze deutsche Nation — und damit auch ihn — angehen; auch heute noch, bezw. heute vielmehr als jemals! Wie gesagt, es ist ein Trauerspiel, dass Buecher von Hoggan und weiteren Auslaendern erscheinen mussten, anstatt sich Deutschland selber gegen den ganzen aufgetischten Unsinn auflehnt durch seine eigenen Intelligenzkreise und durch seine Regierungsstellen, und dazu richtigstellende, aufklaerende Literatur herausgibt und foerdert..." Soweit der Antwortbrief.

Zweifellos ist man dennoch in der Geschichtsforschung der juengsten Zeit gerade in den letzten Jahren ungeheuer weiter gekommen, und sollten die Deutschen diesen — wissenschaftlich begruendeten und damit einwandfreien — Weg, der auch von Amerikanern, Englaendern, Polen, Franzosen usw. gegangen wird, eifrig mitgehen und weiter gehen.

Wie gesagt, 20 Jahre haben wir genug Unsinn gehoert. Ziehen wir auch hier einen **dicken Schlussstrich!** Lassen wir das ewig Negative beiseite und setzen wir an seine Stelle Positives und Erfreuliches! Dann wird auch die riesige Zahl der vom General Psychologus zu — zumindest momentan —

lauen „Mit-Deutschen" gemachten Landsleute wieder gern und mit ganzem Herzen zum Deutschtum zurueckfinden, mit dem sie an sich unumstoesslich **naturverbunden** sind — und bleiben, auch wenn sie das manchmal nicht merken oder nicht wahr haben wollen. Dabei waere es dann als wesentlich zu bezeichnen, dass es auf das freie Wollen der Zugehoerigkeit zum Deutschtum ankommt und gern erfuellt wird.

Auf allen Gebieten des taeglichen Lebens und der ganzen Geisteswelt gibt es sehr viel Positives und Erfreuliches im Zusammenhang mit dem echten, wahren, guten Deutschtum zu berichten und zu behandeln und weiter zu bringen.

Die Jugend will Vorbilder sehen, will Eltern und Erziehern in ihren Anregungen folgen; will von ihnen Gutes und Wahres aus dem Leben der Nation hoeren, aus Vergangenheit und Gegenwart; will sich freuen und stolz sein auf ihr Deutschtum.

Aber woraufhin, wenn ihnen nichts Positives vorgefuehrt wird, oder genauer gesagt, vorgefuehrt werden darf, gemaess den Anweisungen des Generals Psychologus? Da kann und muss also angesetzt werden.

Fassen wir die Probleme an! Lassen wir keine aus, auch wenn sie mit dem vergangenen National-Sozialismus verbunden sind.

Bekannte aus Deutschland berichteten uns, dass es „gefaehrlich" ist, von National-Sozialismus im Guten zu reden. Schon den Namen Hitler zu erwaehnen, sei fast verboten; es versteht sich, dass man ihn nach Herzenslust beschimpfen darf, auch wenn sonst das Anpoebeln von Toten verboten ist.

Man berichtete uns — so etwas gibt es hierzulande gottseidank nicht, wohl auch nur in Westdeutschland und den Ost-Staaten — dass deutsche Autoren auf keinen Fall Etwas bringen duerfen, was den Nazismus „glorifiziert", das deutsche Grundgesetz soll da sogar entsprechende Paragrafen haben, und eine extra dafuer eingerichtete Behoerde, der Verfassungsschutz, soll darueber wachen. Der Begriff der Glorifizierung soll sogar schon sehr gummiartig ausgelegt worden sein, u. zw. in Richtung auf geschichtswissenschaftliche Studien und ihre Betreiber.

Eine Glorifizierung des Nazismus ist ein politisches Anliegen, womit sich die heutigen deutschen Behoerden auseinanderzusetzen haben; ob mit Recht oder Unrecht, wollen wir hier nicht klaeren, wie wir schon am Anfang gesagt haben, dass wir die Probleme der jetzigen Bundesrepublik, die ja wohl nach der Praeambel ihres Grundgesetzes sich selbst als eine Art Uebergangs-Organisation betrachtet, bis es zur deutschen Wiedervereinigung kommt, nicht angehen wollen. „Nazismus" ist vorbei; niemand will seine Restaurierung, wie auch niemand „unseren Kaiser" — weder mit, noch ohne Bart —, auch nicht die Weimarer Republik, wieder haben will. Auch Bismarck und Friedrich der Grosse kommen nicht wieder.

Die Geschichte geht unerbittlich weiter; wir muessen nach vorn sehen, wohin „die Reise geht". Wir wollen und muessen nur die wirklichen Probleme der Nation richtig erkannt und nach Moeglichkeit auch richtig angepackt sehen, und dazu ist absolutes, klares, durch kein Uebergangsgesetz eingeschraenktes, moeglichst erschoepfendes Wissen — und das Studium dazu — noetig.

Vorlaeufig geht jedoch die allgemeine, politische Unkenntnis so weit, dass junge Leute aus Deutschland nicht mehr wissen, wer Herr von Ribbentrop oder andere seiner damaligen Ministerkollegen waren. Das ist unsachlich, ungerecht und gefaehrlich!

Man regt sich immer wieder ueber die Schandmauer auf, die die oestlichen Machthaber in Berlin aufgerichtet haben; sie ist unbedeutend im Vergleich zu der anderen — geistigen — Schandmauer, die um die juengste deutsche Vergangenheit gelegt wurde.

Die Schandmauer in Berlin wird von oestlich orientierten Deutschen bewacht; die andere — geistige — Schandmauer wird aber auch von Deutschen bewacht, (von einigen wenigen, nicht dem deutschen Volke angehoerenden Spitzenmaennern abgesehen, wie im Osten).

Die oestlichen Machthaber verteidigen natuerlich ihre „wohlverdienten" Machtstellungen. Das Gleiche tuen auch die entsprechenden Hueter im Westen.

Rein menschlich gesehen, haben wir Verstaendnis dafuer, dass diese Wenigen ihre Stellungen halten, die zur „Nazizeit" ihre Stellungen oft auf nicht gerade sanfte Weise verloren hatten.

Die Frage ist jedoch, ob jetzt nicht mehr auf dem Spiele steht, als die Sicherung dieser wenigen Einzelschicksale.

Das Wohl und Wehe der **ganzen** Nation kommt aber wieder auf die Waagschale der Zukunft! Da kommen wir mit unsachlichen, auf Unwahrheit aufgebauten Pauschal- oder Kollektiv-Schuldbekenntnissen und Fehl-Urteilen und mit aengstlichen Diskussionsverboten nicht weiter.

Lassen wir darum neue junge Leute mit neuen guten Ideen heran! Und geben wir ihnen das noetige Ruestzeug mit! Diese muessen genau wissen, was los gewesen ist und was los ist, und was los sein wird, und los sein kann in der Zukunft. Gerade die juengste deutsche Geschichte ist voll wertvollster Anregungen und damit von ungeheurer Bedeutung fuer die deutsche Zukunft. — Darum verdreht sie der General Psychologus ja auch nur, weil es sich fuer ihn lohnt. Verstehen wir das bitte ganz genau, meine lieben Freunde!

Mit Verboten, polizeilicher oder gar strafrechtlicher, unjuristischer und unredlicher Verfolgung aufrechter Deutscher, also mit den so oft angeprangerten Polizeistaat-Manieren, kommen wir auf die Dauer nicht weiter! Derartige Vorgaenge sind unwuerdig und kuemmerlich zugleich!

Wo bleibt da der Gedanke des deutschen Protestantismus; wo die Suche nach Wahrheit und Gerechtigkeit, von denen ununterbrochen in der deutschen Oeffentlichkeit geredet wird und fuer die man vorgibt, gekaempft zu haben?

Bei allen schlechten „Ismen", ob das nun Kommunismus, oder Parlamentarismus, Nazismus oder Anarchismus sind, kommen wir mit Verboten, also praktisch nackter Gewalt, nun einmal nicht weiter. Vielmehr muessen wir den Willen und die „ziehenden" Argumente haben, sie zu ueberwinden, ihnen bessere, fortgeschrittenere Ideen und hoehere Leistungen entgegensetzen und die Kraft aufwenden, diese auch durchzusetzen.

Schon an anderer Stelle fuehrten wir aus, dass jeder Techniker und jeder Wissenschaftler, das von seinen Vorgaengern bereits Erarbeitete und die bisherigen Erkenntnisse vollauf nutzen muss, um bestehen zu koennen, um weiter zu kommen. Genau so meinen wir, dass es auch im politischen Sektor gehalten werden muss.

„Wissen ist Macht!" Das war schon vor mehr als hundert Jahren die Losung des deutschen Arbeiter Bildungs-Vereins. Auch wenn damals mehr das allgemeine Wissen gemeint war, so hat der Spruch auch heute noch seine volle Bedeutung und Berechtigung. Die Allgemein-Bildung ist in Deutschland heutzutage eine einigermassen gute und genuegende. Dafuer ist aber die politische Bildung aeusserst vernachlaessigt worden — wieder muessen wir einflechten, dass das bewusst beabsichtigt war, und noch ist; insbesondere was die dafuer unbedingt noetige, sachliche Vorbildung angeht. Diese fast taeglich offenkundig werdende, verkuemmerte politische Vorbildung gilt es also auch zu ueberwinden.

Unter Politik wollen wir nicht das elende Politisieren oder den ewigen — nur finsteren Zwecken dienenden — Partei-Hader verstehen, sondern das Interesse, besser gesagt, die Pflicht eines jeden Staatsbuergers, sich fuer die grundsaetzlichen, die Allgemeinheit angehenden Fragen zu interessieren, denn das ist ja wohl die richtige Definition fuer den Begriff der Politik. Ausserdem sollte man sich nicht nur interessieren, sondern teilnehmen und aktiv mitarbeiten, soweit das dem einzelnen jeweils moeglich ist.

Um mitzureden und beizutragen, muss jedoch jedermann erst die Vorbildung, das unbedingte noetige Wissen um die Dinge haben, u. zw. wirkliches sachlich einwandfreies Wissen, bei dem z. B. irgendeine Geschichtsklitterung niemals unterkommen kann; keine vagen Meinungen und auch kein Propaganda-Wunschdenken.

Bildung ist, wie Dr. Pleyer einmal sehr gut definierte, Herzensbildung plus Wissen. Das muessen wir fordern und foerdern. Keine vagen Meinungen und auch kein propagandagefoerdertes Wunschdenken, sondern politische Bildung benoetigen wir.

Und noch ein Anderes: Nationale Probleme muessen von national ueberzeugten Menschen angepackt werden. Die Kreise, die noch vor kurzem jedes nationale Denken und Handeln, jeden Ausdruck nationalen Fuehlens, jede nationale Aeusserung und jedes nationale soldatische Verhalten ablehnten oder gar verhoehnten; die das groesste nationale Unglueck, den Landes-Verrat nicht nur nicht ablehnten, sondern zu ihm vor gar nicht langer Zeit noch selber beigetragen haben und ihn bis heute — oder gestern — zu rechtfertigen versuchten, diese Menschen sind nicht die richtigen, um die nationalen — sagen wir ruhig, heiligen — Rechte der Nation zu vertreten.

Im Gegenteil, sie stehen durch ihr bisheriges Verhalten im berechtigten Verdacht, den nationalen Gedanken zutode reiten zu wollen, sie sind eben die falschen Propheten. Wenn wir von ihnen hoeren, dass wir vor einem Abgrund von Verrat stehen, wie es zu Zeiten der Spiegelaffaire ausgesprochen wurde, so koennen wir Nationalen uns eines hoehnischen Laechelns nicht erwehren. Dass wir damit recht haben, erkennen wir aus dem klaeglichen Ausgang der Spiegel-Affaire.

Nein, meine Freunde, wenn das Volk erst mal wieder wissend geworden ist — die beruehmten Muehlen mahlen langsam, aber sie mahlen — dann werden vom Volke die richtigen Maenner fuer die Fuehrung schon auserkoren. Der nationale Gedanke ist ja keine Schnapsidee, auch keine Vereinsmeierei, sondern ein naturgebundener, ernster heiliger Gedanke, den jedes Volk haben muss und auch hat.

Den Deutschen sollte er gerade wegen seiner Bedeutung abgeschnackt werden; das wird aber nie ganz gelingen, gerade, weil er naturgebunden ein Trieb, wie der Lebenswille, ist, oder weil er, wie der Gottesgedanke, einfach nicht weggeleugnet werden kann, auch wenn es manche Schurken versuchen. So, wie wir Gottesdienst betreiben, sollte es auch unsere innere sittliche Pflicht sein, in ihm auch dem nationalen Gedanken zu dienen.

Wie die Theologie fuer die Religion, sollte auch fuer den nationalen Gedanken durch politische Bildung das dazu noetige Ruestzeug beschafft werden, jeder Deutsche sollte nach seinen Moeglichkeiten dabei mithelfen und fuer seine Verbreitung und Pflege gebuehrend beitragen.

Dieses Ruestzeug ist das Wissen um die nationalen Dinge. Je breiter dieses Wissen allgemein ist, desto besser.

Man moege in Deutschland einmal zu einer solchen positiven Aktion einladen. Freudige Beitraege aus allen Schichten des deutschen Volkes werden in Huelle und Fuelle eingehen. Wie schon gesagt, waere das eine praechtige und segensreiche Aufgabe fuer die deutsche Intelligenz, die sich bisher nur am Wirtschaftswunder austobte.

Es koennen dann die ganzen Skandalhistoerchen in den Illustrierten, die Kammerdienerenthuellungen, „Sauerbrueche", Onkel Aloys- und Spiegel-Affaeren und Nitribittchen-Geschichten und die ewigen Berichte ueber Verrat und Bestechungskandale in Bonn und ueber andere wuerdelose Unredlichkeiten endlich beiseite gelassen werden. — Auch in diesen ganzen Sachen lag System, von General Psychologus eifrig betrieben.

Wir wissen, das wird wieder einige fassungslose Gesichter geben; man wird wieder innerlich laecheln ob solch

„bloeden" Unterfangens, das doch garnicht in die heutige Zeit hineinpasst!"

Allerdings passt das nicht in die heutige Zeit; es soll ja auch garnicht in diese Zeit hineinpassen oder ihr dienen. Diese jetzige schreckliche Zeit gilt es aber gerade zu ueberwinden und damit zu aendern. Dass das moeglich ist, dafuer zeigten wir schon das arabische Beispiel auf. Mittlerweile kam ein weiteres, vermeintlich unwichtiges und unkultiviertes Volk aus Suedasien dazu. Aus Saigon, Vietnam, kam die Nachricht, dass auf die Initiative des Staatspraesidenten hin in der „Perle des Ostens" — Saigon — ein Moralisierungsfeldzug von bisher nicht gekannten Ausmassen begann.

Twist und alle sogenannten modernen Taenze wurden grundsaetzlich verboten. Dreitausend Taxi-Girls mussten ihren bisherigen Beruf aufgeben. Sie konnten noch im Sinne weiter arbeiten, wie es der althergebrachten Sitte der Geishas entsprach, aber auch nur noch voruebergehend. Im Laufe der Zeit sollten sie fuer wuerdige Maedchenberufe angelernt werden. Die Strassenmaedchen konnten ihrem Treiben nur noch verborgen nachgehen und wurden sofort in Korrektur-Anstalten eingeliefert, wenn sie erwischt wurden.

Alle ambulanten Strassenhaendler, die Schmutzliteratur vertrieben, sind wie durch ein Wunder von den Strassen verschwunden. Ihnen werden schaerfste Strafen angedroht, wenn man sie bei der Ausuebung ihres widerlichen Gewerbes ertappen wuerde. Ausserdem wurden auch die sogenannten Schoenheitskonkurrenzen und aehnliche Veranstaltungen verboten.

Die Initiatoren des Feldzuges behaupteten: „man habe versucht, das Volk mit volksfremden Sitten zu demoralisieren, die gar keine Sitten seien, sondern erfundene Unsitten.

Weil man auch viel Geld damit verdienen konnte und nebenbei das Volk politisch haltlos und damit gefuegig machen wollte, weil ein demoralisiertes Volk am leichtesten ein Opfer des Kommunismus werden koennte.

„Da von den Geschaeftemachern keine Einsicht zu erwarten sei, muesse die Regierung gegen dieses Unwesen vorgehen."

Neben dieses vietnamesische und das auch schon erwaehnte arabische Beispiel trat inzwischen als weiteres das ebenfalls schon erwaehnte brasilianische.

Unser Kommentar: Da sollten die Deutschen und ihre Regierung — und viele Andere auch, meine lieben Freunde — sich einmal ernste Gedanken darueber machen. Jene vermeintlich unwichtigen, unkultivierten Voelker zeigen, dass die Zeit, die schreckliche, durchaus geaendert werden kann, wenn man nur will; auch sie wurde ja auch nur kuenstlich erstellt: sie kann also auch wieder geaendert werden, und muss auch geaendert werden, denn so kann es ja nicht weiter gehen.

Mit dem Wirtschaftswunder hat man einen Beitrag zur Erhaltung der Substanz des deutschen Volkes in biologischem Sinne geleistet; im geistigen jedoch bestimmt nicht! Und da es ohne geistige Substanz nun einmal nicht geht, muss hier eingesetzt werden.

Es muss moeglich sein, die ernsten Auffassungen ueber das Deutschtum und seine Ideale sich nicht durch irgendwelche Zweckpropaganda verekeln zu lassen, sondern sie zu pflegen und nach vorne zu treiben.

Es muss moeglich sein, den niedertraechtigen Versuch der Feinde des Deutschtums, mit den unerhoertesten Faelschungen einen Schuldkomplex einzuimpfen, zunichte zu machen; einen Schuldkomplex, der die Deutschen bis zum Selbstmord treiben soll.

Das kann nicht der Wille des Schoepfers sein!

Vielmehr muss eine Lehre der Selbstlosigkeit und des wahren Idealismusses, der in der naturgesetzlichen Wahrheit verwurzelt ist, in tiefer religioeser Ueberzeugung aufgebaut werden, die der Natur ehrfuerchtig gegenuebertritt und ihre ewigen Gesetze anerkennt und achtet, und sich nicht ueberheblich anmasst, sie zu vergewaltigen und ihre Gesetze zu ignorieren. Eine Lehre, die sich gegen die krampfhafte unnatuerliche Verneinung der urspruenglichen Instituition des Privateigentums wendet; die jedem ehrenhaften Manne seine Freiheit im Rahmen der Gemeinschaft zuerkennt und ihm Gelegenheit gibt, seine groesste Leistungsfaehigkeit zu entfalten.

Boesartige Ablenkungsversuche muessen sofort als solche erkannt und unwirksam gemacht werden; gehoeren doch zu derlei Verfuehrungen immer zumindest zwei: einer der verfuehrt und der andere — oder die anderen — die sich verfuehren lassen!

Und was die dazugehoerige Regierung anbelangt, so halten wir es ruhig mit jenem Vermaechtnis, in dem es da heisst:

„Moegen sie hart sein, aber niemals ungerecht; moegen sie vor allem nie die Furcht zum Ratgeber ihres Handelns erheben und die Ehre der Nation ueber Alles stellen, was es auf Erden gibt..." und weiter: ...Immer dem gemeinsamen Interesse dienen und seine eigenen Vorteile demgegenueber zuruckstellen!...

Meine lieben brasilianischen Freunde!

Damit beenden wir unsere psychologischen Studien. Sie werden es hoffentlich nicht veruebeln, dass wir manchmal den brasilianischen Leserkreis um einige deutsche Leser erweitert betrachtet haben, indem wir bei manchen Themen und ihren jeweiligen Schlussfolgerungen und Anregungen etwas von dem Rahmen dieser Studien, der psychologischen Kriegsfuehrung, abgewichen sind und benachbarte Themen und Probleme fuer deutsche Leser eingeblendet haben; diese sind aber auch in den meisten Faellen fuer unsere nichtdeutschen Leser von Bedeutung. Tatsaechlich ueberschneiden sich die Themen und Aufgaben mit ihren Problemen und Folgerungen fuer das Deutschtum dauernd bei diesem umfassenden Aufgabengebiet, wie es die psychologische Kriegsfuehrung darstellte, die fuer alle bedeutenden Staaten ein ernstes Problem ist, also auch fuer unser Brasilien.

Darum duerften auch die gezogenen Folgerungen fuer Sie interessant sein. Wie weit Sie, meine brasilianischen Freunde, das Vorstehende fuer sich, fuer Ihr Land und fuer Ihre Nation verwerten, ist naturgemaess dann ganz Ihre ureigene Angelegenheit.